법치사회의 이해

강 선 · 이성희 · 이선엽 · 장현명 · 성민경 · 오영환 · 이로문
공저

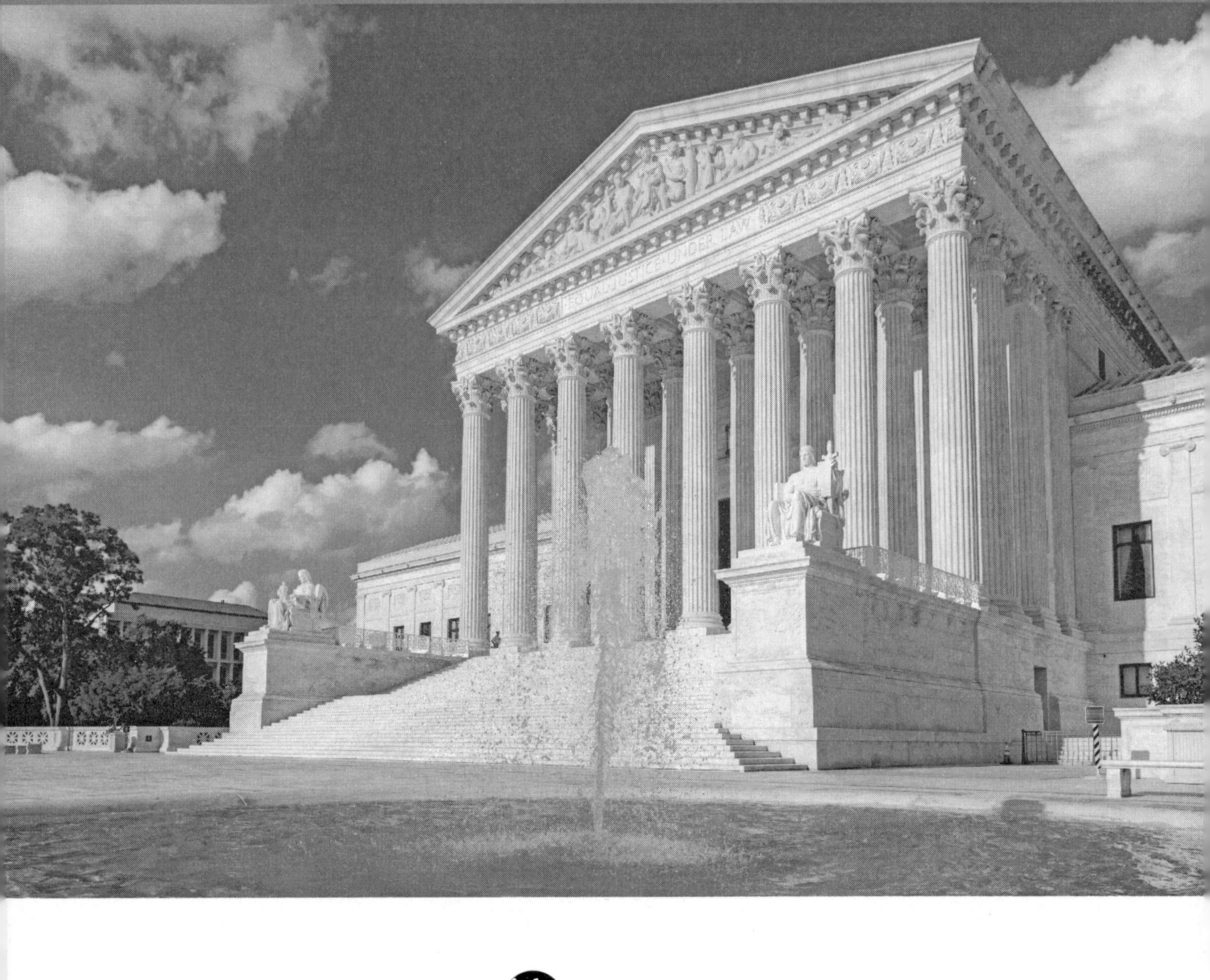

MJ미디어

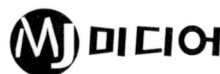

Preface / 서문

우리 사회의 발전과 변화와 함께 자유와 권리에 대한 인식과, 이를 제대로 보호하기 위한 법치주의 내지 법의 지배(rule of law) 원리에 대한 이해도 중요하게 되었다.

이 교재는 대학생들의 교재로 사용하기 위하여 제작하였는데, 금번 2023년부터 새로 이 교재로 강의하게 된 강선, 이성희, 성민경 교수 등 새로운 공저자들이 합류하게 되었고, 그에 따라 교재를 개편하게 되었다.

본 교재에서는 바야흐로 사회와 직업세계로 진출할 준비를 하고 있는 대학생들이 국민의 기본권과 의무를 정하고 있는 헌법과 법치주의 등에 대한 이해를 바탕으로, 우리 사회와 산업사회를 규율하는 법체계 및 전공 관련 법률, 그리고 실생활에 유용한 법률지식을 이해하고 함양할 수 있도록 구성하였다. 민법 부분에서는 그간의 임대차 규정과 주택임대차보호법, 그리고, 상가건물임대차보호법 등에서의 몇 가지 변화를 반영한 외에, 금번에 친족법 내용을 보강하였고, 형법 부분에서 온라인 성범죄 관련 최근의 개정 등을 반영하였다.

법학을 처음 접하고 수업을 듣는 학생들이 우리 사회에서 법의 기능과 역할을 이해하고, 사회 및 가족관계에서 발생하는 여러 문제들을 접해 봄으로써, 우리 사회의 현실과 변화하고 있는 가치관을 확인해 볼 수 있을 것으로 기대한다.

본서의 출간을 위해 수고해 준 MJ미디어의 나영찬 사장님과 박대환 편집부장에게 감사드린다.

2023년 3월
공동저자 대표

Contents / 차례

제1장 사회와 법 ··· 11

1. 사회와 법 • 11
2. 법치주의 • 12
3. 인생과 법 • 21
4. 법문화와 법의식 • 26
5. 미래 사회와 법 • 27
6. 법률구조제도 • 28

제2장 법의 일반이론 ··· 31

제1절 법의 이념 ·· 31
1. 정의 • 31
2. 합목적성 • 32
3. 법적안정성 • 33

제2절 법과 다른 사회규범 ··· 33
1. 의의 • 33
2. 법과 관습 • 33
3. 법과 도덕(윤리) • 34
4. 법과 종교 • 35

제3절 법의 분류 ·· 36
1. 자연법과 실정법 • 36
2. 공법 · 사법 · 사회법 • 36
3. 국내법과 국제법 • 37

4. 실체법과 절차법 • 37
5. 일반법과 특별법 • 37

제4절 법의 존재형식 ·········· 38
1. 성문법 • 38
2. 불문법 • 39

제5절 법의 효력 ·········· 40
1. 법의 실질적 효력 • 40
2. 법의 형식적 효력 • 40

제6절 법의 해석 ·········· 41
1. 서론 • 41
2. 학리해석 • 41
3. 유권해석 • 43

제3장 헌 법 ··· 45

제1절 헌법 일반 ·········· 45
1. 서설 • 45
2. 국가와 그 구성요소 • 49
3. 우리 헌법의 제도보장 • 51

제2절 국민의 권리와 의무 ·········· 54
1. 국민의 기본권 • 54
2. 국민의 기본적 의무 • 76

제3절 국 회 ·········· 77
1. 국회의 성격 • 77
2. 국회의 구성 • 77
3. 국회의 권한 • 78
4. 국회의원의 특권 • 82

제4절 정 부 ·········· 82
1. 서설 • 82

2. 대통령 • 83
3. 국무회의 • 85
4. 감사원 • 86

제5절 법 원 ··· 86
1. 서설 • 86
2. 법원의 조직 • 86

제6절 재판의 종류 ·· 90
1. 재판 • 90
2. 심급제도 • 90
3. 배심제도 • 90
4. 소송의 종류 • 91

제7절 헌법재판소 ·· 94
1. 서설 • 94
2. 헌법재판소의 구성 • 94
3. 헌법재판소의 권한 • 94

제4장 행정법 ··· 99

제1절 서 설 ··· 99
1. 행정법의 개념 • 99
2. 행정주체와 행정객체(행정법관계의 당사자) • 99
3. 행정주체가 갖는 특권 • 100

제2절 법치행정의 원리 ·· 101
1. 의의 • 101
2. 법치주의의 역사적 발전 • 101
3. 행정에 대한 법의 지배 • 101

제3절 행정조직법 ·· 103

제4절 행정작용법 ·· 104

| 제5절 | 행정구제법 ··· 106
  1. 행정상 손해배상과 손실보상 • 106
  2. 행정상 쟁송 • 107

제 5 장 민 법 ··· 109

| 제1절 | 민법총칙 ··· 109
  1. 민법의 법원 • 109
  2. 민법의 기본원리 • 110
  3. 권리 • 112
  4. 권리능력과 행위능력 • 117
  5. 사단법인과 재단법인 • 125
  6. 권리의 객체 • 127
  7. 법률행위 • 128
  8. 무효와 취소 • 130
  9. 조건과 기한 • 135
  10. 소멸시효 • 139

| 제2절 | 물권법 ·· 150
  1. 총칙 • 150
  2. 물권법정주의 • 153
  3. 물권법 각칙 • 164

| 제3절 | 채권법 ·· 179
  1. 채권총칙 • 179
  2. 계약 • 186
  3. 사무관리 · 부당이득 · 불법행위 • 253

| 제4절 | 친족법 ·· 275
  1. 가족법 • 275
  2. 성(姓) • 277
  3. 가족의 범위 • 277
  4. 친족 • 278

5. 약혼 • 279
6. 혼인 • 283
7. 이혼 • 294
8. 사실혼 • 307
9. 친부모와 자 : 친자관계의 발생 • 312

제5절 상속법 ··· 315
1. 상속의 의의 및 상속의 개시 • 315
2. 상속회복청구권 • 315
3. 상속인 • 317
4. 상속분 • 320
5. 상속결격 • 326
6. 상속의 효과 • 327
7. 유언 • 331
8. 유류분 • 337

제6장 상법 ··· 341

1. 상법총칙(상법전 제1편) • 341
2. 상행위법 • 343
3. 회사법 • 346
4. 보험법 • 347
5. 해상법 • 348
6. 어음법 · 수표법 • 349

제7장 형법 ··· 357

제1절 형법의 기초 ·· 357
1. 형법이란 무엇인가? • 357
2. 죄형법정주의 • 360
3. 형법의 적용범위 • 365
4. 범죄론의 기초 • 367

    5. 미수(未遂) • 378
    6. 공범 • 380
    7. 형벌론 • 384

제2절 다양한 범죄유형 ··· 389
    1. 개인적 법익의 침해 • 389
    2. 사회적 법익의 침해 • 413
    3. 국가적 법익의 침해 • 421

제8장   민사소송과 형사소송법 ··· 427

제1절 소 송 ··· 427
제2절 민사소송법 ··· 428
    1. 서설 • 428
    2. 소송의 제기 • 431
    3. 상소 • 434
    4. 확정과 강제집행 • 434
    5. 소액사건심판 • 435
    6. 승소한 후 강제집행절차 • 436
제3절 형사소송법 ··· 436
    1. 서설 • 436
    2. 형사사건과 수사절차 • 437
    3. 인신구속 • 440
    4. 송치 및 이의신청 • 443
    5. 기소 • 444
    6. 재판 • 447
    7. 형의 집행 · 가석방 · 형집행정지 • 448
    8. 형의 실효(전과말소) • 449

부 록 ··· 451
찾아보기 ·· 456

CHAPTER 01 사회와 법

1. 사회와 법

아리스토텔레스(Aristoteles)는 "인간은 사회적 동물"(Man is by nature a civic animal)이라고 하였다.

"사회가 있는 곳에는 법이 있다."라는 말이 있듯이 법의 근원은 사회에서 비롯된다. 법이 없는 사회는 영국의 토머스 홉스가 말했듯이 "만인의 만인에 대한 투쟁"(Bellum omnium contra omnes, The war of all against all)[1]의 상태에 놓이게 될 것이므로, 사회계약이라는 개념적 합의를 통해서 각자의 자유를 일정부분 포기하여 질서와 평화가 유지된 사회를 형성하게 된다. 따라서 법은 평화의 질서이며 분쟁을 해결하는 수단이다.

법이란 도덕, 종교, 관습 등과 같이 '사람의 사회생활에 있어서 행위의 준칙'으로서 사회가 공유하는 가치가 반영되어 형성된 사회규범[2]의 하나이다. 그러나 법은 외면적인 행위를 규율하며 국가에 의하여 강제되는 규범이라는 점에서 도덕, 종교 또는 관습과는 구분된다. 즉, 법은 사회의 질서를 유지하기 위하여 인간이 해야 할 것과 하지 말아야 할 것을 정해 놓은 규범이며, 하지 말아야 할 행위에 대해 국가가 형벌이라는 물리적 강제를 통해서 법이 가지는 가치를 실현하는 규범이다. 예링(Rudolf von Jhering, 1818~1892)이란 학자는 "강제

---

[1] 이 말은 토머스 홉스(Thomas Hobbs, 1588~1679)가 자연상태의 인간 존재에 대해 「리바이어던」(Liviathan)에서 실험을 행하면서 거기서 도출된 결론을 묘사한 것으로서, 인간은 결국 평화를 누리기 위하여 사회계약 상태로 들어가는 것을 선택하며, 심지어 그 과정에서 자연상태에서 가졌던 온전한 자유의 일부를 포기하게 된다고 말한다.
[2] 사회규범이란 한 사회의 문화적 속성의 하나로서, 그 사회가 일정한 지속성을 가지고 공유하는 의견, 태도 또는 행위 등의 준칙이므로, 시대와 지역 등에 의해 차이가 있을 수 있다. 따라서 '해가 동쪽에서 뜬다.'라는 것과 같이 불변하는 자연법칙을 지칭하는 필연법칙과는 다르다.

력이 없는 법은 타지 않는 불꽃과 같다."고 말한 바 있다.

일반적으로 언급되는 법의 어원을 정리하면 다음과 같다. 법(法)의 고자(古字)는 물 수(氵)와 해태 치(廌), 그리고 갈 거(去)가 합해진 글자였다. 해태라는 것은 중국의 묘족에게 있어서 재판석 앞에서 죄지은 자에게 가서 뿔로 들이받는다는 신성한 동물이다. 즉, 해태는 시비선악을 가리는 전설적 동물로서, 법에 있어서의 정의를 상징한다. 그리스에서는 법을 노모스(nomos)[3]라고 부르는데, 이는 나누어준다(nemo)는 어원에서 유래되었다. 라틴어나 독일어, 프랑스어의 경우에는 법과 정의가 같은 단어인 바(lex, jus, Recht, droit), 그 이유는 원래 법이 정의를 실현하는 것이라는 의미에서 비롯되었기 때문이다.[4]

2. 법치주의

법치주의는 근대 이후 서양 법체계가 채택하고 있는 기본원리로서, 서양 법체계를 수용한 우리 헌법의 기본원리이기도 하다. 대체로 법치주의라고 할 때에는 독일의 법치국가 개념과 영국의 법의 지배 개념을 포괄하는 것으로 이해된다. 법치국가(Rechtsstaat) 원리는 19세기 이후 독일에서 생성되고 발전된 개념인 반면에, 법의 지배(rule of law)는 중세 이후 영국에서 발전되어 미국의 법체계에 영향을 주었다. 법치주의라는 용어는 동아시아에서 서양의 법과 제도를 수용하던 시기에 rule of law 또는 Rechtsstaat의 번역어로 성립되었다. 프로이센의 왕정 하에서 시민의 자유를 보장하고자 했던 이 이론은 당시 근대화를 추진하던 동아시아 근대 법학자들에게 많은 영향을 주었다.

---

[3] '법' 혹은 '관습' 등 인위적인 질서를 뜻하는 그리스어로서, 자연(physis)과 구별된다. 희랍시인 핀다로스는 "노모스는 모든 인간 및 여러 신들의 왕이다."라고 하여 어떠한 권력도 법의 이념에 따라야 한다고 하였다.
[4] jus, Recht, droit의 어원은 '옳은 것'이란 의미이고, law의 어원은 '정하여진'의 의미이다.

(1) 법치국가 – 법치주의

독일을 발상지로 하는 '법치국가의 원리'는 국가의 구조, 즉 국가의 권력작용을 정하는 정치적인 형식원리를 의미하는 것에서 시작하였다. 19세기 법치국가(Rechtsstaat) 개념을 처음 사용한 독일 국가학의 대표자 몰(Robert von Mohl, 1799~1875)은 법치국가는 '이성(理性)의 원리들을 실현하는 이성법국가'라고 하였다. 19세기 중후반에 슈탈(Friedrich Stahl, 1802~1861)은 이를 "형식적인 법률에 의한 행정과 권리의 보호"라는 좁은 영역으로 한정되는 의미로 해석하였고, 마이어(Otto Mayer, 1846~1924)는 이것을 "행정에 대한 법률 우위의 원칙", "행정이 행정재판이 아니라 사법부에 의하여 통제되어야 한다."는 원칙으로 해석하였다.

법치주의는 사회적 안정과 질서 유지를 위하여 공권력이 법에 근거하여 동원되어야 한다는 취지로 이해되고, 즉 개인의 자유와 권리를 제한하는 공권력의 행사는 법에 의하여 제한을 받는다는 원리로 해석된다. 독일에서의 법치국가 개념은 행정에 대한 법적 근거를 수립하는 의미에 국한되었다. 영국에서와 같은 시민의 참여에 의한 시민혁명을 통하지 않았다는 점에서 특징이 있다.

독일의 법치주의는 형식적 법치주의에서 실질적 법치주의[5]로 발전하였는데, 전자는 법을 제정하는 절차와 형태를 중시하여 자칫 '법 만능주의'로 흐르는 위험성이 있었으며, 이에 따라 내용이 정당하고 헌법 정신이 반영되어 있는가를 중심으로 하는 실질적 법치주의로 발전하였다.

(2) 법의 지배

법의 지배(rule of law)의 연원은 그리스 철학에서 플라톤과 아리스토텔레스가 욕망(감정)에 대해 이성(理性, logos)이 우위이며, 노모스(nomos; 실정법, 관습법, 불문법 등 규범)가 로고스(logos; 이성)의 산물이라고 주장한 데에서 유래한다. 이성은 여러 세대에 걸쳐 비범하고 박식한 사람들에 의해 오랫동안 연마되고 재정련된 경험과 관찰, 그리고 연구로부터 얻어진 완성물이며, 그 누구의 개인적 이성으로도 이성의 완성이라고 할 법보다 지혜로울

---

[5] 일반적으로 법에서 '형식적' 혹은 '실질적'이라는 것이 갖는 의미는 외형을 중심으로 하는가 또는 내용을 중심으로 하는가에 대한 것이다. 다시 말해서, 형식적이라는 것은 법이 국회에서 정해진 절차에 따라 제정되었는가에 의해 법률로서 인정되는 것으로 보는 반면에, 실질적이라는 것은 법률이 주권자인 국민들이 가지고 있는 정의 개념을 올바르게 담고 있느냐에 초점을 둔다. 따라서, 소크라테스가 '악법도 법이다'라고 말하였을 때의 법은 형식적 법률을 의미한 것으로 이해할 수 있다.

수는 없다는 것이다. 이는 그리스 철학 이후 서구의 역사와 전통 속에 면면히 흐르는 사상이 되었다. 다만, 로마시대에는 황제는 법에 기속되지 않는다는 사상이 나타난 때도 있었기 때문에, 그 시대에는 법의 지배가 온전히 유지되었다고 할 수는 없다.

이와 같이 영미법계(英美法系)의 법의 지배는 대륙법계(大陸法系)의 법치주의와 그 토대와 내용을 달리하지만, 양자는 궁극적으로 국가권력의 행사에 대해 법적 통제를 가한다는 점에서는 그 개념이 일치한다.

'법의 지배'의 사상은 영국에서 성립되어 영국 불문헌법(不文憲法)의 기본원리가 되었는데, 첫째로 이성 우위의 사상, 즉 국왕은 인간이므로 이성의 산물인 법에 의한 통치를 통하여 국왕이 통제되어야 하며, 둘째로 상위법 사상, 즉 군주보다 법이 더 우월한 상위법(higher law)이라 할 것이므로 군주는 법에 복종하여야 하고, 셋째로 시민주권 사상, 즉 법은 시민에 의해 제정되며 시민에 의하여 그 통치권을 위임받은 통치자를 기속한다는 사상을 갖고 있다. 그리하여 동 원리는 첫째로, 전제권력(專制權力)을 억제하고 법의 절대적 우위를 인정하며, 모든 사람이 신분에 관계없이 동등하게 보통법(common law)의 적용을 받는다는 법 앞의 평등(平等), 둘째로, 헌법상 인권(人權)이 존중되어야 한다는 것을 그 내용으로 한다. 이 법의 지배 원리는 그 후 미국에 계승되어 알버트 V. 다이시(Albert. V. Dicey, 1835~1922)에 의하여 체계화되었는데, 그는 '법의 지배'는 "법이 통치권력보다 우위에 있으며, 최고성을 갖는다."고 하였다.6)

미국에서 동 원리는 첫째로, 헌법상 기본권의 보장, 둘째로, 입법권의 헌법에 의한 기속, 셋째로, 연방대법원(독일의 헌법재판소에 해당)에 위헌법률심사권(違憲法律審査權) 부여 등을 통하여 확립되었다.

이상 법의 지배(rule of law)는 두 가지 관점에서 그 의의를 살필 수 있다. 첫째는, 일반국민은 물론이고, 국왕·국가라고 할지라도 오직 보통법 앞에 평등하다는 전제에서 출발하였다는 점이다. 이는 국가의 행위에 대하여는 개인의 행위와 다른 법적 취급을 하는 행정의 개념과 행정법의 성립과 발전에는 장애가 되었다. 둘째는, 전제권력에 의한 지배를 반대하고 기본권을 보장하기 위해 법에 의한 지배를 천명함으로써, 일찍이 실질적 법치주의의 길을 열었다는 점이다.

---

6) 김정오 외 4인 공저, 「제2판 법철학 이론과 쟁점」, 서울: 박영사, 2017, 170면.

1) 법의 지배와 인의 지배

플라톤은 그리스의 철인(哲人)정치[7]와 같이 인격과 능력을 겸비한 철학자가 국왕이 되어 국민을 다스리는 것이 이상적이고 능률적이라고 하였다. 한편 절대적 권력을 장악한 자는 부패하기 마련이고, 사리사욕을 위하여 권력을 남용하게 된다는 것이 역사적 교훈이다. 이러한 자의적인 권력자의 '인의 지배'(人의 支配)보다는, 권력자 위에 법을 위치시키면 권력의 행사가 법에서 정한 객관적인 기준에 따라야 하므로 국민의 자유와 권리가 보호되게 된다. 이러한 원리를 '법의 지배' 또는 '법의 우위'라고 한다.[8]

"법의 지배"(rule of law)라 함은 군주·제왕·통치자의 자의적인 의사에 의한 인의 지배(人의 支配)에 반대하고 법에 의하여 지배되어야 한다는 견해로서, 근대 민주주의 국가의 기본적인 정치원리이다. '법의 支配' 정신은 민주적 정치제도를 확립하고 부당한 지배를 억제함으로써, 인권을 보장하고자 하는 것이다. 역사를 회고해보면 다수의 국가에서, 국왕 등 지배자가 그의 의지대로 지배하던 '인의 지배' 시대가 존재하였다. 그러나 아무리 현명하고 선량한 인물이라고 하더라도 '인의 지배'는 자의에 빠지기 쉽고, 지배자에게 편리한 정치가 되기 쉽다. 그리하여 근대에는 법을 제정하고 그 법에 따라 정치를 행하는 '법의 지배'가 발전하게 된 것이다. 그 중에도 Edward Coke(1552~1634)[9]가 James 1세(재위 1603~1625) 및 Charles 1세(재위 1625~1649)의 대권(大權; 국왕이 국가를 지배하는 권한)에 반대하여 "국왕이라고 하더라도 신과 법의 아래에 있다."라는 플라톤의 말을 인용하여 비판하고, "코먼로(commom law) 및 의회 제정법에 의한 정치가 행하여져야 한다."고 주장한 것은 유명한 일화이다.

그리하여 이전에는 오로지 국민을 지배하기 위한 수단으로서 존재하였던 법이, 지금에 와서는 지배자도 구속하게 되었다. 더욱이 민주주의의 발전에 따라, 입법 시에 국민 다수의 의사를 반영하게 되었고, 이에 따라 법의 권위는 한층 더 높아지게 되었다. 그리하여 오늘날에는 법률이 지배자를 구속하며, 그 자의적인 정치를 용인하지 않는 역할을 하고 있다. 과거처럼 "어떠한 경우에 국민을 체포할 수 있는가?"에 관한 객관적인 기준이 존재하지 않는 경우

---

[7] 플라톤(BC 427~327)은 「국가론」에서 통치계층·수호자계층·생산자계층이 그 역할을 다하며 조화를 이루고 있는 상태를 '이상국가'라고 하고, 통치계층은 감각에 탐닉하는 국민을 이데아의 세계로 인도하고, 수호자를 교육·훈련시키며, 국가가 나아가야 할 방향을 제시하는 역할을 담당하므로 철인(哲人)이 그 역할에 적격이라고 하였다. 또한 '이데아'(Idea)라 함은 선(善)하고 아름다운(美) 것을 통하여 정신(精神)의 눈(眼) 즉 이성을 밝히는 참지식이라고 하였다.

[8] 阿部賴孝, 「現代社會と人權」(第3刷,) 東京: 梓出版社, 2004, 17~20면.

[9] 영국 법률가이며 정치가. 왕권신수설(王權神授說)을 주장한 James 1세에 대하여 "국왕은 그 누구의 아래에 위치하여서는 안 되지만, 신과 법에 대하여는 그 아래에 위치한다."는 플라톤의 말을 인용하여 비판하였다. 권리청원(1628)의 기초자이다.

에는, 국민은 언제 체포될지 모른다는 불안한 상태에 놓이게 되고, 마음 놓고 길을 갈 수도 없게 된다. 과거 봉건적 전제정치 하에서는 사실 이런 일도 종종 존재하였다. 반면에 '법의 지배' 하에서는 권력자의 의사 위에 법이 존재하게 된다. 국가가 어떠한 경우에 여하한 절차에 따라 국민을 체포할 수 있는가?에 관한 객관적 기준을 법으로 명확히 정하게 되었고, 국민은 정당한 이유 없이 또는 법률로 정해진 절차에 의하지 않고는 체포되지 않게 되었다. 이러한 객관적 기준이 정해짐에 따라, 비로소 국민은 권력자에 대하여 자유와 권리를 보장받게 되었다.10)

□ 인의 지배와 법의 지배

人의 지배	法의 지배(rule of law)
국 왕 ⇩ 법 ⇩ 국 민	법 ⇩ 정 부 ⇩ 국 민
봉건적 전제정치에 기초한 지배제도. 법은 국민을 지배하기 위한 수단이다.	인권을 보장하고 권력의 자의적 지배를 배제하기 위하여, 권력 위에 법을 위치시키는 원칙

2) 법의 지배와 법에 의한 지배

'법의 지배'(rule of law)와 '법에 의한 지배'(rule by law)는 어떻게 다를까? 후자는 법에 의한 행정·법에 의한 재판(사법)을 그 내용으로 하며, 법치주의(또는 법치국가)와 동일한 의미를 갖는다. '법의 지배'와 '법에 의한 지배'는, 특히 국민의 자유와 권리를 보호하기 위하여 정치를 행하는 국가기관을 법에 구속시킨다는 중요한 의미를 갖고 있다.

그런데 첫째로, 법치주의는 이를 단순히 법률에 의하는 것이라고만 한다면, 국민의 자유와 권리를 탄압하는 잘못된 법률 만능주의에 빠질 우려가 있고, 그렇게 되면 악법이 존재하더라도 그 법에 복종하여야 하는 수가 있다. 아무리 폭군에 독재자라 하더라도 형식적으로는 법의 미명을 사용하여 그 정치를 하고 있을 것이기 때문이다. 국민을 심하게 억압할수록

---

10) 오늘날에도 '법은 권력자가 국민에게 명령하는 것'이라고 생각하는 사람이 많지 않을까? 법에 그러한 의미가 있다면 유감이다. 물론 근대의 법에 있어서도 그러한 내용이 포함되어 있기는 하나, "법의 특색은 권력자의 객관적 행동준칙을 정한 것이라는 점이다."라고 하는 주장도 있다. 渡辺洋三, 「法 というものの考え方」, 岩波新書, 55~56면.

더 법의 허울을 이용하기 마련이다. 법치주의에서 법이 국민의 자유와 인권을 보호하여야 한다는 기능이 무력화 되면, 제2차 세계대전 이전에 독일이나 일본에서 법의 미명 하에 자의적인 지배가 횡행하였듯이, "악법도 법"이라고 하는 바람직하지 않은 법률 만능주의적 '사이비 법치주의'로 전락할 위험이 있게 된다.

□ 법의 지배와 법에 의한 지배/법치국가

	법의 지배(rule of law)	법에 의한 지배(rule by law)/법치국가
근거법	자연법, 실정법	의회 제정법과 권력자의 명령
채택국가	영국에서 발전	구 독일제국, 일본제국
내 용	법에 의하여 권력을 구속하고, 국민의 자유와 권리를 지키고자 하는 원칙. 법이 국민의 자유와 권리를 지키기 위한 것이 되도록 법 내용을 규율하는 원칙이다.	행정이 법에 의하여 행하여져야 한다는 법과 행정의 관계를 규율하는 원칙. 법에 의하여 국민의 자유와 인권을 지킨다는 점을 빼게 되면, 법의 미명 하에 자의적인 지배가 이루어지게 되는 사이비 법치주의에 빠질 우려가 있다.
법의 대상	통치자·권력자	피통치자·일반국민
법의 목적	인권의 옹호	행정의 합법화
입법과정	시민이 참여하는 의회	의회와 관료
법의 실질적 보장	행정권으로부터 독립된 법원 (人의 지배를 배제)	보통법원·행정법원·상급 행정기관

둘째로, 입법의 주체가 누구인가?가 문제로 된다. 민주사회에서는 법의 제정 주체는 다름 아닌 국민이다. 그러므로 법은 국민의 대표자가 제정하게 되고, 그 내용으로는 국민의 행복을 추구하는 것을 담아야 한다. 요컨대, 법의 지배는 국민의 자유와 권리를 보호하기 위하여 특히 권력자를 법에 의하도록 구속한다는 것이다.

(3) 우리나라의 법치주의

1) 헌법재판소

우리 헌법재판소는「우리 헌법은 국가권력의 남용으로부터 국민의 기본권을 보호하려는 법치국가의 실현을 기본이념으로 하고 있고 …….」(헌법재판소 1992.4.28. 90헌바24 결정) 라고 하여 우리나라가 법치국가라고 하였고,「오늘날의 법치주의는 국민의 권리·의무에 관한 사항을 법률로써 정해야 한다는 형식적 법치주의에 그치는 것이 아니라, 그 법률의 목적과 내용 또한 기본권보장의 헌법이념에 부합하여야 한다는 실질적 법치주의를 의미하며, 헌법 제38조, 제59조가 선언하는 조세법률주의도 이러한 실질적 법치주의를 뜻하는 것 ……」(헌법재판소 1992.2.25. 90헌가69 결정)이라고 설명하여, 현재 우리 사회에서 실질적 법치주의가 더 중요하다고 평가하고 있다.

2) 대법원

대법원은 법치국가의 개념을 「현행 법치국가에 있어서의 행정처분은 법의 근거에 의하여야 하고 법이 인정하는 범위 내에서만 할 수 있다 할 것이므로, 결국 모든 행정처분은 넓은 의미에 있어서의 법에 기속된 행정처분이라 할 것이다.」라고 하였다(대법원 1962.4.26. 선고 61누115 판결).

(4) 형식적 법치주의와 실질적 법치주의

1) 형식적 법치주의는 법치를 형식적으로만 강조하는 경우이다. 즉 국회와 같이 합법적 기관에서 제정된 법은 정당한 것이므로 그러한 법에 따른 지배가 합법적이라는 것이다. 이는 법의 내용보다는 법 제정 과정의 형식적 절차를 중시하여, 그 절차가 합법적으로 이루어지기만 하면 정당성이 인정된다는 주장이다. 주로 독재정권이나 법실증주의자들에 의하여 형식적 법치주의가 강조되었고, 엘리트주의적 관점에서 대의민주주의를 이해하고 있는 사람들도 이를 중시하였다.

법치주의를 소극적으로 정의하는 형식적 법치주의는 의회가 적법한 절차를 거쳐 법을 제정하고, 그 법에 따라 통치가 이루어지면 법의 목적이나 내용은 문제 삼지 않았다. 그래서 의회에서 다수당의 횡포나 독재를 견제하지 못하고, 오히려 통치권을 강화하는 수단으로 작용하기도 하였다. 우리나라 박정희 대통령의 유신 헌법과 히틀러의 수권법은 형식적 법치주의의 대표적 사례이다. 마틴 루터 킹(M. L. King, 1929.1.15.~1968.4.4.)은 "히틀러의 만행이 합법이었다는 것을 잊지 말아야 합니다."라고 하여 형식적 법치주의에 문제를 제기하였다.

2) 실질적 법치주의는 법 제정의 형식적 절차와 법적 안정성의 유지만이 아니라, 법 내용이 인간의 존엄이라든지 실질적 평등과 같은 정의의 실천을 내용으로 하는 국민의 뜻을 반영하느냐 여부도 중시한다. 즉 통치의 정당성은 법제정 과정의 합법적 절차에서 나오는 것이 아니라, 법의 내용에서 나온다고 본다. 따라서 국민의 의사에 반하거나 법의 목적과 내용

이 정의롭지 않은 법은 아무리 합법적 절차를 통해서 제정되었다 하더라도, 정당한 법이 아니라는 입장이다. 형식적 법치주의가 통치의 합법성을 특징으로 하는 것이라면, 실질적 법치주의는 통치의 정당성을 특징으로 한다.

현대 사회로 오면서 법치주의는 행정과 사법뿐만 아니라 입법행위도 포함한 국가의 모든 통치행위가 인간의 존엄과 평등, 정의의 실현 등에 부합하여야 한다는 실질적 의미의 법치주의로 확장되고 있다. 우리나라를 비롯한 대부분의 민주 국가에서 위헌법률심사제를 채택하는 것도 법률의 내용이 헌법에 위배되는지를 심판하여 실질적 법치주의를 실현하는 데 그 목적이 있다.[11]

우리 헌법재판소는 「우리 헌법은 국가권력의 남용으로부터 국민의 기본권을 보호하려는 법치국가의 실현을 기본 이념으로 하고 있고, 그 법치국가의 개념에는 헌법이나 법률에 의하여 명시된 죄형법정주의 …… 등이 적용되는 일반적인 형식적 법치국가의 이념뿐만 아니라, 법정형벌은 …… 적법절차를 무시한 가혹한 형벌을 배제하여야 한다는 자의 금지 및 과잉금지의 원칙이 도출되는 실질적 법치국가의 실현이라는 이념도 포함되는 것이다.」(헌법재판소 2002.11.28. 2002헌가5 결정)라고 하고, 「오늘날의 법치주의는 국민의 권리·의무에 관한 사항을 법률로써 정하여야 한다는 형식적 법치주의에 그치는 것이 아니라, 그 법률의 목적과 내용 또한 기본권 보장의 헌법이념에 부합되어야 한다는 실질적 법치주의를 의미하며 …….」(헌법재판소 1992.2.25. 90헌가69 결정)라고 하여 실질적 법치주의가 더 중요하다고 평가하고 있다.

모름지기 법치주의라는 이름으로 인권과 정의, 자유와 평등이 유린되어서는 아니 된다.

■ **동양의 법가**

중국 고대 춘추전국시대(BC 770~403) 제자백가 사상 중 하나로서 전국시대(BC 403~221)에 한비자(韓非子, BC 280~233)에 의하여 이론이 완성되었고, 중국 최초의 통일제국인 진나라(秦, BC 221~206)의 통치이념으로 채택되었다. 그는 순자의 제자였다고 하며 인간이 본래 이기적이고 미혹한 존재라는 성악설의 시각에서, 통치자가 백성에게 미덕을 보인다고 사회적 화해가 달성되는 것은 아니며, 오직 강력한 통제와 권위에 의한 절대 복종을 통해서만 부국강병을 확립할 수 있다고 하였다. 법가사상은 열강이 각축하던 춘추전국시대에 있어서 왕권 강화와 강국의 건설, 그리고 통일을 위한 부국강병책이 시급하던 당시의 군

---

[11] 박상기 외 12인, 「법학개론」, 박영사, 2020, 357면. 이상돈, 「2017(제5판) 법학입문」, 법문사, 23면 이하. 성낙인, 「2018 헌법학」, 법문사, 264면. 정종섭, 「제9판 헌법학원론」, 박영사, 2014, 1497면.

주들에게 가장 필요하고 선호되던 사상이었다. 실제로 춘추전국을 통일한 진국에서 남방 초나라 출신인 한비자를 초빙하여 법치를 실시하려고 하였으나, 정작 동문인 이사(李斯, BC ?~208)의 질투로 인하여 진나라의 옥중에서 자진하였다.

① 배경

법가가 춘추전국시대에 각국에 유행했던 이유는, 이 사상이 철제무기의 등장과 함께 급변하던 시대적 혼란기에 가장 효율적으로 통치할 수 있는 수단이었기 때문이었다. 그러한 시대적·사회적 분위기에서 차분히 도덕과 윤리, 자연의 이치와 철학을 설명하는 것보다 엄격한 '법과 형벌'을 적용하는 것이 더 유효적절하였다.

법가는 강력한 법치주의를 지향하여, 효율적으로 조세를 걷고 부국강병을 이루고 왕권을 강화시키는 데 기여하였다. 진나라(秦)도 이 법가주의를 통한 변법으로 중앙집권적인 국가체제를 확립할 수 있었다. 당시 춘추전국시대에는 수많은 소국들이 주나라 이래 씨족공동체적 구습을 버리지 못한 채 난립되어 있었는데, 구 귀족을 숙청하고 구습을 타파하여 왕권을 강화하려면 새로운 제도의 채택과 획기적인 사회 변화가 필요하였다. 그런데 유가(儒家)는 이상적인 측면에 치우쳐 있어서 구 귀족세력의 숙청과 부국강병책으로 적절하지 못했고, 묵가(墨家)는 너무 서민중심적이었으며, 도가(道家)는 국가의 질서 자체를 별로 인정하지 않는 사상이어서 적절하지 못했다.

그리하여 전국시대 군주들은 법가사상을 채택하여 강력한 변법을 시행하였고, 진나라(秦)의 상앙(商鞅, BC ?~338), 이사(李斯, BC ?~208), 한비자(韓非子, BC 280~233) 등이 실시한 변법은 실제로 부국강병에 기여하였다. 춘추시대에는 吳王 합려가 손무(孫武, BC 544~496, 손자병법)를 등용하여 오초전쟁을 승리로 이끌기도 했었다.

② 법가사상의 대두

법가사상이 국가사상으로 대두한 것은 주나라(周, BC 1046~BC 256)의 제후국들이 난립한 춘추시대 중 강국이었던 진(晉, BC 1106~BC 403)국의 귀족들이 전국시대인 BC 403년에 하극상을 일으켜 한(韓, BC 403~BC 230), 위(魏, BC 403~BC 225), 조(趙, BC 403~BC 228)의 3국으로 분립되어 중원 한 복판에서 치열하게 각축하면서, 그리고 서쪽의 진나라(秦)가 부국강병을 위하여 법가사상가를 등용하여 중앙집권을 시도하면서부터이다.

③ 법가의 현대적 의미

인간의 지나친 이기심과 개인주의로 인하여 현대의 고도화된 자본주의에서 발생되는 병폐를 고려할 때, 이를 통제하기 위한 법가사상과 법적 장치는 실용적이라 할 것이다. 그러나 지나친 절대성과 엄격주의는 경계하는 것이 바람직하다.

법가는 엄격하게 상벌을 부과하는 법률체계를 수립하고 정국을 운영하였다. 또한 군주(통치자)와 국가권력을 강화하는 방향으로 나가야 한다고 강조하였지만, 권위주의적인 진나라는 이 정책을 가혹하게 실행했기 때문에 결국 15년 만에 무너졌고, 이후 법가사상도 불신받게 되었다.

3. 인생과 법

1) 출생 : 일반적인 권리능력은 사람이 생존하는 동안에만 인정되므로(민법 3조 1항), 출생으로부터 사망까지 인정되는 것이 법적 원칙이다. 다만, 특수한 경우에 출생 전 태아(胎兒, fetus, 수태 후 7~8주부터 출생하기까지의 뱃속의 아이) 시기에도 민법의 개별적 보호주의에 의거 상속의 순위(민법 제1000조 3항), 대습상속, 유증, 유류분, 불법행위에 기한 손해배상청구 등의 법률관계에 있어서만 이미 출생한 것으로 보아 권리능력을 인정하는 경우도 있다.

사람으로 인정되는 출생을 어느 시점으로 인정할 것인가에 관한 학설로는 진통설(분만개시설), 일부노출설, 전부노출설, 그리고 독립호흡설이 있는데, 형법에서는 낙태죄와 살인죄의 구별을 위하여 진통설이 통설이고, 민법에서는 전부노출설이 통설이다.

2) 영아(嬰兒, baby, 형법 251조) : 갓난아기 또는 아기라고도 하며, 주로 출생 이후 걷기 전 만 1세까지 또는 혹자는 만 2세가 되기 전이라고 한다.

3) 유아기(乳兒, 젖먹이, infant) : 걸음마 단계 만 1세에서 초등학교 입학 전 만 5세까지이다. 영유아보육법(영유아; 만 6세 미만의 취학 전 아동), 유아교육법이 적용된다.

4) 아동(兒童, children) : 어린아이, 어린이, 유치원 단계에서 사춘기 이전 12~13세까지이다. 「아동학대범죄의 처벌 등에 관한 특례법」(약칭 : 아동학대처벌법)의 적용이 있다. 아동복지법에서는 아동 즉 어린이의 연령 범위를 만 18세 미만인 자로 하고 있다(동법 제3조).

"아동학대"란 보호자를 포함한 성인이 아동의 건강 또는 복지를 해치거나 정상적 발달을 저해할 수 있는 신체적·정신적·성적 폭력이나 가혹행위를 하는 것과 아동의 보호자가 아동을 유기하거나 방임하는 것을 말한다(동법 제3조 제7호). "아동학대범죄"란 보호자에 의한 아동학대로서, 동법 제2조 제4호의 어느 하나에 해당하는 죄를 말한다.

5) **형사미성년자**(형법 제9조) : 「14세 되지 아니한 자의 행위는 벌하지 아니한다.」 나이가 어려서 형사책임능력이 없다고 판단되고 있는 것이다. 다만 피해자들은 보호자를 상대로 손해배상 청구 등의 민사상 책임을 요구할 수 있다.

6) **소년**(少年 boy, 少女 girl) : 소년이란 19세 미만의 자로서, 소년법의 적용을 받는다(소년법 제2조). 소년법은 반사회성(反社會性)이 있는 소년의 환경 조정과 품행 교정(矯正)을 위한 보호처분 등의 필요한 조치를 하고, 형사처분에 관한 특별조치를 함으로써 소년이 건전하게 성장하도록 돕는 것을 목적으로 한다.

① 보호의 대상 : 다음의 어느 하나에 해당하는 소년은 소년부의 보호사건으로 심리한다(동법 제4조).

㉠ 죄를 범한 소년(범죄소년) : 형벌법규에 저촉되는 행위를 한 당시 14세 이상 19세 미만인 자이다. 형사처벌 또는 보호처분이 가능하다. 2년 이상 유기형의 경우 부정기형이 선고된다(장기 10년, 단기 5년. 동법 제60조 제1항). 다만, 집행유예(선고유예) 선고시 정기형을 선고한다. 죄를 범할 당시 18세 미만 미성년자에 대하여는 사형이나 무기형에 처할 수 없고, 15년 유기징역에 처한다(제59조).

㉡ 촉법소년(觸法少年) : 범행 당시 만 10세 이상 14세 미만인 소년 : 형사처벌은 불가능하고, 소년법 상 보호처분의 대상이다.

• 촉법소년에 대한 심리 진행과 처분 : 사건이 발생하면 촉법소년은 관할법원 소년부로 송치되어 심리가 진행된다. 소년부 판사는 심리 결과를 보고 필요할 경우 감호 위탁이나 수강명령, 사회봉사명령, 장·단기 보호관찰, 장·단기 소년원 송치 등의 처분을 내릴 수 있다. 감호 위탁이란 보호자나 보호자 대리인에게 촉법소년을 감독하고 보호하도록 책임을 맡기는 것이다. 수강명령은 자유로운 생활을 허용하면서 일정 기간 보호관찰소나 전문기관에서 교육을 받도록 하는 제도다. 소년법에 의한 수강명령은 100시간 이내로 해야 하며, 사회봉사명령은 200시간을 초과할 수 없다.

- 보호처분이란 법원 소년부 판사가 소년보호사건을 심리한 결과 소년의 환경 개선을 위해 국가의 보호가 필요하다고 인정할 때 내리는 처분이다. 형사처분과 달리 전과 등의 기록이 남지 않아 소년의 장래에 악영향을 미치지 않는다. 「소년법」은 '소년의 보호처분은 그 소년의 장래 신상에 어떠한 영향도 미치지 아니한다.'(동법 제32조 6항)고 하고 있다.

ⓒ 범법소년 : 범행 당시 만 10세 미만의 자의 경우 형사책임에서 완전히 제외되고, 보호처분의 대상도 되지 않는다.

ⓔ 우범소년 : 10세 이상 19세 미만의 소년으로서 아직 형벌법령에 저촉되는 행위는 하지 아니하였으나, 아래에 해당되는 사유가 있고 그의 성격이나 환경에 비추어 앞으로 형벌 법령에 저촉되는 행위를 할 우려가 있는 10세 이상인 소년의 경우는 보호처분의 대상이 된다.
- 집단적으로 몰려다니며 주위 사람들에게 불안감을 조성하는 성벽(性癖)이 있거나
- 정당한 이유 없이 가출하거나
- 술을 마시고 소란을 피우거나 유해환경에 접하는 성벽이 있을 것

② 보호처분의 결정 : 소년부 판사는 심리 결과 보호처분을 할 필요가 있다고 인정하면 결정으로써 다음 각 호의 어느 하나에 해당하는 처분을 하여야 한다(동법 제32조).
㉠ 보호자 또는 보호자를 대신하여 소년을 보호할 수 있는 자에게 감호 위탁
㉡ 수강명령(100시간 이내)
㉢ 사회봉사명령(200시간 이내)
㉣ 보호관찰관의 단기(短期) 보호관찰(1년)
㉤ 보호관찰관의 장기(長期) 보호관찰(2년, 1년 연장 가능)
㉥ 「아동복지법」에 따른 아동복지시설이나 그 밖의 소년보호시설에 감호 위탁
㉦ 병원, 요양소 또는 「보호소년 등의 처우에 관한 법률」에 따른 소년의료보호시설에 위탁
㉧ 1개월 이내의 소년원 송치
㉨ 단기 소년원 송치(6개월 이내)
㉩ 장기 소년원 송치(2년 이내)

> **촉법소년 연령 인하 국민청원**
>
> 최근 인천광역시 초등학생 살해사건, 천안 여중생 폭행사건, 부산 여중생 폭행사건, 고등학생들의 무면허운전 사고, 그리고 최근 구리시 초등학생 살해사건 등 촉법소년의 범죄와 학교폭력이 증가 일로에 있고 갈수록 흉폭화 하여, 촉법소년의 상한을 1년 인하하여, 만 12세인 중학교 1학년이더라도 학교 폭력사건의 경우 형사처벌이 가능하고, 중대한 학교폭력 가해 학생은 초법이더라도 구속수사를 할 수 있도록 할 방침이다.

7) **성년, 미성년자**(민법 제4조 내지 제19조) : 성년에 이르는 시기는 19세로 하고, 미성년자의 법률행위 능력을 제한하여 제한능력자로 하며, 단독으로 유효한 법률행위를 할 수 없는 것을 원칙으로 한다.

8) 근로기준법상 만 15세 이상부터 합법적으로 노동이 가능하고, 다만 만 18세 미만의 연소근로자는 근로계약에 부모의 동의가 필요하다. 그러나 임금의 청구는 단독으로 가능하다.

9) 만 19세가 되는 해 1월 1일 되기 전 까지를 '청소년'이라 한다. 즉 "청소년"은 만 19세 미만인 사람으로서, 다만, 만 19세가 되는 해의 1월 1일을 맞이한 사람은 제외한다[청소년보호법(구 미성년자보호법) 제2조]. 청소년보호법은 청소년에게 유해한 매체물과 약물 등이 청소년에게 유통되는 것과 청소년이 유해한 업소에 출입하는 것 등을 규제하고 청소년을 유해한 환경으로부터 보호·구제함으로써 청소년이 건전한 인격체로 성장할 수 있도록 함을 목적으로 한다. 이 법에 따라 청소년유해매체물, 술, 담배 등 청소년유해약물, 청소년유해물건의 유통과, 청소년 유해업소에의 출입이 제한된다.

10) 시장·군수 또는 구청장은 관할 구역에 주민등록이 된 자 중 17세 이상인 자에 대하여 주민등록증을 발급한다[주민등록법 제24조(주민등록증의 발급 등)].

11) 대한민국 국민인 남성은 헌법과 이 법에서 정하는 바에 따라 병역의무를 성실히 수행하여야 하고, 여성은 지원에 의하여 현역 및 예비역으로만 복무할 수 있다. 병역의무자로서 사형, 무기 또는 6년 이상의 징역 또는 금고의 형(刑)을 선고받은 사람은 병역에 복무할 수 없으며, 병적(兵籍)에서 제적된다(병역법 제3조). 대한민국 국민인 남성은 18세부터 병역준

비역에 편입된다(병역법 제8조). 병역의무자는 19세가 되는 해에 병역을 감당할 수 있는지를 판정받기 위하여 지방병무청장이 지정하는 일시(日時)·장소에서 병역판정검사를 받아야 한다. 다만, 군(軍)에서 필요로 하는 인원과 병역 자원의 수급(需給) 상황 등을 고려하여 19세가 되는 사람 중 일부를 20세가 되는 해에 병역판정 검사를 받게 할 수 있다[동법 제11조(병역판정검사)].

국외출생자나 병역준비역에 편입되기 전에 출국한 사람으로부터 국외여행 허가신청서 또는 국외여행기간 연장 허가신청서를 제출받은 경우에는 37세까지를 허가기간으로 하는 국외여행허가를 받은 것으로 보고 병역준비역 편입자로 그 병적을 관리하게 되어 있으므로, 병역의무는 39세까지 존재한다고 본다[병역법 시행규칙 제11조(국외출생자 등의 병역준비역 편입자 조사) 제2항].

- 징집 : 국가가 병역의무자에게 현역(現役)에 복무할 의무를 부과하는 것이다.
- 소집 : 국가가 병역의무자 또는 지원에 의한 병역복무자(지원에 의하여 현역에 복무한 여성을 말한다. 제3조 제1항 후단) 중 예비역(豫備役)·보충역(補充役) 또는 전시근로역에 대하여 현역 복무 외의 군복무(軍服務)의무 또는 공익분야에서의 복무의무를 부과하는 것이다(병역법 제2조 정의).

12) 만 18세에는 선거권을 갖게 되며, 국회의원 및 지방자치 피선거권은 25세에, 대통령 피선거권은 40세에 취득한다(공직선거법 제15조, 제16조).

13) 청년고용촉진특별법에서 청년이라 함은 15세 이상 29세 이하인 사람을 말한다. 다만, 동법 상「공공기관의 운영에 관한 법률」에 따른 공공기관과「지방공기업법」에 따른 지방공기업이 청년 미취업자를 고용하는 경우라 할 때 15세 이상 34세 이하인 사람을 말한다(2013.10.30. 개정).

청년과 노인의 중간에 위치한 장년은 30세~40대 초반, 그리고 표준국어대사전에 의하면 중년은 마흔살 안팎의 나이 또는 그 나이의 사람, 청년과 노년의 중간을 이르며, 때로 50대까지 포함하는 경우도 있다라고 설명한다.

참고로 2016년 UN은 평생연령 기준을 재정립하여, 새로운 세대의 기준을 발표하였다.
    1. 미성년자 : 0~17세
    2. 청년 : 18~65세
    3. 중년 : 66~79세

4. 노년 : 80~99세
　　5. 장수노인 : 100세 이상

　14) **노인** : 노인복지법은 상담·입소 등의 조치 대상 노인을 65세 이상의 자로 한다(동법 제28조).

　15) **사망 시기** : 사망 시기에 관하여는 맥박(심장)정지설(심장사설), 호흡정지설, 호흡과 맥박(심폐정지 ☞ 사망에 수반하는 현상) 및 동공확대 등을 종합적으로 판정하는 종합판정설, 뇌기능의 상실을 기준으로 하는 뇌사설 등이 있다. 그동안은 종합판정설이 통설이었으나 최근에는 뇌사설이 유력해지고 있다. 「장기 등 이식에 관한 법률」에서 특별히 장기적출을 하기 위한 경우에는 뇌사설이 적용된다.

4. 법문화와 법의식

(1) 법문화

　법문화는 사회의 법제도, 법이론, 법의식을 총칭하는 개념이다. 이와 같이 사회의 법질서와 법제도의 바탕을 이루는 법문화에는 그 사회의 정신적 전통이 강하게 나타난다.
　① 대륙법 문화 : 프랑스와 독일 등에서 발전한 법문화로서, 실정법 중심의 성문법주의를 원칙으로 한다.
　② 영·미법 문화 : 영국과 미국 등에서 발전한 법문화로서, 판례법 중심의 불문법주의를 원칙으로 한다.
　③ 우리나라의 법문화는 혼합적 법문화라고 할 수 있다. 개화기 이후 특히 일제시대에 독일, 프랑스의 대륙법체계를 수용하여 이를 기본으로 하였고, 광복 후에는 미군정의 영향으로 미국법의 영향을 많이 받았다.

(2) 선진국의 법문화

　① 시민의 자유와 권리를 중시하는 법문화가 확립되어 있다.
　② 준법정신과 권리의식, 긍정적인 법인식이 정립되어 있다.

(3) 우리나라의 법문화

1) 전통적 법문화

① 유교주의 국가에서 덕치주의와 예치주의[12]가 숭상되었고, 이들이 법의 기능을 대신하여 법의 발전에 장애 요인이 되었다. 또한 전통적 사회윤리가 3강 5륜, 남존여비의 불평등사회여서 법문화가 발전하기 어려웠다.
② 또한 일제시대에는 당시에 서구의 발전된 법이 도입되었으나, 식민지 지배의 시대적 상황으로 인하여 법에 대한 거부감이 만연하였다.
③ 군사정권 시절에 경제발전 목표에 치중하느라 법을 통치수단이나 의무이행을 위한 강제의 수단으로 이용하는 등 그 강제력이 남용된 경우도 많았고, 무엇보다 오래 계속된 권위주의적 통치의 영향으로 법치주의의 실현에 어려움이 있었다.
④ 그로 인해 '유전무죄', '이현령비현령'이라는 등 법에 대한 부정적 인식과 "법을 지키면 나만 손해다"라는 소극적 태도가 심화되어 있었다.

2) 1980년대 후반 이후의 변화

시민사회가 발전하여 타인의 권리 존중, 사회정의, 공공복리의 실현을 위한 법의식이 확산되기 시작했다. 우리 사회에 바람직한 법문화를 정착·발전시키기 위하여는 우리에게 적합한 법제도와 법이론을 개발하고, 올바른 법의식을 확립하는 것이 필요하다.

(4) 법의식

사회 구성원이 가지고 있는 법적 지식, 법에 대한 감정 또는 태도를 법의식이라고 한다. 법의식을 제대로 함양하기 위하여는 올바른 법의 제정과 준법정신이 필요하다.

5. 미래 사회와 법

우리 사회에서 과학기술이 혁신되고 바이오 산업의 발달이 가속화됨에 따라 인간 배아의 복제 문제 등 새로운 법적·윤리적 쟁점들이 출현하였고, 바야흐로 4차 산업혁명의 시대에 여러 분야에서 첨단 과학기술들이 새로운 지경을 열고 있으므로 이들을 적절히 규율하여, 생명과 인권의 존중, 사생활과 사유재산권의 보호, 지적재산권의 보호 등 사회적 신뢰가 유

---

[12] 예치주의(禮治主義)란 「소학」, 「주자가례」에 따라 관혼상제와 도덕적 내용을 강조한다.

지되도록 하는 것이 중요하다. 더불어 성적소수자 내지 사회적 약자 보호차원에서 성정체성과 관련된 문제들이 대두되고 있는데, 이러한 우리 사회에서의 문제들에 대하여 인간관계와 생활양식의 변화를 고려하여 슬기롭게 대응하여야 할 것이다.

6. 법률구조제도

(1) 무료법률상담

지방자치단체 무료법률상담실, 법무법인과 법률사무소, 대한법률구조공단(http://www.klac.or.kr), 한국가정법률상담소(http://www.lawhome.or.kr), 대학 법률문제연구소, 교원단체 등을 통해 무료법률상담을 받을 수 있다.

■ 대한법률구조공단(www.klac.or.kr)
1987년 9월 1일에 법률구조법에 의해 설립되어 법률상담과 법률구조를 제공하고 있다.

법률상담	민사, 가사, 형사, 행정사건 등 법률문제 전반에 대해 무료 상담
법률구조	민사, 가사사건에 대해서는 당사자간의 화해·조정이나 변호사 또는 공익 법무관에 의한 소송대리를, 형사사건에 대해서는 변호사 또는 공익법무관의 변호 제공

(2) 소송비용 대여

법률구조공단, 법무법인과 법률사무소 등에서 소송비용을 지원하거나 대여해 주기도 한다.

(3) 변호사 선임을 통한 소송대행

일반 변호사가 소송대리시 소장작성 및 접수, 재판출석과 진행 등 소송수행을 대행하므로 의뢰인이 개인적으로 꼭 출석할 필요가 없고, 다만 인지대, 송달료, 위임장송부료 등 기본 실비 외에 변호사수수료를 부담한다.

(4) 법률 분야의 사회복지제도

사회의 발전과 더불어 점점 복잡하고 다양해진 각종 법률제도의 혜택을 국민들이 누릴 수 있게 되었지만, 경제적인 이유 등으로 사실상 법의 보호를 청구하기 어려운 사회적 취약계층이 있어서 이들에 대해 법률상담, 변호사 또는 공익법무관[13])에 의한 소송대리 및 형사변호, 기타 법률사무에 관한 각종 지원을 해주는 것이 필요하다. 그리함으로써 적법한 절차에 의하여 그들의 정당한 권리를 보호하고, 더 나아가 국민으로서 기본적 인권을 보호받을 수 있도록 하는 제도적인 장치를 마련하는 것이다.

---

13) 사법연수원 수료자 및 변호사시험 합격자 중 병역미필자를 군복무에 갈음하여 법무부 소속 공무원인 공익법무관으로 임용하여, 법률구조업무 및 국가소송업무 등 공공업무에 종사하게 하는 제도이다.

CHAPTER 02 법의 일반이론

제1절 법의 이념

1. 정의

법은 정의(正義, Justice)의 실현을 목적으로 한다. 법은 정의라고 할 정도로, 정의는 법에 있어서 핵심적인 요소이다. 정의란 사전적 개념으로는 '바르고 옳은 것'이라고 하지만, 여러 방법으로 정의되어 왔다. 아리스토텔레스(Aristotle)는 정의를 평균적 정의와 배분적 정의로 나누어 설명하였다. 평균적 정의란 일정한 요건만 채워지면 누구나 균등하게 대우되어야 한다는 것이고, 배분적 정의란 각자의 능력 및 공적에 따라 그에 상응하는 대우를 받아야 한다는 것이다. 예컨대 평균적 정의란 대학에서 대학생이라면 누구나 동등하게 선택과목을 선택할 자유가 있다는 것이고, 배분적 정의란 동일한 선택과목을 선택한 학생들을 평가하여 성적이 좋은 학생에게 좋은 학점을 준다는 것이다. 한편 후대의 학자들은 아리스토텔레스의 정의를 일반적 정의와 특수적(particular) 정의로 구분하고, 후자를 부와 명예, 조세의 부담 등을 사람의 가치에 따라 부여하는 분배적 정의, 사람들 간에 발생하는 이익과 손해의 불균등을 시정하여 본래의 동등함을 회복시키는 시정적 정의, 그리고 사회구성원 간의 계약관계 등에서 재화의 거래 때 가치가 동등해야 한다는 쌍방의 동의에 기한 교환적 정의로 분류하기도 한다.

중세 아퀴나스(Thomas Aquinas, 1224/1225~1274)는 기독교적 철학에 입각한 정의관을 확립하였다. 그 후 계몽주의 시대에 칸트(Imanuel Kant, 1724~1804)는 인간의 존엄성을 강조하였고, 「도덕적 형이상학의 기초」에서 정의를 자유와 연관시켜, '규제 없는 시장'과 '재화와 용역의 자유로운 교환'을 옹호하였다. 한편 19세기 중반 영국의 벤담(Jeremy Bentham, 1806~1873)은 가치판단의 기준을 功利性(utility) 즉 사회적 효용이나 행복의 증진에 두고 '최대 다수의 최대 행복'을 윤리적 행위의 목적으로 하는 공리주의(功利主義, Utilitarianism)를 주장하였다.[1] 또한 롤스(John Rawls, 1921~2002)는 「정의론」(The theory of Justice, 1971)에서 자유롭고 평등한 사회를 정의로운 사회라고 하고 정의가 사회적 합의의 대상이라는 독창적 이론을 제시하였는데, 공정으로서의 정의의 제1원칙은 '평등한 자유의 원칙'으로서 모든 사람은 다른 사람의 자유와 상충되지 않는 한도 내에서 가장 광범한 자유를 누릴 동등한 권한을 갖는다는 것이고, 제2원칙은 '차등의 원칙', '기회균등의 원칙'으로서 최소 수혜자를 배려하도록 하고, 불평등의 조건인 공직과 직위가 공정한 기회균등의 조건하에 개방되어야 한다고 하였다. 그는 소득 재분배를 통해 사회의 빈곤층이나 소외계층을 배려하는 분배원칙 즉 분배 정의를 통하여 기존의 불평등한 사회관계를 최소화하여야 한다고 하였다. 그리고 샌델(Michael Sandel, 1953~)은 「정의란 무엇인가」(Justice, 2009)에서, 첫째 '자유'라 하더라도 그 선택의 자유까지 존중, 둘째 공리로서 최대 다수의 최대 행복, 셋째 도덕적 추론을 도출하는 미덕을 지향하고 "소득과 부, 의무와 권리, 권력과 기회가 공정하게 분배되는 '공동선'을 정의"라고 하였다.

2. 합목적성

합목적성이란 법은 구체적 정당성을 실현시키고자 하는 그 가치관에 부합되어야 한다는 것을 의미한다. 다시 말해, 어느 국가의 법질서가 현실을 반영한 가치관을 바탕으로 정치, 사회, 경제, 문화적 목적을 포함하여 구체화되어야 한다는 것이며, 추상적 이념을 담고 있는 정의와 달리 실현가능성을 전제로 하는 실제규범의 성격을 가져야 한다는 의미를 가진다. 민주주의 국가에서 법의 목적은 개인의 자유와 권리를 보장하여야 하고, 공공복리에 합치되어야 한다. 따라서 법은 현실적인 법질서의 목적을 정의 개념과 조화하고 균형을 이루는 상태에서 달성하려는 합목적성을 추구해야 하는 것이다.

---

[1] 한편 공리주의자이며 현대적 자유주의자의 시조인 존 스튜어트 밀(Mill, John Stuart, 1806~1873)은 「자유론」(On Liberty, 1859)에서 "타인에게 해가 되지 않는 한 나의 자유는 침해될 수 없다."는 '위해성 원칙'(harm principle)을 주장하였다(자유방임주의).

3. 법적안정성

법은 인간이 법에 따라 안심하고 생활할 수 있도록 유지되어야 한다. 이것이 법적안정성이다. 사회는 끊임없이 발전하고 변화함에도 불구하고 법이 사회적 현실을 무시한 채 고정되어 있다거나, 반대로 사회현실과 맞지 않게 법이 수시로 변경되는 경우에는 법적안정성이 유지되지 않는다. 또한 법은 내용은 명확하게 제시되어 국민들이 이를 이해하고 실제로 준수할 수 있어야 한다.

제2절 법과 다른 사회규범

1. 의의

사회규범이란 사회질서를 유지하기 위하여 그 구성원들이 지켜야 할 행동양식을 말한다. 사회규범에는 법, 관습, 도덕(윤리), 종교 등이 있는 바, 특히 법을 위반하는 경우 강제력이 발동된다. 이 점에서 다른 사회규범으로서의 관습, 도덕(윤리), 종교 등과 구별된다.

관습	오랜 세월 동안 계속해온 관행적 생활양식
도덕(윤리)	인간으로서 지켜야 할 도리
종교(계율)	종교사회에서 지켜야 할 규율
법	행위준칙으로서 국가에 의한 강제력

2. 법과 관습

관습(custom, usual practice)이란 시간적 그리고 지역적인 특정 범위에서 다수에 의해 오랫동안 계속되고 반복되어서, 그 범위 내의 사람들이 관행으로 인식하고 이에 따라 행동해야 한다고 생각하도록 하는 사회규범이며, 이에 대해 법적 확신이 부여되는 경우 관습법[2]이

---
2) 입법기관이 제정하지는 않았으나 주권자가 법률로서의 효력을 인정하는, 사회관습에 바탕을 둔 법. 예컨대 분묘기지권, 미등기건물에 대한 관습법상 법정지상권 등이다.

라고 한다. 관습은 국가 권력에 의해 실현되는 것이 아니므로 법과 달리 일정 지역의 사람들에게만 구속력(상대적 구속력)을 가지게 된다.

법	관 습
인위적	자연발생적
강제력	무형의 강제
공서양속(법률혼 등)	미풍양속(관혼상제 등)

3. 법과 도덕(윤리)

도덕(道德, morals), 도(道)란 사람으로서 마땅히 행하여야 할 인륜을 성립시키는 도리나 예법이고, 덕(德)이란 이를 체득, 실천하고 있는 상태를 말하고, 윤리(ethics, code of conducts)는 인륜 도덕의 원리라는 의미로서 대략 같은 뜻이다. 도덕(윤리)은 '~을 해야 한다.'라는 의무를 부과하는 형태를 통해서 내면의 의사를 규율하여 행동으로 표현되도록 하는데 반해, 법은 외면에 나타난 행동만을 규율하는 특성을 갖는다. 독일의 법철학자 예링(Rudolf von Jhering, 1818~1892)은 "법과 도덕의 관계는 법철학에 있어서 capehorn(희망봉)"이라고 하였고, 옐리네크(Georg Jellinek, 1851~1911)는 "법은 도덕의 최소한"이라고 하였다.

법	도덕(윤리)
보통인(common man) 기준	이상적 인간(ideal man) 기준
외면적 행위 규제	내면의 의사 규제
타율성(강제성)	자율성
쌍면적	편면적(일면적)
강제력	강제력 없음

※ 도덕이 법으로 전화한 것 : 교통도덕, 보건도덕
　도덕과 관계 없는 법 : 정부조직법, 법원조직법
　도덕에 반하는 법 : 악법

4. 법과 종교

종교는 절대자(신)에게 의지하는 생활현상이다. 고대사회에서는 종교와 법, 그리고 관습이 혼재되어 있었으나[3], 중세에 와서는 종교(계율)가 법보다 우월한 지위에 있었던 경우도 있었지만[4], 근세에 와서는 정교가 분리되어 현재 대부분의 국가에서 종교의 자유가 인정되고 있다.[5] 종교는 죄를 신에 대한 믿음을 저버리는 생각이나 행위를 의미하기 때문에 스스로의 신에 대한 죄책감이나 동일한 신을 믿는 다른 사람들의 비난이 규제(처벌)의 수단으로 작용하며, 법과 같이 국가 권력에 의해 강제되는 것이 아니라는 점에서 차이가 있다. 그러나 종교의 내용 중 많은 것이 법에 수용되었으며, 대표적으로 10가지 하나님이 지키도록 명령한 것을 기록한 십계명(十誡命) 중 6번째부터 10번째까지에 담겨있는 '살인하지 말라', '간음하지 말라', '도둑질하지 말라', '거짓증언 하지 말라', '이웃의 아내나 재물을 탐하지 말라'가 사례이다.

---

3) 예컨대 모세의 십계명, 고조선의 단군왕검, 화랑의 세속오계 등
4) 프랑크왕국 카롤링거왕조를 창설한 피핀의 아들 제2대 프랑크 국왕(768~814) 샤를마뉴대제(카롤루스대제, 재위 769~814)는 서기 800년 교황 레오 3세로부터 서로마제국 황제의 관을 받았으며, 동프랑크왕국 즉 독일에 해당하는 지역의 오토 1세(재위 934~976)는 962년 교황 요한 12세로부터 신성로마제국 황제의 제관(帝冠)을 받았다. 또한 1076년 교황 그레고리오 7세가 성직자의 임명권을 둘러싸고 신성로마제국 황제 하인리히 4세를 파문한 카노사(북이탈리아, Canossa)의 굴욕 사건, 교황의 서로마제국 황제 임명, 1095년 교황 우르반 2세의 십자군원정 주창 등의 사례에서 당시 교황권의 우위를 엿볼 수 있다.
5) 예외 : 이슬람국가의 국교, 영국 성공회(국교회)

제3절 법의 분류

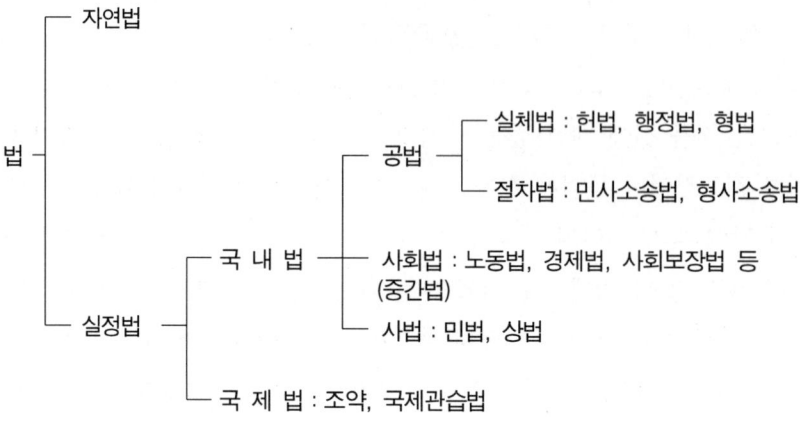

1. 자연법과 실정법

자연법(natural law)은 인류의 본성 등 자연적 성질에 기초하여 시대와 국정이 어떠하든 관계없이 변하지 않는 보편적이고 항구적인 법률 및 규범을 말한다. 이는 실정법에 대비되는 개념으로서, 민족·사회·시대·장소를 초월하여 영구불변의 보편타당성을 지니는 법이다. 자연법칙이 존재에 관한 법칙인데 비하여, 스토아학파에 의하면 자연법은 올바른 이성에 적합한 완전히 평등한 법이라고 보았으며, 키케로(Marcus Tullias Cicero)는 모든 인간 안에 스며있는 올바른 이성이 진정한 법이라고 하였다.

이에 비하여 실정법(positive law)이란 현실적으로 우리의 생활을 규율하는 법으로서 국가기관에 의하여 제정된 제정법(성문법)이나 관습법 또는 판례법을 말하는데, 민족이나 사회에 따라 내용이 달라질 수 있다.

2. 공법·사법·사회법

공법은 국가의 통치권 발동에 관한 관계를 규정한 법으로서 국가 또는 국가기관과의 관계에서 적용되는 법이며, 공익을 보호하고 국민과의 관계에서 불평등한 법규의 성질을 갖는다. 이에 반하여 사법은 비통치관계 즉, 개인과 개인간의 관계를 규율한다. 한편 사회법이란 자본주의의 고도화에 따른 폐단을 시정하기 위하여 출현한 공법과 사법의 중간영역에 속하는 법으로서, 개인 간의 계약자유의 원칙에 대해 국가가 간섭하는 형태의 법이다. 예를 들어 경제법의 경우 개인(기업)과 개인(소비자) 사이의 법률관계에 국가가 간섭하여 적용하고 있고, 근로기준법, 국민건강보험법 등도 이와 같다.

3. 국내법과 국제법

국내법이란 한 국가 내에서만 적용되는 법으로서 일반적으로 국가와 국민 또는 국민과 국민 상호간의 권리·의무관계를 규율한다. 이에 대하여 국제법은 국제사회에 통용되는 국가, 국제기구, 사인 상호간의 권리·의무에 관한 법을 말한다.[6]

4. 실체법과 절차법

실체법은 권리·의무의 실체, 즉 권리와 의무의 종류·변동·효과 등에 관하여 규율하는 법이고, 절차법이란 권리와 의무의 내용을 실현하기 위한 절차를 규정하는 법이다. 실체법은 절차법을 통하여 실현됨으로써 현실적인 의의를 가지게 된다. 예를 들어 사인이 범죄를 저지른 경우 형법(실체법)의 규정에 정해 놓은 형벌을 형사소송절차(절차법)에 따라 재판을 하게 된다.

5. 일반법과 특별법

일반법이란 사람·시간·장소·사항 등에 대하여 일반적으로 전체적으로 적용되는 법을 말하고, 특별법이란 특정한 사항, 즉 특정 사람들이나 특성 사건들 등에 국한되어 적용되는

---

[6] 국제인권규약 A(1966.12.16. UN총회의 경제적, 사회적, 문화적 권리에 관한 규약, 1976.1. 발효), B(시민적·정치적 자유에 관한 규약, 1976.3. 발효), 1959. UN에서 채택된 '아동의 권리선언'(국제문서)은 물론, 우리나라가 1991.12.9. 국제노동기구(ILO)에 가입하여 2006.5. 현재 ILO 조약 중 남녀동등보수에 관한 조약(제160호) 등 20개를 비준하고 있는 바, ILO조약은 회원국이 동 조약을 비준할 경우 국제조약과 동일한 효력을 가지는 구속력이 있다. 또한 우리나라는 2006.6. 이후 ILO의 사회보장기준에 의거 이란, 캐나다, 영국, 미국, 독일, 네덜란드, 일본, 이탈리아 등 8개국과 사회보장협약(조약)을 체결하여 시행해오고 있다. 이 외에 핵무기비확산조약(NPT) 등에도 가입하고 있는데, 이러한 헌법에 의하여 체결·공포된 조약과 일반적으로 승인된 국제법규는 국내법과 동일한 효력을 갖는다(헌법 제6조 1항).

법을 말한다. 특별법이 일반법에 우선하여 적용된다(특별법우선의 원칙). 예컨대 민법은 모든 국민들에게 적용되지만, 만일 국민들 가운데 상인이 거래를 하는 경우라면 상법을 먼저 적용한다. 이 때 상법은 민법의 특별법이다.

제4절 법의 존재형식

법을 어떻게 표현하느냐에 관련된 것이 법의 존재형식이다. 법의 연원(淵源)이라고도 한다. 법은 크게 성문법과 불문법으로 존재한다. 성문법에는 다시 헌법, 법률, 명령·규칙, 자치법규, 조약이 있으며, 불문법으로는 관습법, 판례, 조리가 있다. 독일·프랑스를 중심으로 한 대륙법계통에서는 성문법주의를 택하고 있고, 이에 반하여 영미법계통에서는 불문법중심주의를 취하고 있다.

1. 성문법

(1) 헌법

헌법은 국가의 기본법이며 최고의 법이다. 따라서 헌법은 국가의 기본조직, 통치작용, 국민의 기본권 등을 규정하고 있다. 헌법은 최상위법으로 가장 강력한 효력을 갖기 때문에 법률이나 명령 등과 같은 헌법의 하위법은 헌법에 위반되어서는 아니 된다.

(2) 법률

법률이란 입법기관인 국회의 의결을 거쳐 제정되는 성문법으로 헌법의 하위에 속하므로 헌법에 위반되어서는 안 된다. 법률에는 형법, 민법, 상법, 민사소송법, 형사소송법 등과 같은 것들이 있다.

(3) 명령·규칙

명령과 규칙은 국회의 의결을 거치지 않고 권한이 있는 기관(대통령, 국무총리, 장관, 금융위원회 위원장 등)에 의하여 제정되는 법규를 말한다. 입법권은 국회에 있는 것이 원칙이지만 국회는 근본적인 중요한 점만 법률의 형식으로 정하고 실제로 법률을 집행하는데 필요한 세부적인 사항을 각 행정기관이 정하도록 하고 있다.

(4) 자치법규

자치법규란 지방자치단체가 법령의 범위 내에서 제정한 자치에 관한 규정으로 헌법상 자치권(헌법 제118조 1항)에 의해 제정된다. 자치법규에는 조례와 규칙이 있다. 조례는 지방의회의 의결을 거쳐 제정되고 규칙은 지방자치단체의 장이 제정한 것이다.

(5) 조약

조약은 문서에 의한 국가 간의 합의로서 대통령에 의해 체결되고 국회의 동의를 얻어 대통령이 공포함으로써 그 효력이 발생한다(헌법 제6조 1항).

2. 불문법

(1) 관습법

사회의 생활 속에서 관습이 반복하여 행하여짐으로써 법으로서의 효력을 가지게 된 것을 말한다. 관습법이 성립되기 위해서는 첫째, 관습이 오랜 동안 계속하여 반복되어야 한다. 둘째, 관습이 선량한 풍속 기타 사회질서에 반하지 않아야 한다. 셋째, 지켜야 할 만한 가치가 있다는 법적 확신이 있어야 한다. 관습은 법으로서의 효력을 갖는다고 하여도 법령이 존재하지 않는 범위에서 보충적 효력을 갖는 것이 원칙이지만 예외적으로 법률을 개폐하는 효력을 갖기도 한다.

(2) 판례

법원이 구체적 사건에 관하여 내린 판례는 동종의 유사한 사건에 반복됨으로써 일정한 법적 구속력을 갖는다. 이것을 판례법이라고 한다. 그러나 우리나라와 같은 성문법주의 국가에서는 판례법은 사실상 하급심을 구속하지만 법원(法源)이 되지는 못한다.

(3) 조리(條理)

조리란 사물의 이치 또는 본질적 법칙을 말하는 것으로 공서양속, 신의성실의 원칙, 정의, 자연법 등으로 표현되기도 한다. 구체적 사건의 재판에서 적용할 성문법이나 관습법이 없는 경우에 법원은 조리에 의하여 재판을 진행할 수밖에 없다.

제5절 법의 효력

1. 법의 실질적 효력

법이 사회에서 실현되기 위해서는 법 자체에 타당성이 있어야 한다. 그러나 아무리 타당성 있는 법이라 할지라도 사회에서 실현되지 않으면 그 의미가 없다. 법의 타당성이 인정되기 위해서는 법이 구속력을 가질 수 있는 가치가 있어야 한다. 그리고 법이 실효성을 갖기 위해서는 규범이 준수되지 않을 경우에는 국가권력에 의한 강제력을 동원함으로써 그 실현이 보장되어야 한다.

2. 법의 형식적 효력

(1) 법의 시간적 효력

법은 시행일부터 폐지일까지 효력을 갖는다. 법률의 효력은 시행일부터 발생하는 것이므로 그 시행 이전에 일어난 사항에 대해서는 소급하여 적용할 수 없다. 이를 법률불소급의 원칙이라고 한다.

(2) 법의 장소적 효력

법은 그 나라의 영역(영토·영해·영공)의 전반에 걸쳐 그 효력이 미친다. 다만, 자국의 군함이나 선박, 항공기는 타국의 영역에 있더라도 자국의 법이 적용된다.

> **북한지역에도 우리나라의 법이 적용되는가의 문제**
>
> 헌법 제3조는 "대한민국의 영토는 한반도와 그 부속도서로 한다고"고 하여 우리나라의 영역의 범위를 북한지역도 포함하는 것으로 규정하고 있다. 즉, 북한지역은 대한민국의 영토에 속하는 것이다. 따라서 대한민국의 주권이 북한지역에도 미치며 대한민국의 주권과 충돌되는 어떠한 주권도 인정될 수 없다. 이로 인해, 북한이탈주민(새터민)은 대한민국의 주권이 미치는 지역의 주민이므로 한국 국민으로 인정하는 것이다.

(3) 법의 인적 효력

한 나라의 국민은 국내외 어디에 있든지 그가 속해 있는 국가의 법에 따라야 한다는 원칙(속인주의)과 한 나라의 영토 안에 있는 모든 사람은 자국민이든 외국인이든 국적에 관계없이 그 나라의 법을 따라야 한다는 원칙(속지주의)이 있다. 우리 국적법은 속인주의를 원칙으로 하고 속지주의로 보충하고 있다. 치외법권을 가진 외국인이 주재국의 법을 적용받지 않고 본국법의 적용을 받는 것이 속인주의의 대표적인 예이다.

제6절 법의 해석

1. 서론

법의 의미나 내용을 명확히 하는 것을 법의 해석이라 하는 바, 이에는 권력이 있는 자가 해석하는 유권해석과 사인(私人) 특히 법학자들이 해석하는 무권해석 내지 학리해석이 있다. 학리해석에는 다시 문리해석과 논리해석으로 나눌 수 있다.

2. 학리해석

학리해석(學理解釋)이란 학문적 해석방법으로서 여기에는 문리해석과 논리해석이 있다.

(1) 문리해석

문리해석(文理解釋)이란 법규의 문장이나 문자의 의미를 밝혀내는 해석방법을 말한다.

1) 축소해석

법조문의 문구를 문리적으로 해석하여 법조문의 표현보다 좁게 해석하는 방법이다. 예를 들어 형법 제329조의 절도죄의 객체인 재물에는 부동산은 포함되지 않는다고 축소해석을 하는 것이다.

2) 확장해석

법규의 문장의 의미를 확장해서 널리 이해하는 해석의 한 방법이다. 여성의 두발을 절단하여 외관상 손실을 초래한 경우 상해죄를 적용하는 경우가 그 예이다.

3) 유추해석

어떤 사항을 직접 규정한 법규가 없는 경우 이와 가장 비슷한 사항을 규정한 법규를 적용하는 것이다. 형법에서는 죄형법정주의의 원칙상 적용되지 않는다. 예컨대 '우마차 통행금지'라고 하면, 우(牛) 마(馬)가 끄는 마차 외 당나귀나 노새가 끄는 마차도 통행을 금지시키는 경우이다.

(2) 논리해석

1) 비교해석

비교해석이란 법규를 구법(舊法)이나 외국법 등과 비교·대조하며 해석하는 방법이다.

2) 목적해석

목적해석이란 법의 목적에 따라 행하는 해석의 한 방법이다.

3) 의사해석

의사해석(意思解釋)이란 입법당시의 자료를 보고 입법자의 의사를 탐구하여 법규의 내용을 해석하는 방법이다.

4) 보정해석

보정해석(補正解釋)이란 법문의 어구가 잘못되었을 경우 이를 보충한다거나 변경하여 해석하는 방법이다.

5) 물론해석

물론해석이란 다른 사례의 경우에도 당연히 그 규정에 포함되는 것으로 해석하는 방법이다.

6) 반대해석

반대해석이란 법문에 명시되지 않은 경우 그와 반대로 된다고 해석하는 방법이다.

3. 유권해석

(1) 입법해석(立法解釋)

법을 제정한 입법기관인 국회에서 해석규정을 두어서 해석하는 것으로서 법정해석이라고도 한다.

(2) 사법해석(司法解釋)

사법해석이란 법원에서 구체적 소송사건의 해결을 위해 내리는 해석이며 재판해석이라고도 한다. 이러한 해석은 판례에서 나타난다.

(3) 행정해석(行政解釋)

행정해석이란 법을 집행하는 행정기관이 법을 집행하는 과정에서 내리는 해석을 말한다.

CHAPTER 03 헌법

제1절 헌법 일반

1. 서설

(1) 헌법의 개념

헌법이란 국민의 기본권과 한 나라의 통치질서에 관한 기본법이며 국내법 중 최고의 법이다.

(2) 헌법의 특성과 기능

1) 헌법의 특성

헌법은 일반 법률과 달리 정치성이 강하고 이념적이며, 역사적 조건과 상황에 지배를 받는 특성이 있다. 또한 헌법은 한 나라의 법체계에서 최고의 법으로서 최상의 효력을 가지며, 그 구조가 간결하고 총체적으로만 규정하고 있으며 개방적이다.

2) 헌법의 기능

헌법은 한 국가의 통치질서에 관한 법이기 때문에 국가를 조직하는 기능을 하며, 정치생활을 주도하고, 국민의 기본권보장을 통해 사회를 통합시키는 기능을 수행한다.

3) 현행헌법의 구조

현행 대한민국헌법은 전문과 본문 10장 130조 및 부칙 6조로 구성되어 있다. 전문은 우리 헌법의 기본정신을 선언하고 있다.

전 문

유구한 역사와 전통에 빛나는 우리 대한국민은 3.1운동으로 건립된 대한민국 임시정부의 법통과 불의에 항거한 4.19 민주이념을 계승하고, 조국의 민주개혁과 평화적 통일의 사명에 입각하여 정의·인도와 동포애로써 민족의 단결을 공고히 하고, 모든 사회적 폐습과 불의를 타파하며, 자율과 조화를 바탕으로 자유민주적 기본질서를 더욱 확고히 하여 정치·경제·사회·문화의 모든 영역에 있어서 각인의 기회를 균등히 하고, 능력을 최고도로 발휘하게 하며, 자유와 권리에 따르는 책임과 의무를 완수하게 하여, 안으로는 국민생활의 균등한 향상을 기하고 밖으로는 항구적인 세계평화와 인류공영에 이바지함으로써 우리들과 우리들의 자손의 안전과 자유와 행복을 영원히 확보할 것을 다짐하면서 1948년 7월 12일에 제정되고 8차에 걸쳐서 개정된 헌법을 이제 국회의 의결을 거쳐 국민투표에 의하여 개정한다.

---

4) 헌법 본문

제1장 총강 : 대한민국의 구성과 대한민국의 기본 성격을 규정
제2장 국민의 권리와 의무 : 국민의 기본권과 기본적 의무에 관한 규정
제3장 국회   제4장 정부   제5장 법원
제6장 헌법재판소   제7장 선거관리   제8장 지방자치
제9장 경제   제10장 헌법 개정

(3) 우리 헌법의 기본원리

1) 국민주권주의

우리나라 헌법은 "대한민국은 민주공화국이다. 대한민국의 주권은 국민에게 있고, 모든 권력은 국민으로부터 나온다."(헌법 제1조)고 규정하여 국민주권의 이념을 기본원리로 하고 있다. 민주는 정체(政體)를, 공화국은 국체(國體)를 의미한다.

2) 기본권 존중주의

우리 헌법은 국민의 기본권을 최대한으로 보장할 것을 선언하고 있다. 헌법전문에서 기본권보장을 선언하고, 제10조에서 기본권보장의 대원칙을, 제37조에서 기본권의 존중과 제한의 일반원칙을 규정하고 있다. 그리고 제2장에서는 기본권을 개별적으로 보장하고 있다.

3) 권력분립주의

권력분립주의란 국민의 자유와 권리를 보장하기 위하여, 입법부·행정부·사법부로 분리시켜 이들 상호간에 서로 견제와 균형을 유지함으로써 그 목적을 달성하려는 것이다.

4) 법치주의

법치주의란 법에 의한 지배를 목표로 하는 사상적 원리로서, 절대군주정치를 부정한 시민계급이 근대국가를 설립한 이후 각국의 민주주의적 정치원리로 되었다. 법치주의의 목적은 국민의 자유와 권리의 보장이고, 그 기초는 권력분립이며 그 내용은 법률의 우위, 법치행정, 법률에 의한 재판이다.

5) 성문헌법주의, 경성(硬性)헌법주의

성문헌법주의란 우리 법체계가 성문법주의를 채택하고 있는 귀결이고, 경성헌법주의란 헌법의 개정을 일반 법률에 비하여 까다롭게 하는 원칙이다(제128조 이하).

6) 국제평화주의

우리 헌법은 평화주의를 그 이념으로 하고 있다. 즉 헌법 전문에서 평화적 통일의 사명을 강조하고 밖으로는 항구적인 세계평화와 인류공영에 이바지하는 것을 선언하고 있고, 제5조에서 침략적 전쟁을 부인하고 국제법을 존중하려는 규정을 둠으로써 평화주의의 실현을 지향하고 있다.

7) 문화국가주의

우리 헌법은 전문에서 "정치·경제·사회·문화의 모든 영역에 있어서 각인의 기회를 균등히 하고, 능력을 최고도로 발휘하게 하며"라고 선언하고 있고, 제9조에서 "국가는 전통문화의 계승·발전과 민족문화의 창달에 노력하여야 한다."라고 규정하고 있다. 그것을 실현하기 위한 제도로 무상의무교육제도와 평생교육제도 등 국가의 교육책임을 강조하며 학문의 발전을 위하여 대학의 자율성을 보장하고 있다(헌법 제31조 4항).

8) 자유민주주의

헌법 전문과 제4조에서는 자유민주적 기본원리를 선언하고 있고, 헌법 제1조에서는 국가의 형태를 "대한민국은 민주공화국이다."라고 규정하고 있다. '민주'라는 것은 개인을 중시하는 자유민주주의와 집단을 중시하는 사회민주주의를 포괄하는 상위개념으로 보고 있다.

> **헌법 제4조** 대한민국은 통일을 지향하며, 자유민주적 기본질서에 입각한 평화통일 정책을 수립하고 이를 추진한다.

9) 사회국가의 원리

우리 헌법은 사회국가원리를 명문으로 선언하고 있지는 않으나, 사회적 기본권을 보장하고, 재산권의 사회적 구속성을 강조하며, 경제질서에 대한 규제와 조정을 규정함으로써 사회국가 원리를 구현하고 있다. 헌법재판소는 헌법 제119조는 제1항에서 "대한민국의 경제질서는 개인과 기업의 경제상의 자유와 창의를 존중함을 기본으로 한다."고 규정하여 자유시장경제질서를 기본으로 하고 있음을 선언하고 있으나, 한편 제2항에서 "국가는 균형 있는 국민경제의 성장 및 안정과 적정한 소득의 분배를 유지하고, 시장의 지배와 경제력의 남용을 방지하며, 경제주체 간의 조화를 통한 경제의 민주화를 위하여 경제에 관한 규제와 조정을 할 수 있다."고 규정하여, "우리 헌법이 '자유 시장경제질서'를 기본으로 하면서 '사회국가원리'를 수용하여 실질적인 자유와 평등을 아울러 달성하는 것을 근본이념으로 하고 있음을 밝히고 있다"고 하였다(헌재, 1998.5.28. 96헌가4).

10) 복지국가주의

복지국가란 국민의 생존권을 보장하고 복지의 확보와 증진, 행복의 추구를 국가의 중요한 임무로 하는 국가이다. 복지국가주의(welfarism)는 빈곤 추방 프로그램으로부터 사회보험, 기초교육, 공공의료와 주택 등 선한 생활을 위하여 필요한 최소한의 사회보장을 국가의 책임으로 한다는 것이다.

헌 재 결정례	국토이용관리법 상 토지거래허가제 헌재 1989.12.22. 선고 88헌가13 결정

헌법재판소는 국토이용관리법(현행 국토의 계획 및 이용에 관한 법률) 제21조의3 1항의 '토지거래허가제'는 사유재산제도나 사적자치 원칙의 부정이 아니라, 헌법의 명문(제122조)에 의거한 재산권 제한의 한 형태이고 토지의 투기적 거래를 억제하기 위하여 이 법이 정한 방법과 내용에 따라 그 처분을 일정한 범위 내에서 제한함은 부득이하고도 적절한 것이라고 할 것이다. 그러므로, 재산권의 본질적 내용을 침해한다거나 '과잉금지의 원칙'에 위배된다 할 수 없고 또 헌법상의 '경제질서의 기본 원칙'에 위배되지도 아니한다 하여 합헌임을 선언하였다(헌재 1989.12.22. 선고 88헌가13 결정). 이는 토지재산권의 특수성(토지의 수요가 늘어난다고 해서 공급을 늘릴 수 없기 때문에 시장경제의 원리를 그대로 적용할 수 없고, 고정성, 인접성, 본원적 생산성, 환경성, 상린성, 사회성, 공공성, 영토성 등 여러 가지 특징 등)과 국토에 관한 제한과 의무를 규정한 헌법 제122조가 결정적인 영향을 미친 것이다.

2. 국가와 그 구성요소

국가란 고유한 목적, 과제, 기능을 지니고 있으면서 일정한 지역을 토대로 하고 최고권력에 의하여 결합된 인간의 집단을 의미한다. 즉 국가는 주권, 국민, 영역으로써 이루어진다.

(1) 주권

주권(sovereignty)이란 대내적으로 최고이며, 대외적으로 독립적인 권력을 말한다. 대한민국의 주권은 국민에게 있다(제1조).

(2) 국민

1) 국민의 의의

국민이란 국가에 소속하여 통치권에 복종할 의무를 가진 개개의 자연인을 의미한다. 국민이 되는 자격을 국적이라고 하며, 국민이 되는 요건은 국적법으로 정한다(헌법 제2조 1항).

2) 국적의 취득

우리나라는 국적법상 출생당시 부 또는 모가 한국인인 자는 대한민국 국적을 취득하도록 하고 있다(속인주의 원칙). 이러한 선천적인 국적취득 외에도 후천적으로 인지, 혼인, 귀화에 의하여 우리나라 국적을 취득할 수 있다.

3) 복수국적

우리 국적과 외국국적을 함께 가지게 된 복수국적자는 22세까지, 20세 후에 이중국적자가 된 자는 그 때부터 2년 내에 국적을 선택하여야 한다. 그리하지 않으면 우리 국적을 상실한다.

4) 국적의 상실

우리나라 국민이 외국인과 혼인하여 그 배우자의 국적을 취득하거나 외국인의 양자로서 그 국적을 취득하면 우리나라의 국적을 상실하게 된다.

(3) 영역

영역이란 국가가 국제법상 제한 없이 배타적으로 지배할 수 있는 공간을 의미하는 것으로 영역은 영토·영해·영공으로 구성된다. 대한민국의 영토는 한반도와 그 부속도서이며(헌법 제3조), 영해는 12해리(대한해협은 3해리)이다(영해 및 접속수역법, 배타적 경제수역 및 대륙붕에 관한 법률).

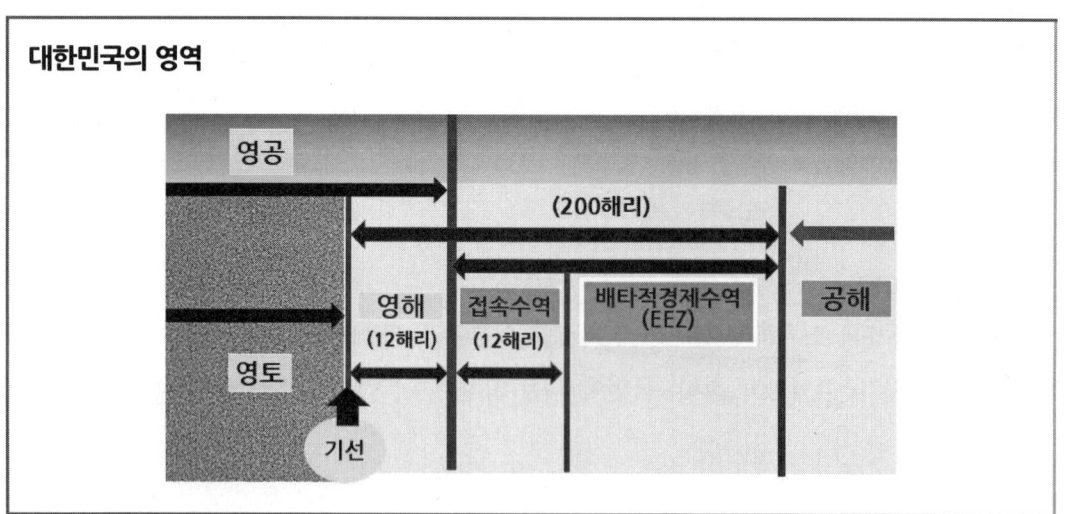

3. 우리 헌법의 제도보장

(1) 의의

제도보장은 국가존립의 기반이 되는 중요한 제도를 헌법차원에서 보장하는 것으로, 제도 그 자체가 갖는 본질적 내용이 훼손되는 것을 막기 위해 헌법이 보장하는 것이다.

현행 헌법에서는 복수정당제(제8조 제1항), 민주적 선거제도(제41조 제1항, 제67조 제1항), 지방자치제도(제117조 제1항), 직업공무원제(제7조 제2항)를 비롯하여, 사유재산제(제23조 제1항), 자율적 언론출판제도(제21조), 교육제도(제31조 제2항), 국군의 정치적 중립(제5조 제2항), 혼인과 가족제도 및 모성보호(제36조), 근로3권의 보장(제33조)등이 있다.

(2) 복수정당제도

헌법은 '정당의 설립은 자유이며, 복수정당제는 보장된다'고 정하고 있다(제8조제1항). 정당은 국민의 이익을 위하여 책임 있는 정치적 주장이나 정책을 추진하고 공직선거의 후보자를 추천 또는 지지함으로써 국민의 정치적 의사형성에 참여함을 목적으로 하는 국민의 자발적 조직이다(정당법 제2조). 또한, 여론과 정부를 연결시키는 중개자적 역할을 담당한다. 정당의 경비는 당비, 후원금, 기탁금, 국고보조금 같은 정치자금에 의하여 충당한다.

> **헌 재 결정례** 정당법 상 정당등록 취소조항이 정당설립의 자유를 침해하는가?
> 헌재 2014.1.28. 2012헌마431
>
> 국회의원선거에 참여하여 의석을 얻지 못하거나 유효투표총수의 100분의2 이상을 얻지 못한 정당은 등록을 취소하도록 하는 정당법 제44조 1항 3호는 헌법에 위반된다. 따라서 앞으로는 의석을 얻지 못하거나 유효투표총수의 100분의2 이상을 얻지 못하더라도 정당활동을 할 수 있다.

(3) 민주적 선거제도

1) 선거의 의의 및 종류

선거란 국민의 대표자를 선출하는 행위로서 민의에 의한 정치를 가능하게 하는 수단이다. 선거에는 임기가 끝난 경우에 국회의원 전원을 선거하는 총선거, 당선인이 없거나 선거무효의 판결이 있거나 당선자가 임기개시 전에 사망·사퇴하거나 피선거권이 상실되거나 선거범죄로 인하여 당선이 무효로 되어 다시 선거하는 재선거, 그리고 임기 중에 사망 등의 사유로 결원이 생겼을 때 실시하는 보궐선거가 있다.

2) 선거의 기본원리

선거의 기본원리로는 보통·평등·자유·비밀·직접선거의 원리가 있다. 보통선거란 선거인의 사회적 신분이나 재산·지위에 관계없이 모든 사람에게(everyone) 선거권이나 피선거권을 인정하는 제도이고, 평등선거란 선거인의 투표가치가 평등하게(one man one vote) 취급되는 제도이며, 직접선거란 선거인이 직접 후보자를 뽑는 제도이며, 비밀선거란 선거인이 누구에게 투표하였는지 모르게 하는 제도이고, 자유선거란 어떠한 압력 없이 자유롭게 투표가 행해지도록 하는 제도이다.

3) 선거권과 피선거권

① 선거권

대통령선거, 국회의원선거, 지방자치단체의 장과 지방의원선거의 선거권자 : 원칙적으로 결격사유가 없는 한 18세 이상의 국민이 선거권을 가진다(공직선거법 제15조).

② 피선거권
- 대통령선거 피선거권 : 선거일 현재 5년 이상 국내에 거주하고 있는 40세 이상인 자
- 국회의원 피선거권 : 25세 이상인 자
- 지방자치단체 피선거권 : 25세 이상으로 60일 이상 당해 자치단체구역에 주소를 가진 자

다만, 선거권이 없거나 금고이상의 형의 선고를 받고 그 형이 실효되지 아니한 자, 법원의 판결 또는 다른 법률에 의하여 피선거권이 정지 또는 상실된 자는 피선거권이 없다(공직선거법 제19조).

4) 선거일·입후보

① 선거일
- 대통령선거 : 임기만료 전 70일 이후 첫 번째 수요일
- 국회의원 선거 : 임기만료 전 50일 이후 첫 번째 수요일
- 지방자치단체장과 지방의원 선거 : 임기만료 전 30일 이후 첫 번째 수요일

다만, 선거일 당일이 민속절이거나 공휴일인 경우와 전일이나 그 다음 날이 공휴일인 때에는 그 다음 주로 한다(공직선거법 제34조).

② 입후보
- 대통령선거 : 3억 원을 기탁하여야 함.
- 국회의원은 1,500만 원을 기탁하여야 함.
- 시·도지사(광역자치단체장)는 5,000만 원을 기탁하여야 함.
- 자치구·시·군의 장은 1,000만 원을 기탁하여야 함.
- 시·도의원은 300만 원을 기탁하고, 시·군·구의원은 200만 원을 기탁하여야 함(공직선거법 제56조).

(3) 지방자치제도

1) 지방자치단체의 의의 및 구조

지방자치단체는 주민의 복리에 관한 사무를 처리하고 재산을 관리하며, 법령의 범위 안에서 자치에 관한 규정을 제정할 수 있다(헌법 제117조 제1항). 지방자치단체의 기관으로는 업무집행기관으로 지방자치단체의 장(서울특별시장·광역시장·도지사, 시장·군수·구청장)이 있으며, 부단체장이 있다. 또한 주민의 대표기관으로 지방의회가 있고, 광역자치단체인 서울특별시·광역시·도에 교육감을 둔다.

> **지방자치단체 투표방법**
>
> 지방자치단체의 장과 지방의회의원은 선거에 의하여 선출된다. 주민등록이 되어 있는 지역의 자치단체의 장과 지방의회의원 후보에 대해 투표한다. 서울에 주민등록이 되어 있는 사람의 경우에는 서울시장 후보에 1표, 서울시의회의원 후보에 1표, 구청장 후보에 1표, 구의회의 의원후보에 1표, 정당에 1표를 행사할 수 있다. 전라북도 임실군에 주민등록이 되어 있으면, 전라북도지사 후보에 1표, 전라북도의원 후보에 1표, 임실군수 후보에 1표, 임실군 의회 후보에 1표, 정당에 1표를 행사하면 된다.

2) 주민의 권한

19세 이상의 주민은 주민투표권이 있으며(지방자치법 제14조), 일정 범위 안에서 연서로

자치단체의 장에게 조례의 제정이나 개폐를 청구할 수 있다(조례제정·개폐청구권, 동법 제15조). 또한 19세 이상의 주민은 일정 범위 안에서 연서로 자치단체와 그 장의 권한에 속하는 사무처리가 법령에 위반되거나 공익을 현저하게 해한다고 인정되는 경우에는 감사를 청구할 수 있다(감사청구권, 동법 제16조). 그리고 일정한 경우 주민소송도 제기할 수 있으며(주민소송권, 동법 제17조), 지방자치단체장과 의원에 대한 주민소환권도 있다(동법 제20조).

제2절 국민의 권리와 의무

1. 국민의 기본권

(1) 서설

기본권이라 함은 헌법이 보장하는 국민의 기본적 권리를 말한다. 기본권에는 자유권적 기본권, 국법에 의하여 비로소 형성되거나 구체화된다고 생각되는 사회적 기본권, 참정권, 청구권적 기본권 등이 있다. 그 밖에 헌법상 보장된 기본권과 헌법상 열거되지 않은 기본권으로 분류할 수도 있다.

(2) 인간으로서의 존엄과 가치, 행복추구권

헌법 제 10조는, 국민 개개인이 인간으로서의 존엄과 가치를 가지고 있음을 확인하고, 인간의 존엄과 가치에서 도출되는 포괄적인 인권인 행복추구권을 보장하고 있다. 인간의 존엄과 가치는 원래 헌법의 선언 이전에 인간으로서의 존재 자체에 부여되는 천부인권(天賦人權)이라 하겠다. 외국인이나 난민, 그리고 태아조차 존엄 가치의 주체가 된다. 사회 공동체의 구성원으로서 고유한 인격권을 갖고 또는 개성 신장을 통하여 자주적 인격체로서 살아갈 수 있음을 강조한 것이며, 행복추구권은 안락하고 만족스러운 삶을 추구할 수 있는 권리를 규정한 것으로서, 인간의 존엄과 가치와 표리의 관계이다. 행복추구권은 국가 성립 이전부터 각 개인에게 '생래적'(生來的)으로 부여된 천부인권으로서, 정치적 개인주의 또는 철학적 자유주의의 표현이다.

(3) 평등권; 행복추구권을 보장하기 위한 권리

① 헌법은 "모든 국민은 법 앞에 평등하며, 누구든지 성별·종교 또는 사회적 신분에 의하여 정치적·경제적·사회적·문화적 생활의 모든 영역에 있어서 차별을 받지 아니한다. 사회적 특수계급의 제도는 인정되지 아니하며, 어떠한 형태로도 이를 창설할 수 없다."라고 규정하고 있다(헌법 제11조). 이는 법을 제정하고, 집행하거나, 적용함에 있어서 평등하게 다루어져야 한다는 뜻이다.

> **헌 재 결정례** 제대군인에 대한 가산점제도
> 헌재 1999.12.23. 98헌마363
>
> 제대군인에 대한 가산점제도는 제대군인의 취업기회를 특혜적으로 보장하고 그 만큼 제대군인이 아닌 사람의 취업기회를 박탈 잠식하는 제도로서 합리적인 방법이라고 할 수 없다. 또한 제대군인이 아닌 절대다수의 여성들과 상당수의 남성들로서 이들은 제대군인이 될 수 없는 사람들이고 여성과 장애인은 이른바 우리 사회의 약자들이다. 헌법은 실질적 평등, 사회적 법치국가의 원리에 입각하여 이들의 권익을 보호하여야 한다. 따라서 가산점제도는 평등의 원칙에 반하는 것이고, 가산점제도로 여성, 신체장애자 등의 공무담임권이 침해된다고 할 것이다.

> **헌 재 결정례** 경찰공무원임용시험 응시자격을 '30세 이하'로 제한하는 임용령의 위헌 여부
> 헌법재판소 2010헌마278
>
> 헌법재판소는 경찰공무원임용령 및 소방공무원임용령 규정이 그 응시자격을 '30세 이하'로 제한하는 것에 대하여, 헌법재판소는 "순경, 소방사 등이 30세를 넘으면 획일적으로 직무수행 자격이 상실된다고 보기 어렵고, 순경, 소방교, 지방소방교 등의 특별채용시험 응시연령 상한이 40세, 35세 등으로 규정되어 있으므로 일반체용시험만 유독 30세로 제한하는 것은 불평등하며, 이는 청구인들의 공무담임권, 직업선택의 자유, 평등권, 행복추구권 등을 과도하게 침해하는 것으로서 과잉금지 원칙에 위반되어 헌법에 위반된다. 다만, 국민의 생명, 재산보호를 위한 필요최소한의 제한할 수 없다는 것은 아니고, 그 한계는 입법기관인 국회가 결정할 사항이다."고 결정한 바 있다.

> **소방대원에 대한 단체행동권 제약**
>
> [질문]
>
> 소방대원은 단순노무직 또는 잡무직에 종사하므로 근로3권이 보장되어야 하지 않는가?
>
> [해설]
>
> 헌법재판소는 소방대원에 대한 단체행동권의 제약은 헌법에 위반되지 않는다고 하였다.
>
> [검토 사항]
> - 성전환 여성의 여대 입학을 배척하여야 하는가?
> - 성전환 여성에 대하여는 병역의 의무 이행을 제한하여야 하는가?

② 법앞의 평등이란 법의제정, 법의해석과 적용과정에서 차별을 금지하는 것으로서, 모든 법이 해당이 되며 우리 헌법에서는 구체적으로 차별대우의 금지, 사회적 특수계급제도의 금지, 특권제도의 금지, 교육의 기회균등, 여성 근로자의 차별 금지, 혼인과 가족생활의 남녀평등, 선거에 있어서의 평등, 경제질서의 사회적 평등, 지역간 균형발전을 규정하고 있다.

(4) 자유권적 기본권

자유권이란 국가권력에 의해 자유가 불법하게 침해되었을 때 그 침해의 제거를 주장할 수 있는 권리를 말한다. 헌법에 열거되어 있지 않은 국민의 자유라고 해서 법률이 아닌 행정권에 의하여 함부로 침범할 수는 없다. 헌법도 국민의 자유와 권리는 헌법에 열거되지 아니한 이유로 경시되지 아니하며(제37조 1항), 국민의 모든 자유와 권리는 국가안전보장·질서유지 또는 공공복리를 위하여 필요한 경우에 한하여 법률로써 제한할 수 있으나, 제한하는 경우에도 자유와 권리와 본질적인 내용을 침해할 수 없다(제37조 2항)고 규정하고 있다.

1) 신체의 자유

법률에 의하지 아니하고는 체포·구속·압수·수색 또는 심문을 받지 아니하며, 법률과 적법한 절차에 의하지 아니하고는 처벌·보안처분 또는 강제노역을 받지 않을 권리를 말한다. 신체의 자유는 모든 자유권 중에서 가장 기본이 된다(헌법 제12조 1항).

① 영장제도

국가기관이 국민을 체포·구속·수색하거나 국민의 소지품을 압수하려면, 적법한 절차에 따라 검사의 신청에 의하여 법관이 발부한 영장을 제시하여야 한다.

② 변호인의 조력을 받을 권리

형사사건에 있어서 피의자는 법률적 지식이 부족하므로, 법률적 지식을 가진 사람의 도움 없이는 자기에게 유리한 방어수단을 강구하기 어렵다. 따라서 누구든지 체포 또는 구속을 당한 때에는 즉시 변호인의 조력을 받을 권리를 인정하고 있다.[1]

③ 체포·구속적부심사

체포·구속적부심사제도란 수사기관에 의하여 체포 또는 구속된 피의자에 대하여 법원이 체포 또는 구속의 적부여부와 그 필요성을 심사하여 체포 또는 구속이 부적법, 부당한 경우에 피의자를 석방시키는 제도이다.

④ 고문·자백의 금지

모든 국민은 고문을 받지 아니하며, 형사상 자기에게 불리한 진술을 강요당하지 아니한다(헌법 제12조 2항). 피고인의 자백이 고문·폭행·협박·구속의 부당한 장기화 또는 기망 기타의 방법에 의하여 자의로 진술된 것이 아니라고 인정될 때 또는 정식재판에 있어서 피고인의 자백이 그에게 불리한 유일한 증거일 때에는 이를 유죄의 증거로 삼거나 이를 이유로 처벌할 수 없다(헌법 제12조 7항).

---

[1] 1963년 3월, 미국 Arizona 주 Phoenix 시 경찰이 당시 21세였던 멕시코계 미국인 어네스토 미란다(E. Miranda)를 납치·강간 혐의로 체포하여 경찰서로 연행하였는데, 미란다는 처음에는 무죄를 주장했으나 약 2시간 가량의 신문 과정 후 범행을 인정하는 자백과 자술서를 제출하였다. 그런데 재판이 시작되자 미란다는 자백을 번복하고, 진술서를 증거로 인정하는 것에 이의를 제기하였다. 애리조나 주법원은 그의 주장을 받아들이지 않고 최저 20년, 최고 30년의 중형을 선고하였고, 애리조나 주 대법원에서도 역시 유죄가 인정되었다. 그러나 연방대법원에서 미란다는 미국 수정헌법 제5조에 보장된 불리한 증언을 하지 않아도 될 권리와 제6조에 보장된 변호사의 조력을 받을 권리를 침해당했다고 주장하였고, 이에 연방대법원은 1966년 그가 진술거부권, 변호인선임권 등의 권리를 고지(告知)받지 못했다는 이유로, 5대 4의 표결로 무죄를 선고하였다. 이 연방대법원의 판결 이후 대부분의 주정부 경찰은 미란다 경고문을 만들어, 수사관들이 피의자를 체포하거나 신문할 때는 이를 미리 읽어 주도록 하였다. 이를 미란다원칙(Miranda rule)이라고 한다. 우리 헌법과 형사소송법도 이와 같은 취지에서 범죄의 요지, 체포 또는 구속의 이유, 변호인을 선임할 수 있다는 것을 알려 주도록 규정하고 있으며, 대법원도 2000년 7월 4일 미란다원칙을 무시한 체포는 정당한 공무집행이 아니라는 판결을 내렸다.

⑤ 기타

행위시의 법률에 의하여 범죄를 구성하지 아니하는 행위로 소추되지 아니하며(형벌불소급의 원칙, 헌법 제13조 1항 전단), 동일한 범죄에 대하여는 거듭 처벌을 받지 아니하고(일사부재리의 원칙, 헌법 제13조 1항 후단), 자기의 행위가 아닌 친족의 행위로 인하여 불리한 처우를 받지 아니한다(연좌제의 금지, 동조 3항).

헌재 결정례 | **형사절차에 있어서의 영장(令狀)주의(형사소송법 제70조 제1항)의 본질**
헌재 전원재판부 96헌바28, 1997.3.27.

형사절차에 있어서의 영장주의(令狀主義)란 체포·구속·압수 등의 강제처분을 함에 있어서는 사법권 독립에 의하여 그 신분이 보장되는 법관이 발부한 令狀에 의하지 않으면 아니 된다는 원칙이고, 따라서 영장주의의 본질은 신체의 자유를 침해하는 강제처분을 함에 있어서는 중립적인 법관이 구체적 판단을 거쳐 발부한 영장(令狀)에 의하여야만 한다는 데에 있다.

판례 | **대법원 공직선거법 위반·개인정보보호법 위반**
대법원 2017.9.21., 선고, 2015도12400, 판결

1. 대한민국헌법 제12조 제3항 본문은 '체포·구속·압수 또는 수색을 할 때에는 적법한 절차에 따라 검사의 신청에 의하여 법관이 발부한 영장을 제시하여야 한다'고 규정하고, 형사소송법 제219조, 제118조는 '수사기관이 압수·수색영장을 집행할 때에는 처분을 받는 자에게 반드시 압수·수색영장을 제시하여야 한다'는 취지로 규정하고 있다. 그리고 형사소송법 제219조, 제114조 제1항 본문, 형사소송규칙 제58조는 압수·수색영장에 피의자의 성명, 죄명, 압수할 물건, 수색할 장소, 신체, 물건, 발부연월일, 유효기간과 그 기간을 경과하면 집행에 착수하지 못하며 영장을 반환하여야 한다는 취지 및 압수·수색의 사유를 기재하고 영장을 발부하는 법관이 서명날인 하도록 규정하고 있다.
형사소송법이 피압수자에게 반드시 압수·수색영장을 제시하도록 규정한 것은 법관이 발부한 영장 없이 압수·수색을 하는 것을 방지하여 영장주의 원칙을 절차적으로 보장하고, 압수·수색영장에 기재된 물건, 장소, 신체에 대해서만 압수·수색을 하도록 하여 개인의 사생활과 재산권의 침해를 최소화하는 한편, 준항고 등 피압수자의 불복신청의 기회를 실질적으로 보장하기 위한 것이다.

> 압수·수색영장은 현장에서 피압수자가 여러 명일 경우에는 그들 모두에게 개별적으로 영장을 제시해야 하는 것이 원칙이다. 수사기관이 압수·수색에 착수하면서 그 장소의 관리책임자에게 영장을 제시하였더라도, 물건을 소지하고 있는 다른 사람으로부터 이를 압수하고자 하는 때에는 그 사람에게 따로 영장을 제시하여야 한다.
>
> 2. 형사소송법 제219조, 제121조는 '수사기관이 압수·수색영장을 집행할 때에는 피압수자 또는 변호인은 그 집행에 참여할 수 있다'는 취지로 규정하고 있다. 저장매체에 대한 압수·수색 과정에서 범위를 정하여 출력 또는 복제하는 방법이 불가능하거나 압수의 목적을 달성하기에 현저히 곤란한 예외적인 사정이 인정되어 전자정보가 담긴 저장매체 또는 하드카피나 이미징 등 형태(이하 '복제본'이라고 한다)를 수사기관 사무실 등으로 옮겨 복제·탐색·출력하는 경우에도, 그와 같은 일련의 과정에서 피압수자나 변호인에게 참여의 기회를 보장하고 혐의사실과 무관한 전자정보의 임의적인 복제 등을 막기 위한 적절한 조치를 취하는 등 영장주의 원칙과 적법절차를 준수하여야 한다. 만약 그러한 조치를 취하지 않았다면 피압수자 측이 참여하지 아니한다는 의사를 명시적으로 표시하였거나 절차 위반행위가 이루어진 과정의 성질과 내용 등에 비추어 피압수자 측에 절차 참여를 보장한 취지가 실질적으로 침해되었다고 볼 수 없을 정도에 해당한다는 등의 특별한 사정이 없는 이상 압수·수색이 적법하다고 평가할 수 없다.

2) 거주이전의 자유

모든 국민은 거주·이전의 자유를 갖는다(헌법 제14조). 여기에는 여행의 자유(국내·해외여행), 국외이주의 자유가 포함된다.

> [질문]
> 2020.1.15. 정부 관계자는 "부동산 투기를 억제하고 가격 안정을 위하여 매매허가제 도입 의견까지 검토하고 있다고 하였는데, 이것이 거주이전의 자유와 재산권 보장을 침해하지 않는가?

[해결]
　　토지거래허가제에 관하여는 헌법재판소의 합헌결정(헌재 1989.12.22. 88헌가13)이 있었으나, 당시 토지거래허가제 자체에 대해서 합헌 : 위헌 의견이 5:4일 정도로 헌법재판관들의 위헌의견도 매우 강력하였고, "토지의 경우 재생산이 불가능하다는 특수성이 있지만, 주택은 건설이 가능하므로 다르다"며 위헌가능성이 있다는 의견도 있었다. 헌법상의 근거도 없는 주택에 대하여도 토지거래허가제와 같은 매매허가제를 도입하는 것은 문제가 있으며, 다소 효과가 있을 것이나 편법이 등장할 것으로 보이며, 헌법 위반의 소지가 있다. 또한 거래허가제는 사법상의 거래행위에 가해지는 공법적 규제 가운데 이른바 직접적 규제방식으로서 경제적 효과 면에서 볼 때 그 부작용이 만만치 않아 규제방식으로서는 가장 바람직하지 못한 방식으로 보는 것이 학계의 일반적 견해이다. 따라서 주택거래의 당사자들에게 일정한 경제적 이익 또는 불이익을 제공함으로써 주택시장을 행정목적에 적합한 방식으로 유도하는 이른바 간접적 규제방식, 즉 부담금제 및 각종 토지세제 등을 통한 규제가 바람직하다. 따라서 이를 헌법적 관점에서 본다면, 국민에게 피해를 적게 주는 방식인 간접적 규제방식을 채택하지 않고 직접적 규제방식인 거래허가제를 채택하는 것은 헌법 제37조 제2항의 과잉금지원칙(비례원칙)에 위반되는 것으로 판단된다.

3) 직업선택의 자유

　　직업선택의 자유는 국민이 원하는 직업선택의 자유와 그 선택한 직업에 종사하는 자유 및 영업의 자유가 포함된다(헌법 제15조). 넓은 의미로는 직업의 자유라고 할 수 있다.

헌 재 결정례	판매 목적의 유사군복 단속과 영업의 자유
	헌재 2018헌가14, 2019.4.11.

판매 목적 소지를 금지하는 '군복 및 군용장구의 단속에 관한 법률' 제13조 제1항 제2호 중 제8조 제2항의 '판매목적 소지'에 관한 부분('심판대상조항')이 유사군복을 판매 목적으로 소지하여 직업을 영위하는 자의 직업의 자유 및 일회적·단발적으로 판매하고자 유사군복을 소지하는 자의 일반적 행동의 자유를 침해하는지 여부에 대하여, 이른바 밀리터리 룩은 대부분 군복의 상징만 차용하였을 뿐 형태나 색상 및 구조가 진정한 군복과는 다르거나 그 유사성이 식별하기 극히 곤란한 정도에 이르지 않기 때문에, 심판대상조항의 적용을 받지 않는다. 군인 아닌 자가 유사군복을 입고 군인임을 사칭하여 국민의 신뢰를 실추시키는 행동을 하는 등 군에 대한

신뢰 저하 문제로 이어져 향후 발생할 국가안전보장상의 부작용을 상정해볼 때, 단지 유사군복의 착용을 금지하는 것으로는 입법목적을 달성하기에 부족하고, 유사군복을 판매 목적으로 소지하는 것까지 금지하여 유사군복이 유통되지 않도록 하는 사전적 규제조치가 불가피하다. 유사군복의 범위는 진정한 군복과 외관상 식별이 곤란할 정도에 해당하는 물품으로 엄격하게 좁혀서 규정하고 있기 때문에, 판매목적 소지가 금지되는 유사군복의 범위가 지나치게 넓다거나 규제가 과도하다고 할 수 없다. 유사군복을 판매 목적으로 소지하지 못하여 입는 개인의 직업의 자유나 일반적 행동의 자유의 제한 정도는, 국가안전을 보장하고자 하는 공익에 비하여 결코 중하다고 볼 수 없다. 따라서 심판대상조항은 과잉금지원칙을 위반하여 직업의 자유 내지 일반적 행동의 자유를 침해한다고 볼 수 없다.

4) 주거의 자유

주거라 함은 주택뿐만 아니라 사무실, 여관방처럼 사람의 주거에 적합하다고 볼 수 있는 건조물 일체를 포함하며, 침입이란 거주자가 점유자의 의사에 반하여 허가 없이 들어가는 것을 말한다. 이러한 경우 주거침입죄에 해당한다.

5) 사생활의 비밀과 자유

사생활의 비밀과 자유 즉 프라이버시의 권리(privacy right)는 인격의 부당한 공개나 통상적인 감정을 가진 사람을 모욕하거나 정신적 고통 또는 치욕을 갖게 하는 정도로 사적인 활동에 개입하는 것 등으로부터 자유로워야 하는 권리를 뜻한다.

헌재 결정례 | 언론의 자유와 정정보도청구권
헌재 전원재판부 89헌마165, 1991.9.16.

① 정정보도청구권(訂正報道請求權)의 법적 성질 및 헌법상의 의의(意義)
② 정기간행물의등록등에관한법률 제16조 제3항, 제19조 제3항의 위헌여부

【결정요지】
1. 정기간행물의등록등에관한법률상의 정정보도청구권은 정기간행물의 보도에 의하여 인격권(人格權) 등의 침해를 받은 피해자가 반론(反論)의 게재를 요구할 수 있는 권리, 즉 이른바 "반론권(反論權)"을 뜻하는 것으로서 헌법상 보장된 인격권, 사생활의 비밀과 자유에 그 바탕을 둔 것이며, 나아가 피해자에게 반박

의 기회를 허용함으로써 언론보도의 공정성과 객관성을 향상시켜 제도로서의 언론보장을 더욱 충실하게 할 수도 있다는 뜻도 함께 지닌다.

2. 현행 정정보도청구권제도는 언론(言論)의 자유와는 비록 서로 충돌되는 면이 없지 아니하나 전체적으로 상충되는 기본권(基本權) 사이에 합리적 조화를 이루고 있으므로 정기간행물의등록등에관한법률 제16조 제3항, 제19조 제3항은 결코 평등의 원칙에 반하지 아니하고, 언론의 자유의 본질적 내용을 침해하거나 언론기관의 재판청구권(裁判請求權)을 부당히 침해하는 것으로 볼 수 없어 헌법에 위반되지 아니한다.

6) 통신의 자유

모든 국민은 통신의 비밀을 침해받지 아니한다(헌법 제18조). 통신에는 우편·전신·전화·소포·기타 모든 우편물이 포함되며, 통신의 비밀을 보장한다는 것은 통신사무에 종사하는 국가기관이 우편물의 내용을 뜯어보지 못한다는 것과 직업상 지득한 사실을 타인에게 누설하지 못한다는 의미이다.

헌재 결정례 | 통신비밀의 침해와 표현의 자유
전원재판부 2009헌바42, 2012.8.30.

① 공개되지 아니한 타인간의 대화를 녹음 또는 청취하여 지득한 대화의 내용을 공개하거나 누설한 자를 처벌하는 통신비밀보호법(2001.12.29. 법률 제6546호로 개정된 것) 제16조 제1항 제2호 중 '대화의 내용'에 관한 부분(이하 '이 사건 법률조항'이라 한다)이 과잉금지원칙에 반하여 대화의 내용을 공개한 자의 표현의 자유를 침해하는 지 여부(소극)
② 이 사건 법률조항이 형벌과 책임의 비례원칙에 위배되는지 여부(소극)
③ 이 사건 법률조항이 평등원칙에 위배되는지 여부(소극)

【결정요지】
1. 이 사건 법률조항이 불법 취득한 타인간의 대화내용을 공개한 자를 처벌함에 있어 형법 제20조(정당행위)의 일반적 위법성조각사유에 관한 규정을 적정하게 해석 적용함으로써 공개자의 표현의 자유도 적절히 보장될 수 있는 이상, 이 사

건 법률조항에 형법상의 명예훼손죄와 같은 위법성조각사유에 관한 특별규정을 두지 아니하였다는 점만으로 기본권 제한의 비례성을 상실하였다고는 볼 수 없다.

2. 대화내용을 위법하게 취득한 행위 못지않게 위법하게 취득된 대화 내용을 전파하는 행위도 그 수단 및 시기, 공개대상의 범위 등에 따라서 대화의 비밀을 침해하는 정도가 상당할 수 있기 때문에 이 사건 법률조항이 타인간의 대화내용을 위법하게 취득한 자와 위법하게 취득된 타인간의 대화내용을 공개·누설한 자를 동일한 법정형으로 규정하였다고 하더라도, 그리고 벌금형을 선택적으로 규정하지 않았다고 하더라도 그것이 형벌 본래의 목적과 기능을 달성함에 있어 필요한 정도를 일탈하여 지나치게 과중한 형벌이라고는 보기 어렵다.

이 사건 법률조항은 사람의 명예가 훼손되었는지 여부와는 무관하게 사적 대화의 비밀 그 자체를 보호함으로써 사생활의 비밀을 보호하는 데 본질이 있다 할 것이므로 형법상 명예훼손행위와 이 사건 법률조항이 금지하는 대화내용의 공개행위 사이에 비교대상으로 삼을 만한 본질적인 동일성이 있다고 보기 어렵고, 가사 위 두 죄를 비교대상으로 삼을 수 있다고 하더라도, 이 사건 법률조항에 의해 처벌되는 행위는 사적인 공간에서 당사자 쌍방이 소통하는 사적 대화의 비밀을 침해하여 위법하게 취득된 대화내용을 공개한다는 점에서 형법상의 명예훼손죄에 비하여 처벌필요성의 정도가 다르다고 볼 수 있으므로 합리적 이유 없는 차별이라 볼 수 없다.

【이에 대한 재판관 이강국의 한정위헌의견(소수의견)】
이 사건 법률조항은, 불법 감청·녹음 등으로 생성된 정보를 합법적으로 취득한 자가 이를 공개 또는 누설하는 경우에도 그것이 진실한 사실로서 오로지 공공의 이익을 위한 경우에는 이를 처벌하지 아니한다는 특별한 위법성조각사유를 두고 있지 아니하여 상호 충돌하는 기본권 중 통신비밀 등의 보호만을 일방적으로 과도하게 보호하고 표현의 자유 보장을 소홀히 하거나 포기하여 표현의 자유를 지나치게 제한하는 결과가 되었고, 그 범위에서는 헌법에 위반된다고 할 것인바, 이러한 위헌적 부분은 한정위헌의 해석방법에 의하여 제거될 수 있을 것이다. 그러므로 이 사건 법률조항은, 불법 감청·녹음 등에 의하여 생성된 정보를 불법의 개입 없이, 즉 합법적으로 취득한 자가 진실한 사실로서 오로지 공공의 이익을 위해 그 내용을 공개하거나 누설한 경우까지 처벌하는 것으로 해석하는 한 헌법에 위반된다고 해석하여야 할 것이다. 그러나 이 설에 의하면 불법 감청·녹음된 통신비밀의 공개나 누설행위에 대하여 특별한 위법성조각사유를 허용하게 되는 경우 불법 감청·녹음 등을 조장할 수 있다는 우려가 있을 수 있다.

7) 양심의 자유

모든 국민은 양심의 자유를 갖는다(헌법 제19조). 국민이 생각하는 바는 자유이며, 생각이나 생각의 발표를 강제당하지 아니한다.

> **헌 재 결정례** 준법서약서가 헌법에 합치되는지의 문제
> 헌재 2002.4.25. 98헌마425, 99헌마170·498
>
> 국가보안법 위반, 집회 및 시위에 관한 법률 위반 등의 수형자에 대하여 가석방 결정전에 출소 후 대한민국의 국법질서를 준수하겠다는 준법서약서를 제출하게 하여 준법의지가 있는지의 여부를 확인하게 된다. 이러한 준법서약을 하여야만 가석방을 허용하는 것은 헌법이 보장하는 양심의 자유를 침해하는 것이 아닌가 하는 것이 문제된다. 헌법재판소는 수범자는 수혜를 스스로 포기하거나 권고를 거부함으로써 법질서와 충돌하지 아니한 채 자신의 양심을 유지, 보존할 수 있으므로 양심의 자유에 대한 침해가 되지 않는다고 본다.

> **헌 재 결정례** 종교적·양심적 병역거부와 병역법 위반
> 헌재 2018.6.28. 2011헌바379
>
> 헌법재판소는 2018.6.28. 양심이나 종교적 신념을 이유로 입영을 거부하는 사람을 처벌하는 병역법 제88조 제1항 조항이 헌법에 위배되지 않는다고 합헌 결정하였다(재판관 4 합헌의견, 4 위헌의견, 1 각하의견). 다만 대체복무제를 병역의 종류로 규정하지 않고, 병역의 종류를 현역·예비역·보충역·병역준비역·전시근로역 등으로만 규정한 같은 법 제5조 제1항은 헌법에 합치되지 않으므로(재판관 6 헌법불합치 의견, 3 각하의견) 동 조항을 2019년 12월 31일까지 개정하라고 판시하였다. 병역법 제88조 제1항은 「현역입영 또는 사회복무요원 소집 통지서를 받은 사람이 정당한 사유 없이 입영일이나 소집기일부터 3일이 지나도 불응할 경우 3년 이하의 징역에 처한다」고 정하고 있다. 종교적 신념이나 양심에 따른 입영거부가 '정당한 사유'에 해당하는가 하는 쟁점에 대하여, "동 처벌조항은 병역자원 확보

와 병역부담의 형평을 기하고자 하는 것으로 입법목적이 정당하고, 형벌로 병역의무를 강제하는 것은 입법목적을 달성하기 위한 적합한 수단"이라고 전제하고, 그러나 현행법상 병역 종류가 모두 군사훈련을 전제로 하는 반면, "대체복무제가 규정되지 않은 상황에서 양심적 병역거부자를 처벌한다면 과잉금지원칙을 위반해 양심의 자유를 침해하는 것"이므로, "병역종류 조항에 대해서 헌법불합치 결정"을 한 것이다. 즉 양심적 병역거부 처벌조항이 양심의 자유를 침해할 소지는 있지만, 법률 자체가 헌법에 위반되지는 않으며 대체복무제 도입을 통해 위헌 요소를 해소할 수 있다는 취지이다.

> **헌재 결정례** 양심에 따른 병역거부가 병역법 제88조 제1항에 규정된 '정당한 사유'에 해당하는지 여부(적극)
> 2018.11.1. 대판 2016도10912 병역법위반 파기환송(다수의견 요약)
>
> 여호와의 증인 신도인 피고인이 종교적 양심을 이유로 입영하지 않고 병역을 거부한 사안에서, 양심적 병역거부의 현황과 함께 우리나라의 경제력과 국방력, 국민의 높은 안보의식 등을 살펴볼 때 양심적 병역거부를 허용한다고 하여 국가안전보장과 국토방위를 달성하는 데 큰 어려움이 있을 것으로는 보이지 않는다. 따라서 진정한 양심적 병역거부자에게 집총과 군사훈련을 수반하는 병역의무의 이행을 강제하고 그 불이행을 처벌하는 것은 양심의 자유에 대한 과도한 제한이 되거나 본질적 내용에 대한 위협이 되는 등 양심의 자유를 비롯한 헌법상 기본권 보장체계와 전체 법질서에 비추어 타당하지 않을 뿐만 아니라, 소수자에 대한 관용과 포용이라는 자유민주주의 정신에도 위배되므로 진정한 양심에 따른 병역거부라면 이는 병역법 제88조 제1항의 '정당한 사유'에 해당하며, 이와 달리 유죄로 판단한 원심판결(창원지방법원 2016.6.23. 선고 2014노466 판결)은 파기환송한다.
> 양심적 병역거부가 병역법 제88조 제1항에서 정한 '정당한 사유'에 해당하지 않는다고 판단한 대법원 2004.7.15. 선고 2004도2965 전원합의체 판결, 대법원 2007.12.27. 선고 2007도7941 판결 등을 비롯하여 그와 같은 취지의 판결들은 이 판결의 견해에 배치되는 범위에서 이를 모두 변경하기로 한다.

8) 종교의 자유

헌법상 모든 국민은 종교의 자유를 가지며, 국교는 인정되지 아니하며, 종교와 정치는 분리된다(헌법 제20조). 종교의 자유란 자신이 믿는 종교를 원하는 방법으로 신봉하는 자유를 뜻한다.

⚖ 학교에서의 종교교육

[질문]

A의 종교는 불교인데 기독교재단인 E대학에 입학하였으나 이 대학에서는 기독교관련종교교육을 졸업요건으로 학칙을 제정하였다. E대학에서 A에게 이러한 학칙을 적용하는 것은 A의 종교의 자유를 침해하는 것은 아닌가? 만일 A가 E고등학교에 입학한 경우라면 어떠한가?

[해설]

누구나 종교를 믿고 안 믿을 자유, 종교를 선택하거나 포기할 자유를 가지고 있다. 또한 신앙 또는 불신앙으로 특별한 불이익을 받지 않을 자유도 가지고 있다.
그러나 종교단체가 설립한 학교가 예배시간을 갖고, 학생들로 하여금 일정한 내용의 종교교육을 받을 것을 졸업요건으로 하는 학칙을 제정할 수 있다(대판 1998.11. 10. 96다37268). 따라서 A의 종교의 자유를 침해하는 것은 아니다. 대학은 A가 선택할 수 있기 때문이다. 그러나 A가 E고등학교에 입학한 경우라면 문제가 될 소지가 있다. 고등학교는 자신의 의지에 의해서 선택한 것이 아니기 때문이다.

9) 언론·출판·집회·결사의 자유

모든 국민은 언론·출판의 자유와 집회·결사의 자유를 가지며, 언론·출판에 대한 허가나 검열과 집회·결사에 대한 허가는 인정되지 아니한다(헌법 제21조). 언론·출판의 자유라 함은 일체의 사상표현의 자유를 말하는 것으로서, 연설과 저작·인쇄·간행 등에 한하지 않고, 기타 모든 수단에 의한 사상표현의 자유가 포함된다. 집회란 여러 사람이 특정한 목적을 위하여 일반적으로 일정한 장소에서 회동하는 것을 말하며, 결사란 여러 사람이 공동목적을 위하여 계속적·조직적으로 결합하는 것을 말한다.

> **명백하고 현존하는 위험의 원칙**
>
> 명백하고 현존하는 위험의 원칙(明白·現存危險의 原則, The Rule(Doctrine) of clear and present danger)이란 미국에서 언론과 출판이 국가기밀을 누설하거나 타인의 명예 또는 사생활의 비밀을 침해하려고 하는 경우 등에 있어서 법원이나 관계기관이 정지명령 등으로 이를 억제하려 할 때 사용하는 기준이다. 즉, 언론·출판 등의 자유를 제한하는 표준으로 채택된 원칙으로서, 미국에서 '솅크' 사건 판결(Schenck v. United States, 1919)에서 홈즈 대법관이 처음으로 사용하였다. 동 사건에서 홈즈(Holmes, Oliver Wendelle, Jr. 1841~1935) 대법관은 제1차 세계대전 중 징집 방해행위를 금지한 '방첩법'(The Espionage Act of 1917) 위반으로 기소된 '솅크'(Charles Schenck) 사건에서 징집 대상 연령의 청년들에게 반전(징집반대) 전단지(fliers, leaflet)를 살포한 행위도 동 방첩법 상 동 방해행위에 해당되는가에 대해서, 중대하고 명백한 위험이 되고(정도, clear), 현재에 위험이 발생하거 나 긴박한 위험일 것(근접성, present)을 표현의 자유에 대한 제한요건으로 고려하였고, '직접 해악을 초래하는 현재의 위험이 있고, 또한 그러한 해악을 유발할 의도로 행한 경우'에 한해서 언론(표현)의 자유에 제한을 가할 수 있다고 하였다. 결국 미국연방대법원은 동 사건에서 '솅크'(Schenck)에게 유죄판결을 내렸다. 한편 그 후 '근접성' 요건은 완화하고, '명확성' 원칙만을 고려한 판결들도 종종 등장하기도 하였는데, 예컨대 우리나라 89헌가113 사건의 경우처럼, 현존성은 판단하지 않은 경우를, "명백성의 원칙"만 적용하였다 한다. 이와 관련하여 영미법에서 헌법이론으로 자주 논의되는 자유 규제의 원칙들은, 명백하고 현존하는 위험의 원칙, 과도한 광범성의 원칙(the over-breadth doctrine), 명확성의 원칙(the void-for vagueness doctrine), 과잉금지의 원칙(the less restrictive alternative, LRA)이다.

10) 학문과 예술의 자유

모든 국민은 학문과 예술의 자유를 가지며, 저작자·발명가·과학기술자와 예술가의 권리는 법률로써 보호한다(헌법 제22조).

11) 재산권의 보장

모든 국민의 재산권은 보장되고 그 내용과 한계는 법률로 정하며, 재산권의 행사는 공공복리에 적합하도록 하여야 한다. 공공필요에 의한 재산권의 수용·사용 또는 제한 및 그에 대한 보상은 법률로써 하되, 정당한 보상을 지급하도록 하고 있다(헌법 제23조).

> **헌재 결정례**
> **국토의 계획 및 이용에 관한 법률 제124조의2 위헌소원**
> 전원재판부 2012헌바94, 2013.2.28.
>
> 토지거래허가구역 내에서 허가받은 목적대로 토지를 이용하지 아니하는 경우 이행강제금을 부과하는 국토의 계획 및 이용에 관한 법률(2009.2.6. 법률 제9442호로 개정된 것, 이하 '국토계획법'이라 한다) 제124조의2 제2항(이하 '이 사건 법률조항'이라 한다)이 과잉금지원칙에 위배하여 재산권을 침해하는가? 여부(소극)
>
> 【결정요지】
> 이 법률조항은 부동산 투기거래를 방지함으로써 부동산거래의 정상화와 부동산가격의 안정을 도모하고자 도입된 토지거래허가제도의 실효성을 확보하기 위한 것으로서, 그 입법목적은 정당하고, 이 사건 법률조항이 토지거래허가를 받은 자에게 토지이용의무를 부과한 후 그 의무를 이행하지 않는 경우 이행강제금의 제재를 가하는 것은 투기수요자들의 거래를 억제하는 등의 효과가 있으므로 수단의 적절성도 인정된다. 한편, 토지거래계약 허가를 받은 자에게 책임지울 수 없는 사유나 그 의무이행을 기대할 수 없는 사유가 있는 경우 폭넓은 예외를 인정하고 있고(동법 시행령 제124조 제1항), 이행강제금을 현실적으로 부과하기 이전에 상당한 기간을 정하여 이행명령을 발하여 이에 따를 기회를 부여하고, 그 기간 내에 이를 이행할 경우에는 이행강제금을 부과하지 않는 점, 토지이용의무를 이행하지 않는 토지소유자는 이 사건 법률조항에 따라 이행강제금을 부과받는 불이익을 입게 되지만, 부동산거래허가제도의 사후적 관리를 강화함으로써 투기소유자들이 토지거래허가구역 내에서 허위의 토지 이용목적을 내세워 거래허가를 받아 토지거래허가제도의 효력을 약화시키는 것을 막을 수 있는 점 등을 종합하여 볼 때 침해의 최소성 원칙에 반하지 아니하고, 법익균형성의 요건도 충족한다 할 것이다. 따라서 이 사건 법률조항이 과잉금지원칙에 위배하여 재산권을 침해한다고 볼 수 없다.

(5) 사회적 기본권(사회권적 기본권, 사회권, 생활권적 기본권, 생존권적 기본권)

국민이 인간다운 생활을 할 수 있도록 국가에 대해 적극적으로 어떤 행위·보호 또는 급여를 청구할 수 있는 사회적 기본권을 규정하고 있다. 인간다운 생활이란 인간의 존엄성에 상응하는 건강하고 문화적인 생활을 할 권리이다. 물질적 최저생활 뿐 아니라 문화적 최저생활도 보장되어야 한다. 이 사회권적 기본권은 법률제정과 같은 국가권력의 간섭이 있어야 비로소 실현되는 점에서 국가가 소극적으로 가만히 있으면 보장될 수 있는 자유권적 기본권과 다르다. 우리나라 헌법에서 이에 관한 규정으로는 교육을 받을 권리, 근로의 권리, 노동자의 단결권·단체교섭권·단체행동권, 인간다운 생활을 할 권리, 환경권, 혼인·가족생활·모성·보건을 보호받을 권리 등이 있다.

1) 교육을 받을 권리

모든 국민은 능력에 따라 균등하게 교육을 받을 권리를 가지며, 모든 국민은 그 보호하는 자녀에게 적어도 초등교육과 법률이 정하는 교육을 받게 할 의무를 지며, 의무교육은 무상으로 한다(헌법 제31조).

헌재 결정례 | **교육법 제96조 제1항 위헌 확인**
전원재판부 93헌마192, 1994.2.24. 기각

【교육을 받을 권리의 헌법상 의의와 기능】
교육을 받을 권리는, 첫째 교육을 통해 개인의 잠재적인 능력을 계발시켜 줌으로써 인간다운 문화생활(文化生活)과 직업생활(職業生活)을 할 수 있는 기초를 마련해 주고, 둘째 문화적이고 지적인 사회풍토(社會風土)를 조성하고 문화창조(文化創造)의 바탕을 마련함으로써 헌법이 추구하는 문화국가(文化國家)를 촉진시키고, 셋째 합리적이고 계속적인 교육을 통해서 민주주의(民主主義)가 필요로 하는 민주시민의 윤리적 생활철학을 어렸을 때부터 습성화시킴으로써 헌법이 추구하는 민주주의의 토착화에 이바지하고, 넷째 능력에 따른 균등한 교육을 통해서 직업생활과 경제생활의 영역에서 실질적인 평등(平等)을 실현시킴으로써 헌법이 추구하는 사회국가(社會國家), 복지국가(福祉國家)의 이념을 실현한다는 의의와 기능을 가지고 있다.
통상 의무교육 제도의 취지와 유래; 의무교육이 시작되는 시기와 마치는 시기를 아동의 연령으로 정하는 연령주의는 일정 연령범위의 모든 아동에게 취학의무를 부여함으로써 저소득계층의 아동들을 노동으로부터 해방시키려는 인도주의적 빈민구제정책을 배경으로 하여 동 연령기간 중 아동능력의 최대한의 발달을 보장하려는 제도라고도 할 수 있다. 대부분의 국가에서 만 6세부터의 의무교육은 아동의 신체(身體), 지능(知能), 정서(情緒), 심리발달단계(心理發達段階) 및 단계별 제 특징과 학습준비도(學習準備度) 등을 종합적으로 고려할 때 보편타당하다는 인류사회공동체(人類社會共同體)의 역사적, 전통적 합의를 바탕으로 한 것으로 볼 수 있다.

> 의무교육의 기능과 이념 및 본질은 단순한 지식전달 뿐 아니라, 동일한 연령 아동과의 교제와 단체생활능력·사회적응력 배양, 사회규범준수훈련, 예절·윤리교육, 국가관 내지 민족관과 역사의식 함양 등 오늘날의 민주국가·사회국가·문화국가를 살아가는 데 있어서 필수적인 교양과 상식과 덕목을 갖춘 전인간적인 교육을 내용으로 하는 것이다. 의무 취학시기를 만 6세가 된 다음날 이후의 학년 초로 규정하고 있는 교육법 제96조 제1항은 의무교육제도 실시를 위해 불가피한 것이며, 지능이나 수학능력 등이 있다고 하여 만 6세 이전에라도 어떠한 내용과 종류와 기간의 교육을 받을 권리가 보장된다는 것은 아니다. 그러한 아동들에 대하여 만 6세가 되기 전에 앞당겨서 입학을 허용하지 않는다고 해서, 헌법 제31조 제1항의 능력에 따라 균등하게 교육을 받을 권리를 본질적으로 침해한 것으로 볼 수 없다.

2) 근로의 권리

모든 국민은 근로의 권리를 가지며, 국가는 사회적·경제적 방법으로 근로자의 고용의 증진과 적정임금의 보장에 노력하여야 하며, 법률이 정하는 바에 의하여 최저임금제를 시행하여야 한다(헌법 제32조).

> **헌 재 결정례** 산업기술연수생 도입기준완화결정 등 위헌 확인
> 전원재판부 2004헌마670, 2007.8.30.
>
> 【근로의 권리에 관한 외국인의 기본권 주체성(한정 적극)】
> 근로의 권리는 "일할 자리에 관한 권리"만이 아니라 "일할 환경에 관한 권리"도 함께 내포하고 있는바, 후자는 인간의 존엄성에 대한 침해를 방어하기 위한 자유권적 기본권의 성격도 갖고 있어서 건강한 작업환경, 일에 대한 정당한 보수, 합리적인 근로조건의 보장 등을 요구할 수 있는 권리 등을 포함한다고 할 것이므로 외국인 근로자라고 하여 이 부분에까지 기본권 주체성을 부인할 수는 없다. 즉 근로의 권리의 구체적인 내용에 따라, 국가에 대하여 고용증진을 위한 사회적·경제적 정책을 요구할 수 있는 권리는 사회권적 기본권으로서 국민에 대하여만 인정해야 하지만, 자본주의 경제질서하에서 근로자가 기본적 생활수단을 확보하고 인간의 존엄성을 보장받기 위하여 최소한의 근로조건을 요구할 수 있는 권리는 자유권적 기본권의 성격도 아울러 가지므로 이러한 경우 외국인 근로자에게도 그 기본권 주체성을 인정함이 타당하다.

3) 근로자의 단결권·단체교섭권·단체행동권

근로자는 근로조건의 향상을 위하여 자주적인 단결권·단체교섭권 및 단체행동권을 가지나, 공무원인 근로자는 법률이 정하는 자에 한하여 단결권·단체교섭권 및 단체행동권을 가진다(헌법 제33조). 단결권이란 사용주와 대등한 입장에 서서 근로조건의 유지·개선을 위한 교섭을 하기 위하여 단체(노동조합)를 조직할 권리이고, 단체교섭권이란 그와 같은 단체의 대표자가 사용주와 교섭하는 권리이며, 단체행동권이란 근로조건의 유지 개선을 위하여 파업·태업·시위를 할 수 있는 권리이다.

4) 인간다운 생활을 할 권리

모든 국민은 인간다운 생활을 할 권리를 가지며, 국가는 사회보장·사회복지의 증진에 노력할 의무를 진다(헌법 제34조). 인간다운 생활이란 헌법 제10조에 규정된 '인간으로서의 존엄과 가치'를 유지할 수 있는 생활을 의미하는 것이나 국민이 인간다운 생활을 할 권리를 갖는다고 해서 이것만으로 국민이 국가에 대해서 생활보장을 요구할 수 있는 청구권을 갖는다는 것은 아니며, 다만 입법자에 대하여 장래의 정책적 지침을 지시한 것에 불과하고, 국가는 이를 위하여 구체적으로 노력하여야 한다.

> **헌재 결정례 | 인간다운 생활의 개념**
> 헌재 2004.10.28. 2002헌마328
>
> 인간다운 생활이란 그자체가 추상적이고 상대적인 개념으로서 그 나라의 문화의 발달, 역사적 사회적 경제적 상황의 변화에 따라 가변적인 것이므로 국가가 인간다운 생활을 보장하기 위한 생계급여의 수준을 구체적으로 결정함에 있어서는 국민 전체의 소득 수준과 생활수준, 국가의 재정규모와 정책, 국민 각 계층의 상충하는 각각의 이해관계 등 복잡 다양한 요소를 함께 고려해야 한다.

5) 환경권

모든 국민은 건강하고 쾌적한 환경에서 생활할 권리를 가지며, 국가와 국민은 환경보전을 위하여 노력하여야 한다(헌법 제35조).

| 헌 재 결정례 | **환경부담금** 헌재 1998.12.24. 98헌가1 |

헌법 제35조 제1항 및 제3항은 환경정책에 관한 국가적 규제와 조정을 뒷받침하는 헌법적 근거가 되며 국가는 환경정책실현을 위한 재원마련과 환경침해적 행위를 억제하고 환경보존에 적합한 행위를 유도하기위한 수단으로 수질개선 부담과 같은 환경부담금을 부과 징수할 수 있다.

6) 혼인·가족생활·모성·보건을 보호받을 권리

혼인과 가족생활은 개인의 존엄과 양성의 평등을 기초로 성립되고 유지되어야 하며, 국가는 이를 보장한다. 국가는 모성의 보호를 위하여 노력하여야 한다. 또한 모든 국민은 보건에 관하여 국가의 보호를 받는다(헌법 제36조).

(6) 참정권

1) 서설

참정권이란 국민이 국정에 참여할 수 있는 권리를 말한다. 참정권에는 국민이 다른 국민의 대표자가 되어 정치에 참여하는 공무담임권과 국민이 직접 자신을 대표할 사람을 뽑는 선거권의 두 가지 방법이 있다.

2) 선거권

모든 국민은 법률이 정하는 바에 의하여 선거권을 가진다(헌법 제24조). 따라서 선거에 관한 사항은 법률로 정해져 있다.

| 헌 재 결정례 | **1년 이상 수형자의 선거권 제한** 헌재 2017.5.25, 2016헌마292 |

이전에는 수형자의 선거권 제한을 합헌이라고 하였으나 이 결정에서는 수형자의 선거권을 제한하는 것은 위헌(집행이 종료되지 않은 경우 헌법불합치)이라고 판시하였다(헌재 2014.1.28., 2012헌마409). 그러나 1년 이상의 징역 또는 금고형의 선고를 받고 그 집행이 종료되지 아니한 사람은 선거권이 없다(공직선거법 제18조 제1항 제2호).

3) 공무담임권

모든 국민은 법률이 정하는 바에 의하여 공무담임권을 가지는데(헌법 제25조), 공무라 함은 행정부의 직무만을 의미하는 것이 아니라 입법권·사법권·지방자치단체, 그 밖의 모든 공공단체의 직무를 포함한다.

4) 국민투표권

대통령은 필요하다고 인정할 때에는 외교·국방·통일 기타 국가안위에 관한 중요정책을 국민투표에 붙일 수 있으며(헌법 제72조), 헌법개정안은 국회가 의결한 후 30일 이내에 국민투표에 붙여 국회의원 선거권자 과반수의 투표와 투표자 과반수의 찬성을 얻어야 통과되도록 하고 있다(헌법 제130조). 이러한 국민투표권도 참정권에 속한다.

(7) 기본권 보장을 위한 기본권

1) 서언

기본권을 보장하기 위한 기본권(청구권적 기본권)이란 기본권을 보장하기 위하여 헌법상 특히 인정된 권리로, '청원권', '재판을 받을 권리', '형사보상청구권', '공무원의 불법행위로 인한 손해배상청구권', '범죄피해자의 구조청구권' 등이 있다.

2) 청원권

모든 국민은 법률이 정하는 바에 의하여 국가기관에 문서로 청원할 권리를 가지며 국가는 청원에 대하여 심사할 의무를 진다(헌법 제26조). 청원이란 국민이 국가기관에 대하여 그 희망을 진술하는 것을 말하는데, 여기에서 말하는 국가기관이란 국회와 정부를 비롯한 모든 행정기관과 법원까지도 포함된다.

3) 재판을 받을 권리(재판청구권)

모든 국민은 헌법과 법률이 정한 법관에 의하여 법률에 의한 재판을 받을 권리를 가지며, 신속한 재판과 공개재판을 받을 권리를 가진다(헌법 제27조).

4) 형사보상청구권

형사피의자 또는 형사피고인으로서 구금되었던 자가 법률이 정하는 불기소처분(혐의 없음, 죄가 안됨, 공소권 없음)을 받거나 무죄판결을 받은 때에는 법률이 정하는 바에 의하여 국가에 정당한 보상을 청구할 수 있다(헌법 제28조).

구금과 형사보상청구권

[질문]

A는 아무런 잘못이 없는데도 불구하고 범죄 현장에 있었다는 것만으로 범죄인으로 몰려 구속되어 재판을 받게 되었다. 재판을 받는 과정에서 A의 혐의가 인정되지 않아 결국은 무죄판결을 받게 되었다. 이 때 A는 국가에 대하여 어떠한 조치를 취할 수 있겠는가?

[해설]

A는 형사피고인으로 구금되었고, 재판에서 무죄판결을 받았기 때문에 국가에 보상을 청구할 수 있다. 국가에 보상을 청구하는 것 외에 공무원의 직무상 불법행위로 인하여 손해가 발생하였다고 볼 수 있기 때문에 국가배상청구권을 행사할 수도 있을 것이다.

5) 공무원의 불법행위로 인한 손해배상청구권

공무원의 직무상 불법행위로 손해를 받은 국민은 법률이 정하는 바에 의하여 국가 또는 공공단체에 정당한 배상을 청구할 수 있다.

국가배상청구권

[질문]

훈련중 군용차량을 운전하던 B는 부주의하여 교차로를 건너던 A를 치어서 사망케 하였다. A의 처 C는 국가를 상대로 하여 불법행위로 인한 손해배상을 청구할 수 있는가?

[해설]

B가 훈련중 차량을 운전한 것은 공무원의 직무상 불법행위라고 할 수 있고, B가 부주의하였기 때문에 과실이 인정되고 이로 인해 A가 사망하였기 때문에 A의 처 C는 국가를 상대로 불법행위로 인한 국가배상청구권을 행사할 수 있다.

6) 범죄피해자의 구조청구권

타인의 범죄행위로 인하여 생명·신체에 대한 피해를 받은 국민은 법률이 정하는 바에 의하여 국가로부터 구조를 받을 수 있다(헌법 제30조).

▲ 범죄피해에 대한 구조청구권

[질문]

B는 A의 주택에 들어가 강도행위를 하던 중 A를 살해하였다. 후에 B는 체포되었고 A의 처 C는 B를 상대로 손해배상청구를 하려고 보니 B에게는 아무런 재산도 없었다. C는 A에게만 의존하여 생활하였기 때문에 생계가 막막하게 되었다. C는 국가를 상대로 국가의 구조를 청구할 수 있는가?

[해설]

B의 범죄행위로 인하여 A가 사망하였고, 가해자는 무자력이기 때문에 C는 국가에 범죄행위에 대한 구조청구권을 행사할 수 있다. 이러한 청구는 범죄피해의 발생을 안 날로부터 3년 또는 범죄피해가 발생한 날로부터 10년이 경과하기 전에 하여야 한다(범죄피해자보호법 제25조 2항).

(8) 기타 저항권

저항권은 위헌적인 권력행사에 의해서 헌법적 가치질서가 완전히 무너지는 것을 저지하기 위한 예비적인 헌법보호수단이다. 따라서 국가권력에 의한 헌법침해에 대한 최종적이자 초실정법적인 보호수단이 바로 저항권이다. 저항권을 행사하기 위한 요건으로 보통은 ① 보충성, ② 최후수단성, ③ 성공가능성의 요청 등이 그것이다. 즉 저항권은 다른 모든 헌법적 수단을 총동원해서도 국가권력에 의한 헌법침해를 막을 길이 없는 경우에 보충적·예비적으로만 행사되어야 하고, 저항권의 행사는 헌법적 가치질서가 무너지기 시작하는 초기에는 허용되어서는 아니되고 최후 순간까지 기다려 보고 헌법적 가치질서가 완전히 무너지기 직전에 헌법적 질서를 구제하기 위한 최후수단으로 허용되어야 한다고 한다. 이와 같은 세 가지 요건을 충족시키지 못하는 저항권의 행사는 결국 불법적인 저항권의 행사로 간주되게 된다.

2. 국민의 기본적 의무

(1) 서설

국민의 의무에는 헌법을 비롯하여 국가의 법령을 준수하여야 할 의무인 일반적인 의무와 납세의 의무, 국방의 의무, 교육의 의무, 근로의 의무와 같은 개별적 의무가 있다.

(2) 납세의 의무

모든 국민은 법률이 정하는 바에 의하여 납세의 의무를 지게 되는데(헌법 제38조), 납세란 국가경비를 조달하기 위한 재산의 제공을 말하는데, 국가를 유지하기 위해서는 많은 경비가 필요하고, 이 경비의 중요한 재원이 조세이므로 국민이 이를 부담해야 하는 것은 당연하다. 그러나 이것은 국민의 재산보장과 관련되므로 행정부의 자의적인 세금부과를 금하고 국회가 제정하는 법률에 의하여서만 행사하도록 하고 있는데, 이를 조세법률주의라 한다.

(3) 국방의 의무

모든 국민은 법률이 정하는 바에 의하여 국방의 의무를 지는데(헌법 제39조), 국방의 의무란 외적으로부터 국가를 보위해서 국가의 정치적 독립성과 영토의 완전성을 지키는 국토방위의 의무를 말한다. 국방의 의무 중 하나인 병역의 의무는 신체 건강한 남성에 한해 지게 한다.

(4) 교육의 의무

교육의 의무는 국민의 교육정도를 향상시켜 문화국가를 이룩하려는 데 그 목적이 있다. 따라서 헌법도 모든 국민은 그 보호하는 자녀에게 적어도 초등교육과 법률이 정하는 교육을 받게 할 의무를 지며 의무교육은 무상으로 한다(헌법 제31조). 중학 교육까지 의무교육이다.

(5) 근로의 의무

모든 국민은 근로의 의무를 진다. 국가는 근로의 의무의 내용과 조건을 민주주의원칙에 따라 법률로 정한다(헌법 제32조).

제3절 국 회

1. 국회의 성격

(1) 국민의 대표기관

국회는 국민의 대표기관이다. 그러나 국회와 국민간에 법적인 위임관계가 존재한다는 뜻은 아니고, 다만 국회의 의결은 국민의 의사로 간주된다는 의미에 불과하다.

(2) 입법기관

국회는 입법기관이다. 그래서 비록 다른 기관도 법령의 제정권이 있지만(법규명령, 조례) 가장 주된 입법기관은 국회이다.

(3) 국정감시기관

국회는 국정감시기관이다. 즉 국회는 국정을 감시하고 비판하는 기능, 예컨대 해임건의권, 탄핵소추권, 재정에 관한 권한, 각종의 동의권 및 승인권 등을 갖는다.

2. 국회의 구성

(1) 국회의원의 선거

1) 국회의원의 구성

국회의원의 수는 법률로 정하되 200인 이상으로 한다. 국회의원의 선거구와 비례대표제 기타 선거에 관한 사항은 법률로 정하며(헌법 제41조), 국회의원의 임기는 4년으로 한다(헌법 제42조).

2) 선거의 기본원칙

국회의원은 국민의 보통·평등·직접·비밀선거에 의하여 선출된다(헌법 제41조).

3) 선거권과 피선거권

모든 국민은 헌법과 법률이 정하는 바에 의해서 선거권과 피선거권을 가진다. 선거권자는 법률이 정하는 바에 의하며(헌법 제24조), 피선거권자는 국회의원은 25세 이상의 자이다.

4) 선거구

선거의 단위가 되는 지역인 구획을 선거구라고 하는데 선거구를 나누는 데는 소선거구제와 대선거구제가 있다. 소선거구제는 선거구를 좁게 확정하여 1선거구에서 1인의 국회의원을 선출하는 제도이고, 대선거구제는 선거구를 넓게 확정하여 그 선거구에서 여러 명의 국회의원을 선출하는 제도이다.

5) 당선자 결정방법

선거에서 당선자를 결정하는 방법으로서는 다수대표제 · 소수대표제 · 비례대표제 등이 있다. 다수대표제는 다수표를 얻은 자 1인만을 당선인으로 하는 제도이고, 소수대표제는 득표순에 따라 수인을 당선인으로 하는 선거제도이다. 비례대표제는 정당의 존재를 전제로 하여 정당의 득표수에 비례하여 국회의원을 선출하는 제도이다.

3. 국회의 권한

국회가 가지고 있는 권한은 입법에 관한 권한, 재정에 관한 권한, 일반국정에 관한 권한, 대내적 권한 등으로 나눌 수 있다.

(1) 입법에 관한 권한

1) 법률제정권

국회는 법률제정권을 가지는데(헌법 제40조), 이것은 국회가 가지는 여러 가지 권한 중에서 가장 중요한 권한이다. 국회의원과 정부는 법률안을 제출할 수 있다. 국회의원이 법률안을 제출하려면 국회의원 10인 이상의 찬성을 얻어야 하고(국회법 제79조 1항), 정부가 법률안을 제출하는 경우에는 국무회의의 심의를 거쳐야 한다(헌법 제89조 3호). 국회에서 의결된 법률안은 정부로 이송되어 15일 이내에 대통령이 이를 공포하여야 한다(헌법 제53조 1항). 공포된 법률은 특별한 규정이 없는 한 공포한 날로부터 20일이 경과되면 효력이 발생한다(동조 7항).

그러나 대통령이 법률안에 대하여 이의가 있을 때에는 정부로 이송된 후 15일 이내에 이의서를 첨부하여 국회로 환부하고 그 재의를 요구할 수 있다(동조 2항). 환부된 법률안은 국회의 재의에 붙여 재적의원 과반수의 출석과 출석의원 3분의 2 이상의 찬성으로 다시 의결되면 그 법률안은 법률로서 확정된다(동조 4항).

만약에 대통령이 정부에 이송된 법률안을 공포하지도 않고 국회로 환부하지도 않으면 그 법률안을 법률로서 확정되며, 확정된 후 5일 이내에 대통령이 공포하지 아니하면 국회의장이 공포한다. 국회의 재의결에 의하여 확정된 법률도 정부에 이송된 지 5일 이내에 대통령이 공포하여야 하며, 공포하지 않으면 이때에도 국회의장이 공포한다(동조 6항).

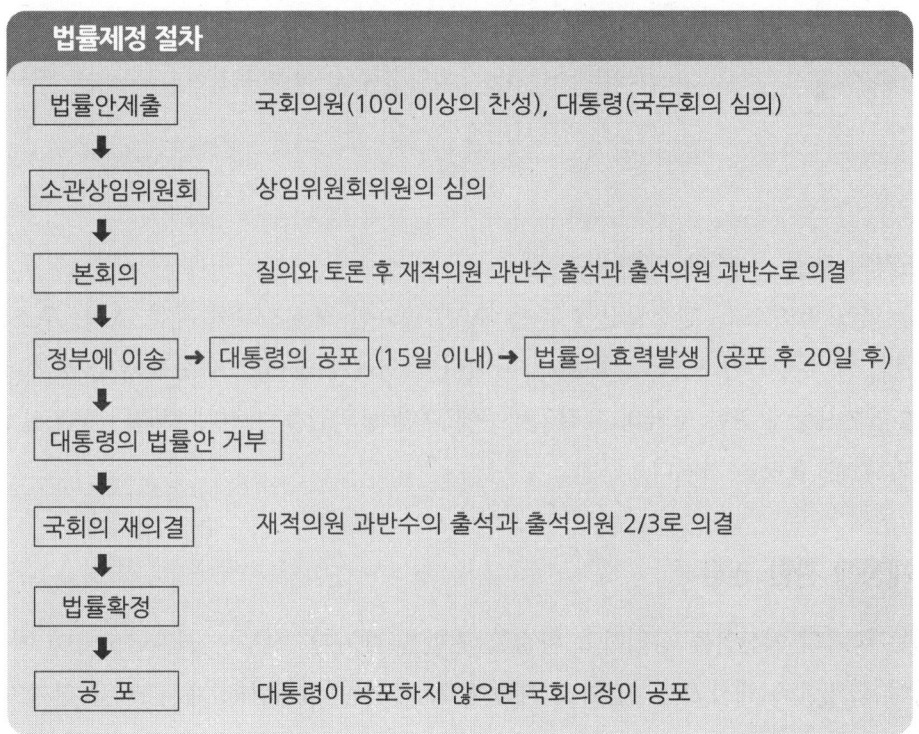

2) 헌법개정권

국회는 헌법개정의 제안과 의결을 할 수 있는데, 보통은 법률안을 제출할 때와는 달리 이 헌법개정의 제안을 국회의 재적의원 과반수 이상의 찬성을 요하며 제안된 헌법개정안은 20일 이상의 기간 이를 공고하여야 하며, 국회는 헌법개정안이 공고된 날로부터 60일 이내에 이를 재적의원 3분의 2 이상의 찬성을 얻어 의결하여야 한다. 한편 대통령도 헌법개정을 제안할 수 있다. 국회에서 통과된 헌법개정안은 의결된 후 30일 이내에 국민투표에 붙여 국회의원 선거권자 과반수의 투표와 투표자 과반수의 찬성을 얻어 확정된다.

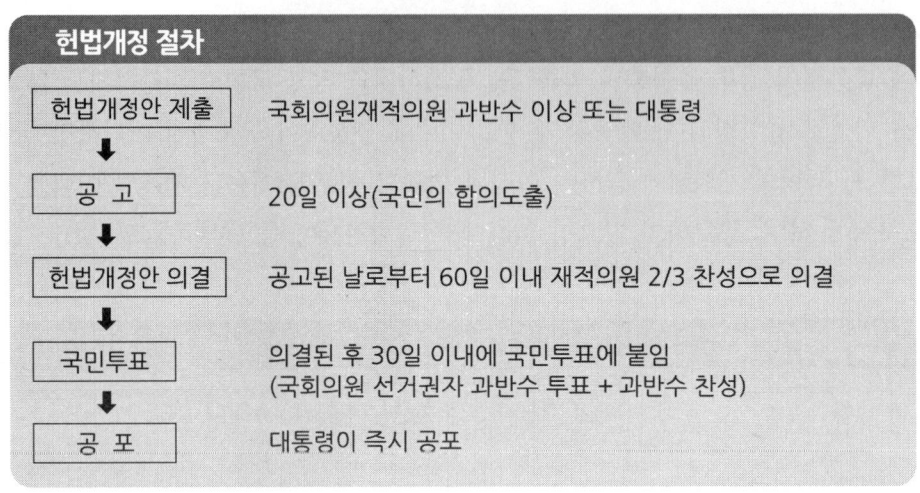

3) 조약의 체결·비준에 대한 동의권

국회는 상호원조 또는 안전보장에 관한 조약, 중요한 국제조직에 관한 조약, 우호통상조약, 주권의 제약에 관한 조약, 강화조약, 국가나 국민에게 중대한 재정적 부담을 지우는 조약 또는 입법사항에 관한 조약의 체결·비준에 대한 동의권을 가진다. 체결·공포된 조약은 국내법과 같은 효력을 가진다.

(2) 재정에 관한 권한

국회는 국가의 예산안을 심의하고 확정할 권한을 갖는다. 정부는 회계년도마다 예산안을 편성하여 회계년도 개시 90일 전까지 제출하고, 국회는 회계연도 개시 30일 전까지 이를 의결하여야 한다.

(3) 일반국정에 관한 권한

1) 국정감사 및 조사권

국회는 국정을 감사하거나 특정한 국정사안에 대하여 조사할 수 있으며, 이에 필요한 서류의 제출 또는 증인의 출석과 증언이나 의견의 진술을 요구할 수 있다.

2) 탄핵소추권

탄핵이란 고위공직자나 법관 등 신분이 보장된 공무원이 직무상 중대한 비위를 범한 경우에 의회가 소추하여 처벌 또는 파면하는 제도를 말한다. 국회는 대통령·국무총리·국무위원·행정각부의 장·헌법재판소 재판관·법관·중앙선거관리위원회 위원·감사원장·감사위원 기타 법률이 정한 공무원이 그 직무집행에 있어서 헌법이나 법률을 위배한 때에는 탄핵소추를 의결할 수 있다. 이 경우에 탄핵소추는 국회재적의원 3분의 1 이상의 발의가 있어야 하며, 그 의결은 국회재적의원 과반수의 찬성이 있어야 한다. 다만, 대통령에 대한 탄핵소추는 국회재적의원 과반수의 발의와 국회재적의원 3분의 2 이상의 찬성이 있어야 한다. 탄핵소추의 의결을 받은 자는 헌법재판소의 탄핵심판 결정이 있을 때까지 그 권한행사가 정지된다. 탄핵결정은 공직으로부터 파면함에 그친다. 그러나, 이에 의하면 민사상이나 형사상의 책임이 면제되지는 아니한다(헌법 제65조).

3) 해임건의권

국회는 국무총리 또는 국무위원의 해임을 대통령에게 건의할 수 있는데, 이 해임건의는 국회재적의원 3분의 1 이상의 발의에 의하여 국회재적의원 과반수의 찬성이 있어야 한다(헌법 제63조).

4) 기타 일반국정에 관한 권한

국회는 그 외에도 일반국정에 관한 여러 가지 권한을 가지고 있는데, ① 선전포고 및 국군의 해외파견과 외국군대의 국내주둔에 대한 동의권, ② 국무총리·국무위원의 국회 출석·답변 요구권, ③ 일반사면에 대한 동의권, ④ 국무총리 임명에 대한 동의권, 대법원장 임명에 대한 동의권, ⑤ 계엄해제 요구권 등이다.

(4) 대내적 권한

국회는 법률에 저촉되지 아니하는 범위 안에서 의사와 내부규율에 관한 규칙을 제정할 수 있으며, 의원의 자격을 심사하며 의원을 징계할 수 있다. 뿐만 아니라, 국회재적의원 3분의 2 이상의 찬성으로 국회의원을 제명할 수 있다. 이러한 처분에 대하여는 법원에 제소할 수 없다(헌법 제64조).

4. 국회의원의 특권

(1) 불체포특권

국회의원은 현행범이 아닌 한, 회기 중 국회의 동의 없이 체포 또는 구금되지 아니하며, 회기 전에 체포 또는 구금된 때에도 현행범이 아닌 한 국회의 요구가 있으면 회기 중 석방된다(헌법 제44조).

(2) 면책특권

국회의원은 국회에서 직무상 행한 발언과 표결에 관하여 국회 외에서 책임을 지지 아니한다(헌법 제45조).

> **헌재 결정례** 의사공개의 원칙과 그 제한
> 헌재 2000.6.29. 98헌마443 등 병합
>
> 국회법 제55조 1항 … 은 회의장의 장소적 제약으로 불가피한 경우 의회의 원활한 진행을 위하여 필요한 경우 등 결국 회의의 질서유지를 위하여 필요한 경우에 한하여 방청을 불허할 수 있는 것으로 제한적으로 풀이되며 이와 같이 이해하는 한, 위 조항은 헌법에 규정된 의사공개의 원칙에 저촉되지 않으면서도 국민의 방청의 자유와 위원회의 원활한 운영 간에 적절한 조화를 꾀하고 있다고 할 것이므로 국민의 기본권을 침해하는 위헌조항이라 할 수 없다.

제4절 정 부

1. 서설

정부란 행정권의 귀속주체만을 뜻하는 개념으로서 대통령·국무회의 및 행정각부 장관을 포함하는 개념으로 규정되어 있다.

2. 대통령

(1) 대통령의 지위

우리 헌법은 대통령의 지위에 관하여 정부 수반으로서의 지위와 국가원수로서의 지위를 정하고 있다(헌법 제66조).

(2) 국가원수로서의 지위

1) 헌법의 수호자

대통령은 국가의 독립·영토의 보전·국가의 계속성과 헌법을 수호할 책무를 진다(제66조 제2항). 그리고, 대통령은 취임에 즈음하여 다음의 선서를 한다.

> "나는 헌법을 준수하고 국가를 보위하며 조국의 평화적 통일과 국민의 자유와 복리의 증진 및 민족문화의 창달에 노력하여 대통령으로서의 직책을 성실히 수행할 것을 국민 앞에 엄숙히 선서합니다."

헌법의 수호자로서 대통령은 위헌정당해산 제소권(제8조4항), 국가긴급권(제76조의 긴급명령 및 긴급재정경제명령, 처분권, 제77조의 계엄선포권)이 있다. 그리고, NSC(국가안전보장회의)를 주재한다(제91조). 국가긴급권은 대통령이 내우·외환·천재·지변 또는 중대한 재정·경제상의 위기에 있어서 국가의 안전보장 또는 공공의 안녕질서를 유지하기 위하여 긴급한 조치가 필요하고 국회의 집회를 기다릴 여유가 없을 때에 최소한으로 필요한 재정·경제상의 처분을 하거나, 이에 관하여 법률의 효력을 가지는 명령을 발하는 것이다(제76조 제1항). 또한, 국가의 안위에 관계되는 중대한 교전상태에 있어서 국가를 보위하기 위하여 긴급한 조치가 필요하고 국회의 집회가 불가능한 때에는 법률의 효력을 가지는 명령을 발할 수 있다(제76조 제2항).

2) 대외적 국가의 대표자

대통령은 "외국에 대하여 국가를 대표한다(제66조 제1항)." 또한, 대통령은 조약을 체결·비준하고, 외교사절을 신임·접수 또는 파견하며, 선전포고와 강화를 한다(제73조).

3) 대내적 국정 최고책임자

국가원수(國家元首)인 대통령은 국정의 최고책임자이다. 그러므로, 대통령은 행정부가 아닌 다른 헌법기관에 관한 권한을 갖게 된다. 이를 테면, '헌법재판소장 및 헌법재판관 임명권', '대법원장 및 대법관 임명권', '중앙선거관리위원회 위원 3인 임명권'을 갖는다. 또, '영전수여', '사면권', '법률공포권' 등을 갖는다.

(3) 정부 수반으로의 지위

우리 헌법은 "행정권은 대통령을 수반으로 하는 정부에 속한다."고 정하고 있다(제66조 제4항). 즉, 정부 수반으로서 국무총리, 국무위원, 감사원장 등 중요공직자에 대한 임명권을 갖는다. 또, 대통령은 정부의 권한에 속하는 중요한 정책을 심의하는 국가최고정책심의기관인 국무회의의 의장이 된다(제88조).

(4) 대통령의 임기 및 선거

대통령의 임기는 5년으로 중임할 수 없다(헌법 제70조). 대통령으로 선거될 수 있는 자는 국회의원의 피선거권이 있고, 선거일 현재 40세에 달하고 국내에 5년 이상 거주하였어야 한다. 다수득표자가 당선되지만 최고득표자가 2인 이상인 때에는 국회의 재적의원 과반수가 출석한 공개회의에서 다수표를 얻은 자를 당선으로 한다. 대통령후보자가 1인일 때에는 그 득표수가 선거권자 총수의 3분의 1 이상이 아니면 대통령으로 당선될 수 없다(제67조 3항).

(5) 대통령의 불소추특권

대통령은 내란 또는 외환의 죄를 범한 경우를 제외하고는 재직중 형사상의 소추를 받지 아니한다(헌법 제84조). 그러나 재직중의 범행에 대하여 퇴직 후에는 소추받을 수 있으며, 재직중이라도 내란 또는 외환의 죄를 범한 경우와 민사에 관하여는 소추를 받을 수 있다.

3. 국무회의

(1) 국무회의의 지위

국무회의는 심의기관으로(헌법 제88조), 의결기관과 자문기관의 중간적 성격을 가진다. 의결기관과 달리 대통령은 국무회의의 의결에 법적 구속을 받지 않는다.

(2) 국무회의의 구성

국무회의는 대통령·국무총리와 15인 이상 30인 이하의 국무위원으로 구성되며 대통령이 국무회의의 의장이 되고, 국무총리가 부의장이 된다(헌법 제88조). 국무총리는 국회의 동의를 얻어 대통령이 임명하고(헌법 제86조 1항), 국무위원은 국무총리의 제청으로 대통령이 임명한다(헌법 제87조 1항). 군인은 현역을 면한 후가 아니면 국무총리로 임명될 수 없고(헌법 제86조 3항), 국무위원에도 임명될 수 없다(헌법 제87조 4항).

(3) 국무총리

의원내각제하의 국무총리와는 달리 우리나라의 국무총리는 심의기관인 국무회의의 부의장으로서 대통령을 보좌하는 지위(헌법 제88조 3항)와 집행기관으로서 대통령의 명을 받아 행정각부를 통할하는 지위(헌법 제86조 2항)에 있음에 불과하다. 그러나 국무위원의 임명을 제청하거나(헌법 제87조 1항) 국무위원을 해임을 대통령에게 건의하는(헌법 제87조 3항) 등 독자적인 지위에서 행사할 수 있는 권한도 갖고 있다.

(4) 국무위원

행정각부의 장은 국무위원 중에서 국무총리의 제청으로 대통령이 임명한다(제94조). 이 경우, 국무위원은 행정각부의 장이라는 '이중적 지위'를 가지며, 정부조직법은 이를 장관이라고 한다. 1998년 정부조직법의 개정에 따라 무임소장관인 정무장관이 폐지되었고, 2008년에 신설된 특임장관도 2013년 정부조직법으로 폐지되었다.

4. 감사원

감사원은 국가의 세입·세출의 결산, 국가 및 법률이 정한 단체의 회계검사와 행정기관 및 공무원의 직무에 관한 감찰을 하기 위하여 대통령 소속하에 두며(헌법 제97조) 감사원은 원장을 포함한 5인 이상 11인 이하의 감사위원으로 구성한다. 감사원장은 국회의 동의를 얻어 대통령이 임명하고, 그 임기는 4년으로 하며, 1차에 한하여 중임할 수 있으며, 감사위원은 원장의 제청으로 대통령이 임명하고, 그 임기는 4년으로 하며, 1차에 한하여 중임할 수 있다(헌법 제98조). 감사원은 세입·세출의 결산을 매년 감사하여 대통령과 차년도 국회에 그 결과를 보고하여야 한다(헌법 제90조).

제5절 법 원

1. 서설

사법(司法)은 권리관계를 확정하여 구체적 쟁송(爭訟)을 해결하는 국가작용이며, 사법부(司法府)는 사법권을 행사하는 국가기관이다. 사법권은 법관으로 구성된 법원에 속한다(헌법 제101조). 즉, 우리사회에서 법원은 사법권을 행사하는 국가기관으로서 이를 사법부라고도 한다.

2. 법원의 조직

(1) 법원의 종류

사법권은 법관으로 구성된 법원에 속하는데, 법원은 최고법원인 대법원과 각급 법원으로 조직된다(헌법 제101조).

1) 대법원

대법원은 최고법원이며 대법원에 대법관을 두고, 법률이 정하는 바에 의하여 대법관이 아닌 법관 즉 재판연구관을 둘 수 있다(헌법 제102조). 대법원은 통상 제3심 법원으로서 상고심(上告審)을 담당한다. 우리나라의 재판제도는 3심제가 원칙인데, 이는 헌법상 요구되는 사항이 아니기 때문에 법률로써 2심제를 채택하는 것도 가능하나 어떠한 경우에도 최종심은 반드시 대법원에서 이루어져야 한다. 따라서 비상계엄이 선포된 경우와 같은 특별한 예외를 제외하고는 특별법원인 군사법원도 최종심은 언제나 대법원이어야 한다. 대법관수는 대법원장을 포함해 14인이다(법원조직법 제4조 2항). 재판부는 전원합의부와 대법관 3명 이상으로 구성된 부로 나누이고, 2분의 1 이상의 다수(과반수)로 판결한다(동법 제66조).

2) 고등법원

고등법원은 대법원의 바로 하위에 있는 제2심 법원이고 민사부·형사부·특별부를 두고 있다. 현재, 서울·부산·광주·대전·대구·수원으로 총 6곳에 고등법원을 두고 있다.

고등법원의 심판권은 판사 3명으로 구성되는 합의부에 의해 행사되며, 지방법원 합의부의 제1심 판결 또는 가정법원 합의부의 제1심 심판에 대한 항소(抗訴)사건, 지방법원 또는 가정법원 합의부의 제1심 결정·명령에 대한 항고(抗告)사건 및 다른 법률에 의해 고등법원의 권한에 속하는 사건에 관한 심판권을 행사한다. 다른 법률에 의해 고등법원의 권한으로 인정된 사건으로는 행정소송법에 의한 행정소송사건과 공직선거법에 의한 (광역의원, 기초단체장 및 기초의원) 지방선거소송사건 등이 있다. 후자의 사건은 고등법원이 제1심이 되는데, 이는 대통령·국회의원 선거에 관한 소송을 대법원이 관할하게 한 것과 대조된다.

3) 지방법원

지방법원은 제1심 법원이며, 민사부·형사부를 두고 그 심판권을 보통은 단독판사가 행사하며, 소송목적의 가액이 2억 원을 초과하는 민사사건 등에 대하여는 합의부 재판을 요한다.[2] 또한 지방법원 단독판사가 한 재판에 대하여는 지방법원 항소부가 항소심 재판을 한다. 한편 모든 단독사건에 대해 4촌 안의 친족관계나 고용관계 등으로 사무처리를 보조하는 사람은 변호사가 아니어도 법원의 허가를 받아 소송대리를 할 수 있게 되었다.[3]

현재 지방법원으로는 서울중앙·동부·서부·남부·북부지방법원·인천·수원·의정부·춘천·대전·청주·대구·부산·울산·창원·광주·전주·제주지방법원이 있다. 지방법원에는 그 사무의 일부를 처리하게 하기 위해 지원(支院)과 소년부 지원, 순회재판소, 등기소

---

2) 대법원의 '민사 및 가사소송의 사물관할'에 관한 규칙3 제2조 개정, 2011.1.1. 시행. 다만 다류 가사소송사건은 5,000만 원 초과가 기준이다.
3) 개정 민사소송규칙 제15조, 2011.10.13. 시행.

를 둘 수 있으며, 지원과 소년부 지원에는 지원장을 두고 판사로 보한다. 지방법원의 본원과 지원에 있어서 심판권은 단독판사가 행사하는 것이 원칙이나, 일정한 경우에는 합의부가 행사한다. 지방법원 합의부가 심판권을 행사하는 경우에는 제1심 법원으로서 심판권을 행사하는 경우와, 제2심 법원으로서 심판하는 경우가 있다.

4) 특수법원

① 특허법원

특허심판원의 심결에 대한 불복의 소를 특허법원이 1심으로 관할하고, 그 판결에 불복이 있는 경우에 대법원에 상고(上告)할 수 있도록 하여 법원에서의 사실심리를 강화한 2심제(특허법원 ⇒ 대법원)로 운영하고 있다. 특허법원은 대전광역시에 위치하고 있다.

② 가정법원

법원조직법은 가사심판과 조정 및 소년보호사건을 전담 처리하도록 지방법원과 동등한 시위에 있는 가정법원을 두고 있다. 현재 서울, 부산, 인천, 대전, 대구, 울산, 광주, 그리고 수원가정법원이 있으며, 기타 지역에서는 지방법원 가사부에서 가사사건을 담당한다. 가정법원의 심판권도 지방법원의 경우와 같이 일반적으로 단독판사가 행사하며, 합의재판을 요할 때에는 판사 3인으로 구성되는 합의부에서 재판한다.

③ 행정법원

행정소송법에서 정한 행정사건을 심판하기 위한 지방법원급의 행정법원이 서울에 설치되어 있다. 행정법원이 설치되지 아니한 지역에 있어서 행정법원의 관할에 속하는 사건은 해당 지방법원 본원이 관할한다.

④ 군사법원

특별법원으로서 군사법원(헌법 제110조)은 보통군사법원과 고등군사법원으로 나뉘며, 헌법상 상고심은 대법원이다. 군사법원의 설치는 그 설치근거가 헌법에 직접 규정되어 있으므로 위헌은 아니다.

(2) 법관

1) 법관의 자격

법관의 자격은 법률로 정하도록 하고 있는데(헌법 제101조 3항), 이에 의거 법원조직법이 법관의 자격(동법 제42조)을 정하고 있다.

2) 법관의 임명

대법원장은 국회의 동의를 얻어 대통령이 임명하고, 대법관은 대법원장의 제청으로 국회의 동의를 얻어 대통령이 임명하며, 연임할 수 있다. 대법원장과 대법관이 아닌 법관은 대법관회의의 동의를 얻어 대법원장이 임명한다(헌법 제104조).

3) 법관의 임기

대법원장 및 대법관(헌법재판소장 및 재판관)의 임기는 6년으로 하며, 대법원장은 중임할 수 없다. 대법원장과 대법관이 아닌 법관의 임기는 10년으로 하며, 법률이 정하는 바에 의하여 연임할 수 있다(헌법 제105조). 대법원장과 대법관의 정년은 70세, 판사의 정년은 65세로 한다(법원조직법 제45조).

4) 법관의 신분보장

법관은 탄핵 또는 금고 이상의 형의 선고에 의하지 아니하고는 파면되지 아니하며, 징계처분에 의하지 아니하고는 정직·감봉 기타 불리한 처분을 받지 아니한다(헌법 제106조). 한편 법관의 재임용 기간은 10년이고, 재임용이 되지 않으면 판사직에서 해임된다.

(3) 법원의 명령·규칙심사권

법률이 헌법에 위반되는 여부가 재판의 전제가 된 경우에는 법원은 헌법재판소에 제청하여 그 심판에 의하여 재판한다. 그러나 명령·규칙 또는 처분이 헌법이나 법률에 위반되는 여부가 재판의 전제가 된 경우에는 대법원이 이를 최종적으로 심사할 권한을 가진다(헌법 제107조).

제6절 재판의 종류

1. 재판

재판(裁判)은 구체적인 쟁송(爭訟)을 해결하기 위하여 사법기관인 법원 또는 법관이 내리는 공권적 판단을 말한다. 우리 헌법은 「모든 국민은 헌법과 법률이 정한 법관에 의하여 법률에 의한 재판을 받을 권리를 가진다.」(헌법 제27조)고 규정하여, 일정한 자격을 갖춘 법관에 의하여 법원으로부터 정당한 재판을 받을 권리가 국민의 기본권임을 밝히고 있다. 재판의 종류로는 사건의 성질에 따라 개인 간의 관계에 대한 분쟁을 대상으로 하는 민사재판, 범죄행위를 대상으로 하는 형사재판, 그리고 위헌법률심판과 탄핵심판, 정당해산 심판, 헌법소원, 권한쟁의심판을 대상으로 하는 헌법재판, 행정법규의 적용이나 공법상의 법률관계를 대상으로 하는 행정재판, 선거의 효력이나 당선의 유무효를 대상으로 하는 선거재판, 군인·군무원의 범죄를 대상으로 하는 군사재판, 그리고 특허재판 등이 있다.

2. 심급제도

심급(審級)제도란 하급법원의 심판에 불복하는 경우 상급법원에 상소(上訴)하여 여러 번 재판을 받을 수 있게 하는 제도로서, 법원의 오판이나 증거불충분으로 인한 판결을 최소화하여 국민의 기본권을 보장하고 법질서를 유지하기 위한 것이다.

재판은 3심제를 원칙으로 하고 있지만, 예외적으로 특허재판과 지방의회의원(구·시·군)·기초자치단체장 및 광역비례의원에 대한 선거재판은 2심제, 비상계엄 하의 군사재판, 대통령·국회의원·광역자치단체장(시장·도지사)·광역비례의원 선거재판은 단심제이다. 상소(上訴)제도 중 1심 판결에 불복하여 2심에 소를 제기하는 것을 항소(抗訴)라 하고 2심 재판에 불복하여 대법원에 소를 제기하는 것을 상고(上告)라고 한다.

3. 배심제도

배심(陪審, jury)제도란 법관 이외의 자가 재판의 구성원으로 판결에 참여할 수 있는 제도로서, 우리나라에서 2008년부터 시행된 국민참여재판제도도 절충적 배심제도라고 할 수 있

다. 그 도입 취지는 형사재판에서 재판의 민주적 정당성과 사법 신뢰의 향상을 기하려는데 있다.[4]

사형·무기 또는 단기 1년 이상의 징역 또는 금고에 해당되는 합의부 관할 사건(국민참여재판에 관한 법률 제5조)에 적용되며, 피고인이 국민참여재판을 원하지 아니하거나 법에서 정한 배제결정이 있는 경우는 국민참여재판을 하지 아니한다. 배심원은 심리에 참여하여 유무죄에 관한 평결, 양형의 의견을 개진한다. 배심원은 만 20세 이상의 국민으로 하고, 법정형이 사형·무기징역 또는 무기금고에 해당하는 사건에 대한 국민참여재판에는 9인의 배심원이 참여하고, 그 외의 대상사건에 대한 국민참여재판에는 7인의 배심원이 참여한다. 평결은 권고적 효력이 있으며, 판사는 배심원의 의견을 참고하여 유무죄와 양형을 판단한다. 문제점으로는 배심원으로 선정되는 국민의 부담, 효과적인 입증 등 공소유지의 어려움, 그리고 일심에서만 적용된다는 점 등이다.

4. 소송의 종류

소송(訴訟)이란 법원에 재판을 청구하는 일과 절차를 말한다. 그 종류로는 민사소송, 형사소송, 헌법소송, 행정소송, 가사소송, 선거소송, 조세소송 등이 있다.

(1) 민사소송

사법상의 권리나 법률관계에 관한 법률상의 다툼이 있는 사건, 개인간의 생활 관계에서 발생한 법적 분쟁이나 이해관계의 충돌을 국가의 재판권에 의하여 강제적으로 해결 조절하는 절차이다. 민사소송의 절차는 **소의 제기** ⇒ **변론과 심리** ⇒ **판결**에 의한다. 소의 제기는 원고가 피고를 상대로 법원에 소장을 제출하는 것이고, 그 후 원고와 피고의 주장과 답변 및 항변 등의 변론이 이루어지며, 재판관은 증거에 입각하여 심리를 진행하게 된다. 원고가 판결 확정 전에 소를 취하하거나 청구포기, 화해 등이 있는 경우에는 소송이 종료된다.

(2) 형사소송

범죄와 형벌을 규정한 형법의 적용을 받게 되는 사건에 대하여 형법의 규정을 적용하고

---

[4] 민사소송에는 국민참여재판이 없다(국민의 형사재판 참여에 관한 법률 제1조).

실현하기 위한 절차이다. 형사소송 절차는 **수사** ⇒ **기소** ⇒ **공판** ⇒ **형의 집행**으로 이루어진다. 구속수사의 경우에는 법관이 발부한 영장이 필요하나, 현행범에 대하여는 사후영장도 가능하다. 검사만이 피의자(被疑者)를 기소(起訴)할 수 있다는 기소독점주의를 취하고 있다. 공판은 공판준비, 심리와 변론, 검사의 구형, 그리고 형의 선고로 구성된다. 심리(審理)는 재판에 기초가 되는 사실 및 법률관계를 명확하게 하기 위하여 법원이 사건에 대해 조사하는 행위이다. 심리를 효율적으로 하기 위하여 증거 수집과 조사를 하기도 한다. 검사와 피고인이 선임한 변호사 또는 국선변호인 사이에 변론이 이루어진다. 그리고 공판 과정에서 보석(保釋)이 이루어지기도 한다.

(3) 헌법소송

헌법소송이라 함은 헌법의 해석과 관련된 분쟁을 사법적 절차로 해결하는 제도로 헌법재판소에서 행하며, 헌법소송의 종류로는 위헌법률심판, 탄핵심판, 정당해산심판, 권한쟁의심판, 헌법소원이 있다. 헌법재판소는 헌법보장기관이고 기본권 보장기관이며 정치적 사법기관이다. 재판관은 9명이며, 대통령, 대법원장, 국회가 각각 3인을 선출한다. 심리 정족수는 7인이고, 심판에는 재판관 6인 이상의 찬성이 필요하지만, 권한쟁의 심판은 과반수의 출석과 찬성이다.

(4) 행정소송

행정상의 법률관계에 관한 분쟁을 법원의 정식재판 절차를 통하여 해결하는 제도로서, 행정법상 위법한 처분 및 그 밖의 공권력의 행사 또는 불행사 등으로 인한 국민의 권리나 이익 침해를 구제하고 공법상의 권리관계 또는 법적용에 관한 다툼을 적정하게 해결하려는 목적의 소송이다. 행정심판전치주의(行政審判前置主義)란 행정소송의 제기에 앞서서 피해자가 처분행정청 또는 상급행정청에 대해 먼저 행정심판의 제기를 통해 처분의 시정을 구하고, 그 시정에 대해 불복이 있을 때 소송을 제기하는 것이다. 행정심판은 임의적 행정심판전치가 원칙이고, 필요적 행정심판전치주의는 예외로서 국세기본법이나 국가공무원법, 도로교통법 등의 경우에 개별규정을 두고 필요적 전치주의를 적용한다.

(5) 가사소송

가정법원이 가정 내 또는 친족 간의 분쟁 등에 대하여 소송 절차에 의하지 않고 가사소송법상 특례절차에 의해 심리·재판하는 제도이다. 혼인관계 소송, 부모와 자의 관계, 친생자 관계와 입양관계 소송 등이 이에 속한다. 가사소송(家事訴訟)은 넓은 의미로는 가정법원의 전속관할에 속하는 소송으로서 가사소송사건과 가사비송사건으로 나뉜다. 가사소송사건은 판결로 가사비송사건은 심판에 의하여 재판하며, 가사소송사건은 가·나·다류로 가사비송사건은 라류 및 마류로 세분되고 그 중 나류와 다류 가사소송사건과 마류 가사소송사건을 조정의 대상으로 한다.

(6) 선거소송

선거소송이란 선거의 절차에 하자를 이유로 하여 그 선거의 전부 또는 일부의 효력을 다투는 소송이다. 이 경우에 있어서 선거란 선거인 명부의 작성 및 확정이라든가 선거일의 공고 등으로부터 당선인의 결정에 이르기까지의 일련의 집합적 행위를 말한다. 선거소송을 제기할 수 있는 자 즉 원고의 당사자자격을 가지는 자는 모든 선거인·정당·후보자이다(공직선거법 제222조). 여기에서 선거인이나 후보자란 그 소송대상인 지역구의 선거인이나 후보자만이다. 그 이유는 선거소송은 오직 지역구선거에 관하여만 인정되며, 전국구선거에 대한 선거소송은 있을 수 없기 때문이다. 선거소송이나 선거소청(지방의원 선거시)의 피고 또는 피소청인은 관할 지역구 선거관리위원회 위원장이 되는 것이 원칙이나 피고가 되는 위원장이 궐위된 때에는 당해 선거관리위원회 위원 전원을 피고로 한다(공직선거법 제219조~제222조).

(7) 조세소송

조세소송이란 세무서 등과 세금문제에 관한 분쟁이 발생했을 때 이를 구제하기 위한 절차로서 조세와 관련된 행정소송, 민사소송 및 헌법소송 등을 총칭한다. 그리하여 조세소송은 크게 조세행정소송, 조세민사소송, 조세헌법소송으로 분류할 수 있고, 조세행정소송으로는 부과처분취소소송, 무효등확인소송, 부작위위법확인소송 등이 있고, 조세민사소송으로는 조세환급청구소송(부당이득반환청구소송), 국가배상청구소송 등이 있으며, 조세헌법소송으로는 위헌법률심판, 그리고 헌법소원 등이 있다. 이 중에서 세금부과가 잘못되었음을 다투는 부과처분취소소송이 가장 많이 제기되며 이는 조세행정소송의 하나이다.

(8) 특허소송

특허소송이란 특허권에 대한 침해 문제를 해결하기 위한 소송과 특허심판원에서 내린 심결 등에 불복하여 그 심결의 취소를 구하는 소송이다. 특허권 침해 소송은 일반 민사소송으로 다루어 지방법원에서 관할하고 있고, 심결 취소소송은 고등법원격인 특허법원의 전속관할로 하고 있다.

제7절 헌법재판소

1. 서설

헌법재판이란 헌법의 내용이나 기타 헌법 문제에 대한 다툼이 생긴 경우에 이를 유권적으로 해석하는 헌법의 실현작용이다.

2. 헌법재판소의 구성

헌법재판소는 9인의 재판관으로 구성된다. 9인의 재판관은 대통령이 지명하는 3인, 국회가 선출하는 3인, 대법원장이 지명하는 3인으로 임명된다(헌법 제111조). 헌법재판소의 장은 국회의 동의를 얻어 재판관 중에서 대통령이 임명한다(동조 4항).

3. 헌법재판소의 권한

헌법재판소는 ① 법원의 제청에 의한 법률의 위헌여부심판, ② 탄핵심판, ③ 정당의 해산심판, ④ 국가기관 상호간, 국가기관과 지방자치단체간 및 지방자치단체 상호간의 권한쟁의에 관한 심판 그리고 ⑤ 헌법소원 등에 관해 헌법재판권을 갖는다(헌법 제111조 1항, 헌법재판소법 제2조). 헌법재판소에서 법률의 위헌결정·탄핵의 결정·정당해산의 결정 또는 헌법소원에 관한 인용결정을 할 때에는 재판관 7인 이상의 출석으로 사건을 심리하고(심판정족수, 헌법재판소법 제23조 1항), 6인 이상의 찬성이 있어야 한다(헌법 제113조 1항). 다만 그 외 사건에 대하여는 종국심리에 관여한 재판관 과반수의 찬성으로 결정한다(헌법재판소법 제23조 2항).

(1) 위헌법률 심판

1) 의의
위헌법률 심판권이란 법률이 헌법에 위반되는지가 재판의 전제가 된 경우에 법원이 제청하면 헌법재판소가 그 법률의 위헌여부를 심판하는 권한을 말한다(헌법 제107조 1항, 제111조 1항 1호).

2) 대상
위헌법률심판의 대상이 되는 것은 법률, 입법부작위, 조약, 긴급명령, 긴급재정경제명령 등이다.

3) 요건
법률이 헌법에 위반되는지 여부가 재판의 전제가 되어야 하고 당해 사건을 심리하는 법원의 제청이 있어야 한다(헌법 제107조 1항).

4) 효과
위헌으로 결정된 법률 또는 그 조항은 그 효력을 상실한다(헌재법 제47조 2항). 위헌결정으로 효력을 상실하는 법률 또는 그 조항은 위헌결정이 있은 날로부터 효력을 상실한다.

민법 제847조 1항에 대한 위헌법률심판 제청사건

[질문]

A는 1992년 출생한 자 B가 자신의 친생자가 아니라는 이유로 1994년 서울가정법원에 B를 상대로 친생부인의 소를 제기하였다. 그러나 민법 제847조 1항이 친생부인의 소의 제소기간을 그 출생을 안 날로부터 1년 내로 규정하고 있다는 사실을 알게 되었고, 벌써 1년이 지나 버렸다. A는 민법 제847조 출생을 안 날로부터 1년이란 기간은 헌법상 보장된 인격권, 행복추구권을 침해한다고 생각하고 있다. A는 어떻게 하여 헌법상 보장된 기본권을 보장받을 수 있겠는가?

> [해설]
> A는 소를 제기한 서울가정법원에 민법 제847조 1항 규정이 헌법상 기본권을 침해하여 위헌이라는 이유로 위 법률조항에 대한 위헌심판제청신청을 할 수 있다. 법원이 이에 대하여 위헌의 소지가 있다고 인정하면 헌법재판소에 위헌법률심판제청을 한다. 위헌법률심판제청이 있으면 헌법재판소는 위 법률의 규정이 헌법에 위반되는지를 심판한다. 위와 같은 사례에 대하여, 헌법재판소는 위 법에서 1년의 제척기간을 둔 것은 A의 인격권, 행복추구권을 침해한 것이라고 하여 헌법에 합치되지 않는다고 하였다 (헌재 1997.3.27. 95헌가7).

(2) 탄핵심판

국회가 탄핵소추를 의결하면 탄핵을 할 것인지 여부의 심판은 헌법재판소가 심결한다.

(3) 정당해산 심판

정부는 정당의 목적이나 활동이 민주적 기본질서에 위배될 때에는 국무회의의 심의를 거쳐 헌법재판소에 그 정당의 해산을 청구할 수 있다. 헌법재판소는 그 정당의 목적이나 활동이 민주적 기본질서에 위배되는지를 심판할 수 있다.

(4) 권한쟁의 심판

국가기관 상호간(국회·정부·법원·중앙선거관리위원회), 국가기관과 지방자치단체 상호간(정부와 특별시·광역시·도, 정부와 시·군·자치구), 지방자치단체 상호간(특별시·광역시·도 상호간, 시·군·자치구 상호간)의 권한에 대한 다툼이 있을 때 이를 심판한다.

(5) 헌법소원 심판

1) 의의

헌법소원이란 공권력(입법·사법·행정권)에 의하여 국민의 기본권을 직접 침해당했다고 주장하는 국민이 변호사를 소송대리인으로 하여 헌법재판소에 그 구제를 구하기 위하여 제기하는 헌법재판의 일종이다.

2) 유형

헌법소원에서는 ① 공권력의 행사 또는 불행사로 인하여 헌법상 보장된 기본권을 침해받은 경우에 청구하는 권리구제형 헌법소원(헌법재판소법 제68조 1항)과 ② 재판의 전제가 되어 법률의 위헌여부심판의 제청신청을 하였으나 법원이 이를 기각한 경우에 직접 헌법재판소에서 그 위헌법률의 심판을 받고자 하여 제기하는 위헌심사형(규범통제형) 헌법소원이 있다. 그러나 후자는 본질적으로 위헌법률심판과 동일하므로, 본래적 의미의 헌법소원은 권리구제형 헌법소원이라 할 수 있다.

3) 요건

① 제소권자(헌법소원재판의 청구인 적격)

헌법소원심판의 제소권자는 "공권력의 행사 또는 불행사로 인하여 헌법상 보장된 기본권을 침해받은 자"이다. 소송대리인(변호사)을 통하여 제기한다.

② 헌법소원의 대상

헌법소원의 대상은 기본권을 침해하는 모든 공권력의 행사 또는 불행사(국회 입법권, 대통령, 행정부, 법원-법원의 재판은 대상에서 제외됨), 재판의 전제가 된 법률의 위헌심판제청신청을 기각하는 법원의 결정(헌법재판소법 제8조 1항, 2항), 현재 직접적으로 청구인이 기본권을 침해당하고 있는 경우 등이다.

③ 청구기간

권리구제를 위한 헌법소원심판은 그 사유가 있음을 안 날로부터 90일 이내에, 그 사유가 있은 날로부터 1년 이내에 청구하여야 한다(동법 제69조 1항). 위헌심사형 헌법소원심판(재판의 전제가 된 법률)은 위헌법률심판의 제청신청이 기각된 날로부터 30일 이내에 청구하여야 한다(동법 제69조 2항).

④ 청구방식

헌법소원심판은 서면으로 하되 청구서에는 청구인 및 대리인의 표시, 침해된 권리, 침해의 원인이 되는 공권력의 행사 또는 불행사, 청구이유, 기타 필요한 사항, 대리인 선임을 증명하는 서류 또는 국선변호인 선임통지서를 첨부하여야 한다(동법 제71조 1항, 2항).

CHAPTER 04 행정법

제1절 서 설

1. 행정법의 개념

행정법이란 행정의 조직과 작용 및 구제에 관한 공법이며, 국내법이다(國內公法). 행정법의 기본원리는 영미법상의 법의 지배(rule of law) 또는 대륙법상의 법치주의이다. 행정법은 단일법전이 있는 것이 아니라, 여러 법들을 통칭하여 행정법이라고 부르는데 이러한 특징으로 인해 행정법을 '모자이크(mosaic)'법이라고 하기도 한다.

2. 행정주체와 행정객체(행정법관계의 당사자)

(1) 행정주체 : 행정을 행하는 법 주체

행정주체에는 '국가', '지방자치단체', '공공조합', '영조물법인', '공법상 재단', '공무수탁사인'이 있다.

(2) 행정객체

'행정객체'란 행정주체에 대하여 그가 행하는 행정작용의 상대방이 되는 자를 말한다. 즉, 행정주체의 상대방으로서 행정권 발동의 대상이 되는 자를 말한다.

3. 행정주체가 갖는 특권

(1) 일방적 조치권

행정주체에게는 행정결정에 의하여 일방적으로 법질서에 변경을 가할 수 있는 권한이 주어진다. 전염병환자를 물리적 강제력에 의하여 격리하거나, 화재진압에 장애가 되는 물건을 일방적으로 파괴할 수도 있다.

(2) 행정행위의 공정력

행정행위의 공정력이라고 함은 일단 행정행위가 행하여지면, 비록, 행정행위에 하자가 있다고 하더라도(위법, 부당) 그 흠이 중대하고 명백하여 무효로 되는 경우를 제외하고는 권한 있는 기관에 의하여 취소되기 전까지는 상대방뿐만 아니라 다른 행정청 및 법원에 대하여 일단 유효한 것으로 통용되는 힘을 말한다.

[질문]
흠이 있는 병역처분에 의하여 입영한 군인도 '군형법'의 적용을 받아야 하는 것인지?

[해설]
병역의무자가 소정의 절차에 따라 현역병입영대상자로 병역저분을 받고 징집되어 군부대에 들어갔다면, 설령 그 병역처분에 흠이 있다고 하더라도 그 흠이 당연 무효에 해당하는 것이 아닌 이상, 그 사람은 입영한 때로부터 현역군인으로서, 군형법의 적용 대상이 되는 것으로 보아야 한다(대판 2002.4.26. 2002도 740).

제2절 법치행정의 원리

1. 의의

행정법에 의하여 규율되는 행정이라는 관념은 권력분립과 법치주의를 전제로 한다. 법치주의는 자의적 통치 억제와 정의실현을 위해 법에 따라 국가작용이 행해지게 하는 원리다.

2. 법치주의의 역사적 발전

근대 초기를 '시민적 법치국가'라고 한다. 여기서는 시민의 자유를 보장하는 것을 이념으로 하였고, 국가의 임무를 사회공공의 안녕과 질서유지라고 하였다.

(1) 형식적 법치국가

19세기에 들어 초기의 법치주의는 행정작용이 행해지기 위하여는 의회 제정법의 형식이 요구된다는 데 중점을 둔 나머지, 법률의 내용이 국민의 권리를 필요 이상으로 제한하지 않도록 하여야 한다는 면에 소홀하였다. 그 핵심적인 내용은 법률유보의 원칙으로서, 행정작용이 행해지기 위하여는 국회가 제정한 법률적 근거가 필요하다고 하였다.

(2) 실질적 법치주의

독일의 폭력적 나치정권의 몰락 이후 즉, 제2차 세계대전 이후 법치주의는 종전의 형식적 법치주의를 반성하고, 국가 공권력의 행사는 단순히 법률적 형식만이 요구되는 것이 아니고, 법률의 내용이 국민의 기본권을 존중하고 헌법상의 제 원리에도 부합하여야 한다고 하여, 법령의 내용도 통제하고 이를 법원의 위헌법률심사제를 통해 담보하였다.

3. 행정에 대한 법의 지배

(1) 법률우위의 원칙

법은 행정에 우월하다. 그리고, 행정은 법을 위반해서는 안 된다.

(2) 법률유보의 원칙

행정권의 발동에는 법령의 근거가 있어야 한다는 것이다. 법률유보에 관한 학설은 침해유보설, 전부유보설, 급부행정유보설, 중요사항유보설 등으로 나뉜다.

(3) 행정입법

입법권은 원래 의회에 있고, 행정청은 입법권의 수권 없이는 스스로 법규를 제정할 수 없는 것이나, 20C 이후 행정기능의 확대강화로 말미암아 행정입법이 필요불가결하게 되었고, 그리하여 행정입법은 행정기관의 입법이라는 점에서 의회입법원칙의 예외에 해당된다.

행정입법에는 국가행정권에 의한 입법과 지방자치단체에 의한 자치입법이 있다. 국가행정권에 의한 입법은 다시 국민의 권리·의무에 관한 법규성 여부에 따라 법규명령과 행정규칙(행정명령)으로 구분되고 그 예로는 시행령, 시행규칙, 훈령, 예규 등이 있으며, 자치입법은 제정주체에 따라 조례와 규칙, 교육규칙으로 구분된다.

[질문]
한국방송공사법 제36조 1항에서 KBS가 방송수신료 금액을 결정하여 문화관광부장관의 승인을 얻도록 한 것이 법률유보의 원칙에 반하는지 여부

[해설]
오늘날 법률유보의 원칙은 단순히 행정작용이 법률에 근거만 두기만하면 충분한 것이 아니라, 국가공동체와 그 구성원에게 기본적이고도 중요한 의미를 갖는 영역, 특히 국민의 기본권실현과 관련된 영역에 있어서는 국민의 대표자인 입법자가 그 본질적인 사항에 대하여 스스로 결정하여야 한다는 요구까지 내포하고 있다(의회유보의 원칙).
수신료금액의 결정은 납부의무자의 범위등과 함께 수신료에 관한 본질적인 중요한 사항이므로, 국회가 스스로 행해야 하는 사항임에 불구하고, 방송통신공사법은 KBS로 하여금 수신료 금액을 결정해서 문화관광부장관의 승인을 얻도록 한 것은 법률유보의 원칙에 위반된다(헌재 전원재판부 1999.5.27. 98헌바70).

제3절 행정조직법

국가가 행정사무를 담당하게 하기 위하여 설치한 행정주체의 조직에 관한 법이다. 크게 국가행정조직법과 지방자치행정조직법으로 구분된다. 행정기관의 종류로는 행정(관)청(행정기관), 보조기관, 의결기관, 자문기관, 집행기관, 감사기관이 있다.

(1) 중앙행정기관

중앙행정을 관장하는 기관으로서, 대통령을 비롯하여 국무회의(자문기구), 국무총리, 행정각부가 있다.

(2) 지방행정기관

지방행정을 관장하는 기관으로서, 서울특별시, 광역시, 도, 시, 군, 구 등이 있다.

(3) 행정각부

기획재정부, 교육부, 과학기술정보통신부, 외교부, 통일부, 법무부, 국방부, 행정안전부, 문화체육관광부, 농림축산식품부, 산업통상자원부, 보건복지부, 환경부, 고용노동부, 여성가족부, 국토교통부, 해양수산부, 중소벤처기업부(신설) (18개부, 2017.7.20. 시행, 정부조직법 제26조 1항), 외청으로서 국세청, 관세청, 통계청, 조달청, 특허청, 검찰청, 기상청, 경찰청, 농촌진흥청, 산림청, 행정중심 복합도시 건설청, 새만금개발청, 소방청(신설), 해양경찰청(신설) 등이 있다.

(4) 공무원

일반적으로 국가 또는 공공단체의 공무를 담당하는 기관 구성원 중 특별한 근무관계에 있는 자를 말하며, 광의로는 국가 또는 지방자치단체의 모든 기관 구성원, 협의로는 국가 또는 공공단체와 공법상 특별권력관계를 맺고 공무를 담당하는 자를 말한다. 공무원의 의무에는 성실의 의무, 비밀엄수의 의무, 친절의 의무, 품위유지의 의무 등이 있다.

제4절 행정작용법

국가, 지방자치단체, 정부투자기관, 공공조합 등 행정주체가 행정목적을 달성하기 위하여 행하는 모든 법률적 작용과 사실적 작용 등 국민에 대한 행정활동을 규율하는 법이다. 행정기관이 법을 집행하기 위하여 행하는 공법상의 행위로서 행정처분이라고도 한다.

(1) 행정행위의 종류

행정행위에는 행정기관이 법규의 내용 그대로 집행하는데 그치도록 하는 기속행위(예컨대, 조세부과 등)와, 법규가 행정기관에게 공익을 위하여 어느 정도 자유로이 판단하여 행위를 할 수 있도록 하는 재량행위(예컨대, 경찰하명, 특허)가 있다. 재량행위는 다시 기속재량(법규재량, 합법성재량)과 자유재량(편의재량, 합목적성 재량, 공익재량)으로 나뉘는데, 기속재량은 무엇이 법이냐의 재량으로서 이에 위배된 경우 위법이 되나, 자유재량은 무엇이 행정상 편의하고 합목적적인가의 재량으로서 이에 위배된 경우 위법이 아니라 부당이 된다. 대체로 국민의 자유나 권리를 제한하는 경우의 재량은 기속재량이다. 그러나 이러한 기속재량과 자유재량의 구분은 현재 그 의미가 없다는 것이 통설이다.

(2) 법률행위적 행정행위와 준법률행위적 행정행위

1) 법률행위적 행정행위

행정청의 의사표시(효과의사)를 구성요소로 하여 그 효과가 발생하며, 그 종류로는 하명, 허가, 특허, 인가, 면제가 있다.

① 하명(下命)

작위(명령), 부작위(금지), 급부, 수인 등 특정한 행위를 명하는 행정행위이다. 예컨대 위법건축물의 철거, 통행금지, 조세부과명령, 건강진단 명령 등이다.

② 허가(許可)

일반적 금지를 특정한 경우에 해제하는 행정행위이다. 예컨대 영업허가, 건축허가, 화약제조 허가 등이다.

③ 특허(特許)

특정인의 이익을 위하여 일정한 권리 혹은 능력을 설정하는 법률행위이다. 이는 사람이 자연적으로 가지지 아니하는 권리 혹은 능력을 새로이 설정하는 행위라는 점에서, 설권행위가 아니라 일반적으로 내려진 부작위의무의 소멸이라는 권리회복적 성질을 가지는 허가와 구별된다. 예컨대 공기업 특허, 광업허가, 어업면허, 하천택지의 점용허가, 나루터 도강료 징수, 토지수용권 설정 등이다.

④ 인가(認可)

당사자의 법률행위를 국가가 승인하여 그 법률효과를 완성시켜 주는 행정행위이다. 국가의 승인은 그 법률행위를 유효하게 완성시키는 보충행위이다.

> **판례** **지목변경신청 반려행위의 처분성**
> 대판 2004.4.22. 2003두9015
>
> 지목은 토지소유권을 제대로 행사하기 위한 전제요건으로서 토지 소유자의 실체적 권리관계에 밀접하게 관련되어 있으므로 지적공부 소관청의 지목변경신청 반려행위는 국민의 권리관계에 영향을 미치는 것으로서 항고소송의 대상이 되는 행정처분에 해당한다.

2) 준법률행위적 행정행위

효과의사 이외의 정신작용(관념, 인식, 판단)의 표시를 구성요소로 하고, 그 법률효과는 행위자의 의사와 관계없이 법규가 정하는 바에 따라 직접 발생하는 행정행위로서, 그 종류에는 확인, 공증, 통지, 수리가 있다.

① 확인(確認)

특정한 법률사실 또는 법률관계에 관하여 의문이 있거나 다툼이 있는 경우, 행정청이 공적 권위를 가지고 판단 내지 확정하는 행정행위를 말한다.

② 공증(公證)

특정한 사실 또는 법률관계의 존부를 공적으로 증명하는 행정행위를 말한다.

③ 통지(通知)

특정인 또는 불특정다수인에 대하여 특정한 사실을 알리는 행정행위를 말한다.

④ 수리(受理)

행정객체의 행정청에 대한 행위를 유효한 것으로 받아들이는 행정행위를 말한다.

(3) 행정행위의 실행수단

1) 행정강제(行政强制)

행정주체가 한 행정행위의 내용을 실현하기 위하여 행정객체의 신체나 재산에 실력을 가하는 것을 말한다. 여기에는 행정상 강제집행과 행정상 즉시강제 등이 있다. 전자는 의무 불이행을 전제로 하는 점에서 후자와 구별된다. 또한 전자는 그 불이행한 의무를 장래에 향하여 실현시킨다는 점에서 과거의 의무 위반에 대한 제재인 행정벌과 구별된다. 그 종류로는 직접강제와 대집행이 있고, 행정강제의 예로는 강제격리, 강제입원, 출입금지, 무기 사용, 수색, 물건의 제거 등이 있다.

2) 행정벌(行政罰)

행정법상 의무위반에 대하여 제재를 과하는 것이다. 여기에는 행정형벌(형법에 형의 명칭이 있는 행정벌)과 행정 목적 달성을 방해한 데 대한 제재로서의 행정질서벌(형법에 명칭이 없는 벌로서 행정벌, 과태료라고 한다. ⇒ 질서위반행위 규제법의 적용을 받는다)의 두 가지로 나뉜다. 후자에 대하여는 형법이 아니라 비송사건절차법이 적용된다.

제5절 행정구제법

행정구제(行政救濟)란 위법·부당한 행정행위로 인하여 권리나 이익을 침해당한 국민이 행정기관이나 법원에 그 취소, 변경 또는 손해의 전보를 청구하는 절차이다.

1. 행정상 손해배상과 손실보상

(1) 행정상 손해배상(損害賠償)

행정청의 공무원 또는 공무위탁사인이 직무를 집행하면서 고의 또는 과실로 법령을 위반하여 타인에게 손해를 입히는 등의 경우에는 그 손해를 배상하여야 한다(국가배상법 제2조). 국가배상법에 의해 배상을 받는 자는 민법상의 손해배상청구권을 행사하지 못한다. 도로, 하천, 기타 공공의 영조물의 설치 또는 관리의 하자로 인하여 타인에게 손해가 발생한 경우에도 국가 또는 지방자치단체는 그 손해를 배상하여야 한다(국가배상법 제5조).

(2) 행정상의 손실보상(損失報償)

행정청의 적법한 행정행위로 인하여 국민에 가해진 경제적 손실(공용사용, 수용, 제한)에 대하여 국가 또는 공공단체가 행하는 그 손실의 전보이다. 손실보상의 기준에 관하여 '정당한 보상'을 규정하고 있는데(헌법 제23조 3항), 이에 대하여는 완전보상설과 상당보상설이 있으나, 사유재산의 존중이라는 입장에서 완전보상설을 원칙으로 하고, 공익상 합리적인 이유가 있을 때에는 그것을 하회할 수 있다고 할 것이다.

2. 행정상 쟁송

행정상 쟁송(行政上 爭訟)이란 행정청의 위법·부당한 행정행위에 의하여 권익을 침해당한 자가 그 처분청 또는 상급 행정청 혹은 법원 기타 이에 준하는 판단기관에 쟁송을 제기하여 그 효력을 다투는 제도이다.

이에는 앞에서 서술한 바와 같이 행정청 자체가 재결기관이 되는 행정심판과 법원이 재판기관이 되는 행정소송이 있다. 행정소송에 대하여는 1998. 3. 1.부터 행정법원이 그 1심을 담당하고 있다.

(1) 행정심판(行政審判)

행정청(처분청 또는 그 상급 행정청)을 재결청으로 하여 제기되는 행정상 쟁송이다. 실무적으로 이의신청, 심사청구, 소원 등 여러 명칭으로 사용되고 있다. 이는 처분행정청에 자기반성의 기회를 제공하여 행정의 자율통제를 보장하며, 전문지식을 활용한 쟁송의 신속한 해결을 도모하는 것이다. 대통령의 처분 또는 부작위에 대하여는 원칙적으로 행정심판을 제기할 수 없다. 심판청구는 행정처분이 있음을 안 날로부터 90일 이내, 처분이 있은 날로부터 180일 이내에 제기한다(행정심판법 제18조 참조).

종전에는 행정소송을 제기하기 전에 행정심판을 반드시 거치도록 하였으나(필요적 행정심판전치주의), 현재에는 임의적 전치절차와 필요적 전치절차로 구분하여 임의적 전치절차의 경우에는 행정심판을 거치지 아니하고도 행정소송을 제기할 수 있도록 하였다(임의적 행정심판전치주의).

(2) 행정소송(行政訴訟)

행정상의 법률관계의 분쟁에 대하여 법원의 재판을 통해 해결을 도모하는 제도이다. 행정법원이 합의제로 제1심을 담당한다(행정소송법 제9조 1항, 제7조 3항, 법원조직법 제40조의4). 그 항소심은 고등법원이, 상고심은 대법원이 담당한다. 이를 3심제로 한 것은 국민의 권리구제 강화를 도모한 것이다.

행정소송의 한계로서는 법률의 효력 또는 해석, 반사적 이익 등은 구체적 사건성을 결여하므로 제소할 수 없다. 또한 자유재량행위, 통치행위, 특별권력관계의 내부사항 등은 법적 해결 가능성이 결여되기 때문에 심리가 불가능하다.

행정심판의 재결에 대한 불복으로서 행정소송은 재결서를 받은 때로부터 60일 이내에 제기할 수 있으며, 행정심판을 거치지 않는 경우에는 행정처분이 있은 것을 안 날로부터 90일 이내 또는 행정처분이 있은 때로부터 1년 이내에 행정소송을 제기할 수 있다(행정소송법 제20조).

판례 | **성적평가가 담당교수의 재량행위인가?**
서부지법 2019.6.18. 판결

교수에게 보장되는 학문연구와 수업의 자율성 등을 비춰보면 수강생에 때한 성적평가는 담당교수의 재량의 영역이다. 강의계획서 등에 평가기준이 공지되었다 해도 그 변경이나 수정이 예측 가능하고 타당한 범위 내에서 허용됐다고 봐야 하고, 교육전문가로서 자율적인 판단에 따라 평가한 것으로 봐야 한다. 원고의 수업태도가 좋았다고 보기 어려운 점 등을 보면 피고가 낮은 점수를 준 게 악의에 의한 것이라고 단정할 만한 증거가 부족하다. (출처: 서울신문 2019.6.18. 사회면 기사)

CHAPTER 05 민법

 민법이란 일반인의 생활관계에 적용되는 법으로서, 민법총칙(민법 제1편)과 재산관계를 규율하는 재산법(제2편 물권법, 제3편 채권법), 가족관계를 규율하는 가족법(제4편 친족법, 제5편 상속법)으로 나뉜다.

제1절 민법총칙

 민법 제1편 민법총칙은 재산법에 적용되는 통칙적 규정이다. 민법전 중 제1편 총칙(제1조~제184조) 부분이다. 이는 7개장 188개조로 구성되어 있으며 민법의 법원(法源), 민법의 기본원리, 권리능력과 행위능력, 사단법인과 재단법인, 권리의 객체, 법률행위와 의사표시, 무효와 취소, 조건과 기한, 기간, 그리고 소멸시효의 순으로 규정하고 있다.

1. 민법의 법원

> **제1조(法源)** 민사에 관하여 법률에 규정이 없으면 관습법에 의하고 관습법이 없으면 조리에 의한다.

2. 민법의 기본원리

(1) 근대 민법의 3대 기본원리

1) 소유권절대의 원칙
 소유권은 누구에 대해서도 주장할 수 있고, 타인이 그 소유물에 대한 지배를 간섭할 수 없는 것이 원칙이다. 다른 개인은 물론 국가도 소유권을 침해할 수 없는 것이 원칙이다. 우리 헌법은 모든 국민의 재산권을 보장한다고 규정하고 있다(헌법 제23조).

2) 사적자치의 원칙(계약자유의 원칙)
 계약자유의 원칙이란 개인은 사법적 법률문제를 자유의사에 의하여 형성(소위 '자기결정권')할 수 있다는 원칙이다. 이는 계약체결 여부의 자유, 상대방 선택의 자유, 계약내용의 자유, 방식의 자유를 내용으로 한다. 그러나 계약의 내용이 강행법규에 반하거나 선량한 풍속 기타 사회질서에 반하는 경우(민법 제103조), 또는 상대방의 궁박·경솔·무경험으로 인하여 현저하게 공정을 잃은 경우(민법 제104조)에는 그 계약은 무효이다.

3) 과실책임의 원칙
 과실책임의 원칙이란 자기의 고의 또는 과실로 타인에게 손해를 준 경우에만 손해배상책임을 진다는 원칙을 말한다. 과실은 대표명사로서 고의도 포함한다. 책임을 부과하기 위하여는 가해행위와 손해간에 단순히 인과관계가 있다는 것으로는 안 되고, 가해자에게 어떠한 책임을 지울 수 있는 사정(고의·과실)이 있어야 한다는 것이다. 자기책임의 원칙이라고도 한다.

(2) 근대 민법의 기본원리의 수정

 근대 민법의 모든 인간의 자유·평등을 기본으로 하는 시민법원리는 봉건적 구속으로부터 해방하여, 자유로운 개인의 경제활동을 보장하였기 때문에 이에 의하여 자본주의가 비약적으로 발전되었으나, 자본주의 고도화는 자본가와 노동자의 계급적 대립, 공해문제의 발생 등 사회적 모순을 야기시켜 결국 시민법원리를 수정하게 하였다.

1) 소유권절대의 원칙 ⇒ 소유권 존중의 원칙, 소유권행사의 공공복리 적합성

우리 헌법은 국민의 재산권을 보장하고, 재산권의 행사는 공공복리에 적합하도록 하여야 한다고 하고, 공공필요에 의한 재산권의 수용·사용 또는 제한 및 그에 대한 보상은 법률로써 정한다고 하여 공공복리에 의하여 소유권을 제한할 수 있도록 하고 있다(제23조 2항). 民法상으로도 권리남용금지의 원칙(제2조 2항)을 두어 소유권의 내용 및 행사가 사회일반의 이익, 즉 공공의 복리에 적합하도록 하고 있다.

2) 사적자치(계약자유)의 원칙 ⇒ 계약공정의 원칙

자본주의가 고도화되어 극심한 빈부의 차가 발생하게 되자, 계약자유의 원칙은 경제적 실력이 대등한 경우에만 타당하다고 인식되었다. 그리하여 경제적 약자를 보호하기 위하여 국가가 계약의 내용 등에 간여하고 계약의 내용을 제한하게 되었다. 이에 따라 사회법, 즉 노동법, 경제법, 사회보장법 등이 출현하게 되었다.

3) 과실책임의 원칙 ⇒ 무과실책임

과실책임의 원칙을 고수하면 타인에게 손해를 주어도 고의 또는 과실이 없으면 손해배상책임을 부담하지 않는다. 그러나 자본주의 사회가 고도화·복잡화되고 공해문제 및 대형사고의 발생에 의하여 많은 희생자가 발생하여 사회문제화 됨에 따라, 피해자보호의 문제가 제기되었다. 그리하여 기업활동에 의하여 이익을 얻은 자는 이에 의한 손해도 부담하여야 한다거나(보상책임설) 또는 위험한 활동을 하는 사람은 그 위험에 의하여 발생한 손해를 배상하여야 한다는 주장(위험책임)이 대두되고, 고의 또는 과실이 없어도 배상책임을 부담한다는 무과실책임의 입법이 등장하게 되었다. 민법에서도 공작물소유자의 책임(제758조)을 무과실책임으로 규정하고 있으며, 사용자책임(제756조), 동물점유자의 책임(제759조)은 과실의 입증책임을 전환하는 중간적 책임으로 규정하고 있다.

3. 권리

(1) 권리의 분류

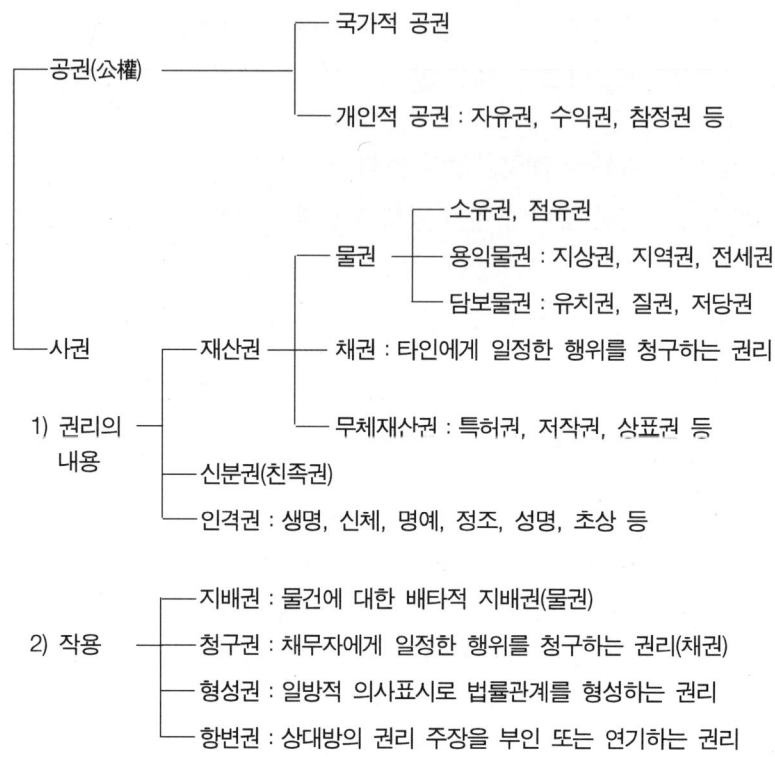

(2) 권리와 의무

권리란 일정한 이익을 향수할 수 있도록 법이 인정하는 힘(法力說)이고, 의무는 일정한 행위를 하도록 요구되는 법률상의 구속이다. 권리와 의무는 서로 대응되는 개념이다. 예컨대 매매계약이 성립되면 매도인에게는 매매대금을 수령할 권리와 소유권을 이전시켜 줄 의무가 발생하고, 매수인에게는 소유권을 이전받을 권리와 매매대금을 지급할 의무가 발생한다. 그러나 형성권과 같이 의무가 없는 권리도 있고, 권리가 없는 의무도 있다.

[권리의 발생, 변경, 소멸]

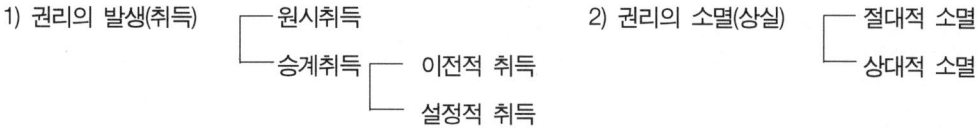

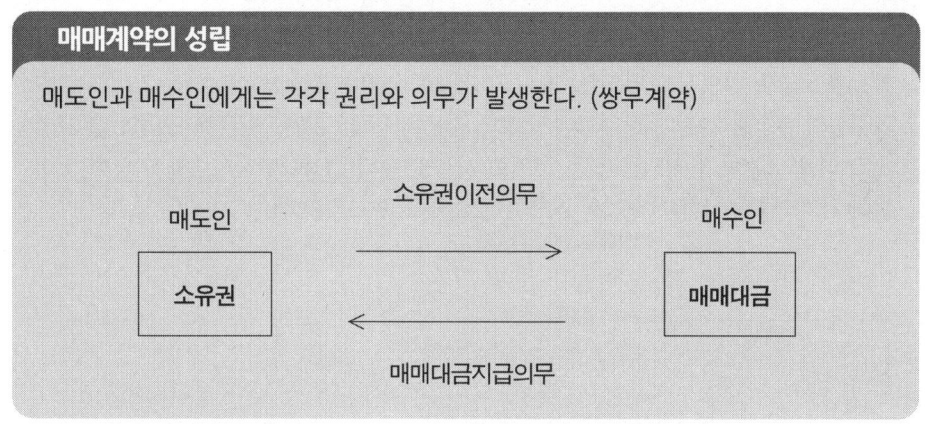

(3) 권리의 행사와 의무의 이행

1) 권리의 행사와 권리남용금지

권리의 행사라고 해서 모두 허용되는 것은 아니다. 권리행사의 목적이 오로지 상대방에게 고통을 주고 손해를 입히려는 데 있을 뿐 행사하는 사람에게는 아무런 이익이 없고, 객관적으로 그 권리행사가 사회질서에 위반된다고 볼 수 있는 경우에는 권리의 남용이 된다.[1]

권리남용은 법의 조력을 받지 못할 뿐 아니라 심지어 불법행위가 되기도 한다. 요컨대 권리의 행사는 공공복리를 위한 권리의 사회적 기능과 신의성실의 원칙의 원칙에 따라야 한다. 그러나 권리의 남용이 아니라면 비록 그 권리의 행사에 의하여 권리행사자가 얻는 이익보다 상대방이 잃을 손해가 현저히 크다 하더라도 법의 조력을 받을 수 있다.

신의성실의 원칙(信義則)은 모든 법률관계에서 지켜야 할 법적의무이며 윤리적 의무다.

---

[1] 대법원 2006.11.23. 선고 2004다44285

> **제2조(신의성실)** ① 권리의 행사와 의무의 이행은 신의에 좇아 성실히 하여야 한다.
> ② 권리는 남용하지 못한다.

신의칙 위배와 사기죄

거래의 상대방이 일정한 사정에 관한 고지를 받았더라면 당해 거래에 임하지 아니하였을 것임이 경험칙상 명백한 경우, 그 거래로 인하여 재물을 수취하는 자에게는 신의성실의 원칙상 사전에 상대방에게 그와 같은 사정을 고지할 의무가 있다고 할 것이므로 이를 고지하지 아니한 것은 고지할 사실을 묵비함으로써 상대방을 기망한 것이 되어 사기죄를 구성한다(대법원 2000.1.28. 선고 99도2884).

[질문 1]

저는 채무자 乙을 위하여 계속적 보증계약을 체결하였습니다. 변제기의 채무가 2천만 원일 것으로 예상하고 있었는데, 채권자 甲은 乙의 재산상태가 악화된 사정을 쉽게 알 수 있었음에도 불구하고, 저에게는 그러한 사정을 알리지도 않고 乙과의 거래규모를 확대시켜서 예상범위를 벗어난 보증채무를 부담하게 되었습니다.

[해설]

신의칙상 채권자 甲은 보증인에게 채무자 乙의 재산상태가 악화된 것을 알려주거나 보증채무를 증가시킬 사정(거래규모 확대)에 대한 의사타진을 하여야 했습니다. 甲이 신의칙을 위반한 사정이 있다면 보증인의 채무는 합리적인 범위 내로 제한할 수 있습니다.

[질문 2]

甲은 밭 위에 송전선이 설치되어 있는 사실을 알면서도, 그 밭을 매입하고 13년간 농사를 지어왔습니다. 그런데 이제 와서 갑자기 그 송전선의 철거를 요구합니다.

[해설]

 송전선이 정당한 권원에 의하여 설치되었는가 하는 것이 문제됩니다. 甲은 구분지상권에 상응하는 임료 상당의 손실이 있다고 보입니다. 따라서 송전선 철거로 토지소유자가 얻는 이익과 철거 및 신설 등의 비용과 비교할 때 토지소유자의 이익이 비교할 수 없을 정도로 작다고 해도 송전선이 정당한 권원에 의해 설치되어 있지 않다면 권리의 남용이라 할 수 없습니다. 송전선을 위한 지상권 등이 설정되어 있지 않다면 이제라도 송전선에 대한 권원을 확보해야 할 것입니다.

[질문 3]

 A는 병원의 확장공사를 위하여 저의 건물과 인접한 토지를 모두 매수하고, 저의 건물과 토지도 자기에게 팔라고 하였는데, 저는 이 요구를 거절하였습니다. 그러자 A는 저의 건물이 자기가 매입한 토지를 0.3평방미터 침범하고 있는 것을 알아내고는 그 부분의 철거를 요구합니다. 제가 그 부분만큼 사겠다고 함에도 불구하고 A는 한사코 철거하라고 합니다.

[해설]

 그 0.3평방미터의 땅이 A에게 어떻게 쓰여지고 있으며 전체 토지의 효용에 반드시 필요한 것인지, 그 가격은 얼마나 되는지, 이에 비하여 철거되는 귀하의 건물의 효용상실 정도는 어떠한지, 경계선 확인에 대한 쌍방의 부주의 정도는 어떠한지 등을 구체적으로 살펴보아야 하겠지만, A의 청구는 권리남용이 될 가능성이 큽니다.

[질문 4]

 A는 저의 건물이 침범하고 있는 자기 소유의 대지를 매수하겠다는 저의 요구에 불응하고, 해당 부분의 건물 철거로 인하여 그 잔존건물의 경제적 가치와 수명 등이 상당히 감소될 것이며 침범대지의 시가에 비하여 해당부분의 건물철거 및 그 마무리 공사비가 10배 이상 들어가는 것이 분명함에도 불구하고, A의 집에서 도로로 출입하는 통로를 확장한다며서 한사코 건물을 철거하고 대지를 인도해 달라고 합니다. A의 권리남용이 아닌가요?

[해설]
　　권리남용은 자기에게는 이익이 없으면서 오로지 상대방에게 손해를 끼치려는 의도가 있어야 합니다. A에게 이익이 있는 한 권리남용이라고 할 수 없습니다.

[질문 5]
　　A는 A의 건물과 경계가 30cm밖에 되지 않는 저의 건물이 건축된 지 수년이 지나서야 저의 건물과 A의 건물이 50cm가 안 된다며, 악취와 일조권을 이유로 20cm만큼 철거하라고 합니다.

[해설]
　　A의 피해가 A가 주장하는 것과 같더라도, 그 피해가 사회통념상 일반적으로 인용할 정도를 넘지 않는 한 이를 감수하여야 합니다

(4) 권리의 충돌

① 물권과 채권 : 물권과 채권이 충돌할 때는 물권이 우선한다(물권우선의 원칙).
② 물권과 물권 : 물권과 물권이 충돌할 때는 성립의 선후에 의한다(시간우선의 원칙).
③ 채권과 채권 : 채권간에는 서로 평등하다(채권자평등의 원칙).

(5) 권리의 불행사와 권리실효(실권), 소멸

　　권리를 오랫동안 행사하지 않으면 실효 또는 실권되는 경우도 있다. 실효 또는 실권의 법리라 함은 권리자가 장기간에 걸쳐 그의 권리를 행사하지 아니하였기 때문에 의무자인 상대방이 이미 그의 권리를 행사하지 아니할 것으로 믿을 만한 정당한 사유를 갖게 되었거나, 그 권리를 행사하지 아니할 것으로 추인하게 된 경우에 새삼스럽게 그 권리를 행사하는 것이 신의성실의 원칙에 반하는 결과가 되기 때문에 그 권리의 행사를 허용하지 않는다(대법원 2005.10.28. 선고 2005다45827 판결).

4. 권리능력과 행위능력

(1) 권리능력

일상 용어인 '인격'이라는 말과 달리, 법률용어로서 민법상 인(人, person), 인격 또는 법인격(法人格)은 권리나 의무의 주체(권리능력)를 의미한다. 따라서 권리능력이 있다는 것은 권리를 누리거나 의무를 부담할 수 있다는 것을 의미한다. 사람은 누구나 생존한 동안 권리능력을 가진다. '생존한 동안'은 출생시부터 사망시까지이다. 원칙적으로 출생하지 않은 사람이나 사망한 사람은, 권리가 의무가 없다. 인에는 자연인과 법인이 있다. 태아는 상속 순위 및 불법행위로 인한 손해배상청구권에 있어서 이미 출생한 것으로 본다.

> **제3조(권리능력의 존속기간)** 사람은 생존한 동안 권리와 의무의 주체가 된다.
>
> **제1000조(상속의 순위)** ① ~ ② (생략)
> ③ 태아는 상속순위에 관하여는 이미 출생한 것으로 본다.

[질문 1]

甲은 태아였을 당시, 어머니의 담당의사였던 A 산부인과 원장의 진단과실로 잘못된 주사약을 투여받아 기형아로 출생하였다. 甲은 A 산부인과 원장을 상대로 불법행위에 기한 손해배상청구를 할 수 있는가?

[해설]

태아는 불법행위로 인한 손해배상청구에 있어서 권리능력을 인정받으므로, 할 수 있다.

[질문 2]

K 회장은 부인과 함께 부친을 모시고 살고 있었다. 어느 날 K가 교통사고로 사망하였고, 당시 부인은 아기를 임신하고 있었다.
(1) 누가 K의 재산을 상속받겠는가?
(2) 태아는 교통사고 가해자에게 대하여 K의 생명침해로 인한 정신적 고통에 대해 위자료를 청구할 수 있겠는가?

[해설]
　우리 민법은 상속순위에 있어서 태아를 권리능력자로 취급한다. 따라서 태아는 직계비속으로 취급되며, 상속1순위이다. 태아는 K의 배우자와 공동상속을 받게 되며, 상속분은 1 : 1.5이다. 한편, K의 부친은 상속 2순위이므로 상속을 받지 못한다. 또한 태아는 불법행위에 있어서도 이미 출생한 것으로 간주한다. 따라서 직계존속인 부친, 배우자, 태아는 위자료 청구권을 행사할 수 있다.

(2) 행위능력

1) 행위능력이란

행위능력이란 법률행위를 할 수 있는 능력이다. 민법은 제한능력에 대하여 규정하고 있다.

2) 제한능력자

미성년자, 그리고 정신적 제약의 정도에 따라 성년후견, 한정후견, 특정후견 제도가 있다. 기존의 금치산·한정치산제도에서 현재 정신적 제약이 있는 사람은 물론 미래에 정신적 능력이 약해질 상황에 대비하여 후견제도를 이용하려는 사람이 재산 행위뿐만 아니라 치료, 요양 등 복리에 관한 폭넓은 도움을 받을 수 있는 성년후견제로 확대·개편하였다. 미성년자의 법정대리인(法定代理人)으로서 친권자와 후견인, 그리고 피성년후견인과 피한정후견인, 피특정후견인의 법정대리인으로서는 후견인(後見人)을 정하고 있다. 또한 금치산·한정치산 선고의 청구권자에 후견감독인과 지방자치단체의 장을 추가하여 후견을 내실화하며, 성년후견 등을 요구하는 노인, 장애인 등에 대한 보호를 강화하고, 피성년후견인 등과 거래하는 상대방을 보호하기 위하여 성년후견 등에 관하여 등기로 공시하도록 하였다.

① 미성년자

제4조(성년기) 사람은 19세로 성년에 이르게 된다.[전문개정 2011.3.7.]

제5조(미성년자의 능력) ① 미성년자가 법률행위를 함에는 법정대리인의 동의를 얻어야 한다. 그러나 권리만을 얻거나 의무만을 면하는 행위는 그러하지 아니하다.
② 전항의 규정에 위반한 행위는 취소할 수 있다.

> **제6조(처분을 허락한 재산)** 법정대리인이 범위를 정하여 처분을 허락한 재산은 미성년자가 임의로 처분할 수 있다.
>
> **제7조(동의와 허락의 취소)** 법정대리인은 미성년자가 아직 법률행위를 하기 전에는 전2조의 동의와 허락을 취소할 수 있다.
>
> **제8조(영업의 허락)** ① 미성년자가 법정대리인으로부터 허락을 얻은 특정한 영업에 관하여는 성년자와 동일한 행위능력이 있다.
> ② 법정대리인은 전항의 허락을 취소 또는 제한할 수 있다. 그러나 선의의 제삼자에게 대항하지 못한다.

② 성년후견 심판을 받은 자
  ㉮ 일정한 정신적 제약으로 사무를 처리할 능력이 지속적으로 결여된 사람으로서 성년후견 개시의 선고를 받은 자

  ㉯ 요건
    ㉠ 정신적 제약
      질병, 장애, 노령, 그밖의 사유로 인한 정신적 제약이 있어야 한다(제9조 1항). 정신적 제약 요건은 한정후견과 특정후견 모두에 적용된다.

    ㉡ 사무처리능력의 지속적 결여
      사무를 처리할 능력이 지속적으로 결여되어야 한다(제9조 2항). 지속적으로 결여되어야 한다는 점에서 한정후견이나 특정후견과 구별된다.

    ㉢ 청구권자의 청구
      본인, 배우자, 4촌 이내의 친족, 미성년후견인, 미성년후견감독인, 한정후견인, 한정후견감독인, 특정후견인, 특정후견감독인, 검사 또는 지방자치단체의 장의 청구에 의하여 성년후견개시의 심판을 한다(제9조 1항).

    ㉣ 본인의 의사 고려
      가정법원은 성년후견개시의 심판을 할 때 본인의 의사를 고려하여야 한다(제9조 2항).

㉓ 행위능력
　㉠ 원칙 : 법률행위의 취소
　　피성년후견인의 법률행위는 피성년후견인 또는 성년후견인이 취소할 수 있다(제10조 1항). 동의를 하였더라도 마찬가지이다. 사후적인 추인은 유효하며 추인에 의하여 법률행위는 처음부터 완전히 유효하게 된다.

　㉡ 예외
　　ⓐ 취소할 수 없는 법률행위
　　　피성년후견인의 법률행위는 취소할 수 있지만 가정법원은 취소할 수 없는 피성년후견인의 법률행위의 범위를 정할 수 있다(제10조 2항). 그러나 일용품의 구입 등 일상생활에 필요하고 그 대가가 과도하지 아니한 법률행위는 성년후견인이 취소할 수 없다(제10조 4항).
　　　이러한 규정은 피성년후견인 자신의 재산상태에 중대한 영향이 없는 행위에 대하여는 피성년후견인 자신의 자기결정을 가능한 존중하기 위한 취지라고 볼 수 있다.

　　ⓑ 범위의 변경
　　　가정법원은 본인, 배우자, 4촌 이내의 친족, 성년후견인, 성년후견감독인, 검사 또는 지방자치단체의 장의 청구에 의하여 취소할 수 없는 법률행위의 범위를 변경할 수 있다(제10조 3항).

㉔ 성년후견의 종료
　성년후견개시의 원인이 소멸된 경우에는 가정법원은 본인, 배우자, 4촌 이내의 친족, 성년후견인, 성년후견감독인, 검사 또는 지방자치단체의 장의 청구에 의하여 성년후견종료의 심판을 한다(제11조).

③ 한정후견 심판을 받은 자
　㉮ 일정한 사유에 의한 정신적 제약으로 사무를 처리할 능력이 부족한 사람으로서 한정후견 선고를 받은 자.

㉯ 요건
　㉠ 정신적 제약
　　질병, 장애, 노령, 그밖의 사유로 인한 정신적 제약이 있어야 한다(제12조 1항).

　㉡ 사무처리능력의 부족
　　사무를 처리할 능력이 부족한 사람이어야 한다(제12조 1항). 성년후견과 차이점은 사무처리능력 부족이 '지속적'일 것이 요구되지는 않는다는 점이다.

　㉢ 청구권자의 청구
　　본인, 배우자, 4촌 이내의 친족, 미성년후견인, 미성년후견감독인, 성년후견인, 성년후견감독인, 특정후견인, 특정후견감독인, 검사 또는 지방자치단체의 장의 청구에 의하여 한정후견개시의 심판을 한다.

　㉣ 성년후견 규정의 준용
　　한정후견개시의 경우에는 성년후견에 관한 제9조 2항을 준용한다.

㉰ 한정후견의 행위능력
　㉠ 법률행위 범위의 지정 및 변경
　　가정법원은 피한정후견인이 한정후견인의 동의를 받아야 하는 행위의 범위를 정할 수 있다(제13조 1항). 성년후견에 있어서 피성년후견인의 모든 법률행위를 최소할 수 있도록 하고, 예외적으로 취소할 수 없는 법률행위를 정할 수 있도록 한 것과는 구별된다.
　　가정법원은 본인, 배우자, 4촌 이내의 친족, 한정후견인, 한정후견감독인, 검사 또는 지방자치단체의 장의 청구에 의하여 제1항에 따른 한정후견인의 동의를 받아야만 할 수 있는 행위의 범위를 변경할 수 있다(제13조 2항).

　㉡ 법원의 허가
　　한정후견인의 동의를 필요로 하는 행위에 대하여 한정후견인이 피한정후견인의 이익이 침해될 염려가 있음에도 그 동의를 하지 아니하는 때에는 가정법원은 피한정후견인의 청구에 의하여 한정후견인의 동의를 갈음하는 허가를 할 수 있다(제13조 3항).

ⓒ 법률행위의 취소

한정후견인의 동의가 필요한 법률행위를 피한정후견인이 한정후견인의 동의 없이 하였을 때에는 그 법률행위를 취소할 수 있다. 다만, 일용품의 구입 등 일상생활에 필요하고 그 대가가 과도하지 아니한 법률행위에 대하여는 그러하지 아니하다(제13조 4항).

㉣ 한정후견의 종료

한정후견개시의 원인이 소멸된 경우에는 가정법원은 본인, 배우자, 4촌 이내의 친족, 한정후견인, 한정후견감독인, 검사 또는 지방자치단체의 장의 청구에 의하여 한정후견종료의 심판을 한다(제14조).

④ 특정후견

㉮ 일정한 사유로 인한 정신적 제약으로 일시적 후원 또는 특정한 사무에 관한 후원이 필요한 사람에 대한 특정후견의 심판을 의미한다(제14조의2 1항).

㉯ 요건

㉠ 정신적 제약

질병, 장애, 노령, 그밖의 사유로 인한 정신적 제약이 있어야 한다(제14조의2 1항).

ⓒ 후원의 필요성

일시적 후원 또는 특정한 사무에 관한 후원이 필요하여야 한다(제14조의2 1항).

ⓒ 청구권자의 청구

본인, 배우자, 4촌 이내의 친족, 미성년후견인, 미성년후견감독인, 검사 또는 지방자치단체의 장의 청구가 있어야만 특정후견의 심판을 할 수 있다(제14조의2 1항).

㉣ 본인의 의사에 부합

성년후견이나 한정후견과 달리 특정후견은 본인의 의사에 반하여 할 수 없다(제14조의2 2항).

ⓓ 후견의 특정

특정후견의 심판을 하는 경우에는 특정후견의 기간 또는 사무의 범위를 정하여야 한다(제14조의2 3항).

□ 행위무능력자제도와 제한능력자제도

개정 전 제도	개정 후 제도
행위무능력(자)	제한능력(자)
미성년 - 미성년자	개정 전과 동일
한정치산 - 한정치산자	한정후견 - 피한정후견인
금치산 - 금치산자	성년후견 - 피성년후견인
없음	특정후견 - 피특정후견인

□ 제한능력제도 비교

유형	제한능력자	사무처리능력	후견인	개시원인
성년후견	피성년후견인	사무처리능력 지속적 결여	성년후견인	성년후견개시심판
한정후견	피한정후견인	부족	한정후견인	한정후견개시심판
특정후견	피특정후견인	일시적 후원 또는 특정된 사무	특정후견인	특정후견개시심판

임의후견 제도

1. 임의후견계약

임의후견은 후견계약에 의하여 개시된다. 후견계약은 질병, 장애, 노령, 그밖의 사유로 인한 정신적 제약으로 사무를 처리할 능력이 부족한 상황에 있거나 대비하여 자신의 재산관리 및 신상보호에 관한 사무의 전부 또는 일부를 다른 자에게 위탁하고 그 위탁사무에 관하여 대리권을 수여하는 것을 내용으로 한다(제959조의14 1항). 후견계약은 공정증서로 체결하여야 한다(제959조의14 2항). 후견계약은 가정법원이 임의후견감독인을 선임한 때부터 효력이 발생한다(제959조의14 3항).

2. 임의후견감독인의 선임

(1) 청구권자

① 후견계약이 있는 경우

가정법원은 후견계약이 등기되어 있고, 본인이 사무를 처리할 능력이 부족한 상황에 있다고 인정할 때에는 본인, 배우자, 4촌 이내의 친족, 임의후견인, 검사 또는 지방자치단체의 장의 청구에 의하여 임의후견감독인을 선임한다(제959조의15 1항). 본인이 아닌 자의 청구에 의하여 가정법원이 임의후견감독인을 선임할 때에는 미리 본인의 동의를 받아야 한다.

② 법원의 직권 선임

가정법원은 임의후견감독인이 선임된 경우에도 필요하다고 인정하면 직권으로 또는 제3항의 청구권자의 청구에 의하여 임의후견감독인을 추가로 선임할 수 있다(제959조의15 4항).

3. 임의후견감독인의 직무

임의후견감독인은 임의후견인의 사무를 감독하여 그 사무에 관하여 가정법원에 정기적으로 보고하여야 한다(제959조의16 1항). 가정법원은 필요하다고 인정하면 임의후견감독인에게 감독사무에 관한 보고를 요구할 수 있고 임의후견인의 사무 또는 본인의 재산상황에 대한 조사를 명하거나 그밖에 임의후견감독인의 직무에 관하여 필요한 처분을 명할 수 있다(제959조의16 2항).

4. 임의후견개시의 제한 등

임의후견인이 제937조 각 호에 해당하는 자 또는 그밖에 현저한 비행을 하거나 후견계약에서 정한 임무에 적합하지 아니한 사유가 있는 자인 경우에는 가정법원은 임의후견감독인을 선임하지 아니한다(제959조의17 1항).

5. 후견계약의 종료

임의후견감독인의 선임 전에는 본인 또는 임의후견인은 언제든지 공증인의 인증을 받은 서면으로 후견계약의 의사표시를 철회할 수 있다(제959조의18 1항). 임의후견감독인의 선임 이후에는 본인 또는 임의후견인은 정당한 사유가 있는 때에만 가정법원의 허가를 받아 후견계약을 종료할 수 있다(제959조의18 2항).

6. 제3자 및 타 후견과의 관계

(1) 제3자와의 관계

임의후견인의 대리권 소멸은 등기하지 아니하면 선의의 제3자에게 대항할 수 없다

(제959조의19). 등기를 대항요건으로 규정하고 있다.

(2) 타후견과의 관계

후견계약이 등기되어 있는 경우에는 가정법원은 본인의 이익을 위하여 특별히 필요할 때에만 임의후견인 또는 임의후견감독인의 청구에 의하여 성년후견, 한정후견 또는 특정후견의 심판을 할 수 있다. 이 경우 후견계약은 본인이 성년후견 또는 한정후견 개시의 심판을 받은 때 종료된다(제959조의20 1항).

본인이 피성년후견인, 피한정후견인 또는 피특정후견인인 경우에 가정법원은 임의후견감독인을 선임함에 있어서 종전의 성년후견, 한정후견 또는 특정후견의 종료 심판을 하여야 한다. 다만, 성년후견 또는 한정후견 조치의 계속이 본인의 이익을 위하여 특별히 필요하다고 인정하면 가정법원은 임의후견감독인을 선임하지 아니한다(제959조의20 2항).

[질문]

대학에 입학한 18세의 甲은 그 동안 수능시험 준비와 대입 스트레스로 늘어난 체중과 체형을 관리하고자 체형관리센터에 가서 집중관리 프로그램 10회 이용권을 140만원에 구입하는 계약을 체결하였다. 이를 무를 수 있는가?

[해설]

甲은 18세의 미성년자이므로, 단독으로 고가의 법률행위인 체형관리센터 이용권 구입행위를 할 수 없다. 따라서 미성년자 甲이 직접 또는 법정대리인인 부모가 그 행위를 취소할 수 있다.

5. 사단법인과 재단법인

(1) 사단과 재단

사단(社團)은 사람의 집단으로 구성된 단체이고, 재단(財團)은 재산의 집합체인데, 사단 및 재단으로서 법인이 되는 것이 사단법인과 재단법인이다. 즉 사단법인은 일정한 목적으로 결합한 사람의 집단·단체가 법인으로 되는 것이고, 재단법인은 일정한 목적으로 출연된 재산의 집합체가 법인격(권리의무)의 주체가 된다. 민법상 사단법인은 비영리사업을 목적으로 정관을 작성한 후, 주무관청의 허가를 얻고 설립등기를 거쳐 성립된다. 재단법인은 비영리사업을 목적으로 정관을 작성한 후, 주무관청의 허가를 얻고 설립등기를 거쳐 성립되지만, 정관 외에도 재산의 출연행위가 있어야 한다(제31조 내지 제97조). 비영리목적이란 학술, 종교, 자선, 기예, 사교 기타 영리 아닌 사업을 목적으로 함을 말한다. 영리사단법인에 대하여는 상법 제3편(회사법)이 적용된다.

(2) 법인

법인실재설에 의할 때 법인은 권리주체로서 권리능력·행위능력·불법행위능력을 갖는다. 우리 민법은 법인의 권리능력(제34조)과 불법행위능력(제35조 1항)에 관하여 규정하고 있지만, 행위능력에 대해서는 규정하고 있지 않다. 민법은 「법인은 법률에 좇아 정관으로 정한 목적 범위 내에서 권리의무의 주체가 된다.」고 규정하여(제34조), 법령에 의한 제한과 정관의 목적에 의한 제한을 받고 있는데, 이 외에 성질상 제한도 받게 된다.

> **제35조(법인의 불법행위능력)** ① 법인은 이사 기타 대표자가 그 직무에 관하여 타인에게 가한 손해를 배상할 책임이 있다. 이사 기타 대표자는 이로 인하여 자기의 손해배상책임을 면하지 못한다.
> ② 법인의 목적범위 외의 행위로 인하여 타인에게 손해를 가한 때에는 그 사항의 의결에 찬성하거나 그 의결을 집행한 사원, 이사 및 대표자가 연대하여 배상하여야 한다.

여기에서의 대표자는 이사(제59조), 임시이사(제63조), 특별대리인(제64조), 청산인(제82조, 제83조)과 같은 대표기관을 의미한다. 다만 이사에 의하여 특정한 행위를 위임받은 대리인(임의대리인)이나 지배인 등 피용자의 불법행위는 제756조의 사용자책임을 부담하게 된다.

(3) 법인의 기관

사단법인의 최고의사결정기관인 사원총회, 대내적 사무집행과 대외적으로 대표행위를 하는 업무집행기관으로서의 이사, 그리고 감독기관으로서의 감사가 있다. 이 가운데 사원총회는 꼭 두어야 하는 필요기관이지만 상설기관은 아니며, 반면에 이사는 반드시 두어야 하는 필요적 상설기관이다.

감사는 반드시 두어야 하는 것은 아닌 임의기관이다. 재단법인에서는 사원이 존재하지 않으므로 사원총회도 존재할 수 없으며 기본적 사항에 관한 의사결정은 출연행위(出捐行爲)에 의한다. 이사 및 감사는 사단법인의 경우와 같다. 법인의 대표기관으로서 이사에는 임시이사, 특별대리인, 청산인이 포함된다.

6. 권리의 객체

권리의 내용이나 목적이 성립하기 위해서는 일정한 대상이 필요한데, 이와 같이 권리의 대상이 되는 것을 권리의 객체라고 한다. 예컨대 물권법에서는 물권의 객체가 되는 것은 물건이다. 민법은 물건에 대하여「유체물 및 전기 기타 관리할 수 있는 자연력을 말한다.」(제98조)고 정하고 있다. 물건은 통상 동산과 부동산으로 구분되는데, 부동산은 토지 및 그 정착물(定着物)을 말하고(제99조 1항), 동산은 부동산 이외의 물건이다(제99조 2항).

(1) 동산(動産, movable, estate)

부동산 이외의 물건이다(제99조 2항). 토지에 부착된 것이라도 정착물이 아니면 동산이다. 선박, 자동차, 항공기 등도 동산이지만 특별법에 의하여 부동산과 같이 다루어진다(특수한 동산, 부동산 취급을 받는 동산). 즉 공시방법으로서 등기 혹은 등록을 갖추어야 한다. 동산에 관한 물권의 양도는 물권적 합의를 하고, 그 동산을 인도하여야 효력이 생긴다(제188조 1항, 형식주의).

(2) 부동산(不動産, realty, real estate)

토지 및 그 정착물을 말한다. 정착물이란 토지에 고정적으로 부착되어 용이하게 분리할 수 없는 물건으로서 거래의 관념상 계속적으로 토지에 부착되어 이용되는 것으로 인정되는 물건을 말한다. 즉 건물, 입목법상의 수목, 명인방법을 갖춘 수목, 분리되지 않은 과실 등이 부동산에 속한다. 건물은 토지와 별개의 부동산이며, 토지의 단위는 필(筆, 필지)이라고 한다. 부동산의 양도는 등기하여야 그 효력이 생긴다.

7. 법률행위

(1) 법률관계

법률이 적용되는 생활관계를 법률관계라 하는데, 법률관계는 여러 가지 원인(법률요건)에 의하여 변동된다. 법률요건 중에서 법률행위라 함은 법률사실로 구성된 법률요건으로서, 법률관계(권리·의무관계)를 발생·변경·소멸시키는 행위를 말한다. 법률행위는 반사회질서행위(민법 제103조), 불공정행위(제104조), 강행법규 위반행위(제105조)가 아닌 한 당사자의 자치에 맡겨져 있다.

(2) 의사표시, 의사표시의 효력발생시기

법률행위의 핵심적인 요소는 의사표시이다. 예컨대 매매의 경우, 매도인은 '팔자' 의사(매수청약)를 표시하고, 매수인은 '사자' 의사(매도승낙)를 표시한다. 매수청약과 매도승낙이 합치될 때에 매매계약이 성립된다. 내심의 의사와 표시행위를 합쳐서 의사표시라고 한다. 상대방 있는 의사표시는 원칙적으로 상대방에게 도달한 때에 그 효력이 발생한다(제111조). 의사표시의 존재를 명확히 할 필요가 있는 경우에는 내용증명우편을 이용하는 것이 좋고, 과실없이 상대방의 주소를 알 수 없는 경우에는 공시송달할 수 있다.

> **제113조(의사표시의 공시송달)** 표의자가 과실없이 상대방을 알지 못하거나 상대방의 소재를 알지 못하는 경우에는 의사표시는 민사소송법 공시송달의 규정에 의하여 송달할 수 있다.

(3) 내심의 의사와 표시행위가 일치하지 않는 경우

표시행위는 대부분 내심의 의사와 합치되는 것이 보통이지만, 그렇지 않은 경우도 있다.

이러한 경우를 하자(瑕疵)있는 의사표시라 한다.

1) 비진의 의사표시

비진의 의사표시(非眞意 意思表示)는 의사표시를 하는 사람(표의자)이 내심의 진의와 표시행위가 일치하지 않음을 '알면서' 진의가 아닌 의사를 표시하는 경우이다. 일상적으로는 농담, 희언(戲言)이 이에 해당된다. 예컨대 시가 1억 원짜리 아파트를 상대방의 반응을 떠보기 위하여 또는 희롱삼아 5천만 원에 사라고 하는 경우가 이에 해당된다. 이러한 경우에는 상대방이 표의자의 진의 아님을 알았거나 알 수 있었을 경우에는 무효이지만, 표의자의 진의 아님을 몰랐다면(선의라면) 표시한 대로 효과가 발생한다(제107조).

2) (통정)허위표시

통정허위표시(通情虛僞表示)는 표의자와 상대방이 짜고서(통정) 한 허위의 의사표시이다. 예컨대 A와 B가 통정하여 채무면탈의 목적으로 A 소유의 아파트를 B 소유로 이전시키는 경우이다. 이런 행위는 당사자간에는 무효이다. 그러나 그러한 사실을 모르는 (선의의) C가 B를 진정한 소유자로 알고 그 아파트를 매수하였다면 C에게 통정허위표시의 무효를 주장할 수 없다(제108조).

3) 착오

착오(錯誤)는 표의자가 내심의 의사와 표시행위가 불일치함을 모르고, 내심의 의사와 다른 표시행위를 하는 것이다. 예컨대 외국 화폐단위의 차이를 잘 모르는 A가 미국 달러로 생각하고 홍콩 달러로 표기한 경우가 이에 해당된다. 이러한 경우 그 착오가 법률행위의 중요한 부분의 착오로 인한 때에는 취소할 수 있다. 다만 표의자에게 중대한 과실이 있는 때에는 이를 취소할 수 없다.

그러나 그 취소로 선의의 제삼자에게 대항할 수 없다(제109조). 중요한 부분의 착오에 해당하는 것으로는 법률관계의 착오[2], 사람(당사자)의 동일성에 관한 착오[3], 목적물의 동일성에 대한 착오[4] 등이 있다.

---

2) 예컨대 월세조건의 임대차를 전세조건의 임대차로 알고 계약을 하는 경우이다.
3) 상대방을 토지의 적법한 상속권자로 잘못 알고 토지소유권의 환원에 합의한 경우(대판 1994.9.30. 94다11217), 또는 근저당권 설정계약에서 채무자가 甲임에도 乙로 착오한 경우(대법원 1995.12.22. 95다37087) 등이다.
4) 예컨대 노트북을 계약하였는데 워드프로세서가 배달된 경우이다. 한편 토지의 현황·경계에 관한 착오는 매매계약의 중요부분의 착오이지만(대법원 1993.9.28. 93다31634·31641 판결), 수량에 관한 착오는 중요부분의 착오가 아니다(대법원 1984.4.10. 83다카1328·1329).

4) 사기 또는 강박에 의한 의사표시

의사표시의 수령자가 직접 표의자에게 사기(詐欺)·강박(强迫)을 행한 경우 그 의사표시는 취소할 수 있고, 제삼자가 표의자에게 사기 또는 강박을 행한 경우에는 의사표시의 상대방이 그 사실을 알았거나 알 수 있었을 때 취소할 수 있다. 그러나 사기나 강박을 원인으로 한 의사표시의 취소는 선의의 제삼자에게 대항하지 못한다(제110조).

8. 무효와 취소

(1) 무효

무효(無效)란 법률행위가 효력요건을 갖추지 못하여 처음부터 당연히 목적하는 본래의 법률행위의 효력이 발생하지 않는 것으로 확정되는 것을 말한다. 무효는 본래 누구의 주장도 기다리지 않고 당연히 확정적으로 무효이며, 법률행위가 무효로 되면 처음부터 법률효과가 생기지 않는다. 따라서 아직까지 이행을 하지 않았다면 이를 이행할 필요가 없고, 상대방은 이에 대해 이행청구나 이행강제를 할 수 없다. 이미 이행을 하였다면 이행된 급부에 대해서는 부당이득반환청구(제741조 이하)를 할 수 있다.

무효에는 민법의 규정에 의하여 법률행위가 무효인 경우와, 법률행위의 해석에 의하여 무효로 되는 것이 있다. 예를 들면 민법상 무효로 되는 것으로서, 의사능력이 없는 자의 행위, 강행법규에 위반되는 법률행위, 도박자금을 빌려주거나 살인하기로 하는 계약과 같이 선량한 풍속 기타 사회질서에 반하는 행위(제103조), 진의아닌 의사표시에 있어서 상대방이 표의자의 진의를 알았거나 알 수 있었던 경우(제107조), 허위표시(제108조), 불능을 목적으로 하는 법률행위, 무권대리(제130조), 불법의 조건 및 불능의 정지조건부 법률행위(제151조) 등이 있다. 그 외에 상법상 회사설립의 무효, 신주발행의 무효, 합병의 무효 등이 있다.[5]

법률행위의 무효는 선의의 제삼자를 포함한 모든 자에 대하여 주장할 수 있으나, 일정한 경우에는 선의의 제삼자에 대하여 그 무효를 주장할 수 없는 경우가 있다. 그리고 법률행위의 무효는 누구나 주장할 수 있음이 원칙이나(절대적 무효), 법률해석상 특정인만이 주장할

---

5) 증권회사 직원이 과거 자신의 잘못으로 고객의 계좌에 발생한 손해를 보전하여 주기 위한 방법으로 고객에게 향후 증권거래 계좌 운용에서 일정한 최소한의 수익을 보장할 것을 약정한 것은 공정한 증권거래질서의 확보를 위하여 구 증권거래법 제52조(현재 자본시장과 금융투자업에 관한 법률 제55조) 1호 및 3호에서 금지하고 있는 것에 해당하여 무효라고 할 것이고, 손실보전약정이 유효함을 전제로 일정기간동안 법적 조치 등을 취하지 않기로 하는 약정도 당연히 무효로 된다(대판 2003.1.24. 2001다2129).

수 있는 경우도 있다(제107조 2항·제108조 2항). 또한 법률행위의 무효는 언제나 그리고 언제까지나 주장할 수 있다. 즉 제척기간이 없다. 그러나 실효의 원칙에 의하여 권리주장이 저지되는 경우가 있다.

(2) 취소

법률행위의 취소(取消)란 일정한 취소권자의 취소의 의사표시에 의하여 이미 발생한 법률행위의 효력을 행위시로 소급하여 소멸시키는 것이다. 무효와는 달리, 취소권자가 취소하기 전까지는 그 법률행위는 유효하다. 취소할 수 있는 법률행위는 '제한능력자', '착오'로 인하여 혹은 '사기·강박에 의한 의사표시'를 한 자, 또는 그 대리인 또는 승계인이 상대방에게 취소의 의사를 표시함으로써 처음부터(소급하여) 무효가 된다(민법 제140조, 제141조). 다만 제한능력자는 그 행위로 인하여 받은 이익이 현존하는 한도에서 상환할 책임이 있다. 민법은 이러한 협의의 취소 외에도 부재자 재산관리에 관한 명령의 취소(제22조), 법인설립허가의 취소(제38조) 등과 같은 재판상 또는 행정처분상의 취소, 사해행위의 취소(제406조), 그리고 부부간의 계약의 취소(제828조) 등과 같은 유효한 법률행위의 취소, 기타 혼인의 취소(제816조 이하), 친생자승인의 취소(제854조), 입양의 취소(제884조) 등과 같은 신분행위의 취소 등 다양한 종류의 취소를 인정하고 있다. 취소의 효과로는 소급효와 부당이득반환의무가 발생한다.

무 효	취 소
특정인의 주장을 필요로 하지 않고 당연히 효력이 없음	취소를 하기 전에는 일단 유효함
처음부터 효력이 없으므로, 누구에게나 효력이 없는 것으로 다루게 됨	취소하면 행위시로 소급하여 무효로 됨 특정인(취소권자)의 주장이 필요함
시간의 경과에 의하여 그 효력에 변동이 없음	취소권의 단기제척기간 즉 취소권 행사 없이 일정 기간이 경과하면 유효로 확정됨

(3) 구별개념 : 해제, 해지, 철회

1) 해제나 해지

계약해제(契約解除)란 일단 유효하게 성립한 계약의 효력을 약정 또는 법정해제사유에 기하여 당사자의 일방적 의사표시에 의하여 그 계약이 처음부터 없었던 상태로 돌려놓는 것(소급효)이다. 한편 계약해지(契約解止)란 계속적 채권관계에서 계약의 효력을 장래에 향하여 소멸케 하는 일방적 행위(단독행위)를 말한다. 예컨대 은행예금계약, 보험계약, 임대차, 고용계약, 임치계약의 해지가 이에 해당한다. 이들은 그 성질이 형성권이고 단독행위인 점에서 취소와 같다. 그러나, 해제·해지는 성립에 하자가 없는 계약을 해소하는 것임에 비해, 취소는 성립에 하자가 있는 계약이나 단독행위의 효력을 소멸시키는 것이다. 예컨대 A가 B에게 가옥을 팔기로 하는 계약을 체결하였으나 B에게 가옥을 넘겨주지 않고 있는 경우 B는 해제권을 행사하여 계약의 구속에서 벗어날 수 있다. 계약을 해제하면 원상회복의무와 손해배상의무가 발생한다.

2) 철회(撤回)

이미 행한 의사표시의 효력이 발생하기 전에 장차 발생하지 않도록 하는 의사표시이며 소급효가 없다. 일단 효력을 발생하고 있는 법률행위의 효력을 소급적으로 소멸케 하는 취소와 다르다. 제한능력자 상대방의 철회(제16조 1항), 수권행위의 철회(제128조 1항), 무권대리 상대방의 철회(제134조 1항), 선택채권에서의 철회(제382조 2항), 수표의 지급위탁의 취소(수표법 제32조) 등은 철회에 관한 개별규정이다.

⚖ 미성년자가 영어잡지 1년 구독권을 할부구입한 때, 계약의 취소 또는 철회의 가능 여부

[질문]

A의 딸은 18세의 대학 신입생으로서 미성년자인데, 대학 신입 후 캠퍼스 내에서 시사영어잡지 영업사원 B에게 현혹되어 1년 구독권을 월15,000원씩 10회 분할로 불입하기로 계약하였다. 그러나 A는 그 영어잡지가 불필요하다 생각되어 즉시 반환하기 위하여 찾아가 보았지만 B는 온데간데 없어 그냥 돌아왔다. 며칠 고심 끝에 영어잡지 회사의 주소를 알아내어 그 주소지로 "계약을 취소하니 물건을 찾아가라"고 통지를 했으나 주소불명으로 반송되었는데, 3개월이 지난 지금에 와서야 대금청구서를 받았고 이런 경우 위 잡지대금을 지급하여야만 하는가?

[해설]

위 사안의 경우 A는 서적대금청구에 대하여 민법상 미성년자로서 법률행위의 취소(민법 제5조, 제146조) 또는 방문판매등에 관한 법률상의 청약철회를 주장(제10조)하여 대금지급의무를 면할 수 있다. 방문판매 등에 관한 법에 따르면 계약서를 교부받은 날로부터 14일 이내에 계약의 철회하는 것이 원칙이다. 그러나 계약서를 교부받은 때보다 재화 등의 공급이 늦게 이루어진 경우에는 재화 등을 공급받거나 공급이 개시된 날로부터 14일, 판매자 등의 주소의 변경이 있는 경우에는 그 변경 주소를 안 날로부터 14일 이내에 철회할 수 있다(제8조 1항). 다만 재화 등의 내용이 표시·광고의 내용과 다르거나 계약내용과 다르게 이행된 경우에는 공급받은 날로부터 3월 이내, 그 사실을 안 날 또는 알 수 있었던 날로부터 30일 이내에 청약을 철회할 수 있다.

방문판매에서의 청약철회

[질문]

A는 영업사원 B가 피부병을 유발하는 진드기까지 제거된다며 권유하여 전기진공청소기를 189만 원에 구입하였다. 구입당시 영업사원 B가 사용방법을 알려주겠다며 직접 제품을 조립해주어 사용하기로 하였다. 그런데 다음날 충동구매가 후회되어 청약철회를 요구하였으나, 제품을 이미 사용했기 때문에 반품 받을 수 없다고 한다. 정말 그러한가?

[해설]

방문판매법에 따르면, 방문판매로 제품을 구입계약한 소비자에게는 14일간 청약철회권이 주어지지만, 예외적으로 소비자가 제품을 사용하여 그 가치가 현저히 감소한 경우에는 청약철회를 할 수 없다고 하고 있다. 일부 방문판매원들이 이러한 예외규정을 악용하여 고의적으로 소비자에게 제품의 사용을 유도하거나 사용방법을 알려주겠다며 직접 사용하게 하고는 막상 소비자가 청약철회를 요구하면 이미 개봉해 사용하였으므로 물러줄 수 없다고 책임을 전가하며 반품을 거부하는 경우가 종종 있다.

동법에서는 사용하면 가치가 현저히 감소하여 청약철회가 안 되는 제품에 대해서는 사업자가 그 사실을 포장 등에 쉽게 알아볼 수 있게 명기하거나, 시용제품을 제공하도록 하여 소비자의 청약철회권 행사가 방해받지 않도록 의무화하고 있다. 따라서 위 사례의 경우 B가 시(험)용제품을 제공하지 않고 소비자에게 인도한 진공청소기를 사용하여 사용법을 설명하였다면, 사업자는 소비자의 청약철회권 행사를 거부할 수 없다.

방문판매법상 청약의 철회

방문판매 등에 관한 법은 방문판매, 전화권유판매, 다단계판매, 계속거래 및 사업권유거래 등에 의한 재화 또는 용역의 공정한 거래에 관한 사항을 규정함으로써 소비자의 권익을 보호하고, 시장의 신뢰도 제고를 통하여 국민경제의 건전한 발전에 이바지하기 위하여 제정된 법이다(방문판매법 제1조).

청약의 철회는 계약서를 교부받은 날로부터 14일 이내에 하는 것이 원칙이며 예외의 경우도 규정하고 있다. 소비자의 잘못으로 재화 등이 멸실·훼손된 경우, 일부의 사용·소비로 가치가 현저히 감소한 경우, 시간의 경과로 재판매가 곤란할 정도로 가치가 현저히 감소한 경우, 복제가 가능한 재화 등의 포장을 훼손한 경우 등에 있어서는 청약철회를 할 수 없다(동조 2항).

청약철회의 효력은 서면의 경우에는 서면을 발송한 날로부터 발생하며(동조 4항), 소비자책임 여부, 계약체결 사실, 계약서 교부 사실 등에 관하여 다툼이 있으면 판매자가 이를 입증하여야 한다(동조 5항). 청약을 철회하면 서로 3영업일 이내에 공급받은 재화와 대금을 반환하여야 하며, 이를 지연시 지연배상금을 반환하여야 한다(제9조). 재화 등의 반환에 필요한 비용은 판매자가 부담하고 이에 따른 위약금이나 손해배상청구는 금지된다(제9조 9항).

할부로 구입하기로 계약한 가전제품의 청약철회

[질문]

A는 인근 가전품상가를 방문하여 신형 김치냉장고를 678,000원에 구입하기로 하여, 계약금으로 현금 78,000원을 지급하고 600,000원은 신용카드에 의하여 12개월 할부로 납입하기로 하였다. 위 냉장고를 5일 후 인도 받기로 하였으나 집안사정이 여의치 않아 3일 후 해약을 통보하고 계약금의 환불과 함께 계약취소를 요청하였으나, 대리점에서는 계약금의 환불이 불가능할 뿐 아니라 한 번 계약한 사항을 취소할 수 없다며 제품을 인수하라고 한다. A는 집안사정상 도저히 위 냉장고를 구입할 수 없는데, 대리점 직원의 말처럼 반드시 본인이 제품을 인수하여야 하는가?

[해설]

할부거래법은 할부계약에 의한 거래를 공정하게 함으로써 소비자 등의 이익을 보호하고 국민경제의 건전한 발전에 이바지하는 것을 목적으로 한다(할부거래법 제1조). 할부거래란 목적물의 대금을 2월 이상의 기간에 걸쳐 3회 이상 분할하여 지급하고, 목적물의 대금 완납 전에 목적물의 인도 등을 받기로 하는 계약이다. 물품구입시 신용카드로 구입하면 카드회사에 대금지급을 정지할 수도 있는 등 편리하다.
할부거래 계약서의 교부일부터 7일 이내에 서면으로 철회권을 행사하면 계약을 취소하실 수 있다[할부거래에 관한 법률 제8조(매수인의 철회권)].6) 즉 할부거래법은 「매수인은 계약서를 교부 받은 날 또는 계약서를 교부 받지 아니한 경우에는 목적물의 인도 등을 받은 날부터 7일 이내에 할부계약에 관한 청약을 철회할 수 있다.」고 정하고 있으며, 서면의 통지를 그 요건으로 하고 있다. 또한 동법 제10조(매수인의 철회권행사의 효과)는 「위 기간에 청약을 철회한 경우에는 매수인은 이미 인도받은 동산 또는 제공받은 용역을 반환하여야 하며, 매도인은 이미 지급받은 할부금이 있다면 동시에 반환하여야 한다.」고 정하고 있다. 소비자가 철회권을 행사하게 되면 계약은 처음부터 성립되지 않았던 것과 같이 되므로, 철회권을 행사하기 전에 소비자가 이미 지급한 계약금 등이 있으면 이를 돌려받을 수 있다. A는 대리점과 신용카드회사에 청약을 철회한다는 의사를 일주일 이내에 서면으로 발송한다면 위 계약을 취소하고 이미 지급한 계약금도 돌려받을 수 있다.

9. 조건과 기한

(1) 조건

1) 의의
조건(條件)이란 법률행위의 효력발생 또는 소멸을 장래의 불확실한 사실의 성립여부에 의존시키는 법률행위의 부관(附款)을 말한다.

2) 종류
① 정지조건(停止條件)이란 법률행위의 효력의 '발생'을 장래의 불확실한 사실의 성부에 의존시키는 조건이다. 예컨대 네가 편입시험에 합격하면 자가용을 사주겠다고 하는 경우이다. 이러한 경우에 편입시험에 합격하면 증여의 효력이 발생할 수 있게 된다.

② 해제조건(解除條件)이란 법률행위의 효력의 '소멸'을 장래의 불확실한 사실의 성부에 의존시키는 조건을 말한다. 예컨대 대학을 졸업할 때까지 장학금을 주겠다고 하는 경

---

6) 전자상거래 등에서의 소비자보호에 관한 법률 제17조에서도 계약서를 받거나 그렇지 않으면 재화를 공급받은 때로부터 또는 통신판매업자의 주소를 안 날 또는 알 수 있었던 날부터 7일간의 청약철회기간을 두고 있다.

우이다. 이러한 경우에는 대학을 졸업하거나 중퇴하기 전까지는 계속하여 장학금을 지급하지만, 졸업하거나 중퇴를 하면 장학금을 지급하는 계약이 소멸하게 된다.

3) 조건성취의 방해

조건의 성취에 의하여 불이익을 받는 당사자가 고의로 조건의 성취를 방해하여 조건이 불성취된 경우에는 그 조건이 성취된 것으로 보고 상대방(조건부권리자)에게 법률효과를 부여할 수 있다. 이는 신의칙에 기한 것이다. 이 경우에 조건이 성취된 것으로 볼 수 있다고 주장하는 자는 상대방이고, 제삼자가 이를 성취한 것으로 주장할 수는 없다. 반대로 조건성취에 의하여 이익을 받는 자가 고의로 조건을 성취시킨 경우에는 상대방은 그 조건이 성취되지 않은 것으로 주장할 수 있다(제150조 2항). 이러한 경우에 상대방은 조건불성취의 주장 또는 손해배상의 청구를 선택적으로 할 수 있다. 상대방이 조건불성취를 주장할 때 비로소 조건불성취로 의제되는 것이지, 당연히 법률상 조건불성취로 의제되는 것은 아니다.

✈ 대학에 입학하면 자가용을 사주겠다고 해놓고 사주지 않은 경우

[질문]

A의 매형 B는 A가 고등학교 3학년인데도 불구하고 공부를 하지 않자 A가 대학에 합격하면 자가용을 사주겠다고 하였다. 결국 A는 열심히 공부하여 대학에 들어가게 되었고 B에게 자가용을 사달라고 하였다. 그러나 B는 A가 대학에 들어갔으면 하는 마음에서 본의 아니게 약속한 것일 뿐이라며 A의 청구를 거절하였다. A가 소송을 제기한다면 A의 청구는 받아들여질 수 있겠는가?

[해설]

B가 A에게 대학에 들어가면 자가용을 사주겠다고 한 것은 정지조건으로서 A가 대학에 들어가서 조건이 성취되면 B는 자가용을 사주어야 한다. 이렇게 본다면 B의 청구는 인용될 수 있다. 그러나 B의 의사표시가 진의가 아니기 때문에, A가 그러한 B의 진의를 알았던 경우에는 B의 의사표시는 무효이다. 사례의 경우에서 A는 B의 약속을 믿었다고 보여지기 때문에 B는 이 무효를 주장할 수 없다. 결국 B의 의사표시는 유효하고, 조건이 성취되었기 때문에 B는 A에게 자가용을 사주어야 한다고 하겠다.

(2) 기한

1) 의의

기한(期限)이란 법률행위의 효력발생 또는 소멸이나, 채무의 이행을 장래 도래할 것이 확실한 사실의 발생에 의존케 하는 법률행위의 부관(附款)이다. 예를 들면 내년 환갑 때에는 양복을 한 벌 선물하겠다는 것은 기한의 한 예이다. 네 남편이 사망하면 내가 매월 생활비를 지급해 주겠다고 하는 것도, 사망은 도래가 확실하기 때문에 조건이 아닌 기한이다. 기한의 종류에는 시기와 종기가 있다.

① 시기

기한(期限) 중 시기(始期)란 그 도래에 의하여 법률행위의 효력이 발생하거나 의무의 이행기가 도래하여 채권자가 이행을 청구할 수 있게 되는 것이다.

② 종기

기한(期限) 중 종기(終期)란 그 도래에 의하여 법률행위의 효력이 소멸하는 것이다. 예컨대 '2005년 1월 1일부터 임대차의 효력이 발생한다.'라고 하는 것은 시기, '매달 말일까지 관리비를 납부해야 한다.'의 경우는 종기(終期)를 말한다.

2) 기한의 이익

기한의 이익(期限의 利益)이란 기한의 이익이 존재한다는 것 즉 기한이 도래하지 않는 것에 의하여 당사자가 받는 이익이다. 즉 이행기가 도래하기까지 이행할 의무를 부담하지 않는 이익을 말한다. 기한의 이익을 가지는 자는 경우에 따라서 다르다. ① 무상임치와 같이 채권자만이 기한의 이익을 가지는 경우, ② 이자부정기예금과 같이 채권자와 채무자 모두 기한의 이익을 가지는 경우, ③ 무이자소비대차나 무상임대차와 같이 채무자만이 기한의 이익을 가지는 경우가 있다. 그러나 실제상 채무자만이 기한의 이익을 가지는 경우가 많기 때문에, 민법은 「기한은 채무자의 이익을 위한 것으로 추정한다.」(제153조 1항)라는 규정을 두고 있다. 따라서 기한이 채권자의 이익을 위한 것이라면 이는 채권자 측에서 입증해야 한다.

3) 기한의 이익의 포기

기한의 이익을 가지는 자가 이를 포기하는 것은 자유이지만, 상대방의 이익을 해하지 못한다(제153조 2항). 기한의 이익이 어느 일방에게만 있으면 상대방의 이익을 해하지 않으므로, 기한의 이익을 가지는 자가 상대방에 대한 단독의 의사표시로써 이를 포기할 수 있다. 예컨대 무상임치의 경우에는 언제든지 시효의 이익을 포기하고 임치물의 반환을 청구할 수 있다. 그러나 기한의 이익이 채권자와 채무자 모두에게 있는 경우에는 상대방에게 발생하는 손해를 배상하여야만 기한의 이익을 포기할 수 있다. 예를 들면 A가 B은행에 연이율 10%, 2년 만기의 이자부 정기예금을 들었다면, B은행은 2년이 되지 않았더라도 원금과 기한까지의 10%의 이자를 지급하고 정기예금계약을 해지할 수 있다.

4) 기한의 이익 상실

기한의 이익을 가지는 채무자는 ① 채무자가 담보를 손상·감소 또는 멸실하게 한 때, ② 채무자가 담보제공의무를 이행하지 않은 때, ③ 채무자가 파산선고를 받은 때, ④ 당사자의 약정이 있는 때에는 기한의 이익을 상실한다. 기한이익을 상실한 자는 기한의 이익을 주장할 수 없기 때문에(제388조), 채권자의 이행청구가 있으면 그에 응해야 한다.

▲ 은행에서 빌린 대출금을 기한에 앞서 변제하는 경우

[질문]

A는 B은행으로부터 2002년 4월 10일 연이율 5푼으로 5,000만 원을 빌리면서 2003년 3월 10일에 이를 변제하기로 하였다. A는 중간에 형편이 좋아져서 2002년 10월에 5,000만 원을 가지고 은행에 가서 이를 변제하려고 하였으나 B는 2003년 3월까지의 이자까지 갚으라고 한다. A는 이를 갚아야 하는가?

[해설]

이자부소비대차의 경우에는 채권자와 채무자 모두에게 기한의 이익이 있기 때문에 A가 변제기전에 미리 대출금 5,000만 원을 갚으려면 변제기까지의 이자까지도 같이 변제하여야 한다. 따라서 A는 2003년 3월까지의 이자까지 갚아야 한다. 왜냐하면 B는 2003년 3월까지 이자를 받을 기한의 이익을 가지고 있고, 이러한 손해는 변제기 전에 변제하려는 A가 배상하여야 하기 때문이다.

(3) 기간 및 연령의 계산

연령(年齡)은 나이 즉 나서 자란 해수를 세는 방법이다. 법률상으로는 원칙적으로 만 연령이 기준이 되며, 세(歲)로 표시한다. 초일을 산입하여 생일을 기준으로 만 나이를 계산한다. 다만 청소년보호법의 경우 만 19세에 도달하는 해의 1월 1일을 맞이한 자는 청소년에서 제외하고 있다. 예를 들어, 8월 8일이 생일인 자라도 해당 연도에 만 19세가 되는 자라면 1월 1일부터 청소년보호법상의 청소년이 아니다. 공직선거법에서는 만 18세 이상의 자에게 선거권을 인정하며(제15조), 병역법은 병역 자원의 통일적 관리를 위해 생일이 아니라 연도를 기준으로 나이를 계산한다.

> **제156조(기간의 기산점)** 기간을 시, 분, 초로 정한 때에는 즉시로부터 기산한다.
>
> **제157조(기간의 기산점)** 기간을 일, 주, 월 또는 연으로 정한 때에는 기간의 초일은 산입하지 아니한다. 그러나 그 기간이 오전 영시부터 시작하는 때에는 그러하지 아니하다.
>
> **제158조(연령의 기산점)** 연령계산에는 출생일을 산입한다.
>
> **제161조(공휴일 등과 기간의 만료점)** 기간의 말일이 토요일 또는 공휴일에 해당한 때에는 기간은 그 익일로 만료된다.

10. 소멸시효

(1) 시효

일정한 기간, 점유 또는 권리의 불행사라는 일정한 사실상태가 계속되는 경우에, 일정한 자가 이를 원용(援用)하면 그 사실 상태에 따른 권리의 취득, 소멸이라는 법률효과를 발생시키는 것이다. 시효는 법적 안정을 기하기 위하여 인정되는 것으로서, 권리취득의 원인이 되는 것을 취득시효, 권리를 행사할 수 있는 때부터 기산하여 일정기간이 지나도록 권리를 행사하지 않아서 권리가 소멸하게 되는 것은 소멸시효라고 한다. 예컨대 민사상 채권은 소멸시효가 10년이므로, 채권자가 채권행사가 가능한 때로부터 10년 내에 이를 행사하지 않으면 당해 채권이 시효로 인하여 소멸한다.

(2) 소멸시효의 기간

1) 일반적 소멸시효
① 채권 : 10년(제162조 1항)

② 채권 및 소유권 이외의 재산권 : 20년(제162조 2항)
③ 상사채권 : 5년(상법 제63조), 예컨대 은행에서 금원을 빌릴 경우 5년이 시효이다.

개인에게서 돈을 빌려간 경우 또는 은행에서 돈을 빌린 경우

[질문]

A는 B로부터 1억 원을 무이자로 빌렸다. 그러나 A는 계속 피해만 다닐 뿐 1억 원을 갚을 생각을 하지 않고 있다. 결국 세월이 흘러 10년이 지났고, 다시 B는 A에게 1억 원을 갚으라고 하였다. 그러나 A는 10년이 지났기 때문에 갚을 수 없다고 한다. A의 주장은 타당한가? 만일 B가 은행이라면 몇 년이 지나야 소멸시효가 완성되는가?

[해설]

- 개인이 개인에게서 돈을 빌린 경우
  일반적인 민사채권은 10년간 행사하지 않으면 소멸시효가 완성된다. 사례에서 B가 A로부터 받아야 할 1억 원의 채권은 일반 민사채권으로서 10년의 소멸시효에 걸린다. 따라서 이미 10년이 지나버렸고 소멸시효의 중단사유도 없었기 때문에 B가 A로부터 받아야 할 1억 원의 채권은 소멸하였다. 즉 A의 주장은 타당하다. 그러나 A가 임의로 이를 변제하는 것은 무방하다.

- 개인이 은행에서 돈을 빌린 경우
  '상사시효'에 관하여 상법은 「상행위로 인한 채권은 본법에 다른 규정이 없는 때에는 5년간 행사하지 아니하면 소멸시효가 완성한다. 그러나 다른 법령에 이보다 단기의 시효의 규정이 있는 때에는 그 규정에 의한다.」고 정하고 있다(동법 제64조). 상법 제64조 소정의 상사채권에는 당사자 쌍방에 대하여 모두 상행위가 되는 행위(쌍방적 상행위)로 인한 채권뿐만 아니라, 당사자 일방에 대하여만 상행위(일방적 상행위)에 해당하는 행위로 인한 채권도 해당된다. 따라서 돈을 빌려주는 은행만 상인인 경우에도 5년의 소멸시효에 걸린다. 즉 사례에서 A는 5년이 지나면 채무가 소멸하게 된다.

상업을 하는 자가 대출받은 경우

[질문]

A 새마을금고는 회원이면서 상업을 하는 B에게 3,000만 원을 대출해주었다. 그런

데 B는 이자 및 대출원금을 변제하지 않고 있는 중에 거의 5년이 다 되어 간다. 이 경우 B의 채무의 소멸시효기간은 어떻게 되는가? 만일 B가 회원이지만 상업을 하는 사람이 아닌 경우에는 어떠한가?

[해설]

새마을금고가 금고의 회원에게 자금을 대출하는 행위는 일반적으로는 영리를 목적으로 하는 행위라고 보기 어렵다고 하고 있다(대법원 1998.7.10. 선고 98다10793 판결). 따라서 위 사안에서도 A새마을금고가 일반회원에게 금전을 대출한 경우에 그 채권의 소멸시효기간은 상사시효가 아니므로 민사시효로서 10년이 될 것이다.

그러나 새마을금고가 상인인 회원에게 자금을 대출한 경우 그 대출금채권의 소멸시효에 관하여 위 판례는 "새마을금고가 상인인 회원에게 자금을 대출한 경우 상인의 행위는 특별한 사정이 없는 한 영업을 위하여 하는 것으로 추정되므로, 그 대출금채권은 상사채권으로서 5년의 소멸시효기간이 적용된다."고 하고 있다. 그러므로 위 사안에서 A새마을금고에 대한 B의 채무는 그 소멸시효기간이 5년이라고 하여야 할 것이다.

보증채무의 소멸시효

[질문]

A는 甲이 乙은행으로부터 사업자금을 대출받을 때 연대보증을 서준 적이 있다. A의 보증채무의 소멸시효와 관련하여, 乙은행의 보증채무 청구권의 소멸시효기간이 민법 제162조가 적용되어 10년이 되는가? 아니면 상법 제64조가 적용되어 5년이 되는가?

[해설]

상행위로 인한 채권은 상법에 다른 규정이 있는 경우(상법 제121조, 제147조, 제154조, 제167조, 제662조, 제870조) 또는 다른 법령에서 이보다 단기시효규정이 있는 경우(민법 제163조, 제164조)를 제외하고는 그 소멸시효기간이 5년이다(상법 제64조).

위 사안에서 은행의 대출업무는 상법 제46조 8호에 의한 '기본적 상행위'에 해당되며, 상행위로 인한 채권의 소멸시효에 관하여, 판례는 「당사자 쌍방에 대하여 모두 상행위가 되는 행위로 인한 채권뿐만 아니라 당사자 일방에 대하여만 상행위에 해당하는 행위로 인한 채권도 상법 제64조 소정의 5년의 소멸시효기간이 적용되는 상사채권(상법 제64조)에 해당되는 것이고, 그 상행위에는 상법 제46조 각호에 해당하는 기본적 상행위뿐만 아니라, 상인이 영업을 위하여 하는 보조적 상행위도 포함된다.」고 하였다(대법원 2006.4.27. 선고 2006다1381 판결). 또한 상사시효가 적용되는 채권은 직접 상행위로 인하여 생긴 채권 뿐 아니라 상행위로 인하여 생긴 채무의 불이행에 기하여 성립한 손해배상채권도 포함된다(대법원 1997.8.26. 선고 97다9260 판결). 그러므로 A의 보증채무 및 그 지연손해금(지연이자)의 소멸시효기간은 5년이라고 보아야 한다.

2) 단기소멸시효
① 3년의 단기소멸시효(민법 제163조)

> **제163조(3년의 단기소멸시효)** 다음 각호의 채권은 3년간 행사하지 아니하면 소멸시효가 완성한다. 〈개정 1997. 12. 13〉
> 1. 이자, 부양료, 급료, 사용료 기타 1년 이내의 기간으로 정한 금전 또는 물건의 지급을 목적으로 한 채권
> 2. 의사, 조산사, 간호사 및 약사의 치료, 근로 및 조제에 관한 채권
> 3. 도급받은 자, 기사 기타 공사의 설계 또는 감독에 종사하는 자의 공사에 관한 채권
> 4. 변호사, 변리사, 공증인, 공인회계사 및 법무사에 대한 직무상 보관한 서류의 반환을 청구하는 채권
> 5. 변호사, 변리사, 공증인, 공인회계사 및 법무사의 직무에 관한 채권
> 6. 생산자 및 상인이 판매한 생산물 및 상품의 대가
> 7. 수공업자 및 제조자의 업무에 관한 채권

▲ 1년 이내의 기간으로 정한 금액 또는 물건의 지급을 목적으로 하는 채권

[질문]

A는 2000년 1월 10일 B로부터 5000만 원을 빌리면서 2000년 12월 10일에 변제하기로 하되, 이자를 연 1할 2푼으로 하고 매달 10일에 그 이자를 지급하기로 하였다. A가 2월 10일에 이자를 지급하지 않은 경우 이 이자는 몇 년의 소멸시효에 걸리는가?

[해설]

이는 민법 제163조 1호의 1년 이내의 기간으로 정한 금액 또는 물건의 지급을 목적으로 한 채권에 해당된다. 여기서 '1년 이내의 기간'으로 정한 채권이란 1년 이내의 정기(定期)로 지급되는 채권(정기급부채권)이라는 뜻이지, 변제기가 1년 이내의 채권이라는 의미가 아니다(대법원 1996.9.20. 선고 96다25302 판결). 즉 1년 미만마다 한

번씩 지급하는 정기급여의 경우 등이 이에 해당된다. 위 사례는 A가 매월 정기적으로 이자를 지급하기로 하였기 때문에 1년 이내의 기간으로 정한 금액을 지급하기로 한 채권에 해당되어, 3년의 소멸시효에 걸린다.

② 1년의 단기소멸시효(민법 제164조)

> **제164조(1년의 단기소멸시효)** 다음 각호의 채권은 1년간 행사하지 아니하면 소멸시효가 완성한다.
> 1. 여관, 음식점, 대석, 오락장의 숙박료, 음식료, 대석료, 입장료, 소비물의 대가 및 체당금의 채권
> 2. 의복, 침구, 장구 기타 동산의 사용료의 채권
> 3. 노역인, 연예인의 임금 및 그에 공급한 물건의 대금채권
> 4. 학생 및 수업자의 교육, 의식 및 유숙에 관한 교주, 숙주, 교사의 채권

3) 판결 등으로 확정된 채권 : 10년

> **제165조(판결 등에 의하여 확정된 채권의 소멸시효)** ① 판결에 의하여 확정된 채권은 단기의 소멸시효에 해당한 것이라도 그 소멸시효는 10년으로 한다.
> ② 파산절차에 의하여 확정된 채권 및 재판상의 화해, 조정 기타 판결과 동일한 효력이 있는 것에 의하여 확정된 채권도 전항과 같다.
> ③ 전2항의 규정은 판결확정당시에 변제기가 도래하지 아니한 채권에 적용하지 아니한다.

주채무에 대해서만 판결이 확정된 때 보증채무 소멸시효기간은 어떻게 되는지

[질문]

A는 B회사가 C은행으로부터 2천만 원을 빌리는데 D와 함께 연대보증을 서주었다. 그런데 B회사가 변제기인 1990년 4월 30일이 지나도록 채무를 이행하지 않자, C은행은 1991년 5월 7일 B회사와 D를 상대로 제기한 대여금청구소송을 제기하여 승소판결이 확정되었다. 그런데 C은행은 위 채무의 일부만을 변제받게 되자, 2001년 4월 16일 B회사와 A를 상대로 다시 대여금청구소송을 제기해왔다. 이 경우 A가 연대보증인으로서 책임을 져야 하는가?

> [해설]
> 민법은 판결에 의하여 확정된 채권 및 판결과 동일한 효력이 있는 것에 의하여 확정된 채권은 단기소멸시효에 해당되는 것이었다고 하더라도 그 소멸시효를 10년으로 한다고 하고 있다(제165조). 그러나 이는 당해 판결 등의 당사자 사이에 한하여 발생하는 효력에 관한 것이므로, 채권자와 주채무자 사이의 채권이 판결 등에 의하여 확정되어 그 소멸시효기간이 10년으로 되었다고 할지라도, 그 판결의 당사자 이외의 연대보증인에 대해서는 위 확정판결 등은 아무런 영향이 없다. 즉 채권자의 연대보증인에 대한 연대보증채권의 소멸시효기간은 여전히 종전의 소멸시효기간에 의한다(대법원 2006.8.24. 선고 2004다26287·26294 판결). 또한, 보증채무가 주채무에 부종(附從)한다고 할지라도 보증채무는 주채무와는 별개의 독립된 채무의 성질이 있고, 민법 제440조가 주채무자에 대한 시효중단은 보증인에 대하여 그 효력이 있다고 규정하고 있으나, 이는 보증채무의 부종성에 기한 것이라기보다는 채권자의 보호 내지 채권담보의 확보를 위한 특별규정이다. 즉 이 규정은 주채무자에 대한 시효중단의 사유가 발생하였을 때에는 보증인에 대해 별도의 중단조치가 이루어지지 아니하여도 동시에 시효중단의 효력이 생기도록 한 것에 불과하고, 중단된 이후의 시효기간까지가 당연히 보증인에게도 효력이 미친다고 하는 취지는 아니다(대법원 1986.11.25. 선고 86다카1569 판결). 따라서 위 사안의 경우 C은행의 채권은 상사채권으로서 5년의 상사시효가 적용되는 것이므로 C 은행의 최초의 대여금청구소송의 제기로 인하여 소멸시효가 중단되었다고 하더라도 A의 보증채무는 그 승소판결이 확정된 때로부터 다시 5년의 상사시효기간이 경과한 1996년 5월 7일자로 소멸되었다고 할 것이어서, C 은행이 A를 상대로 제기한 위 소송에서는 소멸시효기간의 경과를 들어 책임없음을 항변하면 될 것이다.

4) 소멸시효의 중단과 정지

① 소멸시효의 중단(中斷)

시효의 진행을 방해하여 시효가 완성되지 못하도록 하는 것이다. 소멸시효가 중단되면 그 때까지 진행된 시효기간은 소멸하고, 처음부터 다시 시효가 진행하기 시작된다(제178조 제1항). 소멸시효 중단사유는 청구, 재판상 청구(제170조), 최고(제174조), 가압류, 가처분(제175조 및 제176조), 승인(제177조) 등이다. 최고를 한 경우에는 6월 내에 재판상 청구 또는 압류, 가압류, 가처분 등을 하지 않으면 시효중단의 효력이 없게 된다.

② 소멸시효의 정지(停止)

권리자가 시효를 중단시키기 곤란한 일정한 사유가 있는 경우 소멸시효의 진행을 일시적으로 멈추게 하고, 그 사유가 제거된 후 일정한 유예기간이 경과하여야 시효가 완성되도록 하는 것이다. 이 경우 시효정지사유의 종료 후 일정한 유예기간의 경과 후에 시효가 완성된다. 예컨대 천재 기타 사변으로 인하여 소멸시효를 중단할 수 없는 때 ⇒ 그 사유가 종료한 때로부터 1월 내, 소멸시효의 기간만료 전 6월 내에 제한능력자의 법정대리인이 없는 때 ⇒ 그가 능력자가 되거나 법정대리인이 취임한 때로부터 6월 내에는 시효가 완성되지 않는다.

□ 소멸시효의 중단과 정지

	소멸시효의 중단	소멸시효의 정지
의의	시효의 진행을 저지	시효중단이 곤란한 경우, 일정 사유로 정지시켰다가 나중에 다시 진행시킴
차이	이미 경과한 시효기간 무효	이미 경과한 시효기간 유효
사유	청구, 최고, 가압류·가처분, 승인	제한능력자를 위한 정지 ; 6개월 천재지변에 의한 정지 ; 1개월

채무자에게 빚을 갚으라고 말한 경우 소멸시효의 중단여부

[질문]

A는 B에게 500만 원을 빌려주었으나 B가 거의 7년이 되도록 500만 원을 갚지 않고 있기 때문에 빨리 갚으라고 독촉을 하였고, B 또한 조속히 갚겠다고 대답을 하였다. 그러나 이 후 9년 11개월이 지날 때까지 갚지 않았다. A는 다시 한 번 B에게 갚으라고 독촉을 하였다.

결국 10년에서 3개월이 더 지났고 B는 소멸시효가 완성되었으므로, A에게 500만 원을 갚을 수 없다고 주장한다. B의 주장은 타당한가? 만일 10년에서 1년이 더 지났다면 어떠한가?

[해설]

    최고, 압류(가압류) 등 일정한 경우에는 소멸시효의 중단효과가 생긴다. 사례에서와 같이 빚을 갚으라고 독촉한 것도 최고에 해당하므로 소멸시효의 중단이 생긴다. 그러나 최고 후 6월 이내에 다른 강력한 시효중단의 조치(재판상 청구나 지급명령 등)를 취해야 한다. 즉 최고 후 6월 동안은 시효중단의 효력이 생기지만, 그 기간이 지나면 소멸시효가 완성된다. 사례의 경우 10년에서 3월이 지난 경우에는 아직 최고 후 6월이 지나지 않았기 때문에 B는 500만원을 갚아야 한다. 그러나 10년에서 6월이 지나도록 다른 조치를 취하지 않은 경우에는 6월이 지난 때 소멸시효가 완성되기 때문에(민법 제174조) B의 500만원 채무는 소멸한다. 채권자의 입장에서는 승인을 받아두는 것이 좋다(제168조, 제177조).

5) 소멸시효와 제척기간

제척기간(除斥期間)이란 권리행사에 법이 예정하는 존속기간이 존재하는 것으로서, 제척기간이 지나면 그 권리는 당연 소멸한다.

	소멸시효	제척기간
주장 여부	주장(소멸시효의 원용)이 있어야 함	법원의 직권 조사사항
기산점	그 권리를 행사할 수 있는 때	그 권리가 발생한 때
대상 권리	재산권에 한함(채권과 물권 중 지역권)	대부분 형성권
중단 또는 정지	있음	없음
소급효	기산일에 소급함	소급효 없음
이익의 포기	시효 완성 후 포기는 가능	인정 안 됨
구별	소멸시효 : 조문에 '--- 시효로 인하여 소멸한다.'	

(3) 취득시효

소멸시효가 권리를 소멸시키는 제도인데 비하여, 취득시효(取得時效)는 일정기간의 경과로 권리를 취득하게 하는 제도이다. 민법은 소유권의 취득시효에 관하여 규정하고, 이 규정을 다른 권리에도 준용하고 있다. 민법은 소유권은 소멸시효에 의해 소멸하지 않도록 하고 있지만, 甲 소유의 부동산을 乙이 시효취득하면 甲의 소유권은 소멸한다.

1) 부동산 소유권의 취득시효

부동산 소유권의 취득시효에는 ① 점유취득시효(제245조 1항), ② 등기부취득시효(제245조 2항)가 있다. 소유의 의사로 점유하는 것은 자주점유, 그렇지 않은 것을 타주점유라고 한다.

2) 동산소유권의 취득시효

> **제245조(점유로 인한 부동산 소유권의 취득기간)** ① 20년간 소유의 의사로 평온, 공연하게 부동산을 점유한 자는 등기함으로써 그 소유권을 취득한다.
> ② 부동산의 소유자로 등기한 자가 10년간 소유의 의사로 평온, 공연하게 선의이며 과실없이 그 부동산을 점유한 때에는 소유권을 취득한다.
>
> **제246조(점유로 인한 동산 소유권의 취득기간)** ① 10년간 소유의 의사로 평온, 공연하게 동산을 점유한 자는 그 소유권을 취득한다.
> ② 전항의 점유가 선의이며 과실없이 개시된 경우에는 5년이 경과함으로써 그 소유권을 취득한다.
>
> **제247조(소유권취득의 소급효)** ① 전 2조의 규정에 의한 소유권취득의 효력은 점유를 개시한 때에 소급한다.

⚖ 관련 판례 등

> [질문]
>
> 저는 1970년 5월 12일에 A에게서 임야를 매입하였습니다. 그 후 그 임야에서 계속적으로 소와 말의 먹이가 되는 목초를 채취하여 왔고, 저를 제외하고는 그 누구도 그 임야를 관리하거나 점유하여 온 사실이 없었습니다. 그런데 1992년 4월에 보니까 B 명의로 상속을 원인으로 한 소유권이전등기가 되어 있었습니다. 어찌된 일인지 알아보니까, 그 임야는 원래 A 명의로 등기되어 있던 것인데, A가 사망한 후 A의 아들인 B는 1991년 10월 4일에 A 앞으로 나온 종합토지세납부고지서를 보고서야 그 임야가 A의 소유로 등기되어있는 사실을 알고 1991년 10월 30일에 상속을 원인으로 한 소유권이전등기를 하였던 것입니다.
>
> 저는 B에게 제가 A에게서 매수하였고 20년이 넘게 점유, 사용, 수익하고 있었으므로 취득시효가 완성되었으니 소유권등기를 이전해 달라고 청구했습니다. B가 이에 응하지 않으므로 1992년 5월 11일자로 B를 상대로 처분금지가처분신청을 했고, 그 날

공탁명령이 내려졌습니다. 그런데 B는 가처분촉탁등기가 이루어지기 전인 같은 달 13일자로 아들 C의 명의로 증여를 원인으로 한 소유권이전등기를 마쳐버렸습니다. 그래서 B를 상대로 한 가처분촉탁등기가 각하되었습니다. 그런데 C 명의의 소유권이전등기에 필요한 관할관청의 검인, C 명의의 인감증명 발급 등 모든 절차는 B의 주도로 같은 달 13일 하루만에 모두 이루어졌고, B나 C는 그 임야에 대한 소유권이전등기를 마치기 전이나 마친 후에도 이 사건 임야를 관리하거나 점유한 사실이 없었습니다. 현재도 B와 C는 이웃에서 살고 있습니다.

[참조조문] 민법 제245조 1항, 제103조, 제108조, 제750조

[해설]

부동산에 대한 점유취득시효가 완성되었다고 하더라도 이를 등기하지 아니하고 있는 사이에 그 부동산에 관하여 제삼자에게 소유권이전등기가 마쳐지면 점유자는 그 제삼자에게는 취득시효의 완성으로 대항할 수 없다. 그러나 부동산소유자가 취득시효가 완성된 사실을 알고 그 부동산을 제삼자에게 처분하여 소유권이전등기를 넘겨줌으로써 취득시효의 완성을 원인으로 한 소유권이전등기의무를 이행불능에 빠지게 해서 시효취득을 주장하는 자에게 손해를 입혔다면 불법행위를 구성하며, 이 경우 부동산을 취득한 제삼자가 부동산 소유자의 이와 같은 불법행위에 적극 가담하였다면 이는 사회질서에 반하는 행위로서 무효이다(대법원 1995.6.30. 선고 94다52416 판결 참조).

사례의 경우 등기이전의 경위와 B와 C의 관계 등을 고려할 때, B의 행위는 취득시효의 완성을 원인으로 한 소유권이전등기의무를 회피하기 위한 목적으로 이루어진 것이고, C는 그 행위에 적극 가담한 것으로 보이므로 C 명의의 위 등기는 그 원인행위가 사회질서에 반하는 것이거나 그 것이 아니더라도 통정허위표시에 의한 무효의 등기라고 추단할 여지가 있다.

부동산소유권의 점유시효취득

[질문]

A는 B로부터 2천 평의 토지를 1억 원에 매수하여 식물원으로 이용하고 있었다. 그러나 사실 그 식물원 토지는 2천 평이 아니라 2천 2백 평의 토지였다. A는 그러한 사실을 전혀 모르면서 당연히 자기의 것으로 알고 소유의 의사로 21년 동안 그 토지를 이용하고 있었는데 어느 날 B가 찾아와 2백 평은 자기의 토지이므로 돌려달라고 한다. A는 B에 대하여 어떻게 대항할 수 있는가?

[해설]

　　타인소유의 부동산이라도 20년간 소유의 의사로 평온·공연하게 부동산을 점유한 후 소유권이전등기를 하면, 그 부동산에 대하여 소유권을 취득하게 된다(제245조 1항). A가 당연히 자기의 것으로 알고 소유의 의사로 점유하였기 때문에 등기를 하면 2백 평의 토지에 대해서도 소유권을 취득한다. 따라서 A는 B에게 2백 평에 대한 점유취득시효를 주장할 수 있다.

자기의 물건으로 알고서 점유한 경우

[질문]

　　A는 강의시간에 강의실 바닥에 떨어져 있는 만년필이 자기의 것이라고 생각하고 집으로 가지고 왔다. 그러나 사실은 그 만년필은 B의 것이었고, 그로부터 5년이 지난 후에 A는 B가 그 만년필을 가지고 있는 것을 발견하고 아버지의 유품이라고 돌려달라고 한다. 이에 대해 A는 돌려주어야만 하는가? 만일 A가 그 만년필이 B의 것임을 알면서도 이를 가지고 간 경우는 어떠한가?

[해설]

　　동산에 해당하는 만년필을 평온·공연·선의·무과실로 점유하기 시작하여 5년이 지났으므로 A는 만년필에 대해 소유권을 취득하고, 따라서 A는 B에게 만년필을 돌려줄 필요가 없다. 그러나 A가 그 만년필이 B의 것이라는 사실을 알고도 점유하였다면 B는 그 만년필에 대해 시효취득할 수 없기 때문에 B에게 반환하여야 한다.

제2절 물권법

민법전 제2편 물권법(物權法)은 물건에 대한 사람의 지배관계를 규율하는 법이다. 물권법은 제1장에서 총칙, 제2장~제9장에서 물권법 각칙에 해당하는 8가지 물권에 대하여 규정하고 있다(제185조~제372조).

1. 총칙

(1) 물권(物權)

물권은 그 객체인 물건을 직접 지배해서 이익을 얻는 것을 내용으로 하는 배타적 권리이다. 물권은 재산권, 비전속권, 지배권, 절대권의 성질을 갖는다. 물권은 일정한 물건을 지배하여 사용·수익·처분 등 재산적 이익을 향수하는 재산권이며, 양도·상속이 가능하고 특정한 권리자에게 전속될 것을 요하지 않으므로 비전속권이다. 물권은 일정한 물건을 직접 배타적으로 지배하는 것이 그 본질인 전형적인 지배권(支配權)이며, 특정한 상대방이 아니라 모든 자에 주장할 수 있는 권리이므로 절대권(絕對權), 대세권(對世權)이다.

(2) 물권의 특질

물권은 채권과 같은 재산권이지만, 다음과 같은 특질을 갖는 점에서 다르다.

1) 특정한 물건을 직접 지배함

물권은 특정한 물건을 직접 지배하는 것을 그 내용으로 하는 권리이므로, 권리내용의 실현에 타인의 행위를 필요로 하지 않는다. 이에 비하여 채권은 그 권리실현에 있어서 채무자의 행위를 필요로 한다.

2) 특정한 물건을 배타적으로 지배함

물권은 물건에 대한 직접적 지배를 그 내용으로 하므로 동일물 위에 두 개의 물권(예컨대 두 개의 소유권 또는 성질이 같은 두 개 이상의 제한물권)이 존재할 수 없다. 그러나 채권은 배타성이 없어서 동일 내용의 채권이 동시에 여러 개 병존할 수 있고, 또한 그 사이에 우열과 강약이 없다.

3) 권리보호의 절대성

물권은 특정한 상대방에 대하여가 아니라 모든 자에 대하여 그 효력이 있다. 그러나 채권은 원칙적으로 특정한 채무자에 대해서만 주장할 수 있는 상대권(대인권)이다.

(3) 물권의 효력

모든 물권에 공통되는 일반적 효력으로서 우선적 효력과 물권적 효력이 있다. 이러한 효력은 물권이 객체에 대한 배타적 지배권이라는 본질로부터 나온다.

1) 우선적 효력

① 물권과 채권 간의 우선적 효력

동일 물건에 관하여 물권과 채권이 성립하는 경우에는 그 성립 시기의 전후와 관계없이 물권이 채권보다 우선한다(예컨대 매매는 임대차를 깨뜨린다). 그러나 예외적으로 ㉮ 임차권이 등기된 때에는 그 때부터 물권과 동일한 효력을 가지게 되어 제삼자에게 그 효력을 주장할 수 있다(제621조). 이것을 부동산 임차권의 물권화라고 한다. 주거용 건물(주택)의 임대차의 경우에는 등기없이 주택의 인도와 주민등록을 마치면 물권적 효력이 생기므로(주택임대차보호법 제3조), 이는 민법에 대한 특례가 된다. ㉯ 또한 부동산물권의 변동을 청구하는 채권 예컨대 매매에 의하여 매수인이 가지게 되는 소유권이전청구권은 가등기를 갖추고 있으면 물권에 우선하는 효력이 생긴다(부동산등기법 제3조, 제6조 2항 참조).

② 물권 상호간의 우선적 효력

㉮ 소유권과 제한물권 사이에서는 성질상 제한물권이 우선한다.

㉯ 제한물권 상호간에서는 성립의 선후에 따른다. 즉 시간적으로 먼저 성립한 물권이 나중에 성립한 물권보다 우선한다. 로마법의 법언은 이를 '시간에 있어서 앞서면 권리에 있어서 앞선다.'(prior à tempore, prior à pouvoir)고 표현한다.

2) 물권적 청구권

① 물권적 청구권이란 물권의 내용실현이 어떤 사정으로 인하여 방해받고 있거나 또는 방

해받을 염려가 있는 경우에 물권자가 방해자에 대하여 그 방해의 제거 또는 예방에 필요한 일정한 행위를 청구할 수 있는 권리이다.

물권적 청구권은 물권의 내용실현이 침해받고 있을 때 민법상의 보호수단인 자력구제와 불법행위로 인한 손해배상으로서는 직접적·배타적 지배권인 물권의 내용을 실현시키기에 부족하기 때문에 인정한 제도이다. 즉 타인의 지배에 속하는 것은 '자력구제'가 허용되지 않는 한계가 있고, 불법행위로 인한 손해배상청구권은 금전배상의 원칙이라는 한계가 있으므로 이를 극복하고 물권으로서의 실효성을 부여하기 위하여 인정된 것이다.

② 물권적 청구권의 종류와 내용

㉮ 목적물 반환청구권

소유자가 도난당한 물건의 반환을 청구하는 경우와 같이 목적물의 점유를 침탈당했을 때에 물권자가 그 반환 및 손해배상을 청구할 수 있는 권리이다(제204조, 제213조).

㉯ 목적물 방해제거청구권

목적물의 점유 침탈 이외의 사정으로 물권의 내용의 실현을 방해받는 때에 그 방해를 제거할 수 있는 입장에 있는 자에 대하여 그 방해의 제거 및 손해배상을 청구할 수 있는 권리이다(제205조, 제214조).

㉰ 목적물 방해예방청구권

물권의 내용 실현에 방해가 발생할 염려가 있는 경우에 그 방해의 예방 또는 손해배상의 담보를 청구할 수 있는 권리이다(제206조, 제214조).

□ 물권적 청구권

	요 건	청구의 내용
목적물 반환청구권	점유의 상실(침탈)	목적물 반환청구, 손해배상청구
방해제거청구권	점유상실 외의 사정으로 인한 방해	방해의 제거청구, 손해배상청구
방해예방청구권	물권의 침해가 발생할 염려	방해 원인의 제거(방해예방) 청구 또는 담보제공의 청구

③ 행사의 제한

물권내용의 완전한 실현이 침해된 경우라 할지라도 상대방의 방해가 정당한 권원(權原)에 의한 경우, 예컨대, 전세권·임차권에 의하여 전세권자·임차인이 설정자의 소유권을 제한하는 경우, 기타 물권적 청구권의 행사가 권리남용이 되는 등에는 그 행사가 제한된다.

2. 물권법정주의

(1) 물권법정주의·물권한정주의

물권법정주의(物權法定主義) 또는 물권한정주의(物權限定主義)는 물권의 종류와 그 내용을 민법 기타의 법률에서 제한하고, 그 당사자가 그 이외의 물권을 임의로 창설하는 것을 금지하는 것이다. 이는 물권의 유형을 단순화하고, 물권거래의 원활 및 거래안전을 도모하기 위함이다. 또한 물권거래의 안전을 위하여 공시방법이 필요한데, 이와 같은 공시제도를 관철하기 위하여 물건의 종류와 내용을 획일적으로 단순화할 필요가 있다.

그런데 물권법정주의는 오늘날 거래관계의 진전에 따라 요구되는 새로운 종류나 내용의 물권에 대한 거래계의 수요에 부응하기 어렵다. 이러한 결함을 시정하기 위해 가등기담보법 등의 특별법 제정으로 보완하고 있다.

> **제185조(물권의 종류)** 물권은 법률 또는 관습법에 의하는 외에는 임의로 창설하지 못한다.

(2) 민법이 인정하는 물권

점유권, 소유권, 지상권, 지역권, 전세권, 유치권, 질권, 저당권의 8종이 있다. 민법 이외의 법률이 인정하는 물권으로는 상법상 물권으로서 상사유치권, 상사질권, 선박저당권과, 그 밖에 가등기담보법에 의한 가등기담보권 등 특별법상의 물권이 있다. 부동산을 대상으로 하는 부동산물권은 질권을 제외한 7가지이다. 동산을 대상으로 하는 동산물권은 점유권, 소유권, 유치권, 질권이다. 따라서 동산과 부동산 모두를 객체로 할 수 있는 물권은 점유권, 소유권, 유치권의 세 가지이다. 한편 관습법이 인정하는 물권으로는 양도담보, 분묘기지권, 관습법상의 법정지상권 등이 있다.

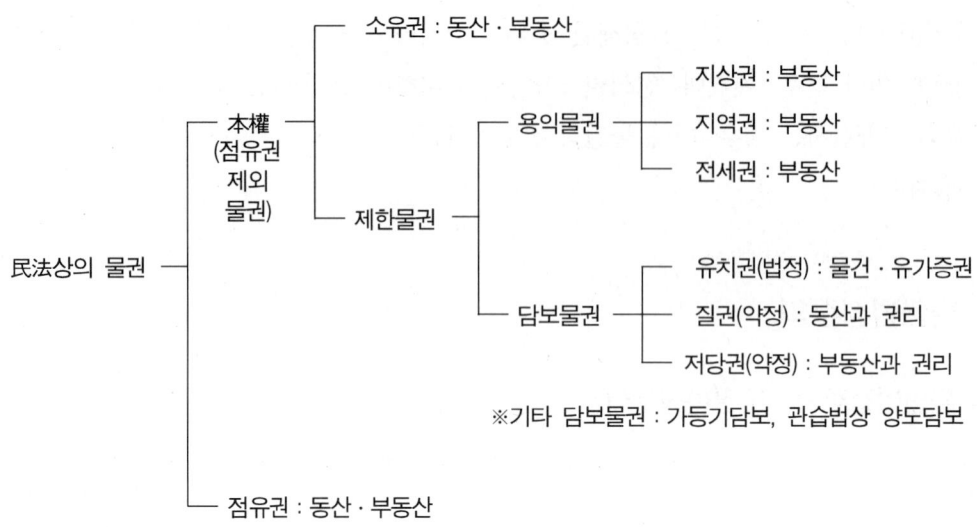

(3) 물권의 객체(대상)

1) 물건

권리의 내용이나 목적이 성립하기 위해서는 일정한 대상이 필요한데 이와 같이 권리의 대상이 되는 것을 권리의 객체라고 한다. 물권법에서 물권의 객체가 되는 것은 물건이다. 민법은「본법에서 물건이라 함은 유체물 및 전기 기타 관리할 수 있는 자연력을 말한다.」(제98조)고 규정하고 있다. 물건은 여러 가지의 방법으로 분류되지만, 가장 일반적으로는 동산과 부동산으로 구분된다. 부동산은 토지 및 그 정착물을 말하며(제99조 1항), 동산은 부동산 이외의 물건이다(제99조 2항).

2) 공시방법

물권변동에 있어서 공시의 원칙(公示의 原則)이란 물권변동에는 항상 등기·등록·점유 등과 같이 외부에서 알 수 있는 어떠한 표상(表象)을 갖춰야 한다는 원칙이다. 부동산은 '등기'(登記)라는 공시방법에 의하여 공시되고, 동산은 '점유'(占有)를 그 공시방법으로 한다. 부동산은 가동성이 없어서 공시하기 쉬우나, 동산은 가동성이 크기 때문에 공적 장부에 공시가 불가능하다. 따라서 동산은 사실적 지배인 점유가 그 공시방법이다.

3) 공신의 원칙

물권변동에 있어서 공신의 원칙(公信의 原則)이란 등기·등록·점유라는 물권의 존재를 공시하는 표상을 신뢰한 자는 그 표상이 실질적 권리를 수반하지 않는다고 하더라도 유효하게 권리를 취득한다는 원칙이다. 공신의 원칙은 권리의 외관을 존중하는 제도 가운데 하나이다. 부동산 거래에 있어서는 공신의 원칙이 적용되지 않으나, 동산거래에 있어서는 공신의 원칙이 적용된다. 예컨대 동산의 선의취득(제249조)은 동산의 점유에 공신력이 인정되는 제도이다.

(4) 부동산물권의 변동 ⇒ 등기

> **제186조(부동산물권 변동의 효력)** 부동산에 관한 법률행위로 인한 물권의 득실변경은 등기하여야 그 효력이 생긴다.
>
> **제187조(등기를 요하지 아니하는 부동산물권 취득)** 상속, 공용징수, 판결, 경매 기타 법률의 규정에 의한 부동산에 관한 물권의 취득은 등기를 요하지 아니한다. 그러나 등기하지 아니하면 이를 처분하지 못한다.

(5) 동산물권의 변동 ⇒ ① 현실의 인도, ② 간이인도·점유개정·목적물반환청구권의 양도

> **제188조(동산물권양도의 효력, 간이인도)** ① 동산에 관한 물권의 양도는 그 동산을 인도하여야 그 효력이 생긴다.
> ② 양수인이 이미 그 동산을 점유한 때에는 당사자의 의사표시만으로 그 효력이 생긴다.
>
> **제189조(점유개정)** 동산에 관한 물권을 양도하는 경우에 당사자의 계약으로 양도인이 그 동산의 점유를 계속하는 때에는 양수인이 인도받은 것으로 본다.
>
> **제190조(목적물 반환청구권의 양도)** 제삼자가 점유하고 있는 동산에 관한 물권을 양도하는 경우에는 양도인이 그 제삼자에 대한 반환청구권을 양수인에게 양도함으로써 동산을 인도한 것으로 본다.

(6) 물권의 소멸 : 혼동(제191조)

> **제191조(혼동으로 인한 물권의 소멸)** ① 동일한 물건에 대한 소유권과 다른 물권이 동일한 사람에게 귀속된 때에는 다른 물권은 소멸한다. 그러나 그 물권이 제삼자의 권리의 목적이 된 때에는 소멸하지 아니한다.
> ② 전항의 규정은 소유권 이외의 물권과 그를 목적으로 하는 다른 권리가 동일한 사람에게 귀속된 경우에 준용한다.
> ③ 점유권에 대하여는 전2항의 규정을 적용하지 아니한다.

不動産과 登記

(1) 물권변동의 공시와 공신의 원칙

1) 물권변동의 공시

동산(動産)의 경우에는 물건을 인도(引渡, 점유의 이전)함으로써 물권의 변동이 발생하나, 부동산(不動産)은 동산과는 달리 등기(登記)를 하여야 물권변동이 발생한다. 이와 같은 점유(인도)와 등기를 공시방법(公示方法)이라고 한다. 즉 외부에서 물권에 관한 사항과 권리관계를 인식할 수 있도록 어떤 표상(표시, 상징)을 하는 것이다. 이와 같은 공시방법은 거래에 있어서 제삼자와 일반인을 보호하기 위한 것이다.

2) 공신의 원칙

공신의 원칙(公信의 原則)이란 공시되어 있는 상태를 믿고 거래한 자가 그러한 공시가 실제의 권리관계와 일치되지 않더라도 그가 신뢰한대로 실체상의 권리를 취득하게 하는 원칙이다. 우리나라의 경우에는 동산에 관하여만 공신의 원칙을 인정하고, 부동산 등기에 관하여는 이를 인정하지 않고 있다. 따라서 A가 B의 노트북(동산)을 빌려서 가지고 있는 것을 C가 A의 컴퓨터라고 믿고 구입하였다면 C는 보호받는다. 그러나 그 대상이 노트북이 아닌 건물(부동산)이었다면 C가 비록 부동산(건물, 토지)등기부를 확인하여 등기부상 A의 소유로 등기되어 있음을 확인하고 A로부터 매수하였더라도 그 소유권이 항상 유효하게 취득되는 것은 아니다.

(2) 부동산의 등기

1) 등기(登記)란 등기공무원이 법정절차에 따라 등기부라는 공적 장부에 부동산에 관한 권리관계를 기재하는 것을 말한다. 등기부는 표제부, 甲구, 乙구로 구성되는데 표제부에는 부동산에 대한 사항이, 甲구에는 소유권에 관한 사항이, 乙구에는 소유

권 이외의 권리의 변동에 대한 사항이 기재된다.

2) 등기절차

등기는 원칙적으로 당사자의 신청이나 관공서의 촉탁으로 할 수 있으나, 예외적으로 등기공무원의 직권이나 법원의 명령으로도 할 수 있다. 당사자가 등기신청을 하는 경우에는 등기권리자와 등기의무자가 공동으로 하는 것이 원칙이다(공동신청주의). 등기권리자는 등기의무자(매도인)와 같이 등기함으로써 직접 권리의 취득 기타 이익을 얻는 자를 말하며, 등기의무자는 매수인(등기권리자)과 같이 등기로 인하여 권리를 상실하거나 불이익을 받는 자를 말한다. 등기 신청에는 등기신청서, 등기원인을 증명하는 서면, 행정관청의 허가를 증명하는 서면, 등기의무자의 권리에 관한 등기필증(권리증, 판결), 대리의 경우 대리권한을 증명하는 서면, 신청인의 주소를 증명하는 서면, 그리고 인감증명서가 필요하다.

3) 등기의 효과

① 등기를 하면 권리변동이 발생한다(권리변동적 효력). 예컨대 A 소유의 주택을 B에게 팔고 B 앞으로 등기를 하면, B의 소유권이 발생한다.

② 지상권·지역권·전세권·저당권의 설정등기를 하면 이러한 권리를 취득하게 되고, 제삼자에게 대항할 수 있다(대항적 효력). 예컨대 B가 A소유의 주택을 빌려 살기 위해 전세등기를 하면 B는 전세권이라는 물권을 취득하게 되고, 그 전세권을 누구에게나 주장할 수 있다.

③ 동일한 부동산에 수 개의 권리가 설정되어 있으면 등기의 선후에 따라 권리관계가 정해진다(순위확정적 효력). 예컨대 A소유의 건물에 B가 먼저 전세권을 설정하고 그 후에 C가 저당권을 설정하였다면 경매시 B의 전세권이 우선한다.

④ 부동산의 소유자로 10년간 등기되어 있으면 일정한 요건을 구비한 경우 그 부동산에 대한 소유권을 취득한다(점유적 효력).

⑤ 등기가 있으면 그에 따른 실체적 권리관계가 있는 것으로 추정된다(추정적 효력). 예컨대 A의 명의로 등기가 되어 있다면, A가 그 부동산을 적법하게 소유하게 되었다고 추정하는 것이다.

(3) 가등기와 중간생략등기

1) 가등기(假登記)란 본등기를 할 수 있는 실체법상 또는 절차법상 요건이 구비되지 못한 경우에 장래 그 요건이 갖춰지면 하게 될 본등기의 순위를 보전하기 위하여 미리 하는 등기이다. 가등기를 한 후 이러한 가등기에 기하여 본등기를 하면 본등기의 순위는 가등기의 순위에 의한다(부동산등기법 제6조 2항). 예컨대 A가 B에게 소유

권이전의 가등기를 해 준 후 다시 A에게서 C에게로 소유권이전의 본등기가 있더라도, B가 가등기에 기한 본등기를 하면 B의 본등기가 C의 본등기보다 우선하게 된다.

2) 중간생략등기(中間省略登記)란 부동산물권이 최초의 양도인에게서 중간취득자에게, 그리고 중간취득자로부터 다시 최종취득자에게 이전되어야 할 경우에, 그 중간취득자의 등기를 생략하고 최초의 양도인에게서 직접 최후의 취득자에게 등기하는 것이다. 예컨대 A가 그 소유의 부동산을 B에게 팔고, B는 등기를 하지 않은 상태에서 다시 이를 C에게 판 후, A에게서 직접 C에게로 이전등기를 하는 경우이다. 중간생략등기를 이용하면 등록세와 같은 조세부담을 덜고 시간과 비용을 절약할 수 있으나, 우리나라와 같이 등기를 하여야만 권리변동이 생기는 법제에서는 이를 무효라고 하여야 한다. 그러나 종래 오랜 관행과 부동산거래의 안전을 고려하여 중간생략등기를 인정하였었다. 중간생략등기를 하기 위해서는 최초양도인, 중간취득자, 최종취득자의 합의 내지 동의를 얻어야 한다. 현재 부동산등기 특별조치법에서는 이를 허용하지 않고 있다.

경기도

등기부 등본 (말소사항 포함) - 집합건물

지하층 제비43호 (1동의 건물의 표시) 고유번호 1349-1996-

[표 제 부]

표시번호	접 수	소재지번,건물명칭 및 번호	건 물 내 역	등기원인 및 기타사항
1 (전 1)	1997년11월10일	경기도	철근콘크리트조 슬래브지붕 5층 자동차편의시설 1층 1331.41m² 2층 1535.61m² 3층 1535.61m² 4층 1535.61m² 5층 1535.61m² 지하1층 1912.50m² 지하2층 1912.50m² 지하3층 1759.32m²	도면편철장 제1책274호 부동산등기법 제177조의 6 제1항의 규정에 의하여 2000년 월 일 전산이기

(대지권의 목적인 토지의 표시)

표시번호	소 재 지 번	지 목	면 적	등기원인 및 기타사항
1 (전 1)	1. 경기도	대	2493.1m²	1997년 월 일

* 실선으로 그어진 부분은 말소사항을 표시함. * 등기부에 기록된 사항이 없는 갑구 또는 을구는 생략함.
발행번호 13420013409190089010960111SWK05192421M061552506   1/5   발행일 2000/08/

경기도 ○○시○○동

고유번호 1349-1996-0519

표시번호	소재지번	지목	면적	등기원인 및 기타사항
2 (전 2)				1 토지에 관하여 별도등기 있음 1997년11월10일
				부동산등기법 제177조의 6 제1항의 규정에 의하여 1번 내지 2번 등기를 2000년 ○월 ○일 전산이기

【 표 제 부 】 (전유부분의 건물의 표시)

표시번호	접 수	건물번호	건 물 내 역	등기원인 및 기타사항
1 (전 1)	1997년11월10일	제자하층 제비43호	철근콘크리트조 32.470㎡	도면편철장 제274호
				부동산등기법 제177조의 6 제1항의 규정에 의하여 2000년 ○월 ○일 전산이기

(대지권의 표시)

표시번호	대지권종류	대지권비율	등기원인 및 기타사항
1 (전 1)	1 소유권대지권	230분의 1	1997년10월18일 대지권 1997년11월10일

* 실선으로 그어진 부분은 말소사항을 표시함.   * 등기부에 기록된 사항이 없는 갑구 또는 을구는 생략함.

발행번호 13420013409190089010960111SWK0519242M062552506   2/5   발행일 2000/08/○

경기도 ○○시○○동 고유번호 1349-1996-0519○

표시번호	대지권종류	대지권비율	등기원인 및 기타사항
			부동산등기법 제177조의 6 제1항의 규정에 의하여 2000년 ○월 ○일 전산이기

[갑 구] (소유권에 관한 사항)

순위번호	등 기 목 적	접 수	등 기 원 인	권 리 자 및 기 타 사 항
1 (전 1)	소유권보존	○년11월10일 제54961호		소유자 ○○○
2 (전 2)	가압류	○년1월19일 제1715호	○○년1월15일 ○○지방법원의 가압류 결정(97가단22617)	청구금액 금594,843,730원 채권자 주식회사 ○○○ 서울 영등포구 신길동 ○○○
3 (전 4)	압류	○년5월7일 제15882호	○○년4월10일 압류 (부가46410-567)	권리자 국 처분청 세무서
4 (전 6)	강제경매신청	○년10월29일 제41167호	○○년10월26일 ○○지방법원 경매개시결정(○○타경141 665)	채권자 ○○○ 서울 강남구 ○○○
5 (전 9)	가압류	1999년6월7일 제28676호	○○년6월4일 ○○지방법원 가압류	청구금액 금65,300,000원 채권자 ○○○

3/5

* 실선으로 그어진 부분은 말소사항을 표시함.   * 등기부에 기록된 사항이 없는 갑구 또는 을구는 생략함.
발행번호 13420013409190089010960111SWK0519242M0C3552500 ○   발행일 2000/08/ ○

경기도 ○○시 ○○동
고유번호 1349-1996-0519

순위번호	등 기 목 적	접 수	등 기 원 인	권리자 및 기타사항
			결정(○카단102508)	서울
6 (전 10)	가압류	○○년6월16일 제30399호	○○년6월15일 지방법원 법원 가압류 결정(99카단1162)	청구금액 금12,000,000원 채권자 ○○○ 광명시 ○○동
7 (전 11)	압류	○○년3월7일 제8147호	○○년3월7일 압류(경수13410-480)	권리자 광명시
				부동산등기법 제177조의 6 제1항의 규정에 의하여 1번 내지 7번 등기를 ○○년 ○월 ○일 전산이기

[을 구] (소유권 이외의 권리에 관한 사항)

순위번호	등 기 목 적	접 수	등 기 원 인	권리자 및 기타사항
1 (전 1)	근저당권설정	○○년1월15일 제1344호	○○년1월15일 설정계약	채권최고액 금321,100,000원 채무자 주식회사 ○○○ 서울 노원구 ○○동 근저당권자 주식회사 ○○○ 서울 영등포구 ○○동 공동담보목록 제7호

* 실선으로 그어진 부분은 말소사항을 표시함. * 등기부에 기록된 사항이 없는 갑구 또는 을구는 생략함.
발행번호 13420013409190089010960111SWK0519242M0G4552250E ○ 4/5 발행일 2000/08/ ○

경기도 ○○시○○동

고유번호 1349-1996-0519 ○

순위번호	등 기 목 적	접 수	등 기 원 인	권 리 자 및 기 타 사 항
				부동산등기법 제177조의 6 제1항의 규정에 의하여 ○○년 ○월○○일 전산이기

― 이 하 여 백 ―

수수료 1,200원 영수함

관할등기소 ○○ 지방법원 ○○ 등기소

이 등본은 부동산 등기부의 내용과 틀림 없음을 증명합니다.

서기 ○○ 년 ○ 월 ○ 일

○○ 지방법원 ○○ 등기소

등 기 관 ○○○

* 등기부에 기록된 사항이 없는 갑구 또는 을구는 생략함.
* 실선으로 그어진 부분은 말소사항을 표시함.

발행번호 13420013409190089010960111SWK0519242M0G65552506 ○ 발행일 2000/08/ 5/5

> **부동산 구입시 주의할 점**
>
> 1. 공인중개사 말만 믿으면 안된다. 부동산을 구입하려면 해당 지번 및 지적을 확인하고 등기부등본, 토지대장 또는 임야대장, 건축물관리대장, 도시계획확인원, 용도지역확인원 등을 열람한 후 현장답사를 필수적으로 거쳐 대장(장부)과 대조해 봐야 한다.
> 2. 매도인이 실제소유자인지도 꼼꼼히 살펴보아야 하고, 공인중개사나 상대방이 보여주는 등기부등본만을 믿고서 성급히 계약을 해서는 안된다. 매도인을 실제로 만나보고, 그 신원을 주민등록 등으로 확인해 보도록 한다.
> 3. 단시일 내에 권리자가 수명씩 바뀌는 등 권리변동관계가 빈번하고 복잡한 경우에는 일단 의심을 갖고 전소유자별로 확인할 필요가 있으며, 여러 가지 담보물권이나 가등기가 설정되어 있는 것은 가급적 매수하지 않는 것이 바람직하다.
> 4. 재산세 납세자와 소유자가 다른 경우에는 그 이유를 확인해보는 것이 좋다.
> 5. 계약서 및 대금지급시의 영수증은 반드시 받아두어야 한다. 등기부는 중도금과 잔금을 지급할 때마다 그 직전에 확인해 보는 것이 좋다. 부동산의 소유권이전을 내용으로 하는 계약을 체결한 자는 계약의 당사자가 서로 대가적(對價的)인 채무를 부담하는 경우에는 반대급부의 이행이 완료된 날, 계약당사자 일방만이 채무를 부담하는 경우에는 그 계약의 효력이 발생한 날로부터 60일 이내에 소유권이전등기를 신청하여야 한다. 다만, 그 계약이 취소 또는 해제되거나 무효인 경우에는 그러하지 아니하다(부동산등기특별조치법 제2조 1항). 그러므로 잔금 지급과 동시에 매도인으로부터 등기권리증, 인감증명 등 등기에 필요한 서류를 넘겨받아 이를 토대로 소유권이전등기절차를 밟아야 한다.

3. 물권법 각칙

(1) 점유권

점유권(占有權)은 점유라는 사실을 법률요건으로 하여 주어지는 법률효과로서, 민법상의 물권 중 하나이다. 점유권은 점유라는 물건의 사실적 지배, 그 자체를 법적 보호의 대상으로 하는 것이다(제192조~제210조). 점유제도의 존재이유는 사회의 평화 내지 질서의 유지에 있다.

점유라는 사실이 있으면 점유할 수 있는 권리 또는 권원의 유무를 불문하고 점유권이 발생한다. 예컨대 B가 A로부터 카메라를 절도하여 점유하고 있는 중에 다시 C가 이를 훔친 경우에도 B는 자기의 점유를 침탈한 C를 상대로 점유권에 기해 그 반환을 청구할 수 있다. 점유자는 점유물 위에 행사하는 권리를 적법하게 가지고 있는 것으로 추정된다(제200조).

(2) 소유권

1) 소유권(所有權)

소유권이란 물건을 사용·수익·처분할 수 있는 권리로서 전면적인 지배권이다(제211조~제278조). 여기서 '전면적'이란 것은 다른 물권이 물건에 대한 부분적·일면적인 지배에 머무르는 것과 대비되고, '지배권'이란 채권 등의 청구권과 대비되는 등 소유권의 법적 성격을 나타내는 것이다.

> **제211조(소유권의 내용)** 소유자는 법률의 범위내에서 그 소유물을 사용, 수익, 처분할 권리가 있다

2) 공동소유

① 공유(共有)

공유란 개인주의적 성격이 강한 공동소유 형태이다. 각 공유자의 결합은 우연적인데 불과하고, 공유자간에 특별한 인적결합관계가 없다. 공유자는 목적물에 대하여 상호 독립된 공유지분을 갖는다.

② 합유(合有)

합유는 공유와 총유의 중간정도의 개념으로 조합소유 형태이다. 수인이 공동목적의 달성을 위하여 일정한 단체를 조직하고 공동으로 목적물을 소유하는 형태이다. 합유자는 공동목적에 의한 단체적 구속력을 받지만 각자가 목적물에 대하여 합유지분을 갖는다.

③ 총유(總有)

총유는 단체적 성격이 강한 공동소유 형태로서 공동소유자간에 지연이나 혈연 등에 의한 인적 결합에 의한 공동소유 형태이다. 각 공동소유자는 단체적 구속을 받으며 지분을 갖지 않는다. 다수인이 권리능력 없는 사단을 이루어 물건을 소유하는 형태이다.

3) 공동소유의 구별
① 결합의 형태
공유는 공동소유자 사이에 합유나 총유에서와 같은 인적 결합이 없다. 합유는 조합체에서, 총유는 권리능력없는 사단에서의 인적 결합형태이다.

② 지분권
공유와 합유에서의 공동소유자는 자기의 지분을 가지나, 총유의 경우 총유자는 지분권을 갖지 못한다.

4) 지분권의 처분
공유에서는 지분권이 인정되기 때문에 지분의 처분이 자유롭다(제264조). 그러나, 합유의 경우에는 합유자 전원의 동의에 의하여 지분을 처분하도록 하는 제한이 있다(민법 제273조 1항). 총유에서는 지분이 인정되지 않기 때문에 지분처분의 자유도 인정되지 않는다.

(3) 용익물권

용익물권(用益物權)은 타인의 부동산을 사용·수익할 수 있는 물권으로서, 이에는 지상권, 지역권, 전세권이 있다.

1) 지상권
지상권(地上權)은 공작물 또는 수목을 소유하기 위하여 타인의 토지를 사용하는 물권이다. 공작물(工作物)에는 도로, 교량, 광고탑, 전신주 등의 지상시설 뿐 아니라 지하철이나 터널 등의 지하공작물도 포함된다. 타인의 부동산을 사용·수익한다는 면에서 지역권·전세권과 같지만, 공작물 또는 수목에 대해 소유목적이 있다는 점에서 지역권·전세권과 다르다(제279조~제290조).

2) 지역권
지역권(地役權)이란 자기 토지의 편익을 위하여 타인의 토지를 이용하는 물권이다. 즉 타인의 토지를 이용할 수 있는 용익물권이다. 편익을 받는 토지를 요역지(要役地), 편익을 주는 토지를 승역지(承役地)라고 한다. 예컨대 A토지의 소유자가 B토지를 통행하려고 하는 경우(통행지역권), 또는 A의 토지에 B의 토지를 통하여 물을 끌어들이기 위한 경우(인수지역권)가 있다. 이 때 A의 토지가 요역지, B의 토지가 승역지이다. 지역권의 설정에 의하여 요역지의 이용가치는 증가하고, 승역지는 일정한 부담을 받게 된다. 지역권은 요역지의 편익을 위해 승역지를 지배할 수 있는 권리이기는 하지만, 배타성은 없다(제291조~제302조).

3) 전세권

전세권(傳貰權)은 전세금을 지급하고 타인의 부동산을 점유하여 그 부동산의 용도에 좇아 사용·수익한 후, 그 부동산 전부에 대해 후순위권리자 기타 채권자보다 전세금의 우선변제를 받을 수 있는 물권이다(제279조~제319조).

□ 전세권과 임차권

	전세권	임차권(채권적 전세)
성질	물권	채권
성립	전세권설정계약+등기	임대차(채권적 전세)계약
요소	전세보증금	차임(임대료)
대항요건	전세권 등기	없음(등기 또는 주택의 인도+전입신고)
제3취득자에 대항력	있음	없음(대항요건을 갖춰야 대항력 발생)
권리의 처분	양도·임대 가능	임대인의 동의 필요
존속기간	최단기(건물만) : 1년 최장기(토지, 건물) : 10년	최단기 : 없음(단, 특별법 2년 보장) 최장기 : 제한 없음
비용상환청구권	유익비만 청구(제310조)	필요비, 유익비 모두 청구 가능(제626조)
목적물의 유지의무	전세권자의 부담(제309조)	임대인의 부담(제623조)
우선변제권·경매권	인정	없음

전세권과 임대차의 차이점

① 전세권은 물권이고 등기함으로써 성립하므로(제186조) 대항력이 있으나, 임대차는 채권으로서 등기가 요구되지 않지만(제621조) 등기한 경우에는 대항력이 발생한다. 즉 임차(채권적 전세)계약서를 등기하면 전세권과 동일한 효력이 있게 된다(제621조).
② 전세권자는 설정자의 동의없이 양도·임대·전전세 할 수 있으나(제306조), 임차인은 임대인의 동의없이는 양도·전대할 수 없다(제629조).

③ 전세권에는 목적물의 경매권과 우선변제권이 있으나(제318조), 임대차에는 원칙적으로 이러한 권리가 없다.
④ 전세권의 존속기간은 10년을 넘지 못하나(제312조), 임대차의 단기 및 장기의 존속기간 제한은 없다(2013.12.26. 계약자유의 침해를 이유로 한 위헌 결정에 따라 민법 제651조 폐지). 다만 주택임대차보호법 및 상가건물임대차보호법상 임차인을 위한 단기의 존속기간 보장기간이 있다.
⑤ 전세권에 있어서는 유익비만 청구할 수 있으나(통설), 임대차에 있어서는 필요비·유익비 모두를 청구할 수 있다(제626조).

(4) 담보물권

1) 담보물권(擔保物權)

채권의 이행을 확보하기 위하여 특정한 담보물을 파악하는 물권이다. 담보물권에는 유치권, 질권, 저당권이 있다.

2) 담보물권의 성질

① 부종성

부종성(附從性)이란 피담보채권이 성립하여야 담보물권도 성립되고 그 채권이 소멸하면 담보물권도 소멸한다는 성질이다. 약정담보물권의 경우에는 채권이 현실로 발생하기 전에라도 담보물권을 성립시킬 필요가 있기 때문에 부종성이 다소 완화되고, 채권이 존재하지 않아도 저당권이 소멸하지 않는 근저당권에서는 성립·존속·소멸에 있어서 부종성이 단절된다.

② 수반성

피담보채권이 이전되면 그에 따라 담보물권도 이전하는 성질을 수반성(隨伴性)이라고 한다.

③ 물상대위성

물상대위성(物上代位性)이란 담보물권의 목적물이 매매·임대·멸실 또는 훼손에 의하여 형태가 변경되거나 다른 권리로 변한 때에는 그 가치변형물, 예컨대 매매대금·임대료·손해배상·보상금 등의 청구권 위에 담보물권의 효력이 미치게 하는 성질이다. 예컨대 A가 B로부터 5백만 원을 차용하면서 A소유의 토지에 저당권을 설정하였으나, 후에 그 토지가 공용수용(민법은 공용징수라 함)되고 5천만 원을 받은 경우에 그 5천만 원에 저당권이 효력이 미친다. 물상대위를 인정하는 것은 담보물권이 목적물의 교환가치의 취득을 목적으로 하는 가치권이기 때문이다. 민법 제342조는 동산물권의 물상대위성을 규정하고, 이를 권리질권(제355조)과 저당권(제370조)에 각각 준용하고 있다. 물상대위는 우선변제적 효력이 있는 질권과 저당권에 인정되며, 목적물의 유치로 변제를 촉구할 뿐 교환가치의 취득을 목적으로 하지 않는 유치권에서는 인정되지 않는다. 가등기담보권은 담보권실행에 있어서 저당권과 같이 보기 때문에 물상대위가 인정된다.

④ 불가분성

불가분성(不可分性)이란 피담보채권에 대한 전부의 변제가 있을 때까지 담보물권의 효력이 담보물 전부에 미치는 성질을 말한다.

3) 담보물권의 순위

질권이나 저당권은 목적물의 교환가치를 지배하는 것을 내용으로 하는 약정담보물권이기 때문에 동일한 목적물에 동시에 두 개 이상 성립할 수 있다. 따라서 이러한 경우에는 그 순위가 문제되는데 이러한 경우에 담보물권의 순위는 그 성립순위에 따른다. 즉 등기의 선후 또는 등기와 압류의 선후에 의하여 그 순위가 결정된다. 동일한 목적물 위에 존재하는 각 담보물권의 순위의 문제는 상대적 우열의 문제이므로, 선순위의 담보물권이 소멸하면 후순위의 담보물권의 순위는 승진하게 된다(순위승진의 원칙).

4) 유치권

① 유치권(留置權)

타인의 물건을 점유하는 자가 그 물건에 관하여 생긴 채권을 가지는 경우에 그 채권의 변제를 받을 때까지 그 물건을 유치할 수 있는 것을 내용으로 하는 담보물권이다(제320조~제328조). 당사자의 설정계약에 의하여 생긴 것이 아니고 공평의 원리에 기하여 법률상 당연히 발생하기 때문에 법정담보물권이라고 한다.

② 유치권자의 목적물 유치권

유치권자는 피담보채권의 이행을 받을 때까지 목적물을 유치할 수 있다. 예컨대 A가 B로부터 B소유의 자동차의 수리를 의뢰받고 수리를 하여 A가 B에 대하여 가지고 있는 수리대금채권을 갖고 있는 경우에, A는 유치권에 기하여 B가 수리대금을 지불할 때까지 자동차를 유치할 수 있다. 따라서 B는 수리대금을 지불하지 않으면 자동차의 반환을 청구할 수 없다. 또한 유치권은 물권이기 때문에 유치권자는 누구에 대해서도 유치권을 주장할 수 있다(통설). 즉 유치권 성립 후에 목적물을 양수한 자에게도 주장할 수 있다. 그리고 유치목적물과 유치권 사이에 견련관계(牽連關係)가 있어야 한다.

③ 효력

㉮ 유치권자의 경매권

유치권에는 우선변제권이 인정되지 않는다. 이 점이 질권(제329조)과 저당권(제356조)과 다르다. 유치권은 목적물의 가치를 지배하는 권능이 아니기 때문이다. 그러나 유치권자는 채권의 변제를 받기 위하여 경매를 할 수 있다(제322조 1항). 경매는 민사집행법에서 정하는 절차에 의한다.

㉯ 간이변제충당권

유치권자가 경매에 의하여 채권을 변제받으려면 그 절차가 번거롭고 비용도 많이 소요된다. 그리하여 민법은 감정인의 평가에 의하여 유치물로 직접 변제에 충당할 수 있는 간편한 방법을 인정하고 있다(제322조 2항). 이는 목적물의 가치가 적어서 많은 비용을 들여 경매에 붙이는 것이 오히려 불합리한 경우가 있기 때문이다.

⚖ 자동차 수리대금을 지급하지 않으면서 자동차의 반환을 요구할 때

[질문]

A는 고장난 자동차를 자동차정비업자인 B에게 수리를 부탁하였다. 그 후 A는 B에게 수리대금 100만 원 가운데 50만 원만 지급하고 나머지는 나중에 지급하겠다면서 자동차를 사용하겠다고 한다. 이 때 B는 A에게 자동차를 반환해야만 하는가? 만일 A가 자동차를 찾아가지 않는다면 B는 자동차를 경매하여 그 경락대금에서 우선변제를 받을 수 있는가? 또한 자동차 수리를 맡기기 전에 C가 A의 자동차에 저당권을 설정한 경우에도 B는 경매를 통하여 우선변제를 받을 수 있는가?

> [해설]
> B는 A가 자동차의 수리대금 100만 원을 모두 지급할 때까지 유치권에 기하여 B가 수리한 자동차를 유치할 수 있다. 따라서 A는 수리대금 100만 원을 전액 지급하지 않으면 자동차의 반환을 청구할 수 없다. 그리고 A가 수리대금 100만 원을 지급하지 않는다면 B는 유치한 A 소유의 자동차를 경매하여 경락대금에서 변제를 받을 수 있다. 그러나 선순위권리자인 C가 있다면 경락대금에서 우선변제를 받지 못하고, C가 변제를 받고 난 후 나머지가 있는 경우에만 변제를 받을 수 있다. 만일 나머지가 없다면 비록 경락이 되었다 하더라도 100만 원을 모두 변제받을 때까지 자동차를 유치할 수 있다.

5) 질권

① 질권(質權)

채권자가 채무가 변제될 때까지 그 담보로서 채무자 또는 제삼자(물상보증인)로부터 제공된 물건을 점유함으로써 채무의 변제를 간접적으로 강제하는 동시에, 채무가 변제기까지 변제되지 않는 경우에는 다른 채권자에 우선하여 그 물건의 매득금으로부터 우선 변제받을 수 있는 약정담보물권이다(제329조, 제345조).

② 질권의 목적물

소유자 등의 권리자 자신이 사용·수익하도록 국가 정책상의 이유에서 제한하는 경우가 있다. 예컨대 등기된 선박 및 제조중인 선박, 자동차, 항공기, 중기건설기계, 어업권, 입목 등에 대하여는 질권의 설정이 금지된다. 또한 질권은 양도할 수 없는 물건에 대해서는 설정할 수 없다. 예컨대 운전면허증, 졸업증서, 마약과 같은 금제물, 부양받을 권리, 연금을 받을 권리 등이다. 그러나 압류금지물은 양도할 수 없는 물건은 아니기 때문에 질권의 목적이 될 수 있다.

③ 동산질권

동산질권이란 채권자가 그 담보로서 채무자 또는 제삼자로부터 수취한 동산을 대상으로 하는 질권이다(제329조, 제345조).

㉮ 질권설정계약

질권설정계약의 당사자는 채권자(질권자)와 채무자(질권설정자)이다. 질권설정자는 피담보채권의 채무자인 경우가 많지만 채무자 이외의 자인 경우도 있다. 다른 사람의 채무를 위하여 자기의 재산 위에 질권이나 저당권을 설정한 자를 물상보증인(物上保證人)이라고 한다.

㈎ 목적물의 인도(채권자 점유)

질권설정계약은 요물계약이기 때문에 그 효력이 발생하기 위하여는, 당사자의 질권설정의 합의만으로는 부족하고 목적물의 인도를 필요로 한다.

④ 권리질권

재산권을 목적으로 하는 질권을 말한다(제345조 본문). 예컨대 甲이 乙에 대하여 가지고 있는 금전채권을 담보하기 위하여 乙의 丙에 대한 채권에 질권을 설정하는 경우이다. 이는 무형의 재산권도 독자의 교환가치를 가지기 때문에, 이 교환가치를 직접 지배하여 금융의 용도에 이용하기 위하여 재산권상에 질권(권리질)을 성립시킨 것이다. 권리질의 대상으로서는 주식, 채권, 무체재산권 등이 있다.

㉮ 채권질권(債權質權)

권리질권 중에서 채권(債權)을 목적으로 하는 질권을 말한다. 채권은 원칙적으로 양도성을 가지며 추심·환가에 의하여 피담보채권을 만족시키기에 적합한 대표적인 권리질권이다.

㉠ 지명채권에 대한 질권 설정

차용증서·예금통장 등과 같은 지명채권증서가 있는 때에는 질권설정의 합의와 채권증서의 교부가 있어야 한다(제347조). 지명채권의 입질로서 제3채무자 기타 제삼자에게 대항하기 위해서는 지명채권양도의 대항요건을 갖추어야 한다(제349조 1항·제450조). 즉 질권설정자의 채무자에게 대항하려면 설정자가 그 채무자에게 통지하거나 그의 승낙을 얻어야 하고 그 채무자 외의 제삼자에게 대항하기 위해서는 그 통지나 승낙을 확정일자 있는 증서로 해야 한다. 공증을 해두면 좋다.

㉡ 지시채권에 대한 질권설정

채권자 또는 그가 지시한 자에게 지급해야 되는 지시채권의 경우에는 질권설정의 합의와 채권증서의 배서·교부로 질권설정의 효력이 생긴다(제350조). 지시채권 증서를 반환하면 질권이 소멸한다(다수설).

ⓒ 무기명채권에 대한 질권설정

질권설정의 합의와 채권증서의 교부로 질권설정의 효력이 생긴다(제351조). 무기명채권 증서를 반환하면 질권이 소멸한다(다수설).

ⓓ 저당권부채권

저당권으로 담보한 채권을 질권의 목적으로 한 때에는 그 저당권등기에 질권의 부기등기를 해야 그 효력이 저당권에 미친다(제348조, 부동산등기법 제52조).

㉯ 사채(社債)

기명사채는 지명채권의 일종으로서 합의와 채권증서의 교부로 질권설정의 효력이 생긴다. 다만 질권자의 성명과 주소를 사채원부에 등록하고 그 성명을 채권에 기재하지 않으면 회사 기타 제삼자에게 대항하지 못한다(상법 제479조). 반면에 무기명사채의 경우에는 무기명채권과 같다. 즉 합의와 증서의 교부로 질권설정의 효력이 생긴다(제351조).

동산과 채권에 대한 질권설정

[질문]

A는 B에게 5백만 원을 빌려주려고 한다. 그러나 B에게는 3백만 원 상당의 카메라와 C로부터 받을 5백만 원의 채권만 있을 뿐이다. A가 B에게 5백만 원을 빌려주면서 후에 그 채권을 확실하게 변제받기 위해서는 어떻게 하면 되겠는가?

[해설]

A는 B의 카메라에 질권을 설정하고, B가 C로부터 받을 채권에 질권을 설정하면 된다. 카메라에 질권을 설정(동산질권)하기 위해서는 먼저 B와 질권설정계약을 하고, 그 카메라를 인도받아 점유하면 된다. 그리고 B가 C로부터 받을 채권에 질권을 설정(권리질권)하기 위해서는 C와 질권설정계약을 하고 채권증서를 인도받아 점유하면 된다.

⑤ 질권의 효력

㉮ 피담보채권의 범위

질권에 의하여 담보되는 채권의 범위는 원칙적으로 질권설정계약으로 정해지는데(제

334조 단서), 당사자가 다른 약정을 하지 않은 경우에는 원본, 이자, 위약금, 질권실행비용, 질권보존비용, 채무불이행 또는 질물의 숨겨진 하자에 의하여 발생한 손해배상 등이다(제334조).7)

㉯ 질물 유치적 효력

질권자는 (피담보)채권의 변제를 받을 때까지는 질물을 유치할 수 있다. 이 유치적 효력을 갖는 점에 있어서 유치권과 동일한 효력을 가지고 있는 동시에, 저당권에 없는 특색을 가지고 있다. 질권자는 질권설정자에 대하여 뿐만 아니라 질물의 양수인이나 경매의 경우에 매수인에 대하여도 유치적 효력을 주장할 수 있다.

㉰ 우선변제적 효력

질권자는 질물에 대하여 다른 채권자에 우선하여 자기의 채권을 변제받을 수 있는 우선변제적 효력이 있다. 채권자는 경매, 간이변제충당, 파산시 별제권의 행사, 질물 이외의 일반재산으로부터의 변제를 통하여 우선변제를 받을 수 있다.

㉱ 유질계약의 금지

질권설정자와 질권자와의 사이에 질권설정계약 또는 채무의 변제기 전의 계약으로, 변제에 대신하여 질권자가 질물의 소유권을 취득하거나 질물을 임의로 매각하는 등 법률에 정한 방법에 의하지 않고 질물을 처분하는 것을 내용으로 하는 계약을 할 수 없다. 이를 유질계약(流質契約)의 금지라고 한다.

6) 저당권(제320조~제372조)

① 저당권(抵當權)

담보부동산에 대한 점유를 채권자에게 이전하지 않고 채무자와 제삼자가 계속 사용하며, 채권자는 채무자가 채무를 이행하지 않을 때에는 담보로 제공된 부동산(또는 부동산 물권)에 관하여 다른 채권자보다 우선하여 자기의 채권을 변제받을 수 있는 약정담보물권이다(민법 제356조). 저당권은 부동산과 부동산을 목적으로 하는 물권에만 설정할 수 있다. 이와 같은 저당제도는 자금이 필요한 기업가에게는 금융의 수단으로서의

---

7) 여기에는 질물보존비용과 질물의 하자로 인한 손해배상도 포함된다. 저당권의 경우 저당물에 관한 이들 비용을 피담보채권에 포함하지 않고, 지연배상은 1년분에 한한다는 제한을 두는 것에 비하면, 질권이 저당권보다 담보하는 채권의 범위가 넓다.

구실을 하는 한편, 자본을 가진 금융업자에게는 일종의 투자업무로서 금융경제의 발전에 이바지한다.

채권자에게는 가치가 큰 부동산이 동산에 대한 질권 설정보다 담보로서 유리하다. 만일 채무자에게 부동산 등 채권확보의 대상이 제대로 없는 경우에는 채무자를 위하여 제삼자(물상보증인)가 부동산에 저당권을 설정하도록 제공할 수도 있다. 질권은 채권자에게 담보목적물(질물)을 인도하여야 하지만, 저당권은 목적물(저당물)을 인도할 필요가 없고, 저당권설정자(채무자)가 그대로 점유하면서 이를 사용·수익할 수 있다는 점에서 질권과 다르다. 따라서 저당권은 저당물에 대한 유치적 효력이 없다.

② 저당권의 설정

먼저 당사자 사이에 저당권을 설정하기 위한 합의가 있어야 한다(제186조). 그리고 법률행위로 인한 부동산 물권변동의 일반원칙에 따라 저당권 설정등기를 마쳐야 저당권이 성립한다(제186조). 저당권을 설정하는 데에 특별한 방식은 요구되지 않으며, 조건이나 기한을 붙일 수도 있다.

저당권을 등기하는 경우에 등기하여 할 사항은 채권자, 채무자 또는 물상보증인, 채권액, 변제기, 이자 및 이자의 발생시기 또는 이자의 지급시기, 원본 또는 이자의 지급장소, 기타 약정이 있는 경우에는 그 약정을 등기하여야 한다. 저당권설정등기에 필요한 비용은 다른 약정이 없는 한 원칙적으로 채무자가 부담하는 것이 거래관행이다.

③ 저당권의 효력

㉮ 저당권의 우선변제적 효력

저당권의 본래적인 효력은 목적물로부터 우선변제를 받는 것이다(제356조). 즉 변제기가 도래한 때에는 저당(채권)자는 저당권의 목적물을 경매 등 일정한 절차에 따라 매각·환가하여 그 대금으로부터 다른 채권자에 우선하여 변제를 받을 수 있다. 저당권은 원본, 이자, 위약금, 채무불이행으로 인한 손해배상 및 저당권의 실행비용을 담보한다(제360조).

㉯ 그러나 전세권도 저당권과 마찬가지의 물권이므로, 전세권과 저당권 둘 가운데 무엇이 우선하는지는 그 성립순위에 의한다. 그리고 수 개의 채권을 담보하기 위하여 동일한 부동산에 수 개의 저당권이 설정된 경우에 그 순위는 저당권의 설정순위에

의한다.

㉰ 저당권은 물권이므로 일반채권자에 대해서는 언제나 우선한다. 그러나 주택임대차보호법에 의하여 소액보증금에 대한 최우선변제특권이 인정되는 주택임차인은 저당권에 우선한다.

④ 저당권의 실행

변제기가 도래하였는데도 채무자가 변제를 하지 않는 경우에, 저당권자는 저당물을 환가하고 그 대가로부터 피담보채권의 변제를 받을 수 있다. 이것이 저당권의 실행이다. 저당권을 실행하기 위해서는 민사집행법이 정하는 담보권의 실행절차에 따른다. 저당권자는 목적부동산의 소재지의 지방법원에 경매를 신청할 수 있다.

채무자가 변제를 하지 않을 때 저당권의 실행

[질문]

A는 B로부터 5천만 원을 빌리면서 자기가 소유하고 있는 건물에 B를 위하여 근저당권을 설정하여 주었다. 그러나 5천만 원을 갚아야 할 날이 훨씬 지났는데도 불구하고 A는 갚고 있지 않을 뿐더러 채무를 변제하지 못하겠다고 한다. B는 이 5천만 원을 받기 위해 어떻게 하여야 하는가?

[해설]

금전채무를 갚아야 할 날이 도래하였는데도 불구하고 A가 갚지 않고 있는 경우에 B는 저당물 소재지 관할법원에 저당권이 설정된 A 소유의 건물에 대해 경매를 신청할 수 있다. 경매를 통하여 경락인이 결정되면 경락인이 납부한 대금에서 B는 자기가 받아야 할 금액을 배당받을 수 있다.

⑤ 특수저당권과 비전형담보

㉮ 공동저당

공동저당(共同抵當)이란 동일한 채권을 담보하기 위하여 수 개의 부동산 위에 설정된 저당권을 말한다. 예컨대 甲이 乙로부터 금전을 차용하면서 乙이 소유하는 X 건물과 Y 건물, 그리고 K 토지에 저당권을 설정하거나, 乙이 소유하는 X 건물과 Y 건물, 그리고 물상보증인의 소유인 K 토지 위에 저당권을 설정하는 것이다. 이 때 채무자나 물상보증인은 채권액 전부가 변제될 때까지 책임을 부담한다. 채권자는 공동저당의 목적인 수 개의 부동산 중에서 임의로 한 개를 자유로이 선택하여, 그로부터 채권의 전부 또는 일부의 우선변제를 받을 수 있다. 따라서 채권자의 지위는 일반저당권보다 그 만큼 강화된다.

㉯ 근저당

근저당(根抵當)이란 계속적 거래관계(예컨대, 당좌대월계약)로부터 생기는 다수의 채무를 장래의 결산기에 있어서 일정한 한도(채권최고액)까지 담보할 목적으로 설정된 저당권을 말한다. 근저당은 장래의 증감·변동하는 불특정채권을 담보하며, 피담보채권이 일시적으로 감소하거나 전부 없어지더라도 저당권의 존속에는 영향이 없고, 채권액은 장래의 결산기에 있어서 확정된다(제357조). 이는 개개의 채권·채무에 따라 저당권을 설정하여야만 하는 번잡함을 피하고, 저당권 설정비용을 절감하기 위하여 이용된다. 예를 들어 A가 B로부터 5천만 원을 차용하면서 자기가 소유하는 2억 5천만 원 상당의 건물에 채권최고액을 1억 5천만 원으로 하는 근저당권을 설정한 경우에, A는 이후에 별개의 저당권을 설정하지 않고서도 B로부터 1억 5천만 원의 범위 내에서 차용하거나 변제할 수 있다.

근저당을 설정하는 경우에도 당사자의 합의와 등기가 있어야 하고, 근저당을 등기하는 경우에는 반드시 채권최고액을 등기하여 한다. 근저당의 효력은 설정계약에 의하여 정해지고, 채권최고액을 한도로 결산기에 있어서 현실로 존재하는 채권액 전부에 미친다. 근저당권자는 담보되는 채권이 확정되고 그 채권의 변제기가 도래한 때에 근저당권을 실행할 수 있다.

한편 포괄근저당은 채권자와 채무자 사이에서 거래마다 근저당권을 설정하는 번거로움을 피하기 위해, 거래 전부를 포괄하는 계약으로서, 특정거래에서 발생하는 채권을 담보하는 것이 아니라, 당사자 사이에 발생하는 현재 또는 장래의 모든 채권을 하나의 근저당권으로 일괄해 담보하기 위하여 이용된다.

㉰ 양도담보

양도담보(讓渡擔保)란 민법상의 명문규정에 의한 담보가 아니라, 관습법상 이용되고 있는 담보제도이다. 즉 채권담보를 위하여 채권자에게 재산권을 이전하고, 그 채무를 변제하면 그 소유권 이전등기를 말소하고, 그렇지 않은 경우에는 청산절차에 의하여 그 목적물로부터 우선변제를 받는 소유권이전형의 변칙담보제도이다. 담보물은 동산, 부동산을 불문한다. 예컨대 A가 자금이 필요하여 B에게 고가의 컴퓨터를 담보로 하여 돈을 빌리고자 하지만 그 업무상 그 컴퓨터를 사용하여야 하는 경우에, 질권을 설정하면 컴퓨터의 점유를 B에게 이전하여야 하지만 양도담보로 제공하면 목적물을 B에게 이전하지 않고 계속 사용·수익할 수 있다. 부동산에 관하여는 A가 B로부터 금전을 차용하면서 자기 소유의 건물을 명도없이 B명의로 소유권 이전등기를 하는 방법으로 담보하는 제도이다.

□ 민법상 담보물권의 비교

구분	유치권	질권	저당권
성립	법률이 정한 요건을 갖추면 당연 성립 (법정담보물권), 公平	설정계약을 하고 목적물을 인도 (약정담보물권)	설정계약과 등기 (약정담보물권)
목적물	동산, 부동산, 채권 (유가증권포함)	동산, 채권 (유가증권 포함)	부동산
점유	채권자의 점유	채권자의 점유	채무자의 점유
본질적 효력	유치적 효력 (유치만 할 수 있음)	유치적 효력, 우선변제적 효력	우선변제적 효력
간이변제충당권	있음	있음	없음(경매만 가능)
물상대위권	없음	있음	있음

㉣ 가등기담보

가등기담보(假登記擔保)란 가등기담보계약을 체결하는 방법에 의하여 채권을 담보하는 제도이다. 즉 담보목적물에 관하여 대물변제예약이나 매매예약을 하고, 앞으로 채무자가 채무를 이행하지 않는 경우에는 채권자가 그 소유권을 취득하는 것을 약정하여, 미리 소유권이전청구권을 보전하기 위한 가등기를 하는 방법의 담보제도이다. 예컨대 A가 5천만 원의 자금이 필요하여 금전소비대차계약에 의하여 B에게서 돈을 빌리면서 자기가 소유하는 6천만 원 상당의 건물에 대하여 B 앞으로 가등기를 하고, 후에 A가 차용금을 갚지 못하면 B가 그 건물에 대한 본등기(소유권이전등기) 하도록 보존하는 가등기를 하는 것이다. 채권액과 소유권이 이전되는 담보물과의 차액은 채무자에게 정산하여 주어야 한다(가등기담보 등에 관한 법률 제1조). 가등기담보는 등록세 등의 설정비용이 저렴하고 저당권에서와 같이 요건이 엄격하지 않으며, 절차가 번잡하지 않다는 장점이 있다.

제3절 채권법

민법 제3편 채권법은 제1장 채권총칙에서 채권의 목적, 효력, 수인의 채권자와 채무자의 관계, 채권의 양도, 채권의 소멸, 지시채권과 무기명채권에 관하여 규정하고 있고, 제2장 계약에서는 계약총칙(계약의 성립과 효력, 해제와 해지)과 15가지의 전형계약(증여, 매매, 교환, 소비대차, 사용대차, 임대차, 고용, 도급, 여행계약, 현상광고, 위임, 임치, 조합, 종신정기금, 화해)에 대하여 정하고 있다.

1. 채권총칙

(1) 채권

채권(債權)은 어떤 특정인(채권자)이 특정인(채무자)에 대하여 특정한 행위(일정한 재화 또는 노무의 급부)를 요구할 수 있는 권리이다. 예컨대 A가 B은행에 예금을 한 경우 A는 B은행에 대하여 예금채권을 가지게 되고, 반대로 B은행은 예금을 지급해야 하는 예금지급채무를 부담하게 된다.

채권은 경제적 가치를 가지는 재산상의 이익을 내용으로 하므로 재산권이며, 특정인에 대하여 어떤 행위를 요구함으로써(상대권, 청구권) 그 권리의 내용인 생활상의 이익을 향수할 수 있는 청구권이다. 예컨대 A가 B에 대하여 금전을 빌려준 경우에, A는 B에 대하여 금전의 반환(급부)이라는 행위를 요구할 수 있지만, B가 가지는 금전을 직접 지배하는 힘을 가지는 것은 아니다.

(2) 연대채무

1) 연대채무

연대채무(連帶債務)는 수인의 채무자가 채권자에게 채무의 전부 또는 일부를 각자 이행할 의무가 있고, 채무자 1인의 이행으로 다른 채무자도 그 의무를 면하게 되는 채무이다(제413조~제427조). 예컨대 A와 B가 사업을 시작하기 위하여 C로부터 1억 원을 연대하여 차용하였다면 이 때 A·B 각자가 5천만 원씩을 변제하는 것이 아니고, A·B 가운데 누구든 1억 원까지 변제할 의무가 있는 것이다.

연대채무는 주로 채권의 담보가 아니라 채권의 효력을 강화하기 위하여 성립한다. 즉 위의 사례에서 변제기가 도래하였는데 A가 무자력이 되었다면 B가 1억 원까지 모두 변제하여야 하기 때문이다. 채권자는 채권자가 목적하는 1개의 급부를 위하여 수 개의 채권(수인에 대한 채권)을 가지는 것이 되고, 채권 내용의 실현이 확실히 되기 때문이다.

2) 어느 한 연대채무자에 대한 이행청구

어느 한 연대채무자에 대한 이행청구는 다른 연대채무자에게도 효력이 있다. 그리고 어느 연대채무자와 채권자간에 채무의 경개·상계가 있는 때에는 채권은 모든 채무자의 이익을 위하여 소멸한다. 어느 연대채무자에 대한 면제·혼동·소멸시효의 완성은 그 부담부분에 한하여 다른 연대채무자도 의무를 면한다. 연대채무자의 부담부분은 균등한 것으로 추정되며, 어느 연대채무자의 변제 기타 자기의 출재로 공동면책이 된 때에는 다른 연대채무자의 부담부분에 대하여 구상권(求償權)을 행사할 수 있다.

(3) 보증채무

1) 보증채무

보증채무(保證債務)는 주채무자가 그의 채무를 이행하지 않는 경우에 보증인이 이를 대신 이행하여야 하는 채무이다. 보증채무는 가장 전형적인 인적담보제도이다. 예컨대 A가 B로부터 금전을 빌리면서 C를 보증인으로 한 경우에 A(주채무자)가 금전을 갚지 못하는 때에는 C(보증인)가 이를 대신 갚아야 한다.

2) 보증의 요건

보증채무는 채권자와 보증인 사이에 맺어지는 보증계약에 의하여 성립한다. 따라서 주채무자는 보증계약의 당사자가 아니다. 이러한 보증계약을 체결하는 경우에 그 의사가 보증인의 기명날인 또는 서명이 있는 서면으로 표시되어야 효력이 발생한다(제428조의2 보증의 방식, 2016.2.4. 시행).

3) 보증의 효과
① 채권자의 권리

이행기가 도래하였는데도 주채무자가 채무를 이행하지 않으면 채권자는 보증인에 대하여 보증채무의 이행을 청구할 수 있다. 채권자는 보증인과 채무자에 대하여 동시에 이행을 청구할 수도 있고, 순차적으로 채무의 전부나 일부의 이행을 청구할 수 있다. 만일 주채무자와 보증인이 이를 이행하지 않으면 보증인과 주채무자를 공동피고로 하여 소송을 제기할 수도 있다.

② 보증인의 권리
㉮ 최고의 항변권(催告의 抗辯權)

채권자가 먼저 주채무자에게 청구하지 않고 바로 보증인에게 청구한 때에는 보증인은 주채무자에게 청구할 것을 항변할 수 있다(제437조 본문). 이 때 보증인은 주채무자가 변제할 능력이 있다는 것과 주채무자의 재산에 대한 집행이 쉽다는 것을 증명하여야 한다. 보증인이 최고의 항변권을 주장하면, 채권자는 주채무자에게 청구하지 않고 보증인에게 청구할 수 없다. 그러나 다음과 같은 경우에는 보증인은 최고의 항변권을 행사할 수 없다. 첫째, 보증인이 주채무자와 연대하여 채무를 부담한 때, 둘째, 주채무자가 파산선고를 받은 때, 셋째, 주채무자가 행방불명이 된 때, 넷째, 보증인이 최고의 항변권을 포기한 때이다.

㉯ 검색의 항변권(檢索의 抗辯權)

채권자가 최고의 항변권에 따라 주채무자에게 이행을 청구한 후에 보증인에게 청구하는 경우에, 보증인은 채무자에게 변제자력이 있다는 사실과 그 집행이 용이하다는 사실을 증명하여 주채무자의 재산에 대하여 먼저 집행할 것을 항변할 수 있다(제437조 본문). 보증인이 검색의 항변권을 행사하였는데도 불구하고, 채권자가 주채무자에 대한 집행을 게을리하여 주채무자로부터 전부나 일부의 변제를 받지 못한 경우에는, 채권자가 게을리하지 않았으면 변제받았을 한도에서 보증인은 그 의무를 면한다

(제438조). 그러나 연대채무의 보증인에게는 이러한 항변권이 인정되지 않는다.

최고・검색의 항변권

> [질문]
>
> A는 B로부터 5천만 원을 빌리고 C를 보증인으로 하였다. 그러나 A가 파산하여 5천만 원을 변제할 수 없게 되자 B는 C를 찾아가 "A가 5천만 원을 갚을 수 없으니 C에게 대신 변제하라"고 한다. 그러나 C는 A에게 숨겨놓은 재산이 있다는 것을 알고 있었다. C는 B에게 5천만 원을 변제하여야 하는가?
>
> [해설]
>
> C는 B에게 최고・검색의 항변권을 행사할 수 있다. 즉 A에게 재산이 있으며 A의 재산으로부터 먼저 변제받는 것이 용이하다고 주장함으로써, 먼저 A에게 청구할 것을 항변할 수 있다. 이것이 최고의 항변권이다. B가 A에게 청구하였는데도 불구하고 A가 변제하지 않아 B가 다시 C를 찾아와 변제하라고 한다면, C는 A에게 숨겨놓은 재산이 있으니 그로부터 먼저 집행하고 변제받으라고 항변할 수 있다. 이것이 검색의 항변권이다.

㉰ 부종성(附從性)에 기한 항변권 및 대위권(代位權)

보증인은 주채무자가 가진 항변으로써 채권자에게 대항할 수 있다(제433조 1항). 따라서 보증인은 주채무자가 가지고 있는 기한유예의 항변권, 동시이행의 항변권, 주채무자의 부존재 또는 소멸의 항변권 등을 행사할 수 있다. 설사 주채무자가 이를 포기한 경우에도 마찬가지이다. 또한 주채무자의 채무를 변제한 보증인은 채무자에 대해 채권자의 지위를 대위한다.

㉱ 보증인의 구상권

보증인이 보증채무를 이행하여 주채무자의 채무를 변제한 경우에는 주채무자에 대하여 구상권(求償權)을 갖는다. 따라서 주채무자의 부탁을 받고 보증인이 된 자는 주채무를 소멸시키기 위하여 변제한 금액에 대하여 주채무자를 상대로 상환을 청구할 수 있다. 주채무자의 부탁없이 보증인이 된 자는 그 변제가 주채무자의 의사에 반하지 않는 경우에 보증인이 면책행위를 한 당시에 주채무자가 받은 이익의 한도에서 구상할 수 있다. 그러나 보증인이 주채무자에게 미리 통지하지 않고 변제하거나 또는 변제 후 그 사실을 주채무자에게 통지하지 않은 때에는 구상권이 제한된다.

4) 특수한 보증
① 연대보증(連帶保證)

보증인이 주채무자와 연대하여 주채무의 이행을 담보하는 계약이다. 연대보증도 보증채무이므로 부종성이 있으나, 보충성이 없어서 최고·검색의 항변권은 인정되지 않는다. 주채무자와 연대채무자 사이의 효력은 보증채무에 있어서와 같다.

② 신원보증(身元保證)

피용자가 장차 고용계약상의 채무불이행으로 인하여 사용자에 대하여 손해배상의무를 부담하는 경우에 그 이행을 담보하는 것을 말한다. 신원보증계약의 존속기간은 2년이다(신원보증법 제3조).

▲ 신원보증인의 책임한계

[질문]

A는 2년 전 친구의 간청으로 그의 아들 B가 乙회사에 취직하는데 기간을 약정하지 않은 신원보증을 하였고, B가 인사과에 근무한다고 하여 A는 그 동안 안심하고, 신원보증을 한 사실조차 잊고 있었다. 그런데 B는 거래처에서 수금한 3천만 원을 횡령한 사실이 밝혀져 구속되었고, 乙회사에서는 A에게 신원보증인이므로 피해금액을 변상하라고 한다. 사건 발생 후 알아보니 乙회사는 B가 1년 전 인사과에서 자금부로 옮겨졌음에도 불구하고 이를 신원보증인에게 통지하지 않았는바, 친구의 부탁에 마지못해 신원보증을 한 A가 과연 위 금액 전부를 책임져야 하는가?

[해설]

신원보증계약기간을 정하지 않았다고 하므로, A와 乙회사의 신원보증계약은 2년간 효력을 가지며, 만일 2년이 지나지 않아 신원보증책임을 부담하여야 하는 경우라고 하더라도 B가 인사과에서 자금부로 근무부서를 옮긴 것은 신원보증인에게 통지해야 하는 사유에 해당된다. 이러한 통지의무를 게을리 함으로써 A가 계약을 해지할 수 있는 기회를 잃었다면, 법원은 배상책임 및 그 금액을 결정함에 있어서 이를 고려하여야 한다.

회사임직원의 지위에서 계속적 보증을 한 경우에, 퇴직을 이유로 한 보증계약 해지권

[질문]

甲은 A회사의 이사로 재직하던 중 A회사와 B회사 간의 계속적인 시멘트공급계약으로 발생하는 외상대금지급채무에 대하여 연대보증을 한 사실이 있다. 그러나 A회사의 계속적인 연대보증요구에 시달려 결국 A회사를 퇴사하였고, 퇴사시 B회사의 실무책임자인 상무이사에게 전후사정을 설명하고 연대보증을 해지한다는 통고를 하였다. 그럼에도 불구하고 문제가 발생하자 B회사에서는 甲에게 연대보증책임을 묻겠다고 하는데 甲이 그 책임을 져야 하는가?

[해설]

채권자와 주채무자 사이의 계속적 거래관계로 인하여 현재 및 장래에 발생하는 불확정적 채무에 관하여 보증책임을 부담하기로 하는 이른바 '계속적 보증계약'에 있어서 보증책임의 한도액이나 보증기간에 관하여 아무런 정함이 없는 경우 보증인은 원칙적으로 변제기에 있는 주채무 전액에 관하여 보증책임을 부담한다(제429조, 대법원 1988.11.8. 선고 88다3253 판결). 그러나 연대보증계약 성립 당시의 사정에 현저한 변경이 생긴 경우에는 이를 이유로 그 보증계약을 일방적으로 해지할 수 있다고 하면서, 회사의 대표이사로서 재직 중 계속적 보증을 한 후 대표이사직을 사임한 자에 대하여 보증계약해지권은 인정하되, 보증책임 범위의 제한은 인정하지 아니한 사례가 있다(대법원 2000.3.10. 선고 99다61750 판결, 1996.10.29. 선고 95다17533 판결). 따라서 A의 경우 이사라는 지위에서 부득이 A회사의 B회사에 대한 계속적 거래로 인한 외상대금지급채무에 대하여 연대보증인이 되었으면, 그 후 퇴사하여 이사의 지위를 떠났으므로 보증계약을 해지할 수 있다. 그리고 그 해지의 의사표시는 서면에 의할 것을 요하지 않으므로 甲이 B회사의 상무이사에게 통지하는 등 회사 퇴직 후 해지통고를 하였으면 퇴직 후의 A회사의 B회사에 대한 채무에 대하여는 보증채무를 부담하지 않아도 된다. 그러나 '보증 당시 이미 그 채무가 특정되어 있는 확정채무'에 대하여는 "보증을 한 후 이사직을 사임하였다 하더라도 사정변경을 이유로 보증계약을 해지할 수 있다거나 그 책임이 제한되는 것은 아니다."라고 한 바 있다(대법원 2006.7.4. 선고 2004다30675 판결).

(4) 채권의 양도

채권은 양도할 수 있다(제449조 1항 전문). 그러나 지명채권의 양도에는 일정한 요건을 갖추어야 채무자 기타 제삼자에게 대항할 수 있다. 이 채권양도는 공증을 받아두면 좋다.

> **제450조(지명채권양도의 대항요건)** ① 지명채권의 양도는 양도인이 채무자에게 통지하거나 채무자가 승낙하지 아니하면 채무자 기타 제삼자에게 대항하지 못한다.
> ② 전항의 통지나 승낙은 확정일자있는 증서에 의하지 아니하면 채무자 이외의 제삼자에게 대항하지 못한다.

(5) 채권의 소멸

채권은 변제(제460조~제486조), 공탁(제487조~제491조), 상계(제492조~제499조), 경개(제500조~제505조), 면제(제506조), 혼동(제507조)에 의하여 소멸한다.

> **제460조(변제제공의 방법)** 변제는 채무내용에 좇은 현실제공으로 이를 하여야 한다. 그러나 채권자가 미리 변제받기를 거부하거나 채무의 이행에 채권자의 행위를 요하는 경우에는 변제준비의 완료를 통지하고 그 수령을 최고하면 된다.
>
> **제466조(대물변제 代物辨濟)** 채무자가 채권자의 승낙을 얻어 본래의 채무이행에 갈음하여 다른 급여를 한 때에는 변제와 같은 효력이 있다.
>
> **제476조(지정변제충당)** ① 채무자가 동일한 채권자에 대하여 같은 종류를 목적으로 한 수개의 채무를 부담한 경우에 변제의 제공이 그 채무전부를 소멸하게 하지 못하는 때에는 변제자는 그 당시 어느 채무를 지정하여 그 변제에 충당할 수 있다.
> ② 변제자가 전항의 지정을 하지 아니할 때에는 변제받는 자는 그 당시 어느 채무를 지정하여 변제에 충당할 수 있다. 그러나 변제자가 그 충당에 대하여 즉시 이의를 제기한 때에는 그러하지 아니하다.
>
> **제477조(법정변제충당)** 당사자가 변제에 충당할 채무를 지정하지 아니한 때에는 다음 각 호의 규정에 의한다.
> 1. 채무 중에 이행기가 도래한 것과 도래하지 아니한 것이 있으면 이행기가 도래한 채무에 충당
> 2. 채무 전부의 이행기가 도래하였거나 도래하지 아니한 때에는 채무자에게 변제이익이 많은 채무의 변제에 충당한다.
> 3. 채무자에게 변제이익이 같으면 이행기가 먼저 도래한 채무나 먼저 도래할 채무의 변제에 충당한다.

> **제479조(비용, 이자, 원본에 대한 변제충당의 순서)** ① 채무자가 1개 또는 수개의 채무의 비용 및 이자를 지급할 경우에 변제자가 그 전부를 소멸하게 하지 못한 급여를 한 때에는 비용, 이자, 원본의 순서로 변제에 충당하여야 한다.
>
> **제487조(변제공탁의 요건, 효과)** 채권자가 변제를 받지 않거나 받을 수 없는 때에는 변제자는 채권자를 위하여 변제의 목적물을 공탁하여 그 채무를 면할 수 있다. 변제자가 과실 없이 채권자를 알 수 없는 경우에도 같다.
>
> **제492조(상계의 요건)** ① 쌍방이 서로 같은 종류를 목적으로 한 채무를 부담한 경우에 그 쌍방의 채무의 이행기가 도래한 때에는 각 채무자는 대등액에 관하여 상계할 수 있다.
>
> **제500조(경개(更改)의 요건, 효과)** 당사자가 채무의 중요한 부분을 변경하는 계약을 한 때에는 구채무는 경개로 인하여 소멸한다.
>
> **제506조(면제의 요건, 효과)** 채권자가 채무자에게 채무를 면제하는 의사를 표시한 때에는 채권은 소멸한다.
>
> **제507조(혼동 混同)** 채권과 채무가 동일한 주체에 귀속한 때에는 채권은 소멸한다. 그러나 그 채권이 제삼자의 권리의 목적인 때에는 그러하지 아니하다.

2. 계약

(1) 계약 총칙

1) 계약이란

현대 사회에서 물건의 매매, 대중교통수단의 이용, 건물 매매와 임대, 대학이나 학원에서의 수강, 자판기에서 음료수의 구입 등 대부분의 일상적 거래는 명시적으로 계약이라는 용어를 사용하고 있지 않지만 모두 계약관계이다. 계약(契約)은 '복수 당사자의 서로 상대되는 둘 이상의 의사표시의 합치를 요소로 하여 성립하는 법률행위'라고 정의할 수 있다. 둘 이상의 의사표시의 합치(合意)란 청약(請約)과 승낙(承諾)이 일치하는 것을 말한다. 민법은 제3편 제2장(계약)에서 계약의 성립, 효력, 해제·해지를 규정하고, 이어서 가장 일상적인 15종류의 계약을 규정하고 있다. 이러한 15종류의 계약을 전형계약(典型契約) 또는 유명계약(有名契約)이라고 한다. 이에는 증여, 매매, 교환, 소비대차, 사용대차, 임대차, 고용, 도급, 여

행계약, 현상광고, 위임, 임치, 조합, 종신정기금, 화해계약이 있다.[8]

　당사자의 합의만으로 성립하는 계약을 낙성계약(諾成契約)이라고 하고, 당사자의 합의 이외에 일정한 급부를 하여야만 성립하는 계약을 요물계약(要物契約)이라고 한다. 민법상의 전형계약 중 현상광고를 제외하고는 모두 낙성계약인데(즉 현상광고만이 요물계약), 양자를 구별하는 실익은 주로 계약성립의 시기를 결정하는데 있다.

　계약의 효과에 있어서 각 당사자가 서로 대가적 의미를 가지는 채무를 부담하느냐 여부에 따라 쌍무계약과 편무계약으로 나뉘는데, 쌍무계약(雙務契約)은 계약의 각 당사자가 서로 대가적 의미를 가지는 채무를 부담하는 계약으로서, 매매·교환·임대차·고용·도급·여행계약·화해 등이 이에 해당한다. 소비대차·위임·임치·종신정기금도 유상인 때에는 역시 쌍무계약이다. 쌍무계약에 있어서는 동시이행의 항변권(제536조)·위험부담(제537조·제538조)의 문제가 생기나, 편무계약에 있어서는 이러한 문제가 생길 여지가 없다. 편무계약(片務契約)은 당사자의 일방만이 채무를 부담하거나, 또는 채무가 서로 대가적 의미를 가지지 않는 계약이다. 증여·사용대차·현상광고가 이에 속하고, 소비대차·위임·임치·종신정기금도 무상인 때에는 역시 편무계약이다.

　그밖에 대가의 유무에 따라 유상계약(有償契約), 무상계약(無償契約, 원인이 되는 법률행위의 유효·무효에 영향을 받는가에 따라 유인계약(有因契約)과 무인계약(無因契約)으로도 구분된다.

2) 계약자유의 원칙과 제한

① 계약자유의 원칙(契約自由의 原則)이란 누구나 각자의 의사에 따라서 자유롭게 계약을 체결한다는 원칙이다. 계약자유의 원칙은 4가지 자유를 내용으로 한다. ㉮ 상대방선택의 자유, ㉯ 계약내용의 자유, ㉰ 계약방식의 자유, ㉱ 계약체결 여부의 자유이다.

② 계약자유가 원칙이지만, 자유경쟁의 문제점을 보완하고 실질적 평등을 보장하기 위하여 일정한 경우에는 계약의 자유가 제한된다.
　㉮ 상대방선택의 자유의 제한
　　의사는 환자를 골라서 받을 수 없으며, 우편·통신·운송·전기·수도 등을 공급하

---

[8] 그밖의 계약(예컨대, 의료계약·출판계약 등)을 '비전형계약'(非典型契約)이라고 한다. 이러한 계약들은 법전에 이름이 없다고 해서 '무명계약'(無名契約)이라고도 부른다. 또한 전형계약의 성질을 두 가지 이상 같이 가지는 계약을 '혼합계약'이라고 한다. 제작물 공급계약은 매매와 도급의 성질을 함께 가지고 있는 혼합계약이다.

는 경우에도 동일하다.

　㈏ 내용결정의 자유 제한

　　강행법규에 위반하는 법률행위는 무효이며, 선량한 풍속 기타 사회질서에 위반하는 사항을 내용으로 하는 계약도 무효이다. 이외에도 경제적 약자를 보호하기 위한 법률에서 계약의 체결, 내용, 소멸에 관하여 제한을 두는 경우가 많다.

　㈐ 방식에 대한 제한

　　일정한 경우에는 반드시 서면으로 작성하거나 공정증서를 작성하도록 하고 있다. 예컨대 유언과 같은 경우에는 민법에 정한 일정한 방식에 따라야 한다(제1060조).

　㈑ 체결에 대한 자유의 제한

　　일상생활에 중요한 우편·통신·운송·전기·수도 등의 재화를 공급하는 독점기업은 정당한 이유없이 급부제공을 거절하지 못한다. 또한 법무사·의사·약사·한의사 등도 동일하다.

3) 계약의 성립

① 청약과 승낙

　계약은 원칙적으로 계약당사자의 청약(請約)과 승낙(承諾)에 의하여 성립한다. 청약은 일정한 내용의 계약을 성립시키고자 하는 의사표시이며, 승낙은 특정의 청약에 대해서 계약을 성립시키고자 하는 의사표시이다. 예컨대 A가 금전이 필요하여 B에게 500만 원을 빌려달라는 경우에 그 의사표시가 청약이고, 이에 대하여 B가 500만 원을 빌려주겠다는 의사표시가 승낙이다. 청약의 의사표시는 특정의 상대방에게 계약의 내용을 정하여 표시하여야 하고 상대방에게 도달한 때에 효력이 생긴다. 상대방에게 도달하면 청약자는 이를 임의로 철회하지 못한다(제527조, 청약의 구속력). 승낙은 청약에서와 같은 내용에 대하여 승낙기간 내에 하여야 한다.

② 계약서와 계약금

　㈎ 계약서

　　원칙적으로 계약은 특정한 방식을 필요로 하지 않지만, 계약의 내용을 명확히 하고 후일의 분쟁을 방지하기 위하여 계약체결시 계약서를 작성하는 것이 일반적이다.

㉯ 계약금

계약금이란 계약을 체결할 때 당사자 일방이 상대방에 대하여 교부하는 금전 기타 유가물을 말하는데 일종의 증거금(證據金)의 성격을 가진다. 실제거래에서 선금, 착수금, 보증금, 약정금, 해약금, 예약금 등의 용어로 쓰이고 있다. 계약금의 성격이 명확하지 않은 경우에는 해약금(解約金)으로 추정한다(제565조). 즉 계약금을 지급한 사람은 계약금을 포기하고, 계약금을 받은 사람은 계약금의 두 배를 반환하고 계약을 해제할 수 있다.

☜ 계약금이 교부된 계약에서 계약금 포기 등의 특약이 없는 경우의 계약해제

[질문]

A는 B로부터 대지 70평을 5,000만 원에 매수키로 하는 계약을 체결하고 계약금 500만 원을 지급하였는데, B는 중도금지급기일 이전에 위 대지를 너무 싼값에 매도하였다고 하면서 계약을 해제하겠다고 한다. 그런데 계약서에는 매수인이 위약하였을 경우에는 계약금을 포기하고, 매도인이 위약하였을 경우에는 계약금의 배액을 상환한다는 등의 약정이 전혀 없으므로, B는 수령한 계약금만 반환하겠다고 한다. 이러한 경우 A는 B로부터 계약금만을 돌려받게 되는가?

[해설]

A의 경우에는 계약금을 위약금으로 한다는 특약이 없는 경우이며, 민법 제565조에 의하여 그 계약금은 해약금(解約金 ; 계약해제를 보류하는 작용을 하는 금전 기타의 유가물)으로 볼 수 있기 때문에, B는 A가 계약이행에 착수하기 전(즉 중도금의 지급 전)까지는 계약금의 배액을 상환하고 계약을 해제할 수 있다. 이 경우 계약은 해제되지 않은 상태이므로 A는 계약내용대로의 이행을 청구할 수 있을 뿐만 아니라, 상대방이 계약을 계속 이행하지 않으면 채무불이행을 물어 계약해제와 함께 실질적으로 발생된 손해배상을 청구할 수도 있다.

4) 계약의 효력

① 동시이행의 항변권

당사자 쌍방이 대가적 의미를 가지는 출연(出捐) 내지 출재(出材)를 하고(유상계약), 그에 따라 서로 대가적 의미를 가지는 채무를 부담하는(쌍무계약) 경우에 각 당사자는 상대방이 그 채무에 대한 이행을 제공하기 전까지는 자기의 채무이행을 거절할 수 있다. 이를 동시이행의 항변권(同時履行의 抗辯權)이라고 한다(제536조). 예컨대 A가 B로부터 200만 원에 컴퓨터를 구입하기로 한 경우에 A는 컴퓨터를 인도받는 때에 200만 원을 주겠다고 항변할 수 있는 것이다.

② 위험부담(危險負擔)

특정물을 매매하는 경우에 물건을 인도하기 전에 목적물이 멸실되거나 훼손된 경우에 그 손해를 누가 부담해야 할 것인지가 문제되는데, 우리 민법은 채무자가 그 위험을 부담하도록 하고 있다(제537조). 이를 채무자위험부담주의라고 한다. 예를 들어 A가 B로부터 2천만 원에 자동차를 구입하기로 계약을 체결하였는데, 당사자 누구의 잘못 없이 홍수로 인해 멸실된 경우에 A는 자동차를 인도하라고 청구할 수 없고 B 또한 2천만 원을 청구할 수 없다.

③ 매도인의 담보책임

목적물이 계약의 내용으로 되었던 것과 다른 경우, 즉 물건에 하자가 있거나 또는 타인소유의 목적물인 경우에는 그에 대하여 일정한 책임을 부담한다. 이를 하자담보책임(賣渡人의 擔保責任)이라고 한다. 예컨대 A가 B로부터 노트북을 구입하였는데 그 노트북의 부품에 이상이 있거나 또는 그 노트북이 C의 소유인 경우에는 그 노트북을 인도한 B는 A에게 일정한 담보책임을 부담하게 된다. 이러한 책임을 인정하는 이유는, 매매계약에 있어서 매수인 및 거래의 안전을 보호하기 위함이다. 매매의 목적물의 하자가 있는 경우에 매수인은 계약을 해제하거나 대금의 감액청구, 또는 손해배상 혹은 완전한 물건으로 교부해 줄 것을 청구할 수 있다. 이러한 청구권은 6개월 내지 1년 이내에 행사하여야 한다(제척기간)(제572조~제581조).

매수한 물건에 하자가 있는 경우

[질문]

A는 B로부터 PC 한 대를 구입하였으나 PC의 소리기능이 자주 작동 불능상태에 빠지자 보수를 해달라고 여러 번 요구하였다. 그러나 A는 계속하여 이를 거절하였다. 이러한 경우에 A는 B에 대하여 어떠한 권리를 행사할 수 있는가?

[해설]

　　A가 PC를 구입할 당시 소리기능이 제대로 작동되지 않는다는 것을 모르거나 모를 수밖에 없었던 경우에 소리기능의 불완전으로 인해 A가 목적을 달성할 수 없다면(예컨대 음악가의 경우) A는 계약을 해제할 수 있고, 또는 완전한 PC를 급부해줄 것을 청구할 수 있으며, 손해가 있으면 그 손해배상도 청구할 수 있다. 그러나 그러한 B가 그러한 사실을 알고 있었거나 알 수 있었던 경우에는 그러하지 않다. A는 6월 내에 그러한 권리를 행사할 수 있다. 만일 A가 자신의 비용으로 그 하자를 보수하였다면 B에게 그 비용도 청구할 수 있다(대판 2000.2.11. 97다7202). 이러한 권리는 10년의 소멸시효에 걸린다.

토지의 일부 또는 전부가 다른 사람의 권리인 경우

[질문]

　　A는 B로부터 5,000m^2의 토지를 매수하였는데 그 5,000m^2은 사실 B의 소유가 아니라 C의 소유였고, C는 B에게 이 토지를 팔 생각이 전혀 없었다. 이 경우 A가 B에게 주장할 수 있는 권리는 무엇이 있는가? 만일 5,000m^2 가운데 1,000m^2만 C의 소유였다면 어떻게 달라지는가?

[해설]

　　5,000m^2 전부가 C의 소유인 경우 A가 계약 당시 B의 소유가 아니라는 것을 알았든 몰랐든 간에 B와의 계약을 해제할 수 있다. 또한 A가 몰랐던 경우에는 손해배상청구도 할 수 있지만, 알았던 경우에는 그렇지 않다(제570조). 그리고 1,000m^2이 C의 소유인 경우에는, A가 계약 당시 1,000m^2이 B의 소유가 아니라는 것을 몰랐고(善意) 4,000m^2만으로는 그 토지를 매수하지 않았을 것인 때에는 계약의 전부를 해제할 수 있고, 손해배상청구도 할 수 있다. 또한 대금감액청구도 인정된다. 그러나 1,000m^2이 C의 소유라는 것을 알았을 경우(惡意)에는 계약해제, 손해배상청구는 인정되지 않는다. 다만 대금감액청구는 인정된다(민법 제572조).

🚶 토지의 면적이 부족한 경우

[질문]

A는 B로부터 토지 5,000m²를 매수하기로 하는 계약을 체결하였으나 실제로 측량해본 결과 4,000m²밖에 되지 않았다. A는 B에게 어떠한 권리를 주장할 수 있는가?

[해설]

A가 계약체결 당시 1,000m²가 부족하다는 사실을 몰랐고 1,000m²가 부족했다면 그 토지를 매수하지 않았을 경우에는 그 계약을 해제할 수 있다. 또한 1,000m²가 부족하다는 것을 몰랐을 경우(善意)에는 손해배상청구와 대금감액청구가 인정된다. 그러나 이를 알았던 경우(惡意)에는 그러하지 아니하다(제574조, 제571조).

☐ 민법상 매도인의 담보책임 (권리의 제한으로 인한 경우 생략)

	매수인	계약해제	손해배상	대금감액청구권 제574조[수량부족·일부멸실] 선의매수자만 행사 가능	제척기간
수량부족·일부멸실 (제574조)	선의	가능	잔존부분이면 매수하지 않았을 경우에 한함	가능	가능	안 날로부터 1년
	악의	불가		불가	불가	
특정물의 하자 (제580조)	선의·무과실	가능	계약목적달성 불능의 경우에 한함	가능	해당사항 없음	안 날로부터 6월
종류물의 하자 (제581조)	선의·무과실	특정물하자와 같은 내용(계약해제, 손해배상) 또는 완전물 급부청구 중 선택적 행사				안 날로부터 6월

5) 계약의 소멸

계약의 내용에 따라 자신의 채무를 이행하면 계약은 소멸한다. 계약을 소멸시키는 원인으로서는 변제, 대물변제, 공탁, 상계, 경개, 혼동이 있다. 채권의 소멸이라는 관점에서 볼 때에 채무의 이행을 변제(辨濟)라고 한다. 일반적으로 변제를 받는 자는 채권자이지만 거래관념상 채권자가 아닌 자, 즉 채권의 준점유자에게 변제한 경우에도 유효한 경우가 있다. 채권의 준점유자에 대한 변제는 채권자라고 할 수 있는 외관이 있는 때에 이러한 외관을 신뢰하고 변제한 경우이다(제470조). 예컨대 A가 B의 예금증서와 인장을 소지하고 C은행에서 예금을 인출할 때에, C은행이 이를 믿고 그 소지자인 A에게 변제한 경우이다. 이 밖에 진정한 영수증을 소지한 자에게 변제하는 경우도 마찬가지이다. 이와 같이 채권의 준점유자에게 변제하면 채무자는 채무를 면한다. 즉 위의 사례에서 C은행은 그 채무를 면한다. 다만 이 때 진정한 채권자(B)는 수령자(A)에게 부당이득반환청구권(예금액의 반환청구)을 행사할 수 있고, 불법행위에 기한 손해배상청구권을 행사할 수도 있다.

사채업자가 변제받기를 거부할 경우의 구제방법

[질문]

A는 6개월 전 자신 소유의 부동산에 근저당권을 설정하고 사채업자 B로부터 5천만원을 차용하였다. A는 형편이 어려워 이자를 제대로 지급하지 못하였는데, 변제기에 이르러 그 동안 지급하지 못한 이자와 원금을 변제하려고 하니 B는 계산과 맞지 않는 터무니없는 금액을 요구하며 변제받기를 거부하였다. A는 혹시 부동산이 경매처분이라도 당할까 걱정이 되어 B와 수차례 접촉을 시도하였으나, 그 때마다 B는 요구금액을 변제해야 근저당권을 해제해 주겠다며 만나주지 않고 전화도 받지 않고 있다. 이런 경우 A가 법적으로 구제받을 수 있는 길이 무엇인가?

[해설]

위 사안의 경우 B가 변제받기를 거부하고 있으므로, A는 원금과 약정이자를 채무이행지(지참채무의 규정에 따라 B의 주소지)를 관할하는 지방법원에 설치된 공탁소에 공탁하여 B에 대한 채무를 면할 수 있다(민법 제488조). 그리고 B를 상대로 우선 근저당권 처분금지가처분을 하고, 근저당권설정등기 말소등기청구의 소를 제기해야 할 것이다.

6) 계약의 해제와 해지

유효하게 성립한 계약을 당사자 일방의 의사표시에 의하여 그 계약이 처음부터 없었던 상태로 돌려놓는 것(소급효)을 계약의 해제(契約解除)라고 한다. 계약을 해제하면 원상회복의무와 손해배상의무가 발생한다. 계약의 해지(契約解止)란 계속적 채권관계에서 계약의 효력을 장래에 향하여 소멸케 하는 일방적 행위(단독행위)를 말한다. 예를 들어 은행예금계약,

보험계약, 임대차, 고용계약, 임치 등의 해지가 이에 해당한다.

토지 매매계약의 해제

[질문]

A는 자기가 가지고 있는 토지 100평을 1억 원에 B에게 팔기로 하고 B로부터 2002년 4월 10일에 계약금 500만 원을 받았다. 그리고 그로부터 한 달 후인 5월 10일에 중도금으로 3,000만 원을 받기로 하였고, 5월 20일에 잔금을 받음과 동시에 B에게 등기이전에 필요한 서류를 넘겨주기로 하였다. 그러나 5월 25일이 되었는데도 B는 잔금을 넘겨주지 않고 있다. A는 이 계약을 해제할 수 있는가? 해제하기 위해서는 어떻게 하여야 하는가?

[해설]

민법은 법정해제권의 발생원인으로 이행지체와 이행불능에 관해서 규정하고 있다(제544조 내지 제546조). B가 잔금을 넘겨주지 않고 있는 것이 채무자 B의 귀책사유에 의한 것이라면 A는 매매계약을 해제할 수 있다. A는 상당한 기간을 정하여 B에게 이행하라고 최고를 하고, 채무자 B가 최고기간 내에 이행하지 않으면 해제권을 행사할 수 있다. 재판상으로 혹은 재판외로도 할 수 있다.

(2) 증여(贈與)

당사자 일방이 무상으로 재산을 상대방에게 수여하는 의사를 표시하고 상대방이 이를 승낙함으로써 그 효력이 생긴다(제554조~제562조).

부동산증여 후 그 증여계약을 해제하고, 부동산을 돌려받을 수 있는지

[질문]

3년 전 A는 자기소유 부동산을 함께 사는 자식 B의 명의로 아무런 조건 없이 소유권이전등기 해주었다. 그런데 자식 내외의 태도가 옛날 같지 않더니, 최근에는 부동산을 매매하여 2분의 1씩 나누어 갖고 분가하여 살자고 한다. A는 이 부동산을 되돌려 받고 싶은데 가능하겠는가?

> [해설]
> 위 사안에서 A는 자식 B에게 증여를 한 것으로 보이며, 민법은 증여에 특유한 해제원인으로 다음 세 가지를 규정하고 있다. 첫째, 증여의 의사가 서면으로 표시되지 아니한 경우에는 각 당사자는 이를 해제할 수 있다(민법 제555조). 이것은 증여자가 경솔하게 증여하는 것을 방지함과 동시에 증여자의 의사를 명확하게 하여 후일에 분쟁이 생기는 것을 피하려는데 그 목적이 있다. 그러나 서면에 의하지 아니한 증여의 해제도 이미 이행한 부분에 대하여는 영향을 미치지 않는다(민법 제558조). 둘째, 수증자가 증여자에 대하여 일정한 망은(忘恩)행위를 한 때에는 증여자가 증여계약을 해제할 수 있다(민법 제556조). 즉 수증자가 증여자 또는 그 배우자나 직계혈족에 대하여 범죄행위를 한 때와 증여자에 대하여 부양의무가 있는 경우에 이를 이행하지 아니하는 때이다.
> 망은행위에 의한 해제권은 해제권자인 증여자가 망은행위가 있었음을 안 날로부터 6개월을 경과하거나 또는 증여자가 수증자에 대하여 용서의 의사를 표시한 때에는 소멸한다. 수증자의 망은행위를 이유로 증여계약을 해제하더라도, 증여자가 이미 이행한 부분이 있는 때에는, 그 부분에 대하여는 영향을 미치지 않는다. 셋째, 증여계약 후에 증여자의 재산상태가 현저히 변경되고 그 이행으로 생계에 중대한 영향을 미칠 경우에는, 증여자는 증여를 해제할 수 있다(민법 제557조). '그 이행으로 인하여 생계에 중대한 영향을 미치는 경우인지'의 여부는 증여자가 속하는 계급·지위 등을 고려하여 객관적으로 결정하여야 하며, 증여자의 생존상 필수품을 구입할 수 없게 된 경우도 이에 해당된다. 증여자의 재산상태의 악화로 인한 해제의 경우에 있어서도 해제할 수 있는 것은 아직 이행하지 않은 부분에 한하며, 이미 이행한 부분에 대하여는 영향을 미치지 않는다. 따라서 A의 경우가 위의 어떤 경우에 해당되는지 구체적 사정을 알 수 없으나, 위의 증여계약 해제사유가 있다고 하여도 A는 이미 자식에게 소유권이전등기를 해주었다면, 증여계약은 이미 이행된 것이므로 해제가 불가능하다(대법원 2005.5.12. 선고 2004다63484 판결).

※참고 : 증여세율

(3) 매매(賣買)

① 매매라 함은 당사자 일방(매도인)이 일정한 재산권을 상대방에게 이전할 것을 약정하고, 상대방(매수인)이 이에 대하여 그 대금을 지급할 것을 약정함으로써 성립하는 계약으로서(제563조~제595조), 유상(有償)·쌍무(雙務)·낙성(諾成)·불요식계약(不要式契約)이다.

② 성질
- ㉮ 매매는 유상·쌍무계약이다. 매매에 있어서의 양당사자의 출연(出捐)은 서로 원인을 이루고, 또한 대가관계에 서게 된다. 따라서 매매는 유상계약이며, 매매계약의 성립으로 양당사자는 서로 대가적 관계에 서는 채무를 부담하므로 쌍무계약이다.
- ㉯ 매매는 낙성·불요식의 계약이다. 즉, 매매는 당사자의 의사표시의 합치만으로 성립하는 낙성계약이고, 원칙적으로 아무런 방식을 필요로 하지 않는 불요식계약이다.
- ㉰ 매매는 재산권의 이전을 목적으로 한다.
- ㉱ 매매는 대금지급을 그 특질로 한다. 매수인은 매도인의 재산권 이전에 대한 반대급부로서 대금을 지급하여야 한다.

③ 매매는 낙성·불요식 계약이므로, 목적인 재산권의 이전과 이에 대한 대금의 지급에 관한 당사자 사이의 의사표시의 합치만 있으면 유효하게 성립한다. 민법은 매매의 성립과 관련하여 매매의 예약, 계약금, 계약비용의 부담에 관한 특칙을 두고 있다. 매매계약을 체결하면서 수수된 금전 그밖의 물건과 계약금의 종류가 무엇인지 분명하지 아니한 경우에는 이를 해약금(解約金)으로 추정하며 당사자의 일방이 이행에 착수할 때까지 교부자는 위약금을 포기하고 수령자는 그 배액(倍額)을 상환하여 매매계약을 해제할 수 있다(제565조 1항). 여기서 '교부자는 해약금을 포기하고 매매계약을 해제한다.'함은 해약금의 반환청구권을 포기한다는 뜻이다. 해제권을 행사하면 당연히 계약금포기의 효력이 생기므로 따로 포기의 의사표시를 할 필요는 없다. '수령자는 그 배액을 상환하여 매매계약을 해제한다.'함은 자기가 받은 계약금에다 그것과 동량·동일 종류의 금전 또는 물건을 합한 것을 급부해서 해제하여야 한다는 뜻이다. 따라서 단순히 해제의 의사표시만으로는 해제하지 못하며, 반환도 일부만 반환하여서는 해제하지 못한다. 이를 해제하면 계약의 효력이 소급적으로 소멸하게 됨은 보통의 해제와 동일하나, 해약금에 의한 해제는 해약금계약이라는 특약에 의한 것이고 채무불이행에 기인한 것이 아니므로, 손해배상청구권이나 원상회복의무는 발생하지 않는다(제565조 2항).

④ 매매계약에 지출된 비용, 예컨대 목적물의 측량비, 감정평가비, 중개수수료, 계약서 작성비 등의 부담에 관하여 당사자 사이에 부담자를 정하지 아니한 때에는 쌍방이 균분하여 부담한다(제566조).

부동산 매매계약서

매도인과 매수인 쌍방은 아래 표시 부동산에 관하여 다음 계약 내용과 같이 매매계약을 체결한다.

1. 부동산의 표시

소 재 지	서울시 강남구 0000로 강남빌딩 102호					
토 지	지목	대	대지권	1020 분의 25.1	면 적	㎡
건 물	구조·용도	철근콘크리트 / 근린생활시설	면 적	102호 계약면적 110㎡ (전용면적 90㎡)		

2. 계약내용

제 1 조 (목적) 위 부동산의 매매에 대하여 매도인과 매수인은 합의에 의하여 매매대금을 아래와 같이 지불하기로 한다.

매매대금	금			원정(₩	)
계약금	금		원정은 계약시에 지불하고 영수함. 영수자(		㊞)
융자금	금	원정(은행)을 승계키로 한다.	임대보증금	총	원정 을 승계키로 한다.
중도금	금		원정은	년 월	일에 지불하며
	금		원정은	년 월	일에 지불한다.
잔 금	금		원정은	년 월	일에 지불한다.

제 2 조 (소유권 이전 등) 매도인은 매매대금의 잔금 수령과 동시에 매수인에게 소유권이전등기에 필요한 모든 서류를 교부하고 등기절차에 협력하며, 위 부동산의 인도일은 _____년 ____월 ____일로 한다.

제 3 조 (제한물권 등의 소멸) 매도인은 위의 부동산에 설정된 저당권, 지상권, 임차권 등 소유권의 행사를 제한하는 사유가 있거나, 제세공과 기타 부담금의 미납금 등이 있을 때에는 잔금 수수일까지 그 권리의 하자 및 부담 등을 제거하여 완전한 소유권을 매수인에게 이전한다. 다만, 승계하기로 합의하는 권리 및 금액은 그러하지 아니하다.

제 4 조 (지방세 등) 위 부동산에 관하여 발생한 수익의 귀속과 제세공과금 등의 부담은 위 부동산의 인도일을 기준으로 하되, 지방세의 납부의무 및 납부책임은 지방세법의 규정에 의한다.

제 5 조 (계약의 해제) 매수인이 매도인에게 중도금(중도금이 없을때에는 잔금)을 지불하기 전까지 매도인은 계약금의 배액을 상환하고, 매수인은 계약금을 포기하고 본 계약을 해제할 수 있다.

제 6 조 (채무불이행과 손해배상) 매도인 또는 매수인이 본 계약상의 내용에 대하여 불이행이 있을 경우 그 상대방은 불이행한자에 대하여 서면으로 최고하고 계약을 해제할 수 있다. 그리고 계약당사자는 계약해제에 따른 손해배상을 각각 상대방에게 청구할 수 있으며, 손해배상에 대하여 별도의 약정이 없는 한 계약금을 손해배상의 기준으로 본다.

제 7 조 (중개수수료) 중개업자는 매도인 또는 매수인의 본 계약 불이행에 대하여 책임을 지지 않는다. 또한, 중개수수료는 본 계약체결과 동시에 계약 당사자 쌍방이 각각 지불하며, 중개업자의 고의나 과실없이 본 계약이 무효·취소 또는 해제되어도 중개수수료는 지급한다. 공동 중개인 경우에 매도인과 매수인은 자신이 중개 의뢰한 중개업자에게 각각 중개수수료를 지급한다.(중개수수료는 거래가액의 _____%로 한다.)

제 8 조 (중개수수료 외) 매도인 또는 매수인이 본 계약 이외의 업무를 의뢰한 경우 이에 관한 보수는 중개수수료와는 별도로 지급하며 그 금액은 합의에 의한다.

제 9 조 (중개대상물확인·설명서 교부 등) 중개업자는 중개대상물 확인·설명서를 작성하고 업무보증관계증서(공제증서 등) 사본을 첨부하여 계약체결과 동시에 거래당사자 쌍방에게 교부한다.

특약사항

_____
_____
_____

본 계약을 증명하기 위하여 계약 당사자가 이의 없음을 확인하고 각각 1통씩 보관한다.

년   월   일

매도인	주 소					
	주민등록번호		전 화		성 명	㊞
	대 리 인	주소	주민등록번호		성 명	
매수인	주 소					
	주민등록번호		전 화		성 명	㊞
	대 리 인	주소	주민등록번호		성 명	
개업공인중개사	사무소소재지			사무소소재지		
	사무소명칭			사무소명칭		
	대 표	서명및날인	㊞	대 표	서명및날인	㊞
	등 록 번 호		전화	등 록 번 호		전화
	소속공인중개사	서명및날인	㊞	소속공인중개사	서명및날인	㊞

⑤ 매매의 효력
  ㉮ 매도인의 의무
    매도인은 매수인에 대하여 매매의 목적인 재산권을 이전(목적물 인도 등)하여야 한다(제568조). 매도인의 재산권 이전의무는 원칙으로 매수인의 대금지급의무와 동시이행의 관계에 있다(제587조 전단). 매매계약이 있은 후에도 인도하지 아니한 목적물로부터 생긴 과실은 매도인에게 속하나, 매수인이 매매대금을 완납한 때에는 그 이후의 과실수취권은 매수인에게 귀속된다. 또한 매도인은 담보책임을 부담한다. 이는 매매계약의 유상성에 비추어 매수인을 보호하고 일반거래의 동적 안전을 보장하려는 취지에서 매도인에게 인정되는 법정책임이다.

  ㉯ 매수인의 의무
    매수인은 대금지급의무와 목적물 수령의무를 부담한다. 대금지급장소로서 매매 목적물의 인도와 동시에 대금을 지급할 경우에는 그 인도 장소에서 이를 지급하여야 한다(제586조). 그러나 목적물 인도와 동시에 대금을 지급하는 것이 아닐 때에는 매도인(채권자)의 현주소에서 하여야 한다(제467조). 매수인은 목적물의 인도를 받을 날로부터 대금의 이자를 지급하여야 하고(제587조 후단), 동시이행의 항변권에 의하여 대금지급을 거절할 수 있다(제563조 참조).

(4) 교환(交換)

당사자 쌍방이 금전 이외의 재산권을 상호 이전할 것을 약정함으로써 그 효력이 생긴다(제596조~제597조).

(5) 소비대차(消費貸借)

당사자 일방이 금전 기타 대체물의 소유권을 상대방에게 이전할 것을 약정하고, 상대방은 그와 같은 종류, 품질 및 수량으로 반환할 것을 약정함으로써 그 효력이 생긴다(제598조~제608조).

(6) 사용대차(使用貸借)

당사자 일방이 상대방에게 무상으로 사용·수익하게 하기 위하여 목적물을 인도할 것을 약정하고, 상대방은 이를 사용·수익한 후 그 물건을 반환할 것을 약정함으로써 그 효력이 생긴다(제609조~제617조).

> ### 금전거래와 법률 : 금전소비대차와 이자
>
> **1. 금전소비대차의 의의**
>
> 　금전소비대차는 차주가 대주로부터 금전을 빌려서 소비한 후 반환할 것을 약속함으로써 성립하는 계약이다. 소비대차의 목적물은 금전에 한하지 않으나, 통상 금전이 많은데 이를 금전소비대차라고 한다. 소비대차는 무상이 일반적이지만, 유상계약(이자부소비대차)인 경우도 있다. 이자부소비대차는 유상·쌍무계약이다.
>
> **2. 소비대차계약의 효력 상실과 해제**
>
> 　(1) 소비대차계약의 효력 상실
> 　대주(貸主)가 목적물을 차주에게 인도하기 전에 당사자 일방이 파산선고를 받은 때에는 소비대차는 그 효력을 잃는다(제599조).
>
> 　(2) 소비대차계약의 해제
> 　무이자부 소비대차의 당사자는 목적물의 인도 전에는 언제든지 계약을 해제할 수 있다(제601조 본문). 무이자부 소비대차의 경우에는 대주만이 손실을 보기 때문에 당사자간에 공평을 기하기 위해서이다. 다만 그러한 해제로 인하여 상대방에게 손해가 생긴 때에는 이를 배상하여야 한다(제601조 단서).
>
> **3. 효력**
>
> 　(1) 대주의 의무
> 　대주(貸主)는 소비대차의 목적물인 금전의 소유권을 차주에게 이전해야 한다(제598조). 채무의 이행장소에 관하여는 특약이 없는 한 일반원칙에 따라서 채권자의 현주소라고 하여야 할 것이다(제467조 2항 참조).
>
> 　(2) 차주의 의무
> 　① 목적물 반환의무
> 　　금전대차의 경우에 차주(借主)가 금전에 갈음하여 유가증권 기타 물건의 인도를 받은 때에는 그 인도시의 가액으로써 차용액으로 한다(제606조). 즉 인도받은 물건이 아니라 금전으로 반환하며, 반환할 금액은 인도받은 물건의 인도시의 가액이다. 차용물의 반환에 관하여 차주가 차용물에 갈음하여 다른 재산권을 이전

할 것을 예약한 경우에는 그 재산의 예약 당시의 가액이 차용액 및 이에 붙은 이자의 합산액을 넘지 못한다(제607조).

② 이자지급의무

이자지급의무는 이자부 소비대차의 경우에 발생한다. 즉 이자지급의무는 특약에 의하여 생긴다. 다만 상인간의 금전소비대차는 당연히 이자부이다. 이자는 차주가 목적물의 인도를 받은 때로부터 계산하며, 차주가 그 책임있는 사유로 목적물의 수령을 지체할 때에는, 대주가 이행을 제공한 때로부터 이자를 계산한다(제600조).

법정이율은 민사법정이율은 연 5%, 상사법정이율은 연 6%이다. 법정이율에 관한 규정은 강행법규가 아니고 임의법규이므로 이와 다른 약정이 있는 경우에는 약정이율이 적용된다. 다만 특별법으로서 대부업법(2018.2.8.)상 개인 및 소규모기업에 이자제한은 연 24%(동법에 따른 등록사업자에게는 이자제한법에 따른 연 24%의 제한이 적용되지 않는다)까지이며, 소송촉진법상의 이율은 연 12%이다.

4. 소비대차의 종료

소비대차는 계약의 일반적 종료원인에 기해 종료하는 외에, 다음과 같은 사유에 의해서도 종료한다.

(1) 반환시기를 정한 경우

반환시기를 정한 경우에는 원칙적으로 그 시기에 소비대차는 종료하고 차주는 이 시기에 반환할 의무를 부담한다. 예외적으로 차주가 기한의 이익을 상실한 때에는 바로 반환할 의무를 부담한다. 무이자부소비대차에 대하여는 차주는 기한 전에도 반환할 수 있다. 이자부소비대차에서는 차주가 원칙적으로 기한까지의 이자를 지급하면 기한 전에 반환할 수 있다.

(2) 반환시기를 정하지 않은 경우

대주는 상당한 기간을 정하여 반환을 최고하여야 하고, 대주의 최고가 있는 때에는 차주는 그 최고기간 중에 반환하면 되지만, 차주는 언제라도 반환할 수 있다(제603조 2항).

▣ 채권 확보를 위한 담보제도

가. 서설

ㄱ) 채권담보의 필요성

채권담보란 채권자가 채무불이행에 대비하여 채권의 실현을 확보하는 수단을 강구하는 것이다. 즉 통상 채무자 B가 임의로 이행하지 않을 때에는 채무자 B의 일반재산은 악화되기 쉽고, 더욱이 채권자가 많을 때에는 소송을 거쳐 강제집행을 하고자 해도 시간과 비용이 많이 들며, 각 채권자는 채권액에 비례하여 평등하게 변제를 받게 되는데(채권자 평등의 원칙) 불과하므로 결국 채권자가 채권의 만족을 얻기 어렵다. 따라서 채권의 실현을 확보하기 위한 수단(담보)을 강구할 필요성이 있다.

ㄴ) 채권담보의 방법

채권담보의 종류에는 인적담보의 방법과 물적담보의 방법이 있다. 인적담보와 물적담보는 실제로 병용되는 경우가 많다.

① 인적담보(人的擔保)란 채무자 이외의 자에게도 채무를 부담시켜, 채권을 확보하는 제도이다. 그 채무자 이외의 자가 임의로 이행하지 않는 경우에는 그의 일반재산에 대해서 강제집행을 할 수 있어서 채권이 실현될 가능성이 높아진다. 인적담보로서는 보증채무와 연대채무가 있다. 인적 담보는 사람의 일반 재산이 담보되기 때문에 그 일반재산의 상태에 따라 담보가치가 좌우되고, 물적담보와 비교하여 불안정·불확실하다.

② 물적담보(物的擔保)란 채무자 또는 제삼자(물상보증인)의 특정 재산을 채권의 담보로 하는 것이다. 채무자가 이행하지 않는 경우 채무자 또는 제삼자의 특정재산을 경매에 의하여 금전으로 환가하여 그 대금으로부터 우선적으로 채권의 변제를 받는다(담보목적물의 소유권을 취득하여 만족을 얻을 수도 있다). 예컨대 앞의 예에서 B소유의 특정부동산 또는 제삼자 C소유의 특정부동산에 저당권을 설정하고 등기를 마치면, 그 후 B가 대금을 반환하지 않는 경우에 A는 당해 부동산에 대하여 담보권의 실행을 신청하여 경매를 통하여 그 매각대금 가운데에서 다른 일반 채권자 보다 우선적으로 배당을 받을 수 있으므로, 채권을 확실하게 회수할 수 있다. 이러한 물적담보에는 유치권, 질권, 저당권, 그리고 관습법상의 양도담보 제도가 있다.

● 채권의 보존을 위한 제도 : 채권자대위권과 채권자취소권

가. 채권자는 채무자로부터 변제를 받지 못하게 되면, 판결(判決) 기타 집행권원(채무명의)을 얻어 채무자의 일반재산에 강제집행을 하여야 한다. 민법은 일반재산의 보전제도로서 채권자대위권과 채권자취소권의 두 가지 권리를 규정하고 있다. 본래 당사자간에서만 효력을 가지는 채권이, 예외적으로 채무자 이외의 제삼자에게도 효과가 미치므로 채권의 대외적 효력이라고도 한다.

나. 채권자대위권(債權者代位權)이란 채무자가 재산의 감소를 방지하는 조치를 강구하지 않을 때에, 채권자가 채권을 보전하기 위하여 채무자를 대신하여 채무자의 일반재산에 대한 조치를 강구할 수 있는 권리이다(제404조 1항). 예컨대 A가 B에 대하여 1천만 원의 금전채권을 가지고 있고 B는 C에 대하여 1천만 원의 금전채권을 가지고 있으며 다른 재산은 가지고 있지 않은 경우에, B의 C에 대한 채권이 변제기가 도래하였는데도 불구하고, B가 C에 대하여 이행을 청구하지 않고 있어서 그대로 놓아두면 소멸시효가 완성될지도 모른다고 하자. 이 경우에 B의 채권자인 A가 채무자 B를 대신하여 C에 대하여 이행청구를 함으로써 시효를 중단하고, 또한 B를 대신하여 1천만 원을 B에게 변제할 것을 청구할 수 있는데 이를 채권자대위권이라고 한다(제404조~제405조).

다. 채권자취소권(債權者取消權)은 채권자가, 채무자가 그 채권자를 해하는 것을 알고 한 법률행위(사해행위(詐害行爲))의 취소를 법원에 청구하여 재산을 원상으로 회복하는 것을 내용으로 하는 권리이다(제406조 1항). 채무자가 적극적으로 일반재산을 감소시키는 법률행위를 하는 경우에, 채무자의 일반재산을 보존하기 위하여 채권자가 그 법률행위의 효력을 부인하고 일탈된 재산을 채무자에게로 반환시키는 것이다. 채권자취소권은 채무자의 재산 처분행위를 취소하고 그 효력을 부인하는 것으로서, 채권자대위권보다 채무자 및 제삼자에게 중대한 영향을 준다. 따라서 그 요건이 더 까다롭다. 예컨대 A가 B에게 2천만 원을 빌려주었지만 B는 유일한 자산인 시가 3천만 원의 X토지를 C에게 증여한 경우에 채무자 B는 이 증여(사해행위)에 의하여 A가 채권의 만족을 얻을 수 없다는 것을 알고, C도 그러한 사실을 알고 있다면 A는 채권자취소권을 소의 방법으로 행사할 수 있다. C와 같이 채무자와 법률행위를 한 상대방을 수익자라고 한다(제406조~제407조). A가 B의 사해행위를 취소하기 위하여 X토지를

가압류한 경우, 가압류를 한 때(사해행위를 안 때)로부터 1년 내에 사해행위 취소소송을 제기하지 아니하면 그 가압류는 효력을 상실하게 된다(제406조 2항).

(7) 임대차(賃貸借)

당사자 일방이 상대방에게 목적물을 사용, 수익하게 할 것을 약정하고 상대방이 이에 대하여 차임을 지급할 것을 약정함으로써 그 효력이 생기는, 유상·쌍무·낙성·불요식의 계약이다(제618조).

1) 임대차의 성질
① 물건(유체물 중 비소비물)의 사용·수익을 목적으로 하는 채권계약이다.
② 임대차의 목적물은 동산·부동산을 불문하나, 농지(農地)는 원칙적으로 임대차의 목적물이 되지 못한다(학설).
③ 유상(有償), 쌍무(雙務), 낙성(諾成), 불요식(不要式) 계약이다.
④ 타인의 물건도 임대차의 목적이 될 수 있다(제619조).
⑤ 사용·수익의 대가로서 차임지급을 그 요소로 한다.

2) 임대차의 성립
임대차는 낙성·불요식의 계약이므로 당사자의 의사의 합치로 성립하며, 그 밖의 특별한 요건을 필요로 하지 않는다.

3) 임차권의 대항력
부동산임대차를 등기한 때에는 그 때부터 제삼자에 대한 대항력을 갖는다(제621조).[9] 당사자 사이에 반대의 약정이 없으면 임차인은 임대인에 대하여 임대차등기절차에 협력할 것을 청구할 수 있고, 임대인은 이에 협력할 의무를 부담한다.

4) 임차권의 처분
민법상 임차권의 양도 및 전대는 원칙적으로 허용되지 않고, 이에는 언제나 임대인의 동의를 요한다(제629조). 다만 임대건물의 소부분을 타인에게 사용케 하는 경우에는 임대인의

---
9) 한편 민법상 임차권 등기에 대한 특례로서, 주택임대차보호법에서는 주거용건물(주택)에 관한 임대차는 등기가 없는 경우에도 임대인으로부터 목적물의 인도를 받고 주민등록을 마친 때(이 경우 전입신고를 한 때 주민등록이 된 것으로 본다)에는 그 다음 날부터 제삼자에 대하여 효력이 있다(동법 제3조).

동의를 요하지 않는다(제632조). 다만 등기된 임차권의 경우 물권과 같은 효력이 발생하므로 임대인의 동의없이도 이러한 처분을 할 수 있게 된다.

5) 임차권의 기간
① 기간의 약정이 있는 경우
  ㉮ 최장기의 제한

개정전 민법 제651조 제1항은 견고한 건물 등의 소유 또는 식목 등을 목적으로 하는 토지임대차를 제외한 모든 임대차의 존속기간은 20년을 넘기지 못한다고 규정하고 있었으나, 헌법재판소는 그 입법취지가 불분명하고 계약의 자유를 침해하므로 헌법에 위반된다고 결정하였다(2013.12.26., 2011헌바234). 이에 따라 임대차 존속기간에 대하여 규정한 민법 제651조 전체가 2016년 1월 6일 삭제되었다.

  ㉯ 최단기

민법은 임대차의 최단기에 관하여는 아무런 규정을 두고 있지 않으므로, 당사자가 자유로이 그 기간을 정할 수 있다. 주택임대차보호법에서는 주택임대차에 관하여 2년의 최단존속기간을 규정하고 있다(동법 제4조 1항).

  ㉰ 임대차의 (묵시의) 갱신

민법상의 묵시의 갱신(법정갱신)으로서, 임대차기간이 만료한 후에도 임차인이 임차물의 사용·수익을 계속한 경우에, 임대인이 상당한 기간 안에 이의를 제기하지 아니한 때에는 전임대차와 동일한 조건으로 다시 임대차한 것으로 본다(제639조 2항). 이 경우 기간의 정함이 없는 임대차(제635조)의 규정에 의하여 해지통고를 할 수 있다. 이에 대하여 주택임대차보호법에 묵시의 갱신 특칙이 있다. 즉 임대인이 임대차기간이 만료하기 6월부터 1월 사이에 임차인에 대하여 갱신거절의 통지·조건변경의 통지를 하지 아니한 경우(또는 임차인이 기간만료 전 1월까지 사이에 통지하지 아니한 경우를 포함)에는 그 기간이 만료된 때에 전 임대차와 동일한 조건으로 다시 임대차한 것으로 본다(동법 제6조의2 1~2항). 이 경우에는 존속기간의 정함이 없는 임대차로 본다(동조 1항 단서). 그러나 임차인이 2기의 차임을 연체하거나 의무를 현저하게 위반한 경우에는 갱신으로 보는 것이 적용되지 아니한다(동조 3항).

② 기간의 약정이 없는 경우

기간의 약정이 없는 임대차는 당사자가 언제든지 해지의 통고를 할 수 있고(제635조 1항), 해지의 효력은 상대방이 통고를 받은 날로부터 일정한 기간(해지기간)이 경과한 후에 발생한다(동조 2항).

> ※ 기간의 약정이 없는 임대차의 해지통고 기간(제635조 2항) : 강행규정
> ㉮ 부동산임대차
> - 임대인이 해지통고를 한 경우 통고를 받은 때로부터 6월(주택임대차보호법 3월)
> - 임차인이 해지통고를 한 경우 통고를 받은 때로부터 1월
> ㉯ 동산임대차 : 당사자 누가 통고하든 해지통고를 받은 날로부터 5일

③ 단기임대차의 존속기간

처분능력 또는 권한이 없는 자(예컨대, 부재자의 재산관리인·권한의 범위가 정하여져 있지 않은 대리인)가 임대차를 하는 경우에는 일정한 기간을 넘는 장기의 임대차를 할 수 없는데, 이를 '단기임대차'라 한다(제619조). 특정한 토지임대차는 10년, 건물 기타 공작물의 임대차는 3년이고, 동산의 임대차는 6월이다.

6) 임대차의 예약

임대차에 있어서도 매매의 경우와 마찬가지로 예약(豫約)이 가능하며, 이 경우에는 예약권리자의 완결의 의사표시에 의하여 임대차가 성립한다(예컨대, 건축 중의 건물에 관하여 건물완성 후 건물의 전부 또는 일부를 임대한다는 뜻의 약정을 '임대차의 예약'이라고 할 수 있다).

7) 임대차의 효력

① 임대인의 권리
  ㉮ 차임지급청구권
  ㉯ 목적물반환청구권
  ㉰ 임대물의 보존에 필요한 행위를 할 권리 등

㉕ 계약해지권 : 임차인이 정하여진 용법에 위반하여 사용·수익한 때(제654조, 제610조), 그리고 임차인이 2기의 차임 연체 시 임대인은 이를 이유로 임대차계약을 해지할 수 있다(제640조, 제641조).
㉖ 부동산 임대인의 법정담보물권 : 임대인의 차임채권 확보를 위하여 법정담보물권을 인정하고 있다. 예컨대 토지임대인의 법정질권(제648조), 법정저당권(제649조), 건물임대인의 법정질권(제650조)이다.

② 임대인의 의무
㉮ 목적물을 사용·수익하게 할 의무, 이로부터 ㉯~㉳ 의무가 파생한다.
㉯ 목적물인도의무(제623조)
㉰ 수선의무 : 임대인은 계약이 존속하는 동안 임차인이 목적물을 사용·수익하는데 필요한 상태를 유지하게 할 의무를 부담하므로(제623조), 수선의무를 진다. 다만 이 수선의무는 당사자의 특약에 의하여 임차인의 부담으로 할 수 있다.
㉱ 방해제거의무
㉲ 비용상환의무(費用償還義務) : 임차인이 목적물에 관하여 비용을 지출한 때에는 임대인은 필요비·유익비를 상환하여야 한다(제626조). 여기서 필요비는 임대차의 종료를 기다리지 않고 지출 후 곧바로 청구할 수 있으나(제626조 1항), 유익비는 임대차 종료 시에 비로소 청구할 수 있다(동조 2항). 임차인의 비용상환청구권은 임대인이 목적물을 반환받은 날로부터 6월내에 행사하여야 한다(제654조, 제617조).
㉳ 담보책임 : 임대차는 유상계약인 매매에 관한 규정이 준용되므로, 임대인은 임대물에 하자가 있는 때에는 매도인과 동일한 담보책임을 부담한다(제567조).

③ 임차인의 권리
㉮ 임차권(목적물의 사용·수익권)
'임차권'이라 함은 임대차계약에 기인하여 목적물을 사용·수익할 권리이다. 임차인은 계약 또는 그 목적물의 성질에 의하여 정하여진 용법으로 이를 사용·수익하여야 한다(제654조·제610조 1항). 임차권은 채권이므로 원칙적으로 배타성이 없으나, 부동산임차권의 물권화의 내용으로 등기(또는 주택임대차 보호법상 주택의 인도+전입신고)를 갖춘 경우에는 임대인 이외의 제삼자에 대하여도 대항할 수 있는 '대항력'을 갖는다(제621조·제622조 1항, 주택임대차보호법 제3조 1항).

㉯ 토지임차인의 계약 갱신청구권·지상물매수청구권

건물 그밖의 공작물의 소유 또는 식목·채렴·목축을 목적으로 한 토지임대차의 기간이 만료한 경우에, 지상물이 현존한 때에는 임차인은 계약의 갱신을 청구할 수 있다(제643조, 제283조 1항). 이 경우 임대인이 계약의 갱신을 원하지 아니하는 때에는 임차인은 상당한 가액으로 지상물의 매수를 청구할 수 있으며(제643조, 제283조 2항), 이 지상물매수청구권은 일종의 형성권이다. 지상물매수청구권에 관한 규정은 강행규정이므로, 이를 배제하는 당사자 사이의 특약은 무효이다.

㉰ 건물임차인의 부속물매수청구권(附屬物買受請求權)

건물 그 밖의 공작물의 임차인이 그 사용의 편익을 위하여 임대인의 동의를 얻어 이에 부속시킨 물건이 있거나 또는 임대인으로부터 매수한 부속물이 있는 때에는, 임대차가 종료하는 때에 임대인에 대하여 그 부속물의 매수를 청구할 수 있다(제646조). 이 부속물매수청구권도 일종의 형성권이다. 부속물매수청구권에 관한 규정은 강행규정이므로, 이를 배제하는 당사자 사이의 특약은 무효이다. 계약기간 중 임차인의 채무불이행이 있으면 부속물매수청구권은 인정되지 않는다.

㉱ 비용상환청구권(費用償還請求權)

임대인의 비용상환의무에 대응하여, 임차인은 비용상환청구권을 갖는다(제654조, 제617조).

④ 임차인의 의무

㉮ 차임지급의무(借賃支給義務)

임차인은 임차물을 사용·수익하는 대가로서 계약 또는 법률의 규정에 의하여 정하여진 차임(임대료)를 지급하여야 한다. 차임은 금전 그밖에 물건으로 할 수 있다.[10] 차임의 지급시기는 특약이 없으면 후급이 원칙이다(제633조). 임차인이 2기의 차임 연체시 임대인은 이를 이유로 임대차계약을 해지할 수 있다(제640조, 제641조).

---

10) 주택임대차보호법에서는 차임증액에 대해 다음과 같은 제한이 있다(동법 제7조).
- 증액의 제한 : 증액은 20분의 1을 초과하지 못한다.
- 기간의 제한 : 차임의 증액은 계약을 체결하거나 한 번 증액한 날로부터 1년 이내에는 하지 못한다.

㉯ 임차물 반환의무

임차인은 임대차가 종료한 때에는 지체없이 임차물을 임대인에게 반환하여야 한다(제65조, 제615조). 그리고 임차물을 반환할 때에는 임차인은 원상에 회복하여야 하므로, 그가 임차물에 부속시킨 물건이 있으면 이를 수거하여야 한다.

8) 임차권의 양도와 전대
① 임차권의 양도
  ㉮ 임차인이 임차권의 동일성을 유지하면서 제삼자(양수인)에게 이전하는 계약을 말한다. 임차권의 양도는 권리의 이전적 취득인 점에서, 전대차(轉貸借)가 권리취득에 있어서 설정적 취득인 점과 다르다. 임차권의 양도와 전대인(임차인)과 전차인 사이의 전대차는 양도인과 양수인 사이의 양도계약만으로써 성립한다. 임차권 양도의 임대인에 대한 대항요건은 임대인의 동의이다.

  ㉯ 임차권 양도의 효과
    ㉠ 임대인의 동의없는 임차권의 양도 : 임차인과 양수인과의 관계(임차권양도계약)는 그 당사자 사이에서는 유효하고, 임차인은 임대인의 동의를 얻을 의무를 양수인에 대하여 부담한다. 임차인의 무단 양도에 대하여 임대인은 원 임대계약 해지권을 갖는다(제629조). 그러나 임대인이 이 해지권을 행사하지 않는 한 임차인은 여전히 임대차계약의 당사자로서의 지위를 가지므로, 임대인은 임차권 양도와는 관계없이 임차인에게 차임을 청구할 수 있다.
    ㉡ 임대인의 동의 있는 임차권의 양도는 임차권이 그 동일성을 유지하면서 양수인에게 확정적으로 이전되며, 따라서 양도인은 임대차관계에서 벗어나게 된다.

② 전대차
  ㉮ 전대차(轉貸借)라 함은 임대차계약에 의하여 임대인으로부터 임차하고 있는 자가 다시 그 자신이 임대인이 되어서 그 임차물을 제삼자로 하여금 사용·수익하게 하는 계약이다. 전대차는 전대인과 전차인 사이의 낙성·불요식의 채권계약이며, 임대인은 계약당사자가 아니다. 민법은 임대인의 동의가 있는 경우에만 유효하게 전대할 수 있는 것으로 하고 있으며(제629조), 다만 건물의 임차인이 그 건물의 소부분을 타인에게 사용토록 하는 경우에는 임대인의 동의를 요하지 않는 것으로 규정하고 있

다(제632조).

㉯ 임차물의 전대는 전대인과 전차인의 계약만으로서 성립하며, 특별한 방식을 요하지 않는다. 임대인의 동의가 그에 대한 대항요건이며, 동의에 대한 입증책임은 전차인에게 있다.

㉰ 임대인의 동의 없는 임대차
전대차계약은 임차인과 전차인 사이에서는 유효하며, 임차인은 임대인의 동의를 얻을 의무를 전차인에 대하여 부담한다. 전차인은 그가 취득한 임차권을 가지고 임대인에게 대항할 수 없다. 임차인의 무단전대에 대하여 임대인은 임대계약 해지권을 갖는다(제629조).

㉱ 임대인의 동의 있는 전대차
임차인은 전차인에 대하여 대주(貸主)로서의 권리·의무를 가진다. 다만 전차인이 임대인에게 차임을 지급할 때에는 그 한도에서 전대인에 대한 차임의무를 면하고, 임대차와 전대차가 동시에 종료한 경우에는 전차인이 임대인에게 목적물을 반환하면 전대인에 대한 반환의무를 면한다. 임대인과 임차인의 관계는 전대차의 성립에 의하여 아무런 영향도 받지 않는다. 따라서 임대인은 전차인에 대해서 직접 권리를 행사할 수 있으나, 이 사실 때문에 임대인이 임차인에 대해 그의 임대차상의 채권을 행사할 수 없게 되는 것은 아니다(제630조).

임차인이 임대인의 동의를 얻어 임차물을 전대한 때에는 전차인은 직접 임대인에 대하여 의무를 부담하고, 이 경우 전차인은 전대인에 대한 차임지급으로 임대인에게 대항하지 못한다(제630조). 또한 전차인의 권리 확정(제631조)[11]·해지통고의 전차인에 대한 통지(제683조)·전차인의 임대청구권 및 지상물매수청구권(제644조)·전차인의 부속매수청구권(제647조) 등이 인정된다.

---

[11] 민법 제631조(전차인의 권리의 확정) 임차인이 임대인의 동의를 얻어 임차물을 전대한 경우에는 임대인과 임차인의 합의로 계약을 종료한 때에도 전차인의 권리는 소멸하지 아니한다.

9) 보증금과 권리금

① 보증금

㉮ 보증금이란 부동산임대차에 있어서 임차인 또는 제삼자가 임대인에게 교부하는 금전 그 밖의 유가물을 말한다. 민법에 명문규정은 없으나, 주택임대차보호법은 임차인이 보증금을 교부하는 것을 전제로 하고 있다(동법 제3조의2, 제7조, 제8조 참조).

㉯ 보증금의 성질은 정지조건부 반환채무가 부착된 금전소유권의 이전이다. 임대차 종료시 채무불이행이 있으면 이를 보증금으로 상계하지만, 채무불이행이 없으면 이를 정지조건으로 반환한다는 취지라는 것이 통설이다. 임대차 종료 시에 임대인이 부담하는 보증금의 반환의무와 임차인이 부담하는 목적물 반환의무는 동시이행의 관계에 있다.

㉰ 보증금계약

보증금은 보증금계약에 의하여 수수되는데, 그 계약은 임대차계약에 종된 계약이며, 금전을 교부함으로써 효력이 생기므로 일종의 요물계약이다.

㉱ 효력

㉠ 보증금의 담보적 효력 : 보증금은 차임의 불지급, 임차물의 멸실·훼손 등 임대차관계에서 발생하게 되는 임차인의 모든 채무를 담보한다. 따라서 임대인은 이 보증금으로부터 다른 채권자에 우선하여 자기의 채권을 변제받을 수 있다.

㉡ 임대차존속 중의 보증금의 충당 : 임대인은 임대차가 아직 존속하고 있는 동안에 보증금으로서 연체차임에 충당할 수 있다. 그런데 이는 임대인의 권리이지 의무는 아니므로, 임대인은 보증금으로서 연체차임에 충당할 수도 있고, 또는 충당하지 않고 임차인에게 그 지급을 청구할 수도 있다.

② 권리금

㉮ 권리금이란 임대차 목적물인 상가건물에서 영업을 하는 자 또는 영업을 하려는 자가 영업시설·비품, 거래처, 신용, 영업상의 노하우, 상가건물의 위치에 따른 영업상의 이점 등 유형·무형의 재산적 가치의 양도 또는 이용대가로서 임대인, 임차인에게 보증금과 차임 이외에 지급하는 금전 등의 대가를 말한다. 그리고 권리금 계약이란

신규임차인이 되려는 자가 임차인에게 권리금을 지급하기로 하는 계약을 말한다(상가건물 임대차보호법 제10조의3).

㉯ 효력
권리금은 신규임차인이 되려는 자와 임차인 사이에 수수되는 것이므로 임대인에게 반환청구를 할 수 없다. 다만 임차인이 권리금을 회수할 수 있는 기회를 보호하기 위하여, 임대인은 권리금 회수 기회를 방해하여서는 아니 되며, 이의 위반 시 손해배상책임을 부담한다(상가건물 임대차보호법 제10조의4).

10) 임대차의 종료
① 임대차의 종료사유
목적물의 멸실·혼동, 존속기간의 만료, 임차인의 파산, 해지통고(제635조~제637조), 당사자의 해지권(제625조, 제627조 2항, 제629조 2항, 제640조, 제641조, 제544조, 제546조 참조) 등이 있다. 다만 임차인의 사망시에는 상속에 관한 규정(제997조, 제1058조)이 적용되고, 주택임차보호법상 사실혼관계의 배우자도 임차권에 대한 승계권이 있다(동법 제9조).

② 종료의 효과
임대차는 전형적인 계속적 계약이므로, 임대차가 종료되면 해지와 동일한 효과가 발생한다. 즉 임대차계약의 비소급적 소멸(제550조), 청산의무(보증금반환과 목적물반환), 손해배상의 청구(제551조)가 인정된다.

11) 부동산임차권의 물권화
우리나라는 업무용 또는 거주용 부동산이 부족한 여건 하에 있었고 경제적 약자인 서민층이 생활의 기초인 주거를 부동산임대차에 의존하고 있는 실정이어서, 이들 경제적 약자의 보호문제를 중요시 하였다. 이에 따라 민법은 부동산임차권의 강화를 위한 규정을 두어, 다른 채권에 비하여 현저한 물권적 현상을 인정하고 있다. 이를 부동산임차권의 물권화라고 하며, 그 주요 내용은 등기된 임차권의 대항력, 우선변제권, 그리고 임차권의 존속 보장 등이다.

(8) 고용(雇傭)

고용은 당사자 일방이 상대방에 대하여 노무를 제공할 것을 약정하고 상대방이 이에 대하여 보수를 지급할 것을 약정함으로써 그 효력이 생긴다(제655조~제663조).

(9) 도급(都給)

도급은 당사자 일방이 어느 일을 완성할 것을 약정하고, 상대방이 그 일의 결과에 대하여 보수를 지급할 것을 약정함으로써 그 효력이 생긴다(제664조~제674조). 수급인의 하자담보책임 규정이 있다.

(10) 여행계약

여행계약은 당사자 한쪽이 상대방에게 운송, 숙박, 관광 또는 그밖의 여행 관련 용역을 결합하여 제공하기로 약정하고 상대방이 그 대금을 지급하기로 약정함으로써 효력이 생긴다(제674조의2). 여행자의 여행 개시 전의 계약 해제와 손해배상, 부득이한 사유로 인한 계약해지(제674조의4), 여행주최자의 담보책임(제674조의6), 여행주최자의 담보책임과 여행자의 해지권(제674조의7), 여행자에 대한 귀환운송의무에 대해 정하고 있으며, 이들 규정을 강행규정으로 하고 있다(제674조의3~제674조의9).

⚖ 아르바이트와 체불임금

[질문]

대학생 김명숙은 수원호프집에서 3개월 동안 아르바이트를 하면서 매월 100만 원씩을 임금으로 받기로 했다. 그러나 사장은 1개월분에 해당하는 100만 원만 지급해 주고, 200만 원은 이런 저런 핑계를 들어가며 주지 않고 있다. 또한 주기는 주겠는데 100만 원밖에 줄 수 없다고 한다. 이 때 김명숙은 어떻게 돈을 받을 수 있겠는가?

[해설]

방학동안을 이용해 등록금을 벌기 위해 아르바이트를 하는 학생들이 많다. 그러나 일부 고용주가 급료를 차일피일 미루고 결국에는 전혀 주지 않거나 그 가운데 일부밖에 주지 않는 경우가 흔하다. 사회경험이 부족한 많은 학생들이 열심히 일하고도 한 푼도 받지 못하거나, 아무런 잘못이 없는데도 그 중 일부밖에 받지 못하는 억울한 일을 당하고 만다. 따라서 이러한 부당한 일을 당한 경우에 어떻게 구제받을 수 있는지를 알아보자.

1. 아르바이트를 시작하기 전에 주의할 일

아르바이트를 시작하기 전에는 근로계약서를 작성하는 것이 가장 바람직하다. 그 명칭에 관계없이 계약서에는 실질적으로 언제부터 언제까지 일을 하며, 시간 당, 주당 또는 매월 보수가 얼마나 되는지를 명확히 기재하여 한다. 그리고 근무업체의 명칭, 업주의 성명, 주소, 전화번호 등을 확실히 알고 있어야 한다.

또한 어떤 일을 하는 것인지, 근무환경은 어떠한지, 추가 근무를 하는 경우에는 급여 조건에 대해서도 약정을 하는 것이 바람직하다. 흔히 일하기로 한 기간을 다 채우지 못하고 그만 두는 경우가 많은데 이러한 경우에는 어떻게 할 것인지에 대해서도 약정을 하는 것이 좋다. 이러한 약정 없이 도중에 그만두는 경우 업주에게 피해가 생길 수 있고, 결국엔 업주에게 손해배상청구를 당할 수도 있기 때문이다. 실제 이러한 경우가 많으며 이 때문에 급료를 제대로 받지 못하는 경우가 허다하다. 만일 부득이한 사유가 있어서, 도중에 그만두려고 하는 경우에는 사전에 업주에게 통지를 하여 업주에게 손해가 발생하지 않도록 하여야 한다.

2. 못받은 아르바이트비를 받는 법적 방법

1) 고용주에 내용증명으로 청구할 것

고용주에게 내용증명을 보내어 아르바이트비를 조속히 지급해 달라고 독촉하고, 이행하지 않으면 민·형사상 조치를 취하겠다는 취지를 알려줄 필요가 있다. 내용증명 자체가 법적 효력이 있는 것은 아니지만, 증거자료로서 활용된다.

2) 고용노동부에 진정

사업장에서 가까운 노동부 지방사무소의 근로감독과에 진정하거나, 업주를 고소하는 방법은 아르바이트비를 받지 못한 피해자가 가장 많이, 그리고 제일 먼저 취하는 조치이다. 노동부에 진정을 하면 노동부에서 조사하여 임금을 지급토록 행정지도를 하거나 안되면 검찰에 고발하게 된다. 진정을 할 때에는 대표자 성명, 사업장 소재지, 전화번호, 본인의 주소와 전화번호 등을 정확하게 기재한다.

3) 소액사건심판, 지급명령신청

체불임금을 받기 위해서 민사소송을 제기하고 승소판결문을 받아, 그에 근거해서 강제집행을 실시하여야 한다. 민사소송에는 정식소송과 소액심판이 있는데, 받아야 할 아르바이트비가 통상 3,000만 원 미만일테니 지급명령이나 소액사건심판제도 등과 같은 약식 재판제도를 이용한다. 이는 기간이 짧고 비용도 저렴하며, 절차가 간편하다. 이러한 약식재판에 의한 판결 역시 정식 민사소송과 같은 효력이 있기 때문에, 확정판결을 받은 후 법원으로부터 집행력을 부여 받아서 사용자의 재산을 압류·경매 처분함으로써 구제 받을 수 있다. 지급명령이나 소액심판 등은 법원창구에서 직원의 도움을 받아 바로 작성 제출할 수 있으므로, 누구나 쉽게 이용할 수 있다.

3. 소멸시효에 주의할 것

고용주가 아르바이트비를 주지 않는 경우, 3년 이내에 임금을 청구하여야 한다. 즉 3년이 지나면 임금청구권이 없어지기 때문에, 3년이라는 단기가 경과되기 전에 내용증명 등에 의하여 독촉하여 소멸시효를 연장시킬 필요가 있다.

4. 사기죄로 고소할 수 있는지의 문제

사기죄가 성립하기 위해서는 고의(故意)요건, 즉 처음부터 아르바이트비를 주지 않을 생각을 가지고 있거나, 아르바이트비를 줄 정도의 자력이 없음에도 불구하고 아르바이트 학생을 고용하였어야 한다.

위 절차는 가장 간편한 법적 절차이므로, 귀찮거나 어렵다고 생각하지 말고 자기의 정당한 권리 주장을 위하여 한번 시도해보기 바란다. 어렵다고 생각되면, 법률구조공단이라는 기관에서 무료로 법적 도움을 받을 수도 있다. 유상으로 법무사의 서비스를 저렴하게 이용하여도 된다.

(11) 현상광고(懸賞廣告)

현상광고는 광고자가 어느 행위를 한 자에게 일정한 보수를 지급할 의사를 표시하고 이에 응한 자가 그 광고에서 정한 행위를 완료함으로써 그 효력이 생긴다(제675조~제679조).

(12) 위임

위임(委任)은 당사자 일방이 상대방에 대하여 사무의 처리를 위탁하고 상대방이 이를 승낙함으로써 그 효력이 생긴다(제680조~제692조).

(13) 임치

임치(任置)는 당사자 일방이 상대방에 대하여 금전이나 유가증권 기타 물건의 보관을 위탁하고 상대방이 이를 승낙함으로써 효력이 생긴다(제693조~제702조).

(14) 조합

조합(組合)은 2인 이상이 상호 출자하여 공동사업을 경영할 것을 약정함으로써 그 효력이 생긴다. 여기서 출자는 금전 기타 재산 또는 노무로 할 수 있다(제703조~제724조).

(15) 종신정기금계약

종신정기금(終身定期金)계약은 당사자 일방이 자기, 상대방 또는 제삼자에게 지급할 것을 약정함으로써 그 효력이 생긴다(제725조~제730조).

(16) 화해

화해(和解)는 당사자가 상호 양보하여 당사자간의 분쟁을 종지할 것을 약정함으로써 그 효력이 생긴다(제731조~제733조).

▣ 주택임대차보호법

(1) 입법취지와 적용범위

1) 입법취지

집을 세로 얻는 경우에는 민법상 물권인 전세권이나 채권인 임대차에 관한 규정이 적용된다. 그러나 임차권은 그 성질이 채권이므로 강한 권리가 되지 못한다. 더욱이 임차권 보장을 위하여 집주인에게 전세권 설정등기를 요구하여도 집주인이 꺼리거나 그 설정비용이 만만치 않다. 그리하여 주거용 건물의 임대차(賃貸借)에 관하여 「민법」에 대한 특례를 규정함으로써 국민 주거생활의 안정을 보장함을 목적으로 한다.

2) 적용범위

> **제2조(적용 범위)** 이 법은 주거용 건물(이하 "주택"이라 한다)의 전부 또는 일부의 임대차에 관하여 적용한다. 그 임차주택(賃借住宅)의 일부가 주거 외의 목적으로 사용되는 경우에도 또한 같다. [전문개정 2008.3.21.]
>
> **제11조(일시사용을 위한 임대차)** 이 법은 일시사용하기 위한 임대차임이 명백한 경우에는 적용하지 아니한다. [전문개정 2008.3.21.]

일반 상가나 사무실의 임대차는 이 법이 적용되지 않고 민법상 임대차규정이 적용되나(민법 제618조 이하), 일정한 요건을 갖추면 상가건물임대차보호법이 적용된다. 주거용 건물인지의 여부는 임대차계약 체결시를 기준으로 판단한다. 주거용 건물이란 주거용으로 사용하고 있으면 족하기 때문에, 공장용 또는 창고용 건물이라도 내부구조를 주거용으로 개조하여 임차한 경우에는 동법이 적용된다. 허가·무허가, 등기·미등기된 건물 여부에 관계없이 적용된다. 주택의 등기를 하지 아니한 전세계약에 관하여는 이 법을 준용하며, 이 경우 '전세금'은 '임대차의 보증금'으로 본다(제12조).

관련 판례

1) 주택임대차보호법 제2조 소정의 주거용 건물에 해당하는지 여부는 임대차목적물의 공부(公簿)상의 표시만을 기준으로 할 것이 아니라 그 실지용도에 따라서 정하여야 하고, 건물의 일부가 임대차의 목적이 되어 주거용과 비주거용으로 겸용되는 경우에는 구체적인 경우에 따라 그 임대차의 목적, 전체 건물과 임대차목적물의 구조와 형태, 임차인의 임대차목적물 이용관계, 그리고 임차인이 그 곳에서 일상생활을 영위하는지 여부 등을 함께 합목적적으로 고려하여 결정하여야 한다(대법원 1996.3.12. 선고 95다51953 판결).

2) 건물이 공부상으로는 단층 작업소 및 근린생활시설로 표시되어 있으나, 실제로 甲은 주거 및 인쇄소 경영의 목적으로, 乙은 주거 및 슈퍼마켓 경영의 목적으로 임차하여 가족들과 함께 입주하여 그곳에서 일상생활을 영위하는 한편, 인쇄소 또는 슈퍼마켓을 경영하고 있으며, 甲의 경우는 주거용으로 사용되는 부분이 비주거용으로 사용되는 부분 보다 넓고, 乙의 경우는 비주거용으로 사용되는 부분이 더 넓기는 하지만 주거용으로 사용되는 부분도 상당한 면적이고, 위 각 부분이 甲과 乙의 '유일한 주거'인 경우 주택임대차보호법 제2조 후문에서 정한 주거용 건물로 볼 것이다(대법원 1995.3.10. 선고 94다52522 판결).

3) 방 2개와 주방이 딸린 다방이 영업용으로서 비주거용 건물이라고 보여지고, 설사 그 중 방 및 다방의 주방을 주거목적에 사용한다고 하더라도 이는 어디까지나 다방의 영업에 부수적인 것으로서 그러한 주거목적 사용은 비주거용 건물의 일부가 주거목적으로 사용되는 것일 뿐, 주택임대차보호법 제2조 후문의 주거용 건물의 일부가 주거 외의 목적으로 사용되는 경우로서 주택임대차보호법이 적용되는 경우에 해당한다고 볼 수 없다(대법원 1996.3.12. 선고 95다51953 판결).

옥탑을 주거용으로 임차한 경우에도 주택임대차보호법이 적용되는지 여부

[질문]

A는 다가구주택의 소위 옥탑이라고 하는 곳에 보증금 1,700만 원에 전세를 살고 있었다. 이 옥탑은 원래 옥상에 물탱크를 설치할 자리에 지은 건물로서, 건축물관리대장이나 부동산등기부상에 나타나지 않고 있다.

A는 주민등록전입신고를 하고 확정일자를 받아두었는데, 현재 이 주택에 대해 경매가 진행 중이다. 어떤 사람은 옥탑은 불법건축물이므로 주택임대차보호법상의 보호를 받지 못한다고 하는데 사실인가?

[해설]

주택임대차보호법에서는 「이 법은 주거용 건물(이하 "주택"이라 한다)의 전부 또는 일부의 임대차에 관하여 이를 적용한다.」고 규정하고 있고(동법 제2조 전단), 그리고 판례는 "주택임차대차보호법 제2조 소정의 주거용 건물이란 공부상의 표시에 불구하고 그 실지용도에 따라서 정하여야 하고, 주택임대차보호법이 적용되려면 임대차계약 체결 당시 건물의 구조상 주거용으로서의 형태가 실질적으로 갖추어져 있어야 한다."고 하였다(대법원 1986.1.21. 선고 85다카1367 판결). 그러므로 위 옥탑이 불법건축물로서 행정기관에 의해 철거될 수도 있는 것은 별론으로 하고, 위 옥탑은 위 건물의 일부 또는 경우에 따라서는 건물의 종물로서 경매절차에서 건물과 같이 매각될 것이므로(대법원 2002.10.25. 선고 2000다63110 판결), A가 임차할 당시 주거용으로서의 형태가 실질적으로 갖추어져 있었고, A가 이를 주거용으로 임차하여 사용하였다면 A는 주택임대차보호법에 의한 보호를 받을 수 있다고 할 것이다.

(2) 주택임대차의 대항요건 및 발생시기

임차인의 대항력(對抗力)이란 임대인 이외에 임차주택의 양수인이나 임대권을 승계한 자에게 임대주택의 점유 및 사용수익권을 주장할 수 있는 것이다.

1) 대항요건

① 주택의 인도가 있어야 한다. 주택의 인도는 주택에 입주하는 것을 의미한다. 다세대주택이나 아파트의 경우에는 임대인으로부터 열쇠를 건네받아 점유하는 것도 포함한다.

② 주택의 인도와 함께 주민등록의 이전(전입신고)이 있어야 한다. 주민등록 이전의 효력은 전입신고시에 발생한다. 전입신고시 단독주택의 경우 번지만 기재해도 대항력을 취득하나, 아파트·연립주택·다세대주택 등 공동주택의 경우에는 세입자는 번지 다음에 공동주택의 명칭과 정확한 동·호수를 기재하여야 보호를 받는다.

> **제3조(대항력 등)** ① 임대차는 그 등기(登記)가 없는 경우에도 임차인(賃借人)이 주택의 인도(引渡)와 주민등록을 마친 때에는 그 다음 날부터 제삼자에 대하여 효력이 생긴다. 이 경우 전입신고를 한 때에 주민등록이 된 것으로 본다.
> ② 국민주택기금을 재원으로 하여 저소득층 무주택자에게 주거생활 안정을 목적으로 전세임대주택을 지원하는 법인이 주택을 임차한 후 지방자치단체의 장 또는 그 법인이 선정한 입주자가 그 주택을 인도받고 주민등록을 마쳤을 때에는 제1항을 준용한다. 이 경우 대항력이 인정되는 법인은 대통령령으로 정한다.
> ③ (생략)
> ④ 임차주택의 양수인(讓受人)(그밖에 임대할 권리를 승계한 자를 포함한다)은 임대인(賃貸人)의 지위를 승계한 것으로 본다.
> ⑤~⑥ (생략)
> 제3조의5(경매에 의한 임차권의 소멸) 임차권은 임차주택에 대하여「민사집행법」에 따른 경매가 행하여진 경우에는 그 임차주택의 경락(競落)에 따라 소멸한다. 다만, 보증금이 모두 변제되지 아니한, 대항력이 있는 임차권은 그러하지 아니하다.

2) 발생시기

대항력은 주택의 인도와 주민등록의 전입신고를 한 다음 날부터 발생한다. 전학 등의 이유로 주민등록을 미리 한 경우에도 주택의 인도를 받았을 때 대항력이 발생한다. 주택의 인도와 주민등록은 대항력의 발생요건일 뿐만 아니라 존속요건이다. 따라서 대항력이 존속하기 위해서는 거주 및 주민등록이 계속되어야 한다. 그러나 임차인이 직장사정으로 다른 곳으로 주민등록을 옮긴 경우라도, 다른 가족이 점유를 계속하면서 가족의 주민등록은 그대로 둔 때에는 대항력을 상실하지 않는다.

임차인의 배우자만 주민등록 전입된 경우에도 대항력이 인정되는지 여부

[질문]

A는 주택임대차계약을 체결하고 A의 처 및 가족들과 함께 입주하였으나, A의 주민등록은 사업상의 필요에 의하여 다른 곳에 둔 채 A의 처만 주민등록전입신고를 하고, A와 나머지 가족은 2개월 후에 전입신고를 하였다. 그런데 그 사이에 위 주택에 근저당권이 설정되고 지금 경매절차가 진행중에 있다. A는 경매절차의 매수인에게 주택임대차보호법상 대항력을 갖게 되는가?

[해설]

대항요건 중 하나인 주민등록에 관하여 법원은 "주택임대차보호법 제3조 제1항에서 규정하고 있는 주민등록이라는 대항요건은 임차인 본인뿐 아니라, 그 배우자나 자녀 등 가족이 주민등록을 한 경우도 포함한다."고 하였다(대법원 1996.1.26. 선고 95다30338 판결). 즉 판례는 임차인의 가족을 점유보조자로 보았고 점유보조자의 주민등록이 전입된 경우에도 대항요건을 갖춘 것으로 인정한 것이다. 사안에서 A가 임차한 주택에 실제로 입주를 하였고 A의 가족인 처의 주민등록을 마친 경우에는, 설사 A가 주민등록을 마치지 않았다 하더라도 이미 대항요건상의 주민등록을 경료한 것이므로, 처의 주민등록전입신고를 기준으로 대항력의 발생시기를 판단하게 된다. 따라서 A는 근저당권의 실행으로 위 주택을 경매절차에서 매수한 사람에 대하여 대항력을 주장할 수 있을 것이다.

주택임대차계약서상에 아파트의 동·호수를 기재하지 않은 경우

[질문]

A는 2년 전 12월 1일 B소유 아파트를 임차보증금 2천만 원에 임차기간 12개월의 임대차계약을 체결하고 주민등록전입신고를 마친 후 그 아파트에 거주하여 왔다. 이후 계약기간이 만료되어 다음 해 12월 1일 A와 임차보증금을 3천만 원으로 증액하고, 기간을 1년 연장한 다음 재계약한 임대차계약서에 확정일자를 받았다. 그런데 임대인 B는 A와 재계약 한 이후부터 위 아파트에 수 차례 근저당을 설정하며 금전을 차용하고 있는데, A의 임대차계약서에는 아파트의 지번, 용도, 구조만 기재되어 있을 뿐, 아파트 명칭과 전유부분의 동·호수는 기재되어 있지 않다. 만약 임차아파트가 경매된다면 A는 위 임차보증금 3천만 원에 대하여 우선변제를 받을 수 있는가? 계약서에 동·호수가 틀리게 기재된 경우는 어떠한가?

[해설]

주택임차인은 주택임대차보호법상의 대항요건, 즉 주택의 인도와 주민등록전입 외에 임대차계약서상에 확정일자를 갖춘 경우에는(동법 제3조 1항) 경매절차 등에서 보증금을 우선변제 받을 수 있다(동법 제3조의2 2항). 그러므로 위 사안에서 문제는 과연 임대차계약서상의 임차주택의 표시가 어느 정도까지 되어 있어야 유효한 확정일자 있는 임대차계약서로 볼 것인가 문제된다.

법원은 "확정일자를 받은 임대차계약서가 당사자 사이에 체결된 당해 임대차계약에 관한 것으로서 진정하게 작성된 이상, 위와 같이 임대차계약서에 임대차 목적물을 표시하면서 아파트의 명칭과 그 전유부분의 동·호수의 기재를 누락하였다는 사유만으로 주택임대차보호법 제3조의2 2항에 규정된 확정일자의 요건을 갖추지 못하였다고 볼 수는 없다."고 하였다(대법원 1999.6.11. 선고 99다7992 판결). 그러므로 위 사안과 같은 경우에 있어 유효하게 확정일자 있는 임대차계약서의 요건을 구비하였다고 볼 수 있을 것이며, 또한 임대차계약을 갱신한 경우에는 그 내용에 대하여 다시 확정일자를 받으면 유효하게 확정일자 있는 계약서로서의 요건을 갖추게 된다고 할 수 있다. 따라서 A는 경매가 개시되고 배당이 실시된다면 입주와 전입요건에 하자가 없는 이상 유효한 확정일자의 요건을 주장할 수 있어 후순위자인 근저당권자 등에 우선하여 배당을 받을 수 있다. 그러나 다세대 주택의 임대차에서 동·호수가 틀리게 기재되어 있으면 임대차보호를 받지 못하는 수가 있으므로 동·호수를 정확히 기재하도록 하여야 한다.

(3) 임차기간의 보장

1) 임차기간

원칙적으로 임대차기간은 당사자의 합의에 의하여 자유롭게 정할 수 있다. 그러나 주택임대차보호법상의 주택임대차는 최소 2년이 보장된다. 따라서 임차인은 입주할 새 아파트 분양사정이나 자녀의 진학사정을 고려하여 1년만 살고 이사갈 수도 있고, 2년까지 살 수도 있게 된다.

제4조(임대차기간 등) ① 기간을 정하지 아니하거나 2년 미만으로 정한 임대차는 그 기간을 2년으로 본다. 다만, 임차인은 2년 미만으로 정한 기간이 유효함을 주장할 수 있다.
② 임대차기간이 끝난 경우에도 임차인이 보증금을 반환받을 때까지는 임대차관계가 존속되는 것으로 본다. [전문개정 2008.3.21.]

2) 임대차계약의 갱신

제6조(계약의 갱신) ① 임대인이 임대차기간이 끝나기 6개월 전부터 1개월 전까지의 기간에 임차인에게 갱신거절(更新拒絶)의 통지를 하지 아니하거나 계약조건을 변경하지 아니하면 갱신하지 아니한다는 뜻의 통지를 하지 아니한 경우에는 그 기간이 끝난 때에 전 임대차와 동일한 조건으로 다시 임대차한 것으로 본다. 임차인이 임대차기간이 끝나기 1개월 전까지 통지하지 아니한 경우에도 또한 같다.
② 제1항의 경우 임대차의 존속기간은 2년으로 본다. 〈개정 2009.5.8.〉
③ 2기(期)의 차임액(借賃額)에 달하도록 연체하거나 그밖에 임차인으로서의 의무를 현저히 위반한 임차인에 대하여는 1항을 적용하지 아니한다.[전문개정 2008.3.21.]

제6조의2(묵시적 갱신의 경우 계약의 해지) ① 제6조 1항에 따라 계약이 갱신된 경우 같은 조 2항에도 불구하고 임차인은 언제든지 임대인에게 계약해지(契約解止)를 통지할 수 있다. 〈개정 2009.5.8.〉
② 제1항에 따른 해지는 임대인이 그 통지를 받은 날부터 3개월이 지나면 그 효력이 발생한다.[전문개정 2008.3.21.]

제6조의3(계약갱신 요구 등) ① 제6조에도 불구하고 임대인은 임차인이 제6조제1항 전단의 기간 이내에 계약갱신을 요구할 경우 정당한 사유 없이 거절하지 못한다. 다만, 다음 각 호의 어느 하나에 해당하는 경우에는 그러하지 아니하다.
1. 임차인이 2기의 차임액에 해당하는 금액에 이르도록 차임을 연체한 사실이 있는 경우
2. 임차인이 거짓이나 그 밖의 부정한 방법으로 임차한 경우
3. 서로 합의하여 임대인이 임차인에게 상당한 보상을 제공한 경우
4. 임차인이 임대인의 동의 없이 목적 주택의 전부 또는 일부를 전대(轉貸)한 경우
5. 임차인이 임차한 주택의 전부 또는 일부를 고의나 중대한 과실로 파손한 경우
6. 임차한 주택의 전부 또는 일부가 멸실되어 임대차의 목적을 달성하지 못할 경우
7. 임대인이 다음 각 목의 어느 하나에 해당하는 사유로 목적 주택의 전부 또는 대부분을 철거하거나 재건축하기 위하여 목적 주택의 점유를 회복할 필요가 있는 경우
　가. 임대차계약 체결 당시 공사시기 및 소요기간 등을 포함한 철거 또는 재건축 계획을 임차인에게 구체적으로 고지하고 그 계획에 따르는 경우
　나. 건물이 노후·훼손 또는 일부 멸실되는 등 안전사고의 우려가 있는 경우
　다. 다른 법령에 따라 철거 또는 재건축이 이루어지는 경우
8. 임대인(임대인의 직계존속·직계비속을 포함한다)이 목적 주택에 실제 거주하려는 경우
9. 그 밖에 임차인이 임차인으로서의 의무를 현저히 위반하거나 임대차를 계속하기 어려운 중대한 사유가 있는 경우

② 임차인은 제1항에 따른 계약갱신요구권을 1회에 한하여 행사할 수 있다. 이 경우 갱신되는 임대차의 존속기간은 2년으로 본다.
③ 갱신되는 임대차는 전 임대차와 동일한 조건으로 다시 계약된 것으로 본다. 다만, 차임과 보증금은 제7조의 범위에서 증감할 수 있다.
④ 제1항에 따라 갱신되는 임대차의 해지에 관하여는 제6조의2를 준용한다.
⑤ 임대인이 제1항제8호의 사유로 갱신을 거절하였음에도 불구하고 갱신요구가 거절되지 아니하였더라면 갱신되었을 기간이 만료되기 전에 정당한 사유 없이 제3자에게 목적 주택을 임대한 경우 임대인은 갱신거절로 인하여 임차인이 입은 손해를 배상하여야 한다.
⑥ 제5항에 따른 손해배상액은 거절 당시 당사자 간에 손해배상액의 예정에 관한 합의가 이루어지지 않는 한 다음 각 호의 금액 중 큰 금액으로 한다.
1. 갱신거절 당시 월차임(차임 외에 보증금이 있는 경우에는 그 보증금을 제7조의2 각 호 중 낮은 비율에 따라 월 단위의 차임으로 전환한 금액을 포함한다. 이하 "환산월차임"이라 한다)의 3개월분에 해당하는 금액
2. 임대인이 제3자에게 임대하여 얻은 환산월차임과 갱신거절 당시 환산월차임 간 차액의 2년분에 해당하는 금액
3. 제1항제8호의 사유로 인한 갱신거절로 인하여 임차인이 입은 손해액[본조신설 2020.7.31.]

3) 임대차계약의 해지

임차인이 2기의 차임액에 달하도록 차임을 연체하거나 기타 임차인으로서의 의무를 현저히 위반한 때에는 임대차기간에 관하여 보호받지 못한다(제6조 3항). 묵시적으로 갱신된 임대차계약의 경우에 임차인은 언제든지 해지통지를 할 수 있고, 임대인이 그 통지를 받은 날로부터 3개월이 경과하면 해지의 효력이 발생한다(제6조의2 1항·2항).

(4) 보증금의 우선변제권

1) 확정일자를 갖춘 경우 ⇒ 우선변제권

임차인이 대항요건(주택의 인도+주민등록의 이전)에 추가하여 확정일자를 갖추면, 임차인은 보증금중 일정액에 대하여 민사집행법에 의한 경매 또는 국세징수법에 의한 공매시 임차주택(대지를 포함한다)의 환가대금에서 후순위권리자 기타 채권자보다 우선하여 보증금을 변제받을 권리가 있다(제3조의2 1항). 이를 우선변제권이라고 한다. 이는 후순위권리자 기타 채권자보다 우선하여 보증금을 받을 권리가 있을 뿐이므로 임차인이 인도, 주민등록, 임

대차계약서상 확정일자를 갖추기 전에 설정된 담보물권에는 우선하지 못한다. 임대차계약서상 확정일자란 공증인, 법원서기 또는 동사무소 서기가 그 날짜 현재 임대차계약이 존재하고 있다는 것을 확인하고 확정일자부 표시나 확정일자인을 찍는 것을 말한다. 확정일자를 받는데 임대인의 동의는 필요하지 않아 편리하다. 임차인이 주민등록등본과 임대차계약서를 가지고 주택소재지의 읍·면사무소, 주민자치센터(동사무소), 법원, 공증인사무소에 가서 확정일자일을 받을 수 있다(제3조의6 1항).

▲ 확정일자를 갖춘 임차인과 우선순위권리자

[질문]

A는 서울에서 B의 주택을 보증금 3천만 원에 임차하기로 하면서 주택을 인도받고 주민등록을 이전하였다. 그러나 알고 보니 사실 A가 임대차계약을 체결하기 전부터 B가 C로부터 5천만 원을 빌리고 위 주택에 근저당을 설정하였다. 그리고 A와 임대차계약을 체결한 후에도, 다시 D로부터 3천만 원을 빌리고 D를 위하여 위 건물에 근저당을 설정하였다. 결국 B가 채무를 변제하지 않자 채권자 C가 근저당에 기해 위 주택에 대한 경매를 신청하였고, 경락 매각대금은 8천만 원으로 결정되었다. A는 법원에 경락대금으로부터의 배당을 신청한 경우 얼마나 배당받을 수 있는가? 만일 A가 주민등록을 이전할 때에 계약서에 확정일자를 받은 경우에는 어떻게 달라지는가?

[해설]

(1) A가 주택의 인도를 받고 주민등록만 이전한 경우
A가 주택임대차보호법상 대항요건을 갖추었다면, 일정한 보증금에 대해서는 다른 어떠한 권리자보다 우선하여 변제를 받을 수 있다.

따라서 A가 서울에서 주택을 임차하였고 보증금이 소액보증금에 해당하는 3천만 원이라면 C와 D보다 우선하여 3,200만 원을 먼저 변제받을 수 있다. 그러나 나머지 경락대금은 저당권을 설정한 C와 D가 배당받게 된다. C가 1번 저당권자이기 때문에 먼저 배당받고, 나머지가 있으면 D가 배당을 받는다.

(2) 임차인 A가 대항요건(주택의 인도+주민등록의 이전)에 추가하여 확정일자를 갖춘 경우에는, A는 소액보증금의 일부를 최우선변제 받은 후, 확정일자에 의하여 그보다 후순위의 권리자에 우선하여 배당에 참여하게 된다.

2) 소액보증금의 최우선변제권
① 최우선변제의 요건

주택임대차보호법은 임차인을 보호하기 위하여 경매신청의 등기 전에 대항요건을 갖춘 경우에는 보증금 가운데 일정액을 다른 담보물권자보다 우선하여 변제받을 수 있도록 하였다(제8조 1항). 임차인이 최우선변제를 받기 위해서는 임차주택의 인도를 받고, 주민등록의 전입신고를 마쳐야 한다. 이러한 대항요건(주택인도＋전입신고)은 늦어도 경매신청의 등기 전에 갖추어야 한다. 최우선변제권의 행사에는 일반적인 우선변제권의 경우와는 달리 임대차계약서상 확정일자가 요구되지 않는다. 그러나 위의 요건에 확정일자를 받으면 최우선변제액을 제외한 나머지 보증금을 일정 순위에 따라 우선변제를 받을 수 있다.

② 최우선변제금액

> **제8조(보증금 중 일정액의 보호)** ① 임차인은 보증금 중 일정액을 다른 담보물권자(擔保物權者)보다 우선하여 변제받을 권리가 있다. 이 경우 임차인은 주택에 대한 경매신청의 등기 전에 제3조 1항의 요건을 갖추어야 한다.
> ② (생략)
> ③ 제1항에 따라 우선변제를 받을 임차인 및 보증금 중 일정액의 범위와 기준은 제8조의2에 따른 주택임대차위원회의 심의를 거쳐 대통령령으로 정한다. 다만, 보증금 중 일정액의 범위와 기준은 주택가액(대지의 가액을 포함한다)의 2분의 1을 넘지 못한다. 〈개정 2009. 5.8.〉 [전문개정 2008.3.21.]
>
> **시행령 제10조(보증금 중 일정액의 범위 등)** ①~③ (생략)
> ④ 하나의 주택에 임차인이 2명 이상이고 이들이 그 주택에서 가정공동생활을 하는 경우에는 이들을 1명의 임차인으로 보아 이들의 각 보증금을 합산한다.[전문개정 2008.8.21.]
>
> **시행령 제11조(우선변제를 받을 임차인의 범위)** 법 제8조에 따라 우선변제를 받을 임차인은 보증금이 다음 각 호의 구분에 의한 금액 이하인 임차인으로 한다. 〈개정 2010.7.21., 2013.12.30., 2016.3.31., 2018.9.18., 2021.5.11.〉
> 1. 서울특별시 : 1억 5천 만 원
> 2. 「수도권정비계획법」에 따른 과밀억제권역(서울특별시는 제외한다), 세종특별자치시, 용인시, 화성시 및 김포시 : 1억 3천만 원
> 3. 광역시(「수도권정비계획법」에 따른 과밀억제권역에 포함된 지역과 군지역은 제외한다), 안산시, 광주시, 파주시, 이천시 및 평택시 : 7천만 원
> 4. 그 밖의 지역 : 6천만 원

□ 지역별 소액보증금과 최우선변제금액 (2021.5.11. 시행) 임대차 보증금

	적용대상 소액보증금	최우선변제금액
서울특별시	1억 5천만 원	5천만 원
수도권 과밀억제권역, 세종특별자치시, 용인시, 화성시 및 김포시	1억 3천만 원	4천 3백만 원
광역시(인천 및 군지역 제외), 안산시, 광주시, 파주시, 이천시 및 평택시	7천만 원	2천 2백만 원
그 밖의 지역	6천만 원	2천만 원

③ 보증금의 산정방법
㉮ 다수 임차인의 보증금합계액이 주택가액의 1/2을 넘는 경우

임차인의 보증금중 일정액이 주택의 가액의 2분의 1을 초과하는 경우에는 주택의 가액의 2분의 1에 해당하는 금액에 한하여 우선변제권이 있다(시행령 제3조). 예컨대 서울에서 주택가액이 3천만 원인 주택을 2천만 원에 세들어 살고 있는 경우에는 1,500만 원까지 최우선변제를 받을 수 있다.

㉯ 임차인이 2인 이상인 경우

하나의 주택에 임차인이 2인 이상이고 이들이 가정공동생활을 하는 경우에는 1인의 임차인으로 보아 보증금을 합산한다(시행령 제10조 4항). 예컨대 서울(보증금이 9천 500만 원 이하인 경우에 최우선 변제)에서 1억 원인 주택을 2인이 각각 보증금 5천만 원에 세들어서 가정공동생활을 하고 있는 경우에 보증금 합산액이 1억 원이 되어 최우선변제권이 없다.

반면 하나의 주택에 2인 이상인 임차인이 각각 독립한 가정생활을 하고 있는 경우에 각 보증금중 일정액의 합산액이 주택의 가액의 2분의 1을 초과하는 때에는, 그 주택의 가액의 2분의 1에 해당하는 금액을 그 각 보증금 중 일정액의 비율로 분할한 금액을 각 임차인의 보증금중 일정액으로 본다(시행령 제10조 3항). 예컨대 서울에서 1억 원 상당의 주택에 3인의 임차인이 각각 3천만 원에 세들어 살고 있고 독립한 가정생활을 하고 있는 경우에 보증금 중 일정액의 합산액이 9천만 원이 되어 주택가액의 2분의 1, 즉 5,000만 원을 초과하므로 임차인 각자는 주택가액의 1/2인 5,000만 원에서 각 보증금의 비율대로 최우선변제를 받을 수 있다.

3) 임차인의 경매신청

임차인이 보증금을 반환받기 위해서 보증금 반환채권의 확정판결 기타 이에 준하는 집행권원(채무명의)에 기하여 경매신청을 하는 경우에는 임차인이 주택을 비우지 않고서도 경매를 신청할 수 있다(제3조의2 1항). 따라서 임차인은 우선변제권을 실질적으로 보장받게 된다. 또한 임차인이 아닌 다른 채권자가 경매를 신청할 경우에는 그 집에 살면서 우선변제권을 보장받을 수 있다.

4) 보증금의 반환과 주택의 명도

임대차가 종료한 경우에도 임차인이 보증금을 반환받을 때까지 임대차관계가 존속하는 것으로 본다(제4조 2항). 따라서 임차인은 보증금 전액을 반환받을 때까지 주택을 점유할 수 있고 주택의 명도와 보증금의 반환은 동시이행의 관계에 있다.

(5) 주택임대차와 승계

1) 임차주택 양수인의 임대인 지위 승계

임차주택의 양수인 기타 임대권을 승계한 자는 임대인의 지위를 승계한 것으로 본다(동법 제3조 4항). 따라서 종전의 임대인과 임차인 사이에 존재하는 임대차관계가 그대로 새로운 임차주택의 양수인에게 승계된다. 임차주택의 양수인이 임대인의 지위를 승계한다는 것은 종전의 임대차계약서에서 정하여진 권리와 의무를 모두 이어받는다는 것을 의미한다. 따라서 양수인은 임차인에 대하여 임차주택의 소유권 변동 후에 발생하는 차임을 청구할 수 있고, 보증금 또는 전세금 반환채무를 부담한다.

2) 임차권의 승계

> **제9조(주택 임차권의 승계)** ① 임차인이 상속인 없이 사망한 경우에는 그 주택에서 가정공동생활을 하던 사실상의 혼인 관계에 있는 자가 임차인의 권리와 의무를 승계한다.
> ② 임차인이 사망한 때에 사망 당시 상속인이 그 주택에서 가정공동생활을 하고 있지 아니한 경우에는 그 주택에서 가정공동생활을 하던 사실상의 혼인 관계에 있는 자와 2촌 이내의 친족이 공동으로 임차인의 권리와 의무를 승계한다.
> ③ 제1항과 제2항의 경우에 임차인이 사망한 후 1개월 이내에 임대인에게 제1항과 제2항에 따른 승계 대상자가 반대의사를 표시한 경우에는 그러하지 아니하다.

④ 제1항과 제2항의 경우에 임대차 관계에서 생긴 채권·채무는 임차인의 권리의무를 승계한 자에게 귀속된다. [전문개정 2008.3.21.]

(6) 주택 임차권의 등기 ⇒ 법원의 임차권등기명령

임대차가 종료된 후 보증금을 반환받지 못한 임차인이 직장 전근·자녀 전학 등의 사정으로 퇴거하여야 하는 경우 등에는 임차주택의 소재지를 관할하는 지방법원(지방법원지원 또는 시·군법원)에 임차권등기명령을 신청할 수 있다. 임대차등기를 신청하기 위해서는 확정일자인이 있는 임대차계약서와 주민등록등본, 임차주택에 거주하고 있다는 이웃의 확인서 등이 필요하다.

임차권등기가 되면 임차인은 대항력 및 우선변제권을 취득하기 때문에, 임차권등기 후 주택의 점유와 주민등록의 요건을 갖추지 않더라도 임차인이 종전에 가지고 있던 대항력과 우선변제권이 유지된다. 따라서 임차권등기를 한 경우에는 다른 곳으로 이사하여도 임차보증금이 보호된다.

⚖ 임차기간만료 후 보증금을 받지 못하고 이사갈 경우의 대항력 등 유지방법

[질문]

A는 B소유의 주택을 전세보증금 3,000만 원에 2년간 임차하기로 계약하고 입주와 주민등록전입신고를 하였으며 확정일자도 받아두었다. 그런데 계약만료 2개월 전쯤 직장근무지가 변경되어 A만 전보된 근무처로 주민등록을 옮기고서, 그 후 계약기간이 만료되면 처와 초등학교 다니는 아이들을 데려와 전학시키려 하였으나 계약기간이 만료되어도 임대인이 재임대가 되어야 보증금을 반환해줄 수 있다고 하여, 대항력 등의 유지를 위해 어쩔 수 없이 가족들과 별거 아닌 별거생활을 하고 있다. 이 경우 A가 취할 수 있는 방법으로는 무엇이 있을까?

[해설]

임대차계약기간의 만료 1개월 전까지 계약해지의 통보를 하고 그 기간이 만료되었다면 A는 임대인 B의 동의나 협력없이 단독으로 부동산소재지 관할법원에 주택임차권등기명령을 신청할 수 있다. 그리고 그 등기를 경료하였다면 다른 가족들의 주민등록을 A가 거주하는 곳으로 이전하여도 A가 종전에 취득한 주택임차인으로서의 대항력과 우선변제권은 그대로 유지된다.

> **제3조의3(임차권등기명령)** ① 임대차가 끝난 후 보증금을 반환받지 못한 임차인은 임차주택의 소재지를 관할하는 지방법원·지방법원지원 또는 시·군 법원에 임차권등기명령을 신청할 수 있다.
> ② 임차권등기명령의 신청서에는 다음 각 호의 사항을 적어야 하며, 신청의 이유와 임차권등기의 원인이 된 사실을 소명(疎明)하여야 한다.
> 1. 신청의 취지 및 이유
> 2. 임대차의 목적인 주택(임대차의 목적이 주택의 일부분인 경우에는 해당 부분의 도면을 첨부한다)
> 3. 임차권등기의 원인이 된 사실(임차인이 제3조 1항~3항에 따른 대항력을 취득하였거나 제3조의2 2항에 따른 우선변제권을 취득한 경우에는 그 사실)
> 4. 그밖에 대법원규칙으로 정하는 사항

(7) 차임 또는 보증금의 증감청구권

> **제7조(차임 등의 증감청구권)** ① 당사자는 약정한 차임이나 보증금이 임차주택에 관한 조세, 공과금, 그 밖의 부담의 증감이나 경제사정의 변동으로 인하여 적절하지 아니하게 된 때에는 장래에 대하여 그 증감을 청구할 수 있다. 이 경우 증액청구는 임대차계약 또는 약정한 차임이나 보증금의 증액이 있은 후 1년 이내에는 하지 못한다. 〈개정 2020.7.31.〉
> ② 제1항에 따른 증액청구는 약정한 차임이나 보증금의 20분의 1의 금액을 초과하지 못한다. 다만, 특별시·광역시·특별자치시·도 및 특별자치도는 관할 구역 내의 지역별 임대차 시장 여건 등을 고려하여 본문의 범위에서 증액청구의 상한을 조례로 달리 정할 수 있다. 〈신설 2020.7.31.〉
>
> **제7조의2(월차임 전환 시 산정률의 제한)** 보증금의 전부 또는 일부를 월 단위의 차임으로 전환하는 경우에는 그 전환되는 금액에 다음 각 호 중 낮은 비율을 곱한 월차임(月借賃)의 범위를 초과할 수 없다. 〈개정 2016.5.29.〉
> 1. 「은행법」에 따른 은행에서 적용하는 대출금리와 해당 지역의 경제 여건 등을 고려하여 대통령령으로 정하는 비율
> 2. 한국은행에서 공시한 기준금리에 대통령령으로 정하는 이율을 더한 비율
>
> **주택임대차보호법 시행령 제8조(차임 등 증액청구의 기준 등)** ① 법 제7조에 따른 차임이나 보증금(이하 "차임 등"이라 한다)의 증액청구는 약정한 차임 등의 20분의 1의 금액을 초과하지 못한다.
> ② 제1항에 따른 증액청구는 임대차계약 또는 약정한 차임 등의 증액이 있은 후 1년 이내에는 하지 못한다.

> **제9조(월차임 전환 시 산정률)** ① 법 제7조의2에서 "대통령령으로 정하는 비율"이란 연 1할을 말한다.
> ② 법 제7조의2 2호에서 "대통령령으로 정하는 배수"란 연 3.5퍼센트를 말한다. 〈개정 2016.11.29.〉

(8) 보증금반환소송의 특례

소액사건심판법은 3천만 원 이하의 소액사건을 신속히 처리하기 위하여 민사소송법의 특례를 인정한 법이다. 그러나 임대차 보증금의 경우에는 보증금의 액수에 상관없이 보증금반환소송에 관하여 소액사건심판법의 규정을 준용하여, 간편하고 신속하게 소송절차를 진행하도록 하고 있다(제13조).

> **제13조(「소액사건심판법」의 준용)** 임차인이 임대인에 대하여 제기하는 보증금반환청구소송에 관하여는 「소액사건심판법」 제6조, 제7조, 제10조 및 제11조의2를 준용한다.[전문개정 2008.3.21.]

(9) 주택임대차분쟁조정위원회

주택 임대차와 관련된 당사자 간의 분쟁을 합리적으로 조정하기 위하여 대통령령으로 정하는 바에 따라 대한법률구조공단의 지부에 주택임대차분쟁조정위원회를, 주택임대차분쟁조정위원회에 조정부를 설치하도록 하고, 조정위원회의 구성 및 운영, 위원의 자격, 결격사유 및 신분보장, 조정위원의 제척, 조정의 신청 대상 및 절차, 처리기간, 조정방법 등에 관한 사항을 정하였다(제14조-제29조). 또한 각 당사자가 조정안에 대해 서면으로 수락의 의사를 표시한 경우 당사자 간에 합의가 성립된 것으로 보고, 조정위원회위원장은 각 당사자 간에 금전 기타 대체물의 지급 또는 부동산의 인도에 강제집행을 승낙하는 취지의 합의가 있는 경우에는 조정서에 그 합의 내용을 기재하도록 하였다(제26조). 그리고 조정서에 각 당사자 간에 금전 기타 대체물의 지급 또는 부동산의 인도에 강제집행을 승낙하는 취지의 합의가 있는 경우에는 집행력 있는 집행권원과 같은 효력을 갖도록 하였다(제27조). 주택임대차분쟁조정위원회에 관한 규정은 2017.5.30.부터 시행된다.

(10) 주택임대차 표준계약서

주택임대차계약을 서면으로 체결할 때에는 법무부장관이 서식을 정하여 권고하는 주택임대차 표준계약서를 우선적으로 사용도록 하였다. 다만, 당사자가 다른 서식을 사용하기로 합의한 경우에는 그러하지 아니한다(제30조).

주택임대차보호법상의 확정일자제도와 민법상 전세권 등기의 차이

전세권 설정등기는 민법의 전세권에 관한 규정에 의하여 그 설정순위에 따라 당연히 물권적 효력인 순위 보호가 인정되는데 반하여, 확정일자제도는 1989.12.30.부터 시행된 주택임대차보호법에 의해 사회적 약자인 세입자를 보호하기 위하여 원칙적으로 채권계약인 주택임대차에 대하여 물권적 효력(순위에 따른 우선변제의 효력)을 인정하는 제도라는 점에 근본적인 차이가 있다. 구체적인 차이점은 다음과 같다.

1) 확정일자제도에 의한 순위가 인정되기 위해서는 각 등기소나 공증사무소 또는 주민자치센터(동사무소)에서 확정일자를 받는 이외에 주민등록의 전입신고 및 주택을 인도받아 실제거주(입주)할 것을 그 요건으로 한다. 그러나 전세권설정등기는 등기만 설정해두면 그 설정순위에 따라 당연히 순위가 보호된다. 따라서 확정일자제도에 따른 보호를 받기 위해서는 주민등록전입신고만 해두고 실제거주는 다른 곳에서 한다거나, 실제거주는 하면서 주민등록전입신고를 해두지 않는 경우에는 보호받지 못한다는 단점이 있는데 반하여, 전세권설정등기는 등기만 경료해 두면 되고 주민등록전입신고나 실제거주는 그 요건이 아니므로 더 편리하다.

2) 확정일자제도는 임대인의 동의여부와 관계없이, 등기소나 공증인사무실 또는 주민자치센터(동사무소)에서 저렴한 비용으로, 신속·간편한 절차에 의해 임대차계약서에 확정일자를 받을 수 있다. 그러나 전세권 설정등기는 임대인의 협력없이는 등기 자체가 불가능하며 그 절차의 복잡성으로 인해 대부분의 경우 법무사의 협조를 얻어야 하고, 그 비용도 확정일자를 받는데 비하여 많이 소요된다. 또한 전세기간 만료시에는 전세권 설정등기를 말소해 주어야 한다.

3) 임대차계약기간이 만료된 때에 이사를 하고자 하지만 임대인이 보증금을 반환치 않는 경우, 확정일자를 받아둔 임차인은 별도로 임차보증금 반환청구소송을 제기하여 승소판결을 받은 후 그 확정판결문에 기하여서만 강제집행을 신청할 수 있다(주택임차권등기명령에 의한 등기가 된 경우에도 그 등기에 경매신청권은 부여되어 있지 않음). 그러나 전세권 설정등기를 경료한 전세권자는 위와 같은 경우에 민사집행법의 담보권

실행 등을 위한 경매(임의경매)규정에 근거하여 판결절차 없이도 직접 경매신청이 가능하다.

4) 확정일자만 갖춘 경우는 경매절차에서 별도의 배당요구를 하여야 한다. 그러나 전세권설정등기를 한 경우에는 별도의 배당요구 없이도 순위에 의한 배당을 받을 수 있다.

5) 확정일자를 갖춘 경우에는 임차주택 외에 그 대지의 환가대금에서도 우선배당을 받을 수 있다. 그러나 대지를 포함하지 않고 주택에만 전세권설정등기를 한 경우에는 대지의 환가대금에서 우선배당을 받을 수 없다.

□ 주택임대차보호법상의 확정일자제도와 민법상 전세권 등기의 차이

	확정일자 제도	전세권 등기
대항력 요건 (우선변제권)	주택의 인도 + 전입신고(확정일자인)	전세권 등기
비용	거의 없다	더 많이 든다
보증금 반환	경매권이 없음	경매권이 인정됨
주택임차권등기명령	인 정	없 음
경매절차시 배당요구	배당요구 필요	
주택 외 대지에 대한 권리	환가대금에서 우선배당	

임차권은 임차주택에 대하여 「민사집행법」에 따른 경매가 행하여진 경우에는 그 임차주택의 경락(競落)에 따라 소멸한다. 다만, 보증금이 모두 변제되지 아니한, 대항력이 있는 임차권은 그러하지 아니하다(제3조의5).

■ **주택임대차 관련 3법**(2020.7.30. 국회 통과, 법률 제17470호, 7.31. 임시 국무회의 통과, 전격 시행)

1) 임차인의 계약갱신청구권 제도 신설(2020.7.31. 시행, 기존 전·월세 계약에도 소급 적용)

임차인이 채권적 전세 혹은 임대차계약의 갱신(2년)을 임대인에게 요구할 권리를 보장하였다. 즉, 종전에는 주택임대차법상 주택의 기본 임대기간이 최대 2년까지였지만, 주택 임차인의 계약갱신 청구권 제도를 도입 ⇒ 임차인(세입자)이 2년 기한으로 기존의 전세 혹은 월세계약의 연장을 1회 요구할 수 있는 권리를 갖게 하였다. 다만, 집주인 본인이나 집주인의 직계존비속, 즉 부모, 자녀가 거주할 목적인 경우에는 세입자의 계약갱신 요구에 대해 거부 가능하며, 이 경우에 임대인측은 2년간 실거주하여야 한다(주택임대차보호법 제6조의3, 제1항, 제2항).

2) 전월세 상한제(2020.7.31. 시행, 기존 전·월세 계약에도 소급 적용)

종전에는 채권적 전세 혹은 월세 임대차의 경우에 임대인이 임의로 임대료를 올리거나 내릴 수 있었다. 그러나 이법의 개정 시행에 따라 이제 주택임대차 재계약 시 임대료 인상률을 직전 계약 대비 年 5% 이내 또는 "기준금리 + 물가상승률" 이내로 제한한다. 다만 세입자가 변경되는 경우에는 이 상한제의 적용을 받지 아니 한다. 그리고 임대차기간 중에 집주인이 바뀌어도 5% 이상의 임대료를 인상하는 것은 허용되지 아니 한다(주택임대차보호법 제7조 제2항).

3) 전월세 신고제 : 전월세 계약 시 실거래 신고가 의무화(신고제 시행 ⇒ 신고와 동시에 확정일자 발급 ⇒ 주택 임차보증금의 보호) ; 보증금 6천만 원, 월세 30만 원 초과 임대차계약 대상

종전에는 주택을 사고팔 때에만 국가에 의무적으로 신고를 하고, 채권적 전세나 월세 임대차의 경우에는 반드시 신고가 요구되지 않았다. 그러나 이제 채권적 전세나 월세를 신규 계약한 경우에도 반드시 국가에 신고를 하여야 한다(전월세 신고제). 즉, 주택임대차 계약 후 30일 내에 계약 당사자와 보증금, 임대료, 임대기간, 계약금, 중도금, 잔금, 납부일 등의 계약사항을 30일 이내에 해당 관청에 신고하도록 의무화 하였다(부동산거래 신고 등에 관한 법률 제6조의2 신설, 2021.6.1. 시행).

• 계약갱신청구권 제도 도입(2020.7.31. 시행) (주택임대차보호법 제6조의3, 제1항, 제2항)	- 현행 임대차기간의 보장 : 2년 ⇒ 최대 4년 보장 - 임차인 요구 시 : 1회 연장(2년+2년)
• 전월세 상한제 신설(2020.7.31. 시행) (주택임대차보호법 제7조 제2항)	- 임대차계약 시 차임(보증금) 증액청구 제한 : 최대 인상률 = 직전 계약 대비 1/20(특별시, 광역시, 도 여건에 따라 조례로 그 이내로 정할 수 있음)
• 전월세 신고(부동산거래 신고 등에 관한 법률 제6조의 2 신설, 2021.6.1. 시행)	- 거래일로부터 30일 내 전월세 거래 내용 신고 - 임대인 · 임차인의 신고의무

4) 영향

이러한 제도 시행으로 인하여 임대인이 임대보증금 인상분을 미리 앞당겨 적용하거나, 전세 주택의 월세 전환 증가 및 전세물 감소로 인해 월세의 대폭 인상 등 부작용이 우려되었고, 역시나 임대료 인상폭이 크게 제약되자 임대인들이 임대차 계약기간이 종료되면 전세 대신 이를 월세로 전환하는 등 전세 물량이 급감하여 자연스레 전세가격의 상승으로 이어지는 등 커다란 부작용을 나았다.

또한 전세 시장가격의 왜곡 현상, 즉 기존 세입자와 신규 세입자 사이에 사실상 '이중 가격제'가 발생하여 기존 임차인을 불안하게 하였다. 과연 이러한 임대차 3법이 진정한 주택시장 안정화를 가져오는지, 혹은 오히려 시장을 왜곡하는지 입법 전에 신중히 검토할 필요가 있다.

■ 부동산 거래신고 등에 관한 법률

> **제2장의2 주택 임대차 계약의 신고** 〈신설 2020.8.18.〉 [시행일 : 2021.6.1.]
>
> **제6조의2(주택 임대차 계약의 신고)** ① 임대차계약당사자는 주택(「주택임대차보호법」 제2조에 따른 주택을 말하며, 주택을 취득할 수 있는 권리를 포함한다. 이하 같다)에 대하여 대통령령으로 정하는 금액을 초과하는 임대차 계약을 체결한 경우 그 보증금 또는 차임 등 국토교통부령으로 정하는 사항을 임대차 계약의 체결일부터 30일 이내에 주택 소재지를 관할하는 신고관청에 공동으로 신고하여야 한다. 다만, 임대차계약당사자 중 일방이 국가 등인 경우에는 국가 등이 신고하여야 한다.

② 제1항에 따른 주택 임대차 계약의 신고는 임차가구 현황 등을 고려하여 대통령령으로 정하는 지역에 적용한다.
③ 제1항에도 불구하고 임대차계약당사자 중 일방이 신고를 거부하는 경우에는 국토교통부령으로 정하는 바에 따라 단독으로 신고할 수 있다.
④ 제1항에 따라 신고를 받은 신고관청은 그 신고 내용을 확인한 후 신고인에게 신고필증을 지체 없이 발급하여야 한다.
⑤ 신고관청은 제1항부터 제4항까지의 규정에 따른 사무에 대한 해당 권한의 일부를 그 지방자치단체의 조례로 정하는 바에 따라 읍·면·동장 또는 출장소장에게 위임할 수 있다.
⑥ 제1항, 제3항 또는 제4항에 따른 신고 및 신고필증 발급의 절차와 그 밖에 필요한 사항은 국토교통부령으로 정한다.

제6조의3(주택 임대차 계약의 변경 및 해제 신고) ① 임대차계약당사자는 제6조의2에 따라 신고한 후 해당 주택 임대차 계약의 보증금, 차임 등 임대차 가격이 변경되거나 임대차 계약이 해제된 때에는 변경 또는 해제가 확정된 날부터 30일 이내에 해당 신고관청에 공동으로 신고하여야 한다. 다만, 임대차계약당사자 중 일방이 국가등인 경우에는 국가 등이 신고하여야 한다.
② 제1항에도 불구하고 임대차계약당사자 중 일방이 신고를 거부하는 경우에는 국토교통부령으로 정하는 바에 따라 단독으로 신고할 수 있다.
③ 제1항에 따라 신고를 받은 신고관청은 그 신고 내용을 확인한 후 신고인에게 신고필증을 지체 없이 발급하여야 한다.
④ 신고관청은 제1항부터 제3항까지의 규정에 따른 사무에 대한 해당 권한의 일부를 그 지방자치단체의 조례로 정하는 바에 따라 읍·면·동장 또는 출장소장에게 위임할 수 있다.
⑤ 제1항부터 제3항까지의 규정에 따른 신고 및 신고필증 발급의 절차와 그 밖에 필요한 사항은 국토교통부령으로 정한다.

이 계약서는 법무부에서 국토교통부·서울시 및 학계 전문가와 함께 민법, 주택임대차보호법, 공인중개사법 등 관계법령에 근거하여 만들었습니다. 법의 보호를 받기 위해 【중요확인사항】(별지)을 꼭 확인하시기 바랍니다.

주택임대차계약서

☐ 보증금 있는 월세
☐ 전세 ☐ 월세

임대인( )과 임차인( )은 아래와 같이 임대차 계약을 체결한다

[임차주택의 표시]

소재지	(도로명주소)			
토지	지목		면적	㎡
건물	구조·용도		면적	㎡
임차할부분	상세주소가 있는 경우 동·층·호 정확히 기재		면적	㎡

미납 국세	선순위 확정일자 현황	확정일자 부여란
☐ 없음 (임대인 서명 또는 날인 ㉑)	☐ 해당 없음 (임대인 서명 또는 날인 ㉑)	
☐ 있음(중개대상물 확인·설명서 제2쪽 Ⅱ. 개업공인중개사 세부 확인사항 '⑨ 실제 권리관계 또는 공시되지 않은 물건의 권리사항'에 기재)	☐ 해당 있음(중개대상물 확인·설명서 제2쪽 Ⅱ. 개업공인중개사 세부 확인사항 '⑨ 실제 권리관계 또는 공시되지 않은 물건의 권리사항'에 기재)	

유의사항: 미납국세 및 선순위 확정일자 현황과 관련하여 개업공인중개사는 임대인에게 자료제출을 요구할 수 있으나, 세무서와 확정일자부여기관에 이를 직접 확인할 법적권한은 없습니다. ※ 미납국세·선순위확정일자 현황 확인방법은 "별지"참조

[계약내용]

제1조(보증금과 차임) 위 부동산의 임대차에 관하여 임대인과 임차인은 합의에 의하여 보증금 및 차임을 아래와 같이 지불하기로 한다.

보증금	금	원정(₩)
계약금	금	원정(₩)은 계약시에 지불하고 영수함. 영수자 (인)
중도금	금	원정(₩)은 년 월 일에 지불하며
잔금	금	원정(₩)은 년 월 일에 지불한다
차임(월세)	금	원정은 매월 일에 지불한다(입금계좌:)

제2조(임대차기간) 임대인은 임차주택을 임대차 목적대로 사용·수익할 수 있는 상태로 ____년 ____월 ____일까지 임차인에게 인도하고, 임대차기간은 인도일로부터 ____년 ____월 ____일까지로 한다.

제3조(입주 전 수리) 임대인과 임차인은 임차주택의 수리가 필요한 시설물 및 비용부담에 관하여 다음과 같이 합의한다.

수리 필요 시설	☐ 없음 ☐ 있음(수리할 내용:)
수리 완료 시기	☐ 잔금지급 기일인 년 월 일까지 ☐ 기타 ( )
약정한 수리 완료 시기까지 미 수리한 경우	☐ 수리비를 임차인이 임대인에게 지급하여야 할 보증금 또는 차임에서 공제 ☐ 기타 ( )

제4조(임차주택의 사용·관리·수선) ① 임차인은 임대인의 동의 없이 임차주택의 구조변경 및 전대나 임차권 양도를 할 수 없으며, 임대차 목적인 주거 이외의 용도로 사용할 수 없다.

② 임대인은 계약 존속 중 임차주택을 사용·수익에 필요한 상태로 유지하여야 하고, 임차인은 임대인이 임차주택의 보존에 필요한 행위를 하는 때 이를 거절하지 못한다.

③ 임대인과 임차인은 계약 존속 중에 발생하는 임차주택의 수리 및 비용부담에 관하여 다음과 같이 합의한다. 다만, 합의되지 아니한 기타 수선비용에 관한 부담은 민법, 판례 기타 관습에 따른다.

임대인부담	(예컨대, 난방, 상·하수도, 전기시설 등 임차주택의 주요설비에 대한 노후·불량으로 인한 수선은 민법 제623조, 판례상 임대인이 부담하는 것으로 해석됨)
임차인부담	(예컨대, 임차인의 고의·과실에 기한 파손, 전구 등 통상의 간단한 수선, 소모품 교체 비용은 민법 제623조, 판례상 임차인이 부담하는 것으로 해석됨)

④ 임차인이 임대인의 부담에 속하는 수선비용을 지출한 때에는 임대인에게 그 상환을 청구할 수 있다.

제5조(계약의 해제) 임차인이 임대인에게 중도금(중도금이 없을 때는 잔금)을 지급하기 전까지, 임대인은 계약금의 배액을 상환하고, 임차인은 계약금을 포기하고 이 계약을 해제할 수 있다.

제6조(채무불이행과 손해배상) 당사자 일방이 채무를 이행하지 아니하는 때에는 상대방은 상당한 기간을 정하여 그 이행을 최고하고 계약을 해제할 수 있으며, 그로 인한 손해배상을 청구할 수 있다. 다만, 채무자가 미리 이행하지 아니할 의사를 표시한 경우의 계약해제는 최고를 요하지 아니한다.

제7조(계약의 해지) ① 임차인은 본인의 과실 없이 임차주택의 일부가 멸실 기타 사유로 인하여 임대차의 목적대로 사용할 수 없는 경우에는 계약을 해지할 수 있다.

② 임대인은 임차인이 2기의 차임액에 달하도록 연체하거나, 제4조 제1항을 위반한 경우 계약을 해지할 수 있다.

제8조(계약의 종료) 임대차계약이 종료된 경우에 임차인은 임차주택을 원래의 상태로 복구하여 임대인에게 반환하고, 이와 동시에 임대인은 보증금을 임차인에게 반환하여야 한다. 다만, 시설물의 노후화나 통상 생길 수 있는 파손 등은 임차인의 원상복구의무에 포함되지 아니한다.

제9조(비용의 정산) ① 임차인은 계약종료 시 공과금과 관리비를 정산하여야 한다.

② 임차인은 이미 납부한 관리비 중 장기수선충당금을 소유자에게 반환 청구할 수 있다. 다만, 관리사무소 등 관리주체가 장기수선충당금을 정산하는 경우에는 그 관리주체에게 청구할 수 있다.

제10조(중개보수 등) 중개보수는 거래 가액의 _____% 인 _____원(□ 부가가치세 포함 □ 불포함)으로 임대인과 임차인이 각각 부담한다. 다만, 개업공인중개사의 고의 또는 과실로 인하여 중개의뢰인간의 거래행위가 무효·취소 또는 해제된 경우에는 그러하지 아니하다.

제11조(중개대상물확인·설명서 교부) 개업공인중개사는 중개대상물 확인·설명서를 작성하고 업무보증관계증서(공제증서등) 사본을 첨부하여 _____년 _____월 _____일 임대인과 임차인에게 각각 교부한다.

[특약사항]

상세주소가 없는 경우 임차인의 상세주소부여 신청에 대한 소유자 동의여부(□ 동의 □ 미동의)

※ 기타 임차인의 대항력·우선변제권 확보를 위한 사항, 관리비·전기료 납부방법 등 특별히 임대인과 임차인이 약정할 사항이 있으면 기재

— 【대항력과 우선변제권 확보 관련 예시】"주택을 인도받은 임차인은 ____년 ____월 ____일까지 주민등록(전입신고)과 주택임대차계약서상 확정일자를 받기로 하고, 임대인은 ____년 ____월 ____일(최소한 임차인의 위 약정일자 이틀 후부터 가능)에 저당권 등 담보권을 설정할 수 있다"는 등 당사자 사이 합의에 의한 특약 가능

본 계약을 증명하기 위하여 계약 당사자가 이의 없음을 확인하고 각각 서명날인 후 임대인, 임차인, 개업공인중개사는 매 장마다 간인하여, 각각 1통씩 보관한다.   년   월   일

	주　소					서명 또는 날인㊞
임대인	주민등록번호		전　화		성　명	
	대　리　인	주　소		주민등록번호	성　명	
	주　소					서명 또는 날인㊞
임차인	주민등록번호		전　화		성　명	
	대　리　인	주　소		주민등록번호	성　명	
개업공인중개사	사무소소재지			사무소소재지		
	사무소명칭			사무소명칭		
	대　　표	서명 및 날인 ㊞		대　　표	서명 및 날인	㊞
	등록번호		전화	등록번호		전화
	소속공인중개사	서명 및 날인 ㊞		소속공인중개사	서명 및 날인	㊞

법무부　국토교통부　서울특별시

별지)

법의 보호를 받기 위한 중요사항! 반드시 확인하세요

< 계약 체결 시 꼭 확인하세요 >

【당사자 확인 / 권리순위관계 확인 / 중개대상물 확인·설명서 확인】

① 신분증·등기사항증명서 등을 통해 당사자 본인이 맞는지, 적법한 임대·임차권한이 있는지 확인합니다.

② 대리인과 계약 체결 시 위임장·대리인 신분증을 확인하고, 임대인(또는 임차인)과 직접 통화하여 확인하여야 하며, 보증금은 가급적 임대인 명의 계좌로 직접 송금합니다.

③ 중개대상물 확인·설명서에 누락된 것은 없는지, 그 내용은 어떤지 꼼꼼히 확인하고 서명하여야 합니다.

【대항력 및 우선변제권 확보】

① 임차인이 주택의 인도와 주민등록을 마친 때에는 그 다음날부터 제3자에게 임차권을 주장할 수 있고, 계약서에 확정일자까지 받으면, 후순위권리자나 그 밖의 채권자에 우선하여 변제받을 수 있습니다.

- 임차인은 최대한 신속히 ① 주민등록과 ② 확정일자를 받아야 하고, 주택의 점유와 주민등록은 임대차 기간 중 계속 유지하고 있어야 합니다.

② 등기사항증명서, 미납국세, 다가구주택 확정일자 현황 등 반드시 확인하여 선순위 담보권자가 있는지, 있다면 금액이 얼마인지 확인하고 계약 체결여부를 결정하여야 보증금을 지킬 수 있습니다.

※ 미납국세와 확정일자 현황은 임대인의 동의를 받아 임차인이 관할 세무서 또는 관할 주민센터·등기소에서 확인하거나, 임대인이 직접 납세증명원이나 확정일자 현황을 발급받아 확인시켜 줄 수 있습니다.

< 계약기간 중 꼭 확인하세요 >

【차임증액청구】

계약기간 중이나 묵시적 갱신 시 차임·보증금을 증액하는 경우에는 5%를 초과하지 못하고, 계약체결 또는 약정한 차임 등의 증액이 있은 후 1년 이내에는 하지 못합니다.

【월세 소득공제 안내】

근로소득이 있는 거주자 또는 「조세특례제한법」 제122조의3 제1항에 따른 성실사업자는 「소득세법」 및 「조세특례제한법」에 따라 월세에 대한 소득공제를 받을 수 있습니다. 근로소득세 연말정산 또는 종합소득세 신고 시 **주민등록표등본, 임대차계약증서 사본 및 임대인에게 월세액을 지급하였음을 증명할 수 있는 서류**를 제출하면 됩니다. 기타 자세한 사항은 국세청 콜센터(국번 없이 126)로 문의하시기 바랍니다.

【묵시적 갱신 등】

① 임대인은 임대차기간이 끝나기 6개월부터 1개월 전까지, 임차인은 1개월 전까지 각 상대방에게 기간을 종료하겠다거나 조건을 변경하여 재계약을 하겠다는 취지의 통지를 하지 않으면 종전 임대차와 동일한 조건으로 자동 갱신됩니다.

② 제1항에 따라 갱신된 임대차의 존속기간은 2년입니다. 이 경우, 임차인은 언제든지 계약을 해지할 수 있지만 임대인은 계약서 제7조의 사유 또는 임차인과의 합의가 있어야 계약을 해지할 수 있습니다.

< 계약종료 시 꼭 확인하세요 >

【보증금액 변경시 확정일자 날인】

계약기간 중 보증금을 증액하거나, 재계약을 하면서 보증금을 증액한 경우에는 증액된 보증금액에 대한 우선변제권을 확보하기 위하여 반드시 **다시 확정일자**를 받아야 합니다.

【임차권등기명령 신청】

임대차가 종료된 후에도 보증금이 반환되지 아니한 경우 임차인은 임대인의 동의 없이 임차주택 소재지 관할 법원에서 임차권등기명령을 받아, **등기부에 등재된 것을 확인하고 이사해야** 우선변제 순위를 유지할 수 있습니다. 이때, 임차인은 임차권등기명령 관련 비용을 임대인에게 청구할 수 있습니다.

▣ 상가건물 임대차보호법

(1) 입법취지

상가건물임대차보호법은 상가건물 임대차에 관하여 「민법」에 대한 특례를 규정하여 국민 경제생활의 안정을 보장함을 목적으로 한다(동법 제1조). 이 법의 규정에 위반된 약정으로서 임차인에게 불리한 것은 그 효력이 없다(동법 제15조).

(2) 적용범위

이 법은 상가건물(제3조 1항의 규정에 의한 사업자등록의 대상이 되는 건물)의 임대차(임대차 목적물의 주된 부분을 영업용으로 사용하는 경우를 포함한다)에 대하여 적용하고, 대통령령이 정하는 보증금액을 초과하는 임대차에 대하여는 적용되지 아니하나, 이 경우에도 계약갱신 요구는 가능하다(동법 제2조 3항). 제1항 단서의 규정에 의한 보증금액을 정함에 있어서는 당해 지역의 경제여건 및 임대차 목적물의 규모 등을 감안하여 지역별로 구분하여 정하되, 보증금 외에 차임이 있는 경우에는 그 차임액에 은행법에 의한 금융기관의 대출금리 등을 감안하여 대통령령이 정하는 비율을 곱하여 환산한 금액을 포함하여야 한다(동법 제2조 2항). 이 법은 일시 사용을 위한 임대차임이 명백한 경우에는 적용되지 아니한다(동법 제16조). 또한 이 법은 목적건물의 등기하지 아니한 전세계약에 관하여 이를 준용한다. 이 경우 '전세금'은 '임대차의 보증금'으로 본다(동법 제17조).

□ 상가임대차보호법의 적용범위 (2019.4.2. 시행)

	적용대상 환산보증금
서울특별시	9억 원
수도권 과밀억제권역	6억 9천만 원
광역시(인천 및 군지역 제외), 세종특별자치시, 파주시, 화성시, 안산시, 용인시, 김포시, 광주시	5억 4천만 원
그 밖의 지역	3억 7천만 원

※ 환산보증금은 보증금+월세를 보증금으로 환산한 금액.
환산보증금 = 보증금+(월세×100)

제2조(적용범위) ① 이 법은 상가건물(제3조 1항에 따른 사업자등록의 대상이 되는 건물을 말한다)의 임대차(임대차 목적물의 주된 부분을 영업용으로 사용하는 경우를 포함한다)에 대하여 적용한다. 다만, 대통령령으로 정하는 보증금액을 초과하는 임대차에 대하여는 그러하지 아니하다.
② 제1항 단서에 따른 보증금액을 정할 때에는 해당 지역의 경제 여건 및 임대차 목적물의 규모 등을 고려하여 지역별로 구분하여 규정하되, 보증금 외에 차임이 있는 경우에는 그 차임액에「은행법」에 따른 은행의 대출금리 등을 고려하여 대통령령으로 정하는 비율을 곱하여 환산한 금액을 포함하여야 한다. 〈개정 2010.5.17.〉[전문개정 2009.1.30.]
③ 제1항 단서에도 불구하고 제3조, 제10조 제1항, 제2항, 제3항 본문, 제10조의2부터 제10조의8까지의 규정 및 제19조는 제1항 단서에 따른 보증금액을 초과하는 임대차에 대하여도 적용한다. 〈신설 2013.8.13., 2015.5.13.〉

시행령 제2조(적용범위) ①「상가건물 임대차보호법」(이하 "법"이라 한다) 제2조 1항 단서에서 "대통령령으로 정하는 보증금액"이라 함은 다음 각호의 구분에 의한 금액을 말한다. 〈개정 2019.4.2.〉
1. 서울특별시 : 9억 원
2. 「수도권정비계획법」에 따른 과밀억제권역 및 부산광역시(서울특별시는 제외한다) : 6억 9천만 원
3. 광역시(「수도권정비계획법」에 따른 과밀억제권역에 포함된 지역과 군지역 및 부산광역시는 제외한다), 세종특별자치시, 파주시, 화성시, 안산시, 용인시, 김포시 및 광주시 : 5억 4천만 원
4. 그 밖의 지역 : 3억 7천만 원
② 법 제2조 2항의 규정에 의하여 보증금 외에 차임이 있는 경우의 차임액은 월 단위의 차임액으로 한다.
③ 법 제2조 2항에서 "대통령령으로 정하는 비율"이라 함은 1분의 100을 말한다. 〈개정 2010.7.21.〉

시행령 제6조(우선변제를 받을 임차인의 범위) 법 제14조의 규정에 의하여 우선변제를 받을 임차인은 보증금과 차임이 있는 경우 법 제2조 2항의 규정에 의하여 환산한 금액의 합계가 다음 각 호의 구분에 의한 금액 이하인 임차인으로 한다. 〈개정 2008.8.21., 2010.7.21., 2013.12.30.〉
1. 서울특별시 : 6천 5백만 원
2. 「수도권정비계획법」에 따른 과밀억제권역(서울특별시는 제외한다) : 5천 5백만 원
3. 광역시(「수도권정비계획법」에 따른 과밀억제권역에 포함된 지역과 군지역은 제외한다), 파주시, 화성시, 안산시, 용인시, 김포시 및 광주시 : 3천 8백만 원
4. 그 밖의 지역 : 3천만 원

(3) 상가건물 임차권의 대항력

> **제3조(대항력 등)** ① 임대차는 그 등기가 없는 경우에도 임차인이 건물의 인도와 「부가가치세법」 제5조, 「소득세법」 제168조 또는 「법인세법」 제111조에 따른 사업자등록을 신청하면 그 다음 날부터 제삼자에 대하여 효력이 생긴다.
> ② 임차건물의 양수인(그밖에 임대할 권리를 승계한 자를 포함한다)은 임대인의 지위를 승계한 것으로 본다.
> ③~④ (생략) [전문개정 2009.1.30.]

(4) 상가건물 임차권의 존속 보호

1) 임대차기간

> **제9조(임대차기간 등)** ① 기간을 정하지 아니하거나 기간을 1년 미만으로 정한 임대차는 그 기간을 1년으로 본다. 다만, 임차인은 1년 미만으로 정한 기간이 유효함을 주장할 수 있다.
> ② 임대차가 종료한 경우에도 임차인이 보증금을 돌려받을 때까지는 임대차관계는 존속하는 것으로 본다. [전문개정 2009.1.30.]

2) 계약의 갱신

> **제10조(계약갱신 요구 등)** ① 임대인은 임차인이 임대차기간이 만료되기 6개월 전부터 1개월 전까지 사이에 계약갱신을 요구할 경우 정당한 사유없이 거절하지 못한다. 다만, 다음 각 호의 어느 하나의 경우에는 그러하지 아니하다.
> 1. 임차인이 3기의 차임액에 해당하는 금액에 이르도록 차임을 연체한 사실이 있는 경우
> 2. 임차인이 거짓이나 그 밖의 부정한 방법으로 임차한 경우
> 3. 서로 합의하여 임대인이 임차인에게 상당한 보상을 제공한 경우
> 4. 임차인이 임대인의 동의 없이 목적 건물의 전부 또는 일부를 전대(轉貸)한 경우
> 5. 임차인이 임차한 건물의 전부 또는 일부를 고의나 중대한 과실로 파손한 경우
> 6. 임차한 건물의 전부 또는 일부가 멸실되어 임대차의 목적을 달성하지 못할 경우
> 7. 임대인이 다음 각 목의 어느 하나에 해당하는 사유로 목적 건물의 전부 또는 대부분을 철거하거나 재건축하기 위하여 목적 건물의 점유를 회복할 필요가 있는 경우
>   가. 임대차계약 체결 당시 공사시기 및 소요기간 등을 포함한 철거 또는 재건축 계획을 임차인에게 구체적으로 고지하고 그 계획에 따르는 경우

> 나. 건물이 노후·훼손 또는 일부 멸실되는 등 안전사고의 우려가 있는 경우
> 다. 다른 법령에 따라 철거 또는 재건축이 이루어지는 경우
> 8. 그밖에 임차인이 임차인으로서의 의무를 현저히 위반하거나 임대차를 계속하기 어려운 중대한 사유가 있는 경우
> ② 임차인의 계약갱신요구권은 최초의 임대차기간을 포함한 전체 임대차기간이 5년을 초과하지 아니하는 범위에서만 행사할 수 있다.
> ③ 갱신되는 임대차는 전 임대차와 동일한 조건으로 다시 계약된 것으로 본다. 다만, 차임과 보증금은 제11조에 따른 범위에서 증감할 수 있다.
> ④ 임대인이 제1항의 기간 이내에 임차인에게 갱신 거절의 통지 또는 조건 변경의 통지를 하지 아니한 경우에는 그 기간이 만료된 때에 전 임대차와 동일한 조건으로 다시 임대차한 것으로 본다. 이 경우에 임대차의 존속기간은 1년으로 본다. 〈개정 2009.5.8.〉
> ⑤ 제4항의 경우 임차인은 언제든지 임대인에게 계약해지의 통고를 할 수 있고, 임대인이 통고를 받은 날부터 3개월이 지나면 효력이 발생한다. [전문개정 2009.1.30.]

(5) 상가건물 임차권의 우선변제적 효력

1) 우선변제권(소액보증금의 보호)

① 우선변제권이란 보증금 가운데 일정한 소액은 다른 담보물권자보다 우선하여 변제받을 수 있는 권리를 말한다. 소액보증금을 최우선적으로 변제받기 위해서는 아래와 같은 요건을 갖추고 있어야 한다.

② 임차인이 우선변제를 받기 위해서는 임차인은 건물에 대한 경매신청의 등기 전에 건물의 인도와 부가가치세법 제5조, 소득세법 제168조 또는 법인세법 제111조의 규정에 의한 사업자등록을 신청하여야 한다. 이를 마친 그 다음 날부터 우선변제권이 발생한다(동법 제3조 1항). 제1항의 규정에 의하여 우선변제를 받을 임차인 및 보증금 중 일정액의 범위와 기준은 임대건물가액(임대인 소유의 대지 가액을 포함한다)의 2분의 1의 범위 안에서 당해 지역의 경제여건, 보증금 및 차임 등을 고려하여 대통령령으로 정한다.

③ 우선변제를 받을 수 있는 범위
법 제14조의 규정에 의하여 우선변제를 받을 임차인은 보증금과 차임이 있는 경우 법

제2조 2항의 규정에 의하여 환산한 금액의 합계가 다음 각 호의 구분에 의한 금액 이하인 임차인으로 한다(개정 2008.8.21., 2010.7.21., 2013.12.30.).
1. 서울특별시 : 6천 5백만 원
2. 「수도권정비계획법」에 따른 과밀억제권역(서울특별시는 제외한다) : 5천 5백만 원
3. 광역시(「수도권정비계획법」에 따른 과밀억제권역에 포함된 지역과 군지역은 제외한다), 파주시, 화성시, 안산시, 용인시, 김포시 및 광주시 : 3천 8백만 원
4. 그 밖의 지역 : 3천만 원

> **제14조(보증금 중 일정액의 보호)** ① 임차인은 보증금 중 일정액을 다른 담보물권자보다 우선하여 변제받을 권리가 있다. 이 경우 임차인은 건물에 대한 경매신청의 등기 전에 제3조 1항의 요건을 갖추어야 한다.
> ② 제1항의 경우에 제5조 4항부터 6항까지의 규정을 준용한다.
> ③ 제1항에 따라 우선변제를 받을 임차인 및 보증금 중 일정액의 범위와 기준은 임대건물가액(임대인 소유의 대지가액을 포함한다)의 2분의 1 범위에서 해당 지역의 경제 여건, 보증금 및 차임 등을 고려하여 대통령령으로 정한다. [전문개정 2009.1.30.]
>
> **시행령 제7조(우선변제를 받을 보증금의 범위 등)** ① (생략)
> ② 임차인의 보증금중 일정액이 상가건물의 가액의 3분의 1을 초과하는 경우에는 상가건물의 가액의 3분의 1에 해당하는 금액에 한하여 우선변제권이 있다.
> ③ 하나의 상가건물에 임차인이 2인 이상이고, 그 각 보증금중 일정액의 합산액이 상가건물의 가액의 3분의 1을 초과하는 경우에는 그 각 보증금중 일정액의 합산액에 대한 각 임차인의 보증금중 일정액의 비율로 그 상가건물의 가액의 3분의 1에 해당하는 금액을 분할한 금액을 각 임차인의 보증금중 일정액으로 본다.

□ 상가임대차보증금과 우선변제 (2019.4.2. 시행)

	우선변제 대상보증금	최우선변제금액
서울특별시	6천 5백만 원	2천 2백만 원
수도권 과밀억제권역	5천 5백만 원	1천 9백만 원
광역시(인천 및 군지역 제외), 세종특별자치시 파주시, 화성시, 안산시, 용인시, 김포시, 광주시	3천 8백만 원	1천 3백만 원
그 밖의 지역	3천만 원	1천만 원

대항력을 갖춘 상가건물 임차인과 후순위 권리자 사이의 관계

[질문]

A는 서울에서 보증금 2천만 원, 월 20만 원의 차임을 지급하기로 하고 세무서에 사업자등록을 한 후 B의 상가를 사용하고 있었다. 그러나 사실 B는 A에게 임대를 하기 3개월 전에 자금이 필요하여 C로부터 1억 원을 빌리고 A에게 임대한 자기 소유의 상가에 C를 위하여 저당권을 설정하였다. 결국 B가 C에게 1억 원을 변제하지 못하자 C는 B소유의 위 상가를 경매에 넘겼고, 경락대금은 8천만 원으로 결정되었다. 이 때 A는 자신의 보증금을 변제받을 수 있는가?

[해설]

A가 상가건물임대차보호법상 요건을 갖추었다면 일정범위에 한하여 최우선적으로 보증금을 변제받을 수 있다. A는 사업자등록을 하고 상가를 인도받았기 때문에 대항요건을 갖추고 있으며, 보증금이 2천만 원이고 월세가 20만 원이어서 환산보증금이 4천만 원[2,000만+(20만×100)]이고, 서울특별시 최우선변제 대상보증금인 6,500만 원 이하이기 때문에, 2,200만 원까지는 최우선적으로 변제를 받을 수 있다. 비록 C가 A보다 선순위권리자이기는 하지만 위 법에 의하여 A가 먼저 2,000만 원을 먼저 변제받고 나머지 금액으로 C가 변제받는다.

2) 우선변제권(보증금) ⇐ [건물인도+사업자등록] + 확정일자인

상가건물 임대차보호법 제14조 제1항의 대항요건(건물인도+사업자등록)을 갖추고 관할 세무서장으로부터 임대차계약서상의 확정일자를 받은 임차인은 민사집행법에 의한 경매 또는 국세징수법에 의한 공매시 임차건물(임대인 소유의 대지를 포함한다)의 환가대금에서 후순위권리자 그 밖의 채권자보다 우선하여 보증금을 변제받을 권리가 있다.

(6) 차임 · 보증금의 증감청구권

1) 증감청구권

차임 또는 보증금이 임차건물에 관한 조세, 공과금 기타 부담의 증감이나 경제사정의 변동으로 인하여 상당하지 아니하게 된 때에는 당사자는 장래에 대하여 그 증감을 청구할 수 있다. 그러나 차임·보증금을 경제사정 등으로 인해 인상할 경우라도 대통령령이 정하는 기준에 따른 비율, 즉 기존 차임 또는 보증금의 100분의 9를 초과해 증액할 수 없다. 이 증액청구는 임대차계약 또는 약정한 차임 등의 증액이 있은 후 1년 이내에는 이를 하지 못한다

(동법 제11조, 시행령 제4조).

2) 월차임 전환시 산정율의 제한

보증금의 전부 또는 일부를 월 단위의 차임으로 전환하는 경우에는, 그 전환되는 금액에 은행법에 의한 금융기관에서 적용하는 대출금리 및 당해 지역의 경제여건 등을 감안하여 대통령령이 정하는 비율을 곱한 월차임의 범위를 초과할 수 없다(동법 제12조). 임대인이 보증금의 전부 또는 일부를 월차임으로 전환할 경우 월차임으로 전환되는 보증금의 연 1할2푼(12%)이나 한국은행 공시 기준금리 × 4.5(배) 중 낮은 금액을 초과해 월차임을 정할 수 없다(시행령 제5조).

(7) 권리금 회수의 기회 보호

2015년 5월 개정된 상가건물 임대차보호법에는 '권리금'에 관한 규정이 신설되었다. 권리금이란 임대차 목적물인 상가건물에서 영업을 하는 자 또는 영업을 하려는 자가 영업시설·비품, 거래처, 신용, 영업상의 노하우, 상가건물의 위치에 따른 영업상의 이점 등 유형·무형의 재산적 가치의 양도 또는 이용대가로서 임대인, 임차인에게 보증금과 차임 이외에 지급하는 금전 등의 대가를 말하는데(법 제10조의3 제1항), 개정 전 법에서는 임대인의 계약해지권 및 갱신거절권 행사 시 임차인의 권리금 회수의 권리가 법적으로 인정되지 않았다. 그 결과 임대인은 새로운 임대차계약을 체결하면서 직접 권리금을 받거나 임차인이 형성한 영업적 가치를 아무런 제한 없이 이용할 수 있게 되지만 임차인은 다시 시설비를 투자하고 신용확보와 지명도 형성을 위하여 상당기간 영업손실을 감당하여야 하는 문제점이 발생하고 있었다. 이러한 문제점을 해결하기 위하여 임차인에게는 권리금 회수기회를 보장하고, 임대인에게는 정당한 사유 없이 임대차계약의 체결을 방해할 수 없도록 방해금지의무를 부과하는 등 권리금에 관한 법적근거를 마련하고자 상가건물 임대차보호법 제10조의3 내지 제10조의6이 신설되었다.

> 제10조의3(권리금의 정의 등) ① 권리금이란 임대차 목적물인 상가건물에서 영업을 하는 자 또는 영업을 하려는 자가 영업시설·비품, 거래처, 신용, 영업상의 노하우, 상가건물의 위치에 따른 영업상의 이점 등 유형·무형의 재산적 가치의 양도 또는 이용대가로서 임대인, 임차인에게 보증금과 차임 이외에 지급하는 금전 등의 대가를 말한다.
> ② 권리금 계약이란 신규임차인이 되려는 자가 임차인에게 권리금을 지급하기로 하는 계약을 말한다.[본조신설 2015.5.13.]

제10조의4(권리금 회수기회 보호 등) ① 임대인은 임대차기간이 끝나기 3개월 전부터 임대차 종료 시까지 다음 각 호의 어느 하나에 해당하는 행위를 함으로써 권리금 계약에 따라 임차인이 주선한 신규임차인이 되려는 자로부터 권리금을 지급받는 것을 방해하여서는 아니 된다. 다만, 제10조 제1항 각 호의 어느 하나에 해당하는 사유가 있는 경우에는 그러하지 아니하다.
1. 임차인이 주선한 신규임차인이 되려는 자에게 권리금을 요구하거나 임차인이 주선한 신규임차인이 되려는 자로부터 권리금을 수수하는 행위
2. 임차인이 주선한 신규임차인이 되려는 자로 하여금 임차인에게 권리금을 지급하지 못하게 하는 행위
3. 임차인이 주선한 신규임차인이 되려는 자에게 상가건물에 관한 조세, 공과금, 주변 상가건물의 차임 및 보증금, 그 밖의 부담에 따른 금액에 비추어 현저히 고액의 차임과 보증금을 요구하는 행위
4. 그 밖에 정당한 사유 없이 임대인이 임차인이 주선한 신규임차인이 되려는 자와 임대차계약의 체결을 거절하는 행위

② 다음 각 호의 어느 하나에 해당하는 경우에는 제1항 제4호의 정당한 사유가 있는 것으로 본다.
1. 임차인이 주선한 신규임차인이 되려는 자가 보증금 또는 차임을 지급할 자력이 없는 경우
2. 임차인이 주선한 신규임차인이 되려는 자가 임차인으로서의 의무를 위반할 우려가 있거나 그 밖에 임대차를 유지하기 어려운 상당한 사유가 있는 경우
3. 임대차 목적물인 상가건물을 1년 6개월 이상 영리목적으로 사용하지 아니한 경우
4. 임대인이 선택한 신규임차인이 임차인과 권리금 계약을 체결하고 그 권리금을 지급한 경우

③ 임대인이 제1항을 위반하여 임차인에게 손해를 발생하게 한 때에는 그 손해를 배상할 책임이 있다. 이 경우 그 손해배상액은 신규임차인이 임차인에게 지급하기로 한 권리금과 임대차 종료 당시의 권리금 중 낮은 금액을 넘지 못한다.

④ 제3항에 따라 임대인에게 손해배상을 청구할 권리는 임대차가 종료한 날부터 3년 이내에 행사하지 아니하면 시효의 완성으로 소멸한다.

⑤ 임차인은 임대인에게 임차인이 주선한 신규임차인이 되려는 자의 보증금 및 차임을 지급할 자력 또는 그 밖에 임차인으로서의 의무를 이행할 의사 및 능력에 관하여 자신이 알고 있는 정보를 제공하여야 한다.[본조신설 2015.5.13.]

제10조의5(권리금 적용 제외) 제10조의4는 다음 각 호의 어느 하나에 해당하는 상가건물 임대차의 경우에는 적용하지 아니한다.
1. 임대차 목적물인 상가건물이 「유통산업발전법」 제2조에 따른 대규모점포 또는 준대규모점포의 일부인 경우
2. 임대차 목적물인 상가건물이 「국유재산법」에 따른 국유재산 또는 「공유재산 및 물품 관

리법」에 따른 공유재산인 경우

제10조의6(표준권리금계약서의 작성 등) 국토교통부장관은 임차인과 신규임차인이 되려는 자가 권리금 계약을 체결하기 위한 표준권리금계약서를 정하여 그 사용을 권장할 수 있다.

(8) 상가건물 임차권의 등기명령

임대차가 종료된 후 보증금을 반환받지 못한 임차인은 임차건물의 소재지를 관할하는 지방법원(지방법원지원 또는 시·군법원)에 임차권 등기명령을 신청할 수 있다(동법 제6조). 임차인은 임차권등기명령신청을 기각하는 결정에 대하여 항고할 수 있다. 임차권등기명령에 의한 임차권등기가 경료되면 임차인은 대항력 및 우선변제권을 취득한다(동법 제3조 1항, 제5조 2항). 다만 임차인이 임차권등기 이전에 이미 대항력 또는 우선변제권을 취득한 경우에는 그 대항력 또는 우선변제권이 그대로 유지되며, 임차권등기이후에는 제3조 1항의 대항요건을 상실하더라도 이미 취득한 대항력 또는 우선변제권을 상실하지 않는다. 임차권등기명령의 집행에 의한 임차권등기가 경료된 건물(임대차의 목적이 건물의 일부분인 경우에는 해당 부분에 한한다)을 그 이후에 임차한 임차인은 제14조의 규정에 의한 우선변제를 받을 권리가 없다. 임차인은 임차권등기명령의 신청 및 그에 따른 임차권 등기와 관련하여 소요된 비용을 임대인에게 청구할 수 있다.

(9) 상가임대차와 경매, 임차권소멸

임차인은 임차건물에 대하여 보증금반환청구소송의 확정판결 그밖에 이에 준하는 집행권원에 기한 경매를 신청할 수 있다. 임차권은 임차건물에 대하여 민사집행법에 의한 경매가 행하여진 경우에는 그 임차건물의 경락에 의하여 소멸한다. 다만 보증금이 전액 변제되지 아니한 대항력이 있는 임차권은 그러하지 아니하다(동법 제8조).

(10) 소액사건심판법의 준용

소액사건심판법 제6조·제7조·제10조 및 제11조의2의 규정은 상가건물 임차인이 임대인에 대하여 제기하는 보증금반환청구소송에 관하여 준용한다.

이 계약서는 법무부에서 국토교통부·서울시·중소기업청 및 학계 전문가와 함께 민법, 상가건물 임대차보호법, 공인중개사법 등 관계법령에 근거하여 만들었습니다. 법의 보호를 받기 위해 【중요확인사항】(별지)을 꼭 확인하시기 바랍니다.

상가건물 임대차 표준계약서

☐ 보증금 있는 월세
☐ 전세   ☐ 월세

임대인(이름 또는 법인명 기재)과 임차인(이름 또는 법인명 기재)은 아래와 같이 임대차 계약을 체결한다

[임차 상가건물의 표시]

소재지				
토 지	지목		면적	㎡
건 물	구조·용도		면적	㎡
임차할부분			면적	㎡

유의사항: 임차할 부분을 특정하기 위해서 도면을 첨부하는 것이 좋습니다.

[계약내용]

제1조(보증금과 차임) 위 상가건물의 임대차에 관하여 임대인과 임차인은 합의에 의하여 보증금 및 차임을 아래와 같이 지급하기로 한다.

보증금	금	원정(₩)		
계약금	금	원정(₩)	은 계약시에 지급하고 수령함. 수령인 (인)	
중도금	금	원정(₩)	은 ____년 ____월 ____일에 지급하며	
잔 금	금	원정(₩)	은 ____년 ____월 ____일에 지급한다	
차임(월세)	금 (입금계좌:)	원정(₩)	은 매월 일에 지급한다. 부가세 ☐ 불포함 ☐ 포함	
환산보증금	금	원정(₩)		

유의사항:① 당해 계약이 환산보증금을 초과하는 임대차인 경우 확정일자를 부여받을 수 없고, 전세권 등을 설정할 수 있습니다 ② 보증금 보호를 위해 등기사항증명서, 미납국세, 상가건물 확정일자 현황 등을 확인하는 것이 좋습니다 ※ 미납국세·선순위확정일자 현황 확인방법은 "별지"참조

제2조(임대차기간) 임대인은 임차 상가건물을 임대차 목적대로 사용·수익할 수 있는 상태로 ____년 ____월 ____일까지 임차인에게 인도하고, 임대차기간은 인도일로부터 ____년 ____월 ____일까지로 한다.

제3조(임차목적) 임차인은 임차 상가건물을 _____(업종)을 위한 용도로 사용한다.

제4조(사용·관리·수선) ① 임차인은 임대인의 동의 없이 임차 상가건물의 구조·용도 변경 및 전대나 임차권 양도를 할 수 없다.

② 임대인은 계약 존속 중 임차 상가건물을 사용·수익에 필요한 상태로 유지하여야 하고, 임차인은 임대인이 임차 상가건물의 보존에 필요한 행위를 하는 때 이를 거절하지 못한다.

③ 임차인이 임대인의 부담에 속하는 수선비용을 지출한 때에는 임대인에게 그 상환을 청구할 수 있다.

제5조(계약의 해제) 임차인이 임대인에게 중도금(중도금이 없을 때는 잔금)을 지급하기 전까지, 임대인은 계약금의 배액을 상환하고, 임차인은 계약금을 포기하고 계약을 해제할 수 있다.

제6조(채무불이행과 손해배상) 당사자 일방이 채무를 이행하지 아니하는 때에는 상대방은 상당한 기간을 정하여 그 이행을 최고하고 계약을 해제할 수 있으며, 그로 인한 손해배상을 청구할 수 있다. 다만, 채무자가 미리 이행하지 아니할 의사를 표시한 경우의 계약해제는 최고를 요하지 아니한다.

제7조(계약의 해지) ① 임차인은 본인의 과실 없이 임차 상가건물의 일부가 멸실 기타 사유로 인하여 임대차의 목적대로 사용, 수익할 수 없는 때에는 임차인은 그 부분의 비율에 의한 차임의 감액을 청구할 수 있다. 이 경우에 그 잔존부분만으로 임차의 목적을 달성할 수 없는 때에는 임차인은 계약을 해지할 수 있다.

② 임대인은 임차인이 3기의 차임액에 달하도록 차임을 연체하거나, 제4조 제1항을 위반한 경우 계약을 해지할 수 있다.

제8조(계약의 종료와 권리금회수기회 보호) ① 계약이 종료된 경우에 임차인은 임차 상가건물을 원상회복하여 임대인에게 반환하고, 이와 동시에 임대인은 보증금을 임차인에게 반환하여야 한다.

② 임대인은 임대차기간이 끝나기 3개월 전부터 임대차 종료 시까지 「상가건물임대차보호법」 제10조의4제1항 각 호의 어느 하나에 해당하는 행위를 함으로써 권리금 계약에 따라 임차인이 주선한 신규임차인이 되려는 자로부터 권리금을 지급받는 것을 방해하여서는 아니 된다. 다만, 「상가건물임대차보호법」 제10조제1항 각 호의 어느 하나에 해당하는 사유가 있는 경우에는 그러하지 아니하다.

③ 임대인이 제2항을 위반하여 임차인에게 손해를 발생하게 한 때에는 그 손해를 배상할 책임이 있다. 이 경우 그 손해배상액은 신규임차인이 임차인에게 지급하기로 한 권리금과 임대차 종료 당시의 권리금 중 낮은 금액을 넘지 못한다.

④ 임차인은 임대인에게 신규임차인이 되려는 자의 보증금 및 차임을 지급할 자력 또는 그 밖에 임차인으로서의 의무를 이행할 의사 및 능력에 관하여 자신이 알고 있는 정보를 제공하여야 한다.

제9조(재건축 등 계획과 갱신거절) 임대인이 계약 체결 당시 공사시기 및 소요기간 등을 포함한 철거 또는 재건축 계획을 임차인에게 구체적으로 고지하고 그 계획에 따르는 경우, 임대인은 임차인이 상가건물임대차보호법 제10조 제1항 제7호에 따라 계약갱신을 요구하더라도 계약갱신의 요구를 거절할 수 있다.

제10조(비용의 정산) ① 임차인은 계약이 종료된 경우 공과금과 관리비를 정산하여야 한다.

② 임차인은 이미 납부한 관리비 중 장기수선충당금을 소유자에게 반환 청구할 수 있다. 다만, 임차 상가건물에 관한 장기수선충당금을 정산하는 주체가 소유자가 아닌 경우에는 그 자에게 청구할 수 있다.

제11조(중개보수 등) 중개보수는 거래 가액의 _____% 인 _____원(부가세 ☐ 불포함 ☐ 포함) 으로 임대인과 임차인이 각각 부담한다. 다만, 개업공인중개사의 고의 또는 과실로 인하여 중개의뢰인간의 거래 행위가 무효·취소 또는 해제된 경우에는 그러하지 아니하다.

제12조(중개대상물 확인·설명서 교부) 개업공인중개사는 중개대상물 확인·설명서를 작성하고 업무보증관계증서 (공제증서 등) 사본을 첨부하여 임대인과 임차인에게 각각 교부한다.

[특약사항]

① 입주전 수리 및 개량, ②임대차기간 중 수리 및 개량, ③임차 상가건물 인테리어, ④ 관리비의 지급주체, 시기 및 범위, ⑤귀책사유 있는 채무불이행 시 손해배상액예정 등에 관하여 임대인과 임차인은 특약할 수 있습니다

본 계약을 증명하기 위하여 계약 당사자가 이의 없음을 확인하고 각각 서명·날인 후 임대인, 임차인, 개업공인중개사는 매 장마다 간인하여, 각각 1통씩 보관한다.   년   월   일

임대인	주 소						서명 또는 날인㊞
	주민등록번호 (법인등록번호)		전 화		성 명 (회사명)		
	대 리 인	주 소		주민등록번호		성 명	
임차인	주 소						서명 또는 날인㊞
	주민등록번호 (법인등록번호)		전 화		성 명 (회사명)		
	대 리 인	주 소		주민등록번호		성 명	
개업공인중개사	사무소소재지			사무소소재지			
	사무소명칭			사무소명칭			
	대 표	서명 및 날인	㊞	대 표	서명 및 날인		㊞
	등 록 번 호		전화	등 록 번 호		전화	
	소속공인중개사	서명 및 날인	㊞	소속공인중개사	서명 및 날인		㊞

별지)

법의 보호를 받기 위한 중요사항! 반드시 확인하세요

< 계약 체결 시 꼭 확인하세요 >

【당사자 확인 / 권리순위관계 확인 / 중개대상물 확인·설명서 확인】

① 신분증·등기사항증명서 등을 통해 당사자 본인이 맞는지, 적법한 임대·임차권한이 있는지 확인합니다.
② 대리인과 계약 체결 시 위임장·대리인 신분증을 확인하고, 임대인(또는 임차인)과 직접 통화하여 확인하여야 하며, 보증금은 가급적 임대인 명의 계좌로 직접 송금합니다.
③ 중개대상물 확인·설명서에 누락된 것은 없는지, 그 내용은 어떤지 꼼꼼히 확인하고 서명하여야 합니다.

【대항력 및 우선변제권 확보】

① 임차인이 **상가건물의 인도와 사업자등록**을 마친 때에는 그 다음날부터 제3자에게 임차권을 주장할 수 있고, 환산보증금을 초과하지 않는 임대차의 경우 계약서에 **확정일자**까지 받으면, 후순위권리자나 그 밖의 채권자에 우선하여 변제받을 수 있습니다.
  ※ 임차인은 최대한 신속히 ① 사업자등록과 ② 확정일자를 받아야 하고, 상가건물의 점유와 사업자등록은 임대차 기간 중 계속 유지하고 있어야 합니다.
② 미납국세와 확정일자 현황은 임대인의 동의를 받아 임차인이 관할 세무서에서 확인할 수 있습니다.

< 계약기간 중 꼭 확인하세요 >

【계약갱신요구】

① 임차인이 임대차기간이 만료되기 6개월 전부터 1개월 전까지 사이에 계약갱신을 요구할 경우 임대인은 정당한 사유 (3기의 차임액 연체 등, 상가건물 임대차보호법 제10조제1항 참조) 없이 거절하지 못합니다.
② 임차인의 계약갱신요구권은 최초의 임대차기간을 포함한 전체 임대차기간이 5년을 초과하지 아니하는 범위에서만 행사할 수 있습니다.
③ 갱신되는 임대차는 전 임대차와 동일한 조건으로 다시 계약된 것으로 봅니다. 다만, 차임과 보증금은 청구당시의 차임 또는 보증금의 100분의 9의 금액을 초과하지 아니하는 범위에서 증감할 수 있습니다.
  ※ 환산보증금을 초과하는 임대차의 계약갱신의 경우 상가건물에 관한 조세, 공과금, 주변 상가건물의 차임 및 보증금, 그 밖의 부담이나 경제사정의 변동 등을 고려하여 차임과 보증금의 증감을 청구할 수 있습니다.

【묵시적 갱신 등】

① 임대인이 임대차기간이 만료되기 6개월 전부터 1개월 전까지 사이에 임차인에게 갱신 거절의 통지 또는 조건 변경의 통지를 하지 않으면 종전 임대차와 동일한 조건으로 자동 갱신됩니다.
  ※ 환산보증금을 초과하는 임대차의 경우 임대차기간이 만료한 후 임차인이 임차물의 사용, 수익을 계속하는 경우에 임대인이 상당한 기간내에 이의를 하지 아니한 때에는 종전 임대차와 동일한 조건으로 자동 갱신됩니다. 다만, 당사자는 언제든지 해지통고가 가능합니다.
② 제1항에 따라 갱신된 임대차의 존속기간은 1년입니다. 이 경우, 임차인은 언제든지 계약을 해지할 수 있지만 임대인은 계약서 제7조의 사유 또는 임차인과의 합의가 있어야 계약을 해지할 수 있습니다.

< 계약종료 시 꼭 확인하세요 >

【보증금액 변경시 확정일자 날인】

계약기간 중 보증금을 증액하거나, 재계약을 하면서 보증금을 증액한 경우에는 증액된 보증금액에 대한 우선변제권을 확보하기 위하여 반드시 **다시 확정일자를** 받아야 합니다.

【임차권등기명령 신청】

임대차가 종료된 후에도 보증금이 반환되지 아니한 경우 임차인은 임대인의 동의 없이 임차건물 소재지 관할 법원에서 임차권등기명령을 받아, **등기부에 등재된 것을 확인하고 이사**해야 우선변제 순위를 유지할 수 있습니다. 이때, 임차인은 임차권등기명령 관련 비용을 임대인에게 청구할 수 있습니다.

【임대인의 권리금 회수방해금지】

임차인이 신규임차인으로부터 권리금을 지급받는 것을 임대인이 방해하는 것으로 금지되는 행위는 ① 임차인이 주선한 신규임차인이 되려는 자에게 권리금을 요구하거나, 임차인이 주선한 신규임차인이 되려는 자로부터 권리금을 수수하는 행위, ② 임차인이 주선한 신규임차인이 되려는 자로 하여금 임차인에게 권리금을 지급하지 못하게 하는 행위, ③ 임차인이 주선한 신규임차인이 되려는 자에게 상가건물에 관한 조세, 공과금, 주변 상가 건물의 차임 및 보증금, 그 밖의 부담에 따른 금액에 비추어 현저히 고액의 차임 또는 보증금을 요구하는 행위, ④ 그 밖에 정당한 이유 없이 임차인이 주선한 신규임차인이 되려는 자와 임대차계약의 체결을 거절하는 행위 입니다.
임대인이 임차인이 주선한 신규임차인과 임대차계약의 체결을 거절할 수 있는 정당한 이유로는 예를 들어 ① 신규임차인이 되려는 자가 보증금 또는 차임을 지급할 자력이 없는 경우, ② 신규임차인이 되려는 자가 임차인 으로서의 의무를 위반할 우려가 있거나, 그 밖에 임대차를 유지하기 어려운 상당한 사유가 있는 경우, ③ 임대차 목적물인 상가건물을 1년 6개월 이상 영리목적으로 사용하지 않는 경우, ④ 임대인이 선택한 신규임차인이 임차인과 권리금 계약을 체결하고 그 권리금을 지급한 경우입니다.

이 계약서는 「상가건물 임대차보호법」을 기준으로 만들었습니다. 작성시 【작성요령】 (별지)을 꼭 확인하시기 바랍니다.

상가건물 임대차 권리금계약서

임차인(이름 또는 법인명 기재)과 신규임차인이 되려는 자(이름 또는 법인명 기재)는 아래와 같이 권리금 계약을 체결한다.

※ 임차인은 권리금을 지급받는 사람을, 신규임차인이 되려는 자(이하 「신규임차인」이라한다)는 권리금을 지급하는 사람을 의미한다.

[임대차목적물인 상가건물의 표시]

소 재 지		상 호	
임대면적		전용면적	
업 종		허가(등록)번호	

[임차인의 임대차계약 현황]

임대차관계	임차보증금		월 차 임			
	관 리 비		부가가치세	별도( ), 포함( )		
	계약기간	년 월 일부터	년 월 일까지(월)			

[계약내용]

제1조(권리금의 지급) 신규임차인은 임차인에게 다음과 같이 권리금을 지급한다.

총 권리금	금	원정(₩)
계약금	금	원정은 계약시에 지급하고 영수함. 영수자((인))
중도금	금	년 월 일에 지급한다.
잔 금	금	년 월 일에 지급한다.
	※ 잔금지급일까지 임대인과 신규임차인 사이에 임대차계약이 체결되지 않는 경우 임대차계약 체결일을 잔금지급일로 본다.	

제2조(임차인의 의무) ① 임차인은 신규임차인을 임대인에게 주선하여야 하며, 임대인과 신규임차인 간에 임대차계약이 체결될 수 있도록 협력하여야 한다.

② 임차인은 신규임차인이 정상적인 영업을 개시할 수 있도록 전화가입권의 이전, 사업등록의 폐지 등에 협력하여야 한다.

③ 임차인은 신규임차인이 잔금을 지급할 때까지 권리금의 대가로 아래 유형·무형의 재산적 가치를 이전한다.

유형의 재산적 가치	영업시설·비품 등
무형의 재산적 가치	거래처, 신용, 영업상의 노하우, 상가건물의 위치에 따른 영업상의 이점 등

※ 필요한 경우 이전 대상 목록을 별지로 첨부할 수 있다.

④ 임차인은 신규임차인에게 제3항의 재산적 가치를 이전할 때까지 선량한 관리자로서의 주의의무를 다하여 제3항의 재산적 가치를 유지·관리하여야 한다.

⑤ 임차인은 본 계약체결 후 신규임차인이 잔금을 지급할 때까지 임차목적물상 권리관계, 보증금, 월차임 등 임대차계약 내용이 변경된 경우 또는 영업정지 및 취소, 임차목적물에 대한 철거명령 등 영업을 지속할 수 없는 사유가 발생한 경우 이를 즉시 신규임차인에게 고지하여야 한다.

제3조(임대차계약과의 관계) 임대인의 계약거절, 무리한 임대조건 변경, 목적물의 훼손 등 임차인과 신규 임차인의 책임 없는 사유로 임대차계약이 체결되지 못하는 경우 본 계약은 무효로 하며, 임차인은 지급받은 계약금 등을 신규임차인에게 즉시 반환하여야 한다.

제4조(계약의 해제 및 손해배상) ① 신규임차인이 중도금(중도금 약정이 없을 때는 잔금)을 지급하기 전까지 임차인은 계약금의 2배를 배상하고, 신규임차인은 계약금을 포기하고 본 계약을 해제할 수 있다.

② 임차인 또는 신규임차인이 본 계약상의 내용을 이행하지 않는 경우 그 상대방은 계약상의 채무를 이행하지 않은 자에 대해서 서면으로 최고하고 계약을 해제할 수 있다.

③ 본 계약체결 이후 임차인의 영업기간 중 발생한 사유로 인한 영업정지 및 취소, 임차목적물에 대한 철거명령 등으로 인하여 신규임차인이 영업을 개시하지 못하거나 영업을 지속할 수 없는 중대한 하자가 발생한 경우에는 신규임차인은 계약을 해제하거나 임차인에게 손해배상을 청구할 수 있다. 계약을 해제하는 경우에도 손해배상을 청구할 수 있다.

④ 계약의 해제 및 손해배상에 관하여는 이 계약서에 정함이 없는 경우 「민법」의 규정에 따른다.

[특약사항]

본 계약을 증명하기 위하여 계약 당사자가 이의 없음을 확인하고 각각 서명 또는 날인한다.

년   월   일

임차인	주 소					(인)
	성 명		주민등록번호		전화	
대리인	주 소					
	성 명		주민등록번호		전화	
신규임차인	주 소					(인)
	성 명		주민등록번호		전화	
대리인	주 소					
	성 명		주민등록번호		전화	

별지)

작 성 요 령

1. 이 계약서는 권리금 계약에 필요한 기본적인 사항만을 제시하였습니다. 따라서 권리금 계약을 체결하려는 당사자는 이 표준계약서와 **다른 내용을 약정할 수 있습니다.**

2. 이 계약서의 일부 내용은 현행 「상가건물임대차보호법」을 기준으로 한 것이므로 계약 당사자는 법령이 개정되는 경우에는 개정내용에 부합되도록 기존의 계약을 수정 또는 변경할 수 있습니다. 개정법령에 **강행규정이 추가되는 경우**에는 반드시 그 개정규정에 따라 계약내용을 수정하여야 하며, 수정계약서가 작성되지 않더라도 **강행규정에 반하는 계약내용은 무효로 될 수 있습니다.**

3. 임차인이 신규임차인에게 이전해야 할 대상은 **개별적으로 상세하게 기재**합니다. 기재되지 않은 시설물 등은 이 계약서에 의한 이전 대상에 포함되지 않습니다.

4. 계약내용 제3조 **"무리한 임대조건 변경"** 등의 사항에 대해 구체적으로 특약을 하면, 추후 임대차 계약조건에 관한 분쟁을 예방할 수 있습니다.

   (예: 보증금 및 월차임 oo% 인상 등)

5. 신규임차인이 임차인이 영위하던 **영업을 양수**하거나, 임차인이 사용하던 **상호를 계속사용**하는 경우, **상법 제41조(영업양도인의 경업금지), 상법 제42조(상호를 속용하는 양수인의 책임)** 등 상법 규정을 참고하여 특약을 하면, 임차인과 신규임차인간 분쟁을 예방할 수 있습니다.

   (예: 임차인은 oo동에서 음식점 영업을 하지 않는다, 신규임차인은 임차인의 영업상의 채무를 인수하지 않는다 등)

   > 상법 제41조(영업양도인의 경업금지) ①영업을 양도한 경우에 다른 약정이 없으면 양도인은 10년간 동일한 특별시·광역시·시·군과 인접 특별시·광역시·시·군에서 동종영업을 하지 못한다.
   > ②양도인이 동종영업을 하지 아니할 것을 약정한 때에는 동일한 특별시·광역시·시·군과 인접 특별시·광역시·시·군에 한하여 20년을 초과하지 아니한 범위내에서 그 효력이 있다.

   > 상법 제42조(상호를 속용하는 양수인의 책임) ①영업양수인이 양도인의 상호를 계속 사용하는 경우에는 양도인의 영업으로 인한 제3자의 채권에 대하여 양수인도 변제할 책임이 있다.
   > ②전항의 규정은 양수인이 영업양도를 받은 후 지체없이 양도인의 채무에 대한 책임이 없음을 등기한 때에는 적용하지 아니한다. 양도인과 양수인이 지체없이 제3자에 대하여 그 뜻을 통지한 경우에 그 통지를 받은 제3자에 대하여도 같다.

3. 사무관리 · 부당이득 · 불법행위

(1) 사무관리

1) 의의
사무관리(事務管理)란 법률상 의무 없는 자가 타인의 사무를 관리(처리)하는 행위를 말한다. 예를 들면 노상에서 길을 잃은 아이를 택시에 태워 집에 보내주는 것과 같은 행위이다.

2) 성립요건
사무관리가 성립하기 위해서는, ① 의무가 없이 타인사무의 관리를 시작할 것, ② 사무관리자에게 본인을 위한 의사가 있을 것, ③ 관리행위가 본인을 위하여 불이익하지 않을 것, 본인의 의사에 반하는 것이 아닐 것과 같은 요건을 충족하여야 한다.

3) 효과
사무관리 행위의 위법성이 조각되고, 사무관리의 관리의무가 발생하며 본인에게 비용상환의무가 발생한다. 사무관리자에게는 보수청구권은 발생하지 않는다는 것이 민법의 입장이다. 즉 위임과 달리 보수청구권을 인정하는 규정이 없다. 이는 사무관리 의무가 없는 자의 상호부조의 이념에 근거하며, 보수청구권을 인정하는 것은 관리행위의 도덕상 가치를 저해시키고 여러 가지 복잡한 문제를 발생시키기 때문이다.

⚖ 장마철 휴가간 친구의 집을 수리한 경우

[질문]

A는 친구 B가 제주도로 여행을 간 사이에 장마로 인해 B의 집 지붕이 누수가 되자 그러한 상태로 두면 더 큰 피해를 볼 것이라고 생각하여 B의 집에 들어가 지붕을 수리하여 주었다. A가 B의 집 지붕을 수리하는데 50만 원이란 비용이 소요된 경우 A는 B에게 50만 원을 청구할 수 있는가?

[해설]

A는 B의 지붕을 수리할 법률상 의무가 없는데도 불구하고 B를 위하여 지붕을 수리하여 주었는데 이때 A의 법률행위를 사무관리라고 한다. 따라서 A는 비록 B의 동의나 허락이 없었다고 하더라도 B에게 지붕을 수리하는데 소요된 비용을 청구할 수 있다.

(2) 부당이득

1) 부당이득

부당이득(不當利得)이란 법률상 원인없이 타인의 재산 또는 노무에 의하여 이익을 얻는 것이다. 그로 인해 타인에게 손해를 준 때에는 이익이 현존하는 한도에서 그 이익을 반환하여야 한다(제741조). 예컨대 A·B간에 금전소비대차가 체결되어 A로부터 B에게 금전이 교부되었지만, 이 금전소비대차가 무효이거나 취소된 경우 A는 B에게 그 금전을 반환하라고 청구할 수 있다. 또한 매매계약을 체결하고 대금을 지급했는데 계약이 취소된 경우, 다른 사람의 물건을 자기 것으로 알고 소비한 경우 등이 부당이득에 해당된다. 법률상 원인이 없이 이익을 얻는 것은 공평의 원칙에 반한다.

2) 효과

부당이득이 성립하면 손실자는 이득자에 대해 부당이득반환의 청구를 할 수 있다. 반환하여야 하는 부당이익은 민법에 규정되어 있지 않지만 현물반환이 원칙이다. 부당이득의 반환은 손실자의 손해를 최고한도로 한다.

① 수익자의 부당이득이 손실자의 손해보다 더 많은 경우 초과이득 부분은 반환하지 않아도 된다(대법원 1995.5.12. 94다25551 판결).

② 수익자의 부당이득이 손실자의 손해보다 적은 경우에는 이득액의 한도에서 반환하면 된다. 수익자의 반환범위는 선의의 경우와 악의의 경우가 다르다. 선의의 수익자는 그 받은 부당이익이 현존하는 한도에서 반환하면 되지만, 부당이득자가 악의의 경우에는 그 이득이 현존하는지의 여부에 관계없이 받은 부당이익(이득)에 이자를 붙여 반환하여야 한다. 그리고 손해가 있으면 그 손해를 배상하여야 한다(제748조 2항).

▲ 타인소유의 자가용을 무단 운전한 경우의 청구권

[질문]

B의 친구인 A는 B가 해외여행 중이라는 사실을 알고 B의 승낙도 없이 B의 자가용을 타고 다니면서 여자친구와 드라이브를 즐겼다. 여행에서 돌아온 B는 A에게 어떠한 청구를 할 수 있는가?

> [해설]
> A는 아무런 법률상 권한없이 B의 자가용을 사용한 결과 자가용을 사용한다는 재산적 이익을 얻었다고 할 수 있다. 따라서 B는 A를 상대로 B가 얻은 부당한 이득(사용료, 유류비)을 반환하라고 부당이득의 반환을 청구할 수 있다. 또한 A가 B의 승낙없이 B의 자가용을 무단으로 운전하고 다닌 것은 불법행위에 해당하기 때문에 B는 불법행위로 인한 손해배상을 청구할 수도 있다.

3) 불법원인급여

① 불법원인을 위하여 재산을 급여하거나 노무를 제공한 때에는 그 이익의 반환을 청구할 수 없다(제746조). 예컨대 A와 B가 도박을 하여 A가 져서 B에게 10만 원을 지급한 경우, 원래 도박계약은 공서양속에 반하는 불법한 행위이기 때문에 무효이다. 그리고 A가 B에게 한 10만 원의 급부는 법률상의 원인 없는 급부가 되지만, 민법은 A가 임의로 지급한 10만 원의 반환청구를 인정하지 않는다. 이는 불법한 원인임을 알고 급부를 한 것이므로 이에 대하여는 법이 보호할 필요성이 적기 때문이다.

② 반환청구가 부정되기 위한 요건은 불법한 원인을 위하여 급부하거나 노무를 제공한 때이다(제746조). 불법이란 선량한 풍속 기타 사회질서에 반하는 것, 즉 반사회성을 가지고 있는 것을 말한다. 반환청구가 부정되는 것은 불법의 원인이 급여자에게만 있거나 급여자와 수익자 모두에게 있는 경우이다. 후자의 경우에 법원은 수익자의 불법성과 급여자의 불법성을 비교하여 수익자의 불법성이 현저히 크다고 인정되는 경우에는 신의칙에 따라 급여자의 반환청구를 허용하고 있다(대법원 1997.10.24. 선고 95다49530·49547 판결).

③ 불법원인급여가 있다면 급여자는 급여한 것의 반환을 청구할 수 없다(제746조 본문).

> **제746조(불법원인급여)** 불법의 원인으로 인하여 재산을 급여하거나 노무를 제공한 때에는 그 이익의 반환을 청구하지 못한다. 그러나 그 불법원인이 수익자에게만 있는 때에는 그러하지 아니하다.

불법원인급여에 기해 수익자가 받은 급여물을 반환해 주기로 하는 약정 즉 불법원인급여의 반환특약의 유효성 여부에 대하여는, 반환약정 자체가 사회질서에 반하여 무효로 되지 않는 한 유효하지만(대판 2010.5.27. 2009다12580), 급여자가 반환을 청구할 수는 없다. 나아가 수익자가 임의로 반환하는 것 역시 유효하다. 반환약정이 유효하다고 할 경우에도 불법원인급여물의 반환을 내용으로 하는 것은 무효이고, 그 약정의 이행을 청구하는 것도 허용되지 않는다. 즉 수익자가 받은 급부를 반환하여 주기로 하는 특약도 결국 불법원인급여물의 반환을 구하는 범주에 속하는 것이므로 무효이다. 당사자 사이의 불법원인급여 반환에 관한 특약에 강제력을 부여한다면 제746조를 회피하는 수단으로 이용될 수 있기 때문이다. 다만 불법원인급여 계약을 해제하고 반환할 것을 약정하는 것은 허용된다고 보나, 불법목적의 불달성을 조건으로 하는 반환약정은 효력이 없다. 예컨대 A가 공무원 B에게 청탁을 하면서 뇌물을 주었으나 후에 B가 뇌물액 상당의 약속어음을 발행해준 경우에 A는 B에 대하여 약속어음금의 지급을 청구할 수 없다(대법원 1995.7.14. 선고 94다51994 판결). 그러나 불법한 원인이 수익자에 대하여만 있는 경우에는 불법한 원인을 위하여 급여한 자도 예외저으로 급여한 것의 반환을 청구할 수 있다(제746조 단서). 예를 들면 B가 범죄행위를 한다는 사실을 모르고 A가 금전을 지급한 경우에는 A는 B에 대하여 반환청구를 할 수 있다. 또한 수익자의 불법성이 급여자의 그 것보다 현저히 크고 그에 비하여 급여자의 불법성은 미약한 경우에는 공평과 신의성실의 원칙상 제746조 본문의 적용이 배제된다.

④ 불법원인급여의 반환청구를 법률상 보호하지 않지만(민법 제746조), 수령자가 그 급여를 받는 것이 정당하다는 것은 아니므로, 수령자가 급여자에게 임의로 반환하는 것을 금지하지는 않는다(대판 1964.10.27. 64다798).

⑤ 불법원인급여와 비채변제·불법행위와의 관계
  원인된 법률행위가 반사회적이어서 무효이기 때문에 채무가 없음을 알면서도 급여(불법원인급여)를 한 경우에는 동시에 제742조의 비채변제(非債辨濟)에도 해당된다. 이러한 경우에는 불법원인급여에 관한 규정만 적용된다. 그리고 불법원인급여인 경우에 불법원인급여자에게 손해배상청구권을 인정한다면 제746조의 불법원인급여 규정의 취지는 상실되므로, 손해배상청구(제750조)가 인정되지 않는다. 예를 들어 통화위조의 비법을 알고 있다고 듣고 자금을 투자하였으나 자금을 편취당하여 사기에 의한 손해배상을 청구하는 경우이다.

제742조(비채변제) 채무없음을 알고 이를 변제한 때에는 그 반환을 청구하지 못한다.

제743조(기한전의 변제) 변제기에 있지 아니한 채무를 변제한 때에는 그 반환을 청구하지 못한다. 그러나 채무자가 착오로 인하여 변제한 때에는 채권자는 이로 인하여 얻은 이익을 반환하여야 한다.

제744조(도의관념에 적합한 비채변제) 채무없는 자가 착오로 인하여 변제한 경우에 그 변제가 도의관념에 적합한 때에는 그 반환을 청구하지 못한다.

제745조(타인의 채무의 변제) ① 채무자아닌 자가 착오로 인하여 타인의 채무를 변제한 경우에 채권자가 선의로 증서를 훼멸하거나 담보를 포기하거나 시효로 인하여 그 채권을 잃은 때에는 변제자는 그 반환을 청구하지 못한다.
② 전항의 경우에 변제자는 채무자에 대하여 구상권을 행사할 수 있다.

도박자금으로 빌려준 돈을 받을 수 있는지의 문제

[질문]

A는 사기도박인 줄도 모르고 내기바둑을 두기 시작하여 도박자금이 부족할 때마다 도박상대인 B로부터 도박자금을 차용하였다. 그러나 이를 변제하지 못하여 원금 및 이자 합계가 2천여만 원에 이르렀다. B는 A의 직장까지 찾아가서 위 도박채무를 변제할 것을 협박하여, A는 B의 변제 협박 때문에 도박사실 및 도박자금 차용사실이 직장에 알려지면 해직당할까 두려워 가족들에게조차 알리지 못하고 혼자 고민해오던 중 결국 A의 유일한 재산인 주택 등 부동산에 대한 소유권이전등기를 B에게 경료해주었다. 이 경우 A가 위 부동산 소유권이전등기의 말소를 청구하는 것은 전혀 불가능한가?

[해설]

민법은 「불법의 원인으로 인하여 재산을 급여하거나 노무를 제공한 때에는 그 이익의 반환을 청구하지 못한다. 그러나 그 불법원인이 수익자에게만 있는 때에는 그러하지 아니하다.」(제746조)라고 규정하고 있다. 법원은 "수익자의 불법성이 급여자의 불법성보다 현저히 큰 데 반하여 급여자의 불법성은 미약한 경우에도 급여자의 반환청구가 허용되지 않는다면 공평에 반하고 신의성실의 원칙에도 어긋나므로, 이러한 경우에는 민법 제746조 본문의 적용이 배제되어 급여자의 반환청구가 허용된다."고 하였다 (대법원 2007.2.15. 선고 2004다50426 전원합의체 판결). 또한 "급여자가 수익자에 대한 도박채무의 변제를 위하여 급여자의 주택을 수익자에게 양도하기로 한 것이지만, 내기바둑에의 계획적인 유인, 내기바둑에서의 사기적 행태, 도박자금 대여 및 회수과

> 정에서의 폭리성과 갈취성 등에서 드러나는 수익자의 불법성의 정도가 내기바둑에의 수동적인 가담, 도박채무의 누증으로 인한 도박의 지속, 도박채무변제를 위해 유일한 재산인 주택의 양도 등으로 인한 급여자의 불법성보다 훨씬 크다고 보아 급여자로서는 그 주택의 반환을 청구할 수 있다."고 하였다(대법원 1997.10.24. 선고 95다49530·49547 판결). 따라서 위 사안에서 A도 B의 불법성이 A 자신의 불법성보다 현저히 크다는 점을 주장·입증할 수만 있다면 위 부동산소유권이전등기의 말소청구를 해 볼 여지가 있다.

(3) 불법행위

1) 불법행위

불법행위(不法行爲)란 고의 또는 과실에 의하여 타인에게 손해를 주는 위법한 행위이다(제750조). 불법행위제도의 목적은 불법행위자에게 불법행위에 의하여 생긴 손해를 전보하는 책임을 부과하여 그 피해를 구제하는 것이다.

2) 불법행위의 요건

① 가해자에게 고의 또는 과실이 있을 것

과실책임의 원칙상 불법행위가 성립하려면 가해자에게 고의 또는 과실이 있어야 한다. 고의란 자신의 행위가 타인에게 손해를 준다는 것을 알면서도 감히 그러한 행위를 하는 심리상태이고, 과실이란 자신의 행위가 타인에게 손해를 줄 가능성을 인식할 수 있었음에도 불구하고 주의를 게을리하였기 때문에 손해를 입힐 가능성을 인식하지 못한 심리상태를 말한다.

② 가해행위가 위법할 것

가해자의 행위가 위법하여야 한다. 위법이란 행위가 법질서에 객관적으로 어긋나는 것을 말한다. 행위가 법적으로 허용되지 않을 때 또는 실질적으로 사회적 유해성을 지닐 때 위법하다고 한다. 그러나 정당방위·긴급피난·자력구제·피해자의 승낙·정당행위의 경우에는 위법성이 조각(阻却)되어 위법성이 없게 된다.

③ 가해자에게 책임능력이 있을 것

책임능력이란 자기의 행위에 의하여 발생한 결과가 위법하여 법률상 비난을 받는다는 사실을 인식할 수 있는 정신능력으로서, 불법행위능력(不法行爲能力)이라고도 한다. 불법행위에 대하여 법적 책임이 존재한다고 하는 사실에 관한 인식능력이 없는 자는 책임무능력자가 된다. 우리 민법상 책임능력을 정하는 일반규정은 없고, 민법은 제753조 및 제754조에서 책임변식능력이 없는 미성년자와 심신상실자[12]의 손해배상의무를 면책시키는 규정을 둠으로써 책임능력의 존재를 불법행위책임의 전제로서 소극적으로 인정하고 있다. 판례는 책임능력을 법률상 불법행위책임을 변식할 지능 또는 능력이라고 하면서 12세이면 책임능력이 없고, 15세 이상이면 책임능력이 있다고 하며 13세와 14세의 경우에 대해서는 태도가 일정하지 않다. 형사상으로는 만 14세에 달한 자는 책임능력이 있다(형법 제9조).

④ 손해가 발생할 것

불법행위가 성립하려면 가해행위에 의하여 손해가 현실적으로 발생하였어야 한다. 손해는 재산적·정신적 손해(위자료)를 모두 포함한다(제750조).

⑤ 인과관계

불법행위가 성립하려면 가해행위와 손해의 발생 사이에 인과관계가 있어야 한다(제750조). 인과관계의 범위는 상당인과관계이다.

> **불법행위의 구체적인 사례**
>
> 불법행위의 구체적인 사례는 상당히 많으며, 통상 다음과 같은 경우이다.
> ① A를 비롯하여 그의 친구들이 B를 집단적으로 따돌리거나 공동으로 B와 절교를 하는 경우에도, A를 비롯하여 그의 친구들에게는 불법행위가 성립한다.
> ② A가 B를 상해하거나 체포·감금 또는 통행행위를 방해하는 등과 같은 행위도 신체적 자유를 침해하는 불법행위에 해당한다.
> ③ A는 평소 자기가 짝사랑하고 있는 B녀의 휴대폰에 있는 문자 메세지를 몰래 읽고 B의 통화도 도청하는 등 B의 사생활을 침해한 경우에 A에게 불법행위가 성립한다.
> ④ A는 유명연예인 B의 동의나 승낙없이 B의 성명과 사진을 이용하여 영업행위를 하였다. 이 때 A는 B의 성명권과 초상권을 침해하였기 때문에 불법행위가 된다.

---

12) 심신장애로 사물을 분별할 능력이 없거나 의사를 결정할 능력이 없는 자(형법 제10조 1항)이다.

⑤ A는 B의 이웃에 살면서 매일 밤 시끄러운 진동소리를 내면서 공사를 하여 B로 하여금 잠을 잘 수 없도록 하였다. 이러한 경우에도 A의 행위는 불법행위이다. 또한 A가 악취나 매연을 배출한 경우에도 마찬가지이다.
⑥ A는 B녀를 강간한 경우 A의 강간행위는 B에 대해서 불법행위가 될 뿐만 아니라 남편 C가 있는 경우에는 C에 대해서도 불법행위가 된다.
⑦ A가 평소 원한이 있는 B를 살해한 경우에, A의 살해행위는 B 뿐만 아니라 B의 상속인에게도 불법행위가 된다.
⑧ A가 자기와 경쟁관계에 있는 회사동료 B는 과거에 간통으로 인한 전과기록이 있다는 사실을 회사의 동료들에게 전파함으로써, B의 명예를 훼손한 경우에 A의 명예훼손행위는 불법행위가 된다.

3) 불법행위의 효과

① 손해배상의 방법 ⇒ 금전배상의 원칙

민법은 「다른 의사표시가 없으면 손해는 금전으로 배상한다.」(제763조·제394조)라고 하여 금전배상주의를 원칙으로 하고 있다. 재산적 손해뿐만 아니라 정신적 손해의 배상도 금전으로 배상하여야 한다. 타인의 명예를 훼손한 자에 대하여는 법원은 피해자의 청구에 의하여 손해배상에 갈음하거나, 또는 손해배상과 함께 명예회복에 적당한 처분을 명할 수 있다고 규정하여 원상회복의 청구를 인정하고 있다(제764조). 법원은 명예회복에 적당한 처분으로서 일반적으로 가해자에게 사죄광고를 명하여 왔다. 그러나 헌법재판소는 사죄광고의 강제는 헌법 제19조의 양심의 자유에 위반하는 것이어서 위헌이라고 결정하였다[헌결(전) 1991.4.1. 89헌바160]. 특약이 있는 경우에도 예외적으로 원상회복이 인정된다(제393조·제763조).

② 손해배상의 산정과 범위

손해배상의 범위는 불법행위와 상당한 인과관계가 있는 재산적·정신적 손해이다. 손해에 대하여 당사자사이에 합의가 있는 경우에는 그 합의에 따라 손해의 배상을 하면 된다. 특별한 사정으로 인한 손해는 불법행위자가 그 사정을 알았거나 알 수 있었을 때에 한하여 배상할 책임이 있다(제763조·제393조 2항). 재산권의 침해로 인한 정신적 고통에 대한 위자료는 특별한 사정으로 인한 손해이다.

③ 손해배상액
㉮ 재산적 손해

소유물이 멸실한 경우에는 원칙적으로 멸실된 당시의 교환가치가 통상적인 손해이다. 그리고 소유물이 훼손된 경우에는 수선료 또는 원상회복에 소요되는 비용이 손해로 된다. 권원이 없는 자에 의하여 소유물을 점유당한 경우에는 차임 상당액이 통상의 손해가 된다. 생명이 침해된 경우에는 사망할 때까지의 치료비와 사망으로 생기는 장례비 등이 손해로 된다. 그리고 신체가 침해된 경우에는 입원비·약대·진료비 등의 치료비는 물론 상해에 의한 후유증으로 사망할 때까지의 개호비도 손해에 포함된다(대법원 1998.12.22. 선고 98다46747 판결).

㉠ 생명침해

ⓐ 산출방법

> 일실이익 = (사망당시 연수입액×수입가능기간) − 생활비 − 중간이자

ⓑ 수입액(장래소득)의 산정

수입액은 봉급생활자의 경우에는 그 임금을 기준으로 하고, 사고당시에 수입이 없는 무직자·미성년자·학생·부녀자·가정주부의 경우에는 일용노임[13]을 기준으로 하여 산정한다. 수입이 가능한 기간은 통계에 의한 생명표로부터 사망자의 장래에 있어서의 생존을 추정하는 연수, 이른바 평균기대여명(平均期待餘命)을 기초로 하여 사망자의 직업·건강상태 등을 고려하여 산출한다.

ⓒ 수입가능기간

수입이 가능한 시기는 원칙적으로 만 19세를 기준으로 하지만, 남자의 경우에는 군복무기간을 공제하여 23세부터 수입이 있는 것으로 추정한다(대법원 1968.1.31. 선고 67다2764 판결). 수입이 가능한 최종시기는 피해자의 직업이나 건강상태에 따라 60세에서 70세까지 각기 다르게 정하여 진다. 일반 노동자에 관하여 종래의 판례는 55세를 가동연한으로 보았으나(대법원 1967.6.27. 선고 67다839 판결), 최근에는 그 기간을 연장하여 60세를 가동연한으로

---

[13] 참고로 대한건설협회가 2020년 하반기 건설업 보통인부 노임단가로 정한 금액은 1일 165,000원(年間 소득 3,500만 원)이다.

인정하고 있다(대법원 1994.10.14. 선고 94다19662 판결).

ⓓ 생활비 등의 공제

피해자가 사망한 경우에는 생활비 지출을 면하므로 그가 얻을 수 있는 수입에서 그 생활비를 공제한 금액이 얻을 수 있는 순수익이다. 그러나 피해자가 부상한 경우에는 여전히 생활비가 소요되므로 생활비를 공제할 수 없다.

공무원연금법이나 군인연금법에 의하여 유족에게 지급되는 보상금은 배상액에서 공제되어야 한다(대법원 1990.2.27. 선고 89다카19580 판결).

ⓔ 중간이자의 공제

장래 일정기간 동안 정기적으로 지급될 재산적 이익의 상실분에 대하여, 현재 일괄배상을 하기 위해서는 중간이자를 공제해야 한다. 공제방식에 대해서는 세 가지의 방법이 있다. 우리 법원은 종래 호프만식을 사용하였는데, 최근에는 어느 방식에 의해도 무방하다고 한다(대법원 1983.6.28. 선고 83다191 판결).

ⓛ 신체상해

치료기간 동안에 업무를 계속할 수 없게 되어 수입이 감소된 경우에는 그 손해의 배상을 청구할 수 있다. 그리고 불구가 되어 노동력이 상실된 경우에는 그러한 일이 없었더라면 얻었을 순수익의 배상을 청구할 수 있다.

⑭ 정신적 손해의 배상(위자료)

정신적 손해란 불법행위에 의하여 피해자가 입는 정신적 고통을 말하고, 민법에서는 이를 '재산 이외의 손해'로 표현하고 있다. 이를 금전으로 환산한 것을 일반적으로 위자료(慰藉料)라고 한다. 피해자가 자신의 신체·자유·명예를 침해받았거나 기타 정신적 고통을 받는 경우에는 위자료청구권을 갖는다(제751조). 피해자에게 직접적으로 신체·재산·정신에 손해를 가하는 것 외에, 피해자의 손해가 피해자의 가족 등에게 간접적으로 피해를 주어 그 가족의 보호법익을 침해하는 경우에도 위자료청구권이 발생한다. 생명침해의 경우에는 피해자의 직계존속·직계비속·배우자에게 위자료청구가 인정된다(제752조). 제752조에 규정된 친족 이외의 친족도 그의 정신적 고통이 인정되면, 제750조·제751조에 의하여 위자료를 청구할 수 있는 것으로 해석한다. 또한 사실상의 혼인관계에 있는 배우자(대법원 1969.7.22. 선고 69다684 판결), 가족관계등록부에 입적되지 않은 사실상의 친족관계에 있는 자(대법원 1966. 6.28. 선고 66다493 판결)에게도 마찬가지로 위자료청구권이 인정된다. 그리고 신체 상해의 경우에는 직계비속의 배우자 등 피해자의 근친자에게도 위자료청구권을 인정하고 있다(대법원 1978.1.17. 선고 77다1942 판결). 정조침해의 경우에 처와 간통한 자에 대하여 남편에게 위자료청구권을 인정하고(대법원 2005.5.13. 선고 2004다1899 판결), 남편과 간통한 자에 대하여 처의 위자료청구권을 인정하고 있다(대법원 1967. 10.6. 선고 67다1134 판결).

일실수입 산정시 실제수입이 통계소득보다 낮은 경우 통계소득으로 산정 가능한지 여부

[질문]

A는 교통사고를 당하여 장애가 발생되는 손해를 입었으므로 손해배상청구소송을 제기하려고 한다. 그런데 A가 해당되는 직종의 임금구조 기본 통계조사 보고서의 통계소득이 A가 사고당시 근무하던 직장에서 받고 있는 실제수입보다 많게 되어 있다. 이러한 경우 임금구조 기본 통계조사 보고서의 통계소득으로 일실수입을 산정할 수 있는가?

[해설]

피해자가 사고 당시 직장에 근무하면서 일정한 수입을 얻고 있었던 경우에 있어서, 피해자에 대한 사고 당시의 실제수입을 확정할 수 있는 객관적인 자료가 현출되어 있어 그에 기하여 합리적이고 객관성 있는 기대수입을 산정할 수 있다면 사고 당시의 실제수입을 기초로 일실수입을 산정하여야 한다. 임금구조 기본 통계 조사보고서 등에서의 통계소득이 실제수입보다 높다면, 사고 당시에 실제로 얻고 있던 수입보다 높은 통계소득만큼 수입을 장차 얻을 수 있으리라는 특수사정이 인정되는 경우에 한하여 (실제수입보다 일반노동임금이 훨씬 많은 경우에는 일반노동에 종사하리라는 개연성이 농후하다고 할 것임) 그러한 통계소득을 기준으로 일실수입을 산정 할 수 있다(대법원 2006.3.9. 선고 2005다16904 판결). 따라서 위 사안에 있어서도 A가 해당되는 직종의 임금구조 기본통계 조사보고서상의 통계소득이 A가 사고당시 근무하던 직장에서 받고 있는 실제수입보다 많은 경우 그러한 통계소득을 얻을 수 있으리라는 특수한 사정이 없는 한, 실제수입을 기준으로 일실수입을 산정하여야 할 것이다.

(4) 손해배상의 범위의 특수문제 : 손익상계, 과실상계

1) 손익상계

피해자가 불법행위로 인해 불이익을 받은 동시에 이익도 얻은 경우에는 불이익에서 이익분을 공제한 잔액이 배상액이 되는데, 이러한 이익공제의 조작을 손익상계라고 한다. 피해자가 사망한 경우에 생활비는 당연히 공제되지만, 부의금(賻儀金)과 같이 증여라는 별개의 원인에 기하는 것은 공제되지 않는다(대법원 1990.12.11. 선고 90다카28191 판결). 손해배상으로 이득이 생기고 동시에 그 피해자에게도 과실이 있어 과실상계를 할 경우에는, 먼저 산정된 손해액에서 과실상계를 한 다음에 손익상계를 하여야 한다(대법원 2010.2.25. 선고 2009다87621 판결).

2) 과실상계

불법행위에 관하여 피해자에게도 과실이 있는 때에는, 법원은 손해배상의 책임 및 그 금액을 정함에 있어 반드시 이를 참작하여야 한다(제763조). 따라서 과실이 과대하면 가해자의 면책도 가능하다. 과실을 어느 정도 반영할 것인가는 재량사항이다(대법원 2000.6.9. 선고 98다54397 판결). 피해자에게 과실이 있으면 법원은 반드시 이를 고려하여야 하며, 또한 당사자의 주장이 없더라도 직권으로 심리·판단하여야 한다(대법원 2000.1.21. 선고 99다50538 판결). 그러나 반드시 배상액을 감경하여야 하는 것은 아니다. 피해자의 과실의 정도는 가해자의 과실의 전제가 되는 주의의무보다는 가벼운 것이더라도 상관없다(대법원 2000. 8.22. 선고 2000다29028 판결). 판례는 "미성년자의 과실능력은 그에게 사리를 변식함에 족한 지능을 가지고 있으면 족하고, 책임을 변식함에 족하는 지능을 가질 것을 요하지 않는다(대법원 1971.3.23. 선고 70다2986)."고 하면서, 8세된 어린이(대법원 1968.8.30. 선고 68다1224 판결)와 초등학교 5년생(대법원 1966.6.21. 선고 66다730 판결)에게 과실능력 및 위험변식능력이 있다고 하여 과실상계를 인정하였다. 피해자에게 직접적인 과실이 있는 경우가 아니라도, 피해자의 감독의무자나 피용자에게 과실이 있다면 이를 고려하여야 한다(대법원 1989.12.12. 선고 89다카43 판결). 판례는 피해자의 부주의를 이용하여 고의로 불법행위를 저지른 자가 바로 그 피해자의 부주의를 이유로 자신의 책임을 감하여 달라고 주장하는 것을 허용하지 않았다(대법원 2000.9.29. 선고 2000다13900 판결).

호의동승자의 손해배상액을 호의동승이라는 이유로 감경할 수 있는지

[질문]

A는 평소 버스를 타고 같은 학교에 다니는 B를 만나 자기의 승용차에 태워 학교에 가던중 A의 운전부주의로 자동차가 가로수에 충돌하는 사고가 발생하여 흉추압박골절의 부상을 당했다. 보험회사에서는 A가 위 자동차에 무상으로 호의동승하였다는 이유를 내세워 치료비 등 손해배상액 중 30%를 감액 지급하겠다고 한다. 이러한 보험회사의 주장이 타당한가?

[해설]

차량의 운행자가 아무런 대가를 받지 아니하고 동승자의 편의와 이익을 위하여 동승을 허락하고 동승자도 그 자신의 편의와 이익을 위하여 그 제공을 받은 경우 그 운행목적, 동승자와 운행자의 인적관계, 그가 차에 동승한 경위, 특히 동승을 요구한 목적과 적극성 등 여러 사정에 비추어 가해자에게 일반교통사고와 동일한 책임을 지우는 것이 신의성실의 원칙이나 형평의 원칙으로 보아 매우 불합리하다고 인정될 때에는 그 배상액을 경감할 수 있다.

그러나 사고차량에 단순히 호의로 동승하였다는 사실만 가지고 바로 이를 배상액 경감사유로 삼을 수 있는 것은 아니다. 따라서 위 사안의 경우 B가 A의 차량에 동승하였다는 사실만으로 손해액을 감경할 수 없다.(자동차손해배상보장법 제3조)

3) 배상액의 합의와 후유증

불법행위로 인하여 손해가 발생하고 이에 대하여 배상액의 확정판결·화해·조정 혹은 합의로 배상액이 결정되어 배상을 받았으나, 그 후에 당시에 예상하지 못한 후유증이 발생하여 다시 치료비를 지출할 수밖에 없었던 경우에 이 손해에 대한 배상을 다시 청구할 수 있는지가 문제된다. 손해배상액 합의 당시에 당사자가 예견한 손해에만 미치고, 합의 당시에 예견할 수 없었던 후유증에 의한 손해는 별도로 청구할 수 있다(대법원 2001.9.14. 선고 99다42797 판결). 판례는 사고의 직접 피해자가 합의금을 수령하고 나머지 손해배상청구권을 포기하기로 하는 약정을 하더라도 그의 부모는 손해배상으로 위자료의 지급을 청구할 수 있다고 한다(대법원 2000.9.22. 선고 2000다36354 판결).

교통사고로 인한 후유증 치료비청구권

[질문]

A는 3년 전 B회사소속 영업용택시를 타고 가던 중 운전기사의 과실로 철길 건널목 사고를 당하여 골반골절, 우관절후방탈구 등 상해를 입고 치료를 받았다. 그러나 사고시로부터 1년 6개월이 지난 후 그 후유증인 우측 대퇴골 두무혈증 괴사증이 발견되어 추가로 치료비를 지출하였다. A는 추가로 지출한 치료비를 청구할 수 있는가?

[해설]

불법행위로 인한 손해배상에 관하여 가해자와 피해자 사이에 피해자가 일정한 금액을 수령하고 그 나머지 청구를 포기하거나 향후 가해자를 상대로 민·형사상의 소송이나 이의를 제기하지 않기로 하는 권리포기의 약정 또는 이른바 소를 제기하지 않기로 하는 합의가 이루어지는 경우가 많다.

이러한 합의는 당시 인식하거나 예견할 수 있었던 범위내의 손해에 관하여는 여전히 위 합의의 효력이 미치는 것이 원칙이나, 그 합의의 효력은 모든 경우에 미치는 것은 아니고 합의 당시 인식하고 있었거나 예견할 수 있었던 손해부분에 한정된다(대법원 1999.6.22. 선고 99다7046 판결). 따라서 위 사례에서 A는 합의당시에 인식할 수 없었다는 것을 입증하여 추가로 지출한 치료비를 청구할 수도 있을 것이다.

4) 불법행위로 인한 손해배상청구권

① 손해배상청구권자

직접의 피해자가 손해배상청구권을 가진다. 그리고 생명침해의 경우에는 피해자의 친족인 직계존속·직계비속·배우자는 피해자의 손해배상청구권을 승계할 뿐만 아니라, 정신적 고통에 대한 손해배상청구권을 가진다(제752조). 태아는 손해배상청구권에 관하여는 이미 출생한 것으로 본다(제762조). 예컨대 부모가 불법행위로 인하여 생명침해를 받은 경우에는 태아는 이미 출생하고 있는 자녀의 자격으로 손해배상청구권을 가진다. 법인도 불법행위에 의한 재산적 손해의 배상을 청구할 수 있다.

② 손해배상청구권의 특성

㉮ 상계의 금지

고의로 불법행위를 한 자는 피해자의 손해배상청구권을 수동채권으로 하여 상계를 하는 것이 금지된다(제496조). 이는 피해자로 하여금 현실의 변제를 받게 함과 더불어, 채권자가 채무자로부터 채권을 변제받을 수 없는 사정이 있는 경우에 채무자에게 불법행위를 가할 가능성을 방지하려는 취지에서 둔 규정이다. 그러나 쌍방의 채무가 자동차의 충돌과 같은 동일한 사실로부터 생긴 것인 때에는 상계를 인정한다(통설·대판 1967.12.29, 67다2034·2035).

㉯ 양도성

법률에 특별한 규정(국가배상법 제4조)이 없는 한 불법행위에 의한 손해배상청구권은 원칙적으로 양도성이 있다(제449조).

㉰ 상속성

피해자가 중상을 입고 얼마동안 생존하다가 사망한 경우에는 상속인이 피해자가 취득한 손해배상청구권을 상속하는 것은 당연하며, 피해자가 즉사한 경우에도 피해자는 치명상을 입었을 때에 손해배상청구권을 취득하고 피해자의 사망으로 그 청구권이 상속인에게 승계된다(대법원 1969.4.15. 선고 69다268 판결).

③ 손해배상자의 대위

불법행위자에 의해 훼손되거나 소재불명이 된 물건에 관하여 불법행위자가 전액의 배상을 한 경우에는 그 물건에 관한 권리는 배상자에게 이전한다(제399조·제763조).

④ 손해배상청구권의 소멸시효

피해자나 그 법정대리인이 그 손해 및 가해자를 안 날로부터 3년 동안 이를 행사하지 않으면 시효로 소멸하고(제766조 1항), 또한 불법행위를 한 날로부터 10년이 지나면 역시 소멸한다(제766조 2항).

5) 특수한 불법행위

① 책임무능력자의 감독자의 책임

㉮ 미성년자가 책임능력이 없는 상태에서 타인에게 손해를 가한 경우, 또는 심신상실 중에 타인에게 손해를 가한 경우에는 행위자 자신에게 손해배상책임을 묻지 못하기 때문에, 보충적으로 이러한 자를 감독할 법정의무가 있는 자(친권자 또는 후견인)와 감독의무자에 갈음하여 무능력자를 감독하는 대리감독자(유치원 교사·교장, 정신병원 의사)가 책임을 지도록 하였다(제755조).

㉯ 감독자 책임의 요건

첫째, 책임무능력자가 고의 또는 과실로 인한 위법행위로 타인에게 손해를 가했어야 한다. 이에 관한 입증책임은 피해자가 부담한다. 가해자가 행위시에 책임능력이 없었다는 점에 대해서도 피해자가 주장·입증해야 한다. 둘째, 감독의무자 또는 이에 갈음하여 감독하는 자가 그 감독의무를 게을리 하였어야 한다. 감독의무의 해태는 추정되므로 이를 해태하지 않았음을 감독의무자 자신이 입증하여야 한다. 감독자의 감독의무해태와 피감독자의 위법행위 사이에 직접적인 인과관계가 있어야 한다.

㉰ 배상책임자

첫째, 책임무능력자를 감독할 법정의무가 있는 자는 그 무능력자가 제삼자에게 가한 손해에 대하여 배상책임을 진다(제755조 1항). 법정감독의무자는 미성년자에 있어서는 친권자(제909조)와 미성년후견인(제928조)이고, 피성년후견에 있어서는 성년후견인(제947조)이다. 둘째, 법정감독의무 없이 계약 내지 법률 등에 의하여 감독의무자에 갈음하여 제한능력자를 감독하는 자도 배상책임을 진다(제755조 2항). 탁아소의 보모·유치원과 초등학교의 교원·정신병원의 의사·소년원의 직원 등이 이에 해당한다. 셋째, 법정감독의무자와 대리감독자의 책임은 서로 배척하는 것이 아니다. 법정감독의무자가 대리감독자에게 감독케 한 데에 과실이 없음을 입증하지 않는 한 법정의무자도 대리감독자와 함께 책임을 지게 된다(대법원 1969.1.28. 선고 68다1804 판결). 피해자는 전부의 배상을 받을 때까지 어느 쪽에 대해서든 책임을 물을 수 있다.

㉱ 책임능력 있는 미성년자의 불법행위에 대한 감독자의 책임

책임능력이 있는 미성년자의 경우에 미성년자가 불법행위를 하게 되면 우리 민법상으로는 미성년자만이 불법행위자로서 손해배상책임을 지고 감독의무자는 책임을 지지 아니한다. 그런데 미성년자의 경우에는 손해배상을 할 수 있는 책임재산이 없는 경우가 적지 않으므로, 책임능력 있는 미성년자의 가해행위로 피해를 입은 자의 보호문제가 제기된다. 판례는 책임능력 있는 미성년자의 감독의무자에게 민법 제750조에 의한 일반불법행위책임을 인정한다. 즉, "민법 제750조에 대한 특별규정인 민법 제755조 제1항에 의하여 책임능력 없는 미성년자를 감독할 법정의 의무 있는 자가 지는 손해배상책임은 그 미성년자에게 책임이 없음을 전제로 하여 이를 보충하는 책

임이고, 그 경우에 감독의무자 자신이 감독의무를 해태하지 아니하였음을 입증하지 아니하는 한 책임을 면할 수 없는 것이나, 반면에 미성년자가 책임능력이 있어 그 스스로 불법행위책임을 지는 경우에도 그 손해가 당해 미성년자의 감독의무자의 의무위반과 상당인과관계가 있으면 감독의무자는 일반불법행위자로서 손해배상책임이 있다 할 것이므로, 이 경우에 그러한 감독의무위반사실 및 손해발생과의 상당인과관계의 존재는 이를 주장하는 자가 입증하여야 할 것이다."(대판 1994.2.8. 93다13605)고 판시하고 있다. 이러한 판례의 태도는 법문에 충실한 해석이라는 긍정적인 면이 있으나, 피해자를 보호하는 데 미흡하다고 할 것이다. 따라서 책임능력 있는 미성년자의 감독자의 책임을 인정할 수 있는 법리의 정립이 요청되고 있다.

> **제753조(미성년자의 책임능력)** 미성년자가 타인에게 손해를 가한 경우에 그 행위의 책임을 변식할 지능이 없는 때에는 배상의 책임이 없다.
>
> **제754조(심신상실자의 책임능력)** 심신상실중에 타인에게 손해를 가한 자는 배상의 책임이 없다. 그러나 고의 또는 과실로 인하여 심신상실을 초래한 때에는 그러하지 아니하다.
>
> **제755조(감독자의 책임)** ① 다른 자에게 손해를 가한 사람이 제753조 또는 제754조에 따라 책임이 없는 경우에는 그를 감독할 법정의무가 있는 자가 그 손해를 배상할 책임이 있다. 다만, 감독의무를 게을리하지 아니한 경우에는 그러하지 아니하다.
> ② 감독의무자를 갈음하여 제753조 또는 제754조에 따라 책임이 없는 사람을 감독하는 자도 제1항의 책임이 있다.[전문개정 2011.3.7.]

중학교 2년생이 피해자의 잘못으로 단체기합을 받자 휴식기간에 피해자를 폭행한 경우

[질문]

A는 C공립중학교 2학년 재학 중에, A의 잘못으로 인하여 체육교사인 D로부터 단체기합을 받았다는 이유로 같은 반 학생인 B에게 폭행을 당하여 상해를 입었다. 이 경우 B의 행위에 대해서 불법행위책임을 지는 사람은 누구인가? 만일 B가 책임무능력자이고 B의 생활형편이 곤란한 경우에, A와 그 부모가, 체육교사 D가 A의 잘못으로 같은 반 학생들 모두에게 벌을 주게 되면 혹시라도 다른 학생들이 이에 불만을 품고 A에게 앙갚음을 할 가능성이 있으므로 이를 방지하기 위해 특별한 지도를 하였어야 할 의

무가 있음에도 이를 게을리 한 잘못이 있다는 이유로, D를 상대로 손해배상을 청구할 수는 없는가?

[해설]

　책임무능력자를 감독할 법정의무가 있는 자는 그 무능력자가 제삼자에게 가한 손해에 대하여 배상책임을 진다(제755조 1항). 따라서 위 사례에서는 B의 친권자가 책임을 지는 것이 원칙이다. 또한 학교의 교장이나 교사는 학생을 보호·감독할 의무를 부담하기 때문에 B의 행위에 대해서 책임을 질 수 있다. 그러나 이러한 보호·감독의무는 학교 내에서의 학생의 전 생활관계에 미치는 것은 아니고, 학교에서의 교육활동 및 이와 밀접하고 불가분의 관계에 있는 생활관계에 한정된다. 따라서 그 의무범위 내의 생활관계라고 하더라도 교육활동의 때와 장소, 가해자의 분별능력, 가해자의 성행, 가해자와 피해자의 관계, 기타 여러 사정을 고려하여 그 사고가 학교생활에서 통상 발생할 수 있다고 하는 것이 예측되거나 또는 예측가능성(사고발생의 구체적 위험성)이 있는 경우에 한하여 교장이나 교사가 보호·감독 의무위반에 대한 책임을 진다. 판례는 만 14세 4개월의 중학교 2학년생이 체육시간에 피해자의 잘못으로 체육교사로부터 단체기합을 받았다는 이유로 그 직후의 휴식기간에 피해자를 폭행하여 상해를 가한 경우, 가해자의 성행, 피해자와의 관계, 단체기합의 정도 등에 비추어 체육교사 또는 담임교사 등에게 사고에 대한 예측가능성이 없었다고 보았다(대법원 2000.4.11. 선고 99다44205 판결). 따라서 위 사안에 있어서도 D 및 C중학교를 설치·경영하는 지방자치단체에 대하여 손해배상의 청구를 하기는 어려울 것으로 보인다.

② 사용자책임

㉮ 피용자가 그 사무집행에 관하여 타인에게 가한 손해에 대하여 사용자가 부담하는 배상책임을 사용자책임이라고 한다(제756조 1항).

㉯ 사용자책임의 요건

첫째, 사용관계가 있을 것. 사용자책임이 발생하기 위해서는 사용자와 피용자 사이에 사용관계(사무감독관계)가 존재하여야 한다. 사무란 사람의 생활에 필요한 모든 일을 말하며, 비영리적·영리적, 계속적·일시적, 사실적·법률적인 것이 모두 포함된다. 사용관계는 실질적으로 사용·피용관계가 있으면 되므로 반드시 법률적으로 유효한 계약관계가 있어야 하는 것은 아니며, 보수의 유무나 기간의 장단 등은 불문한다.

둘째, 피용자의 행위가 사무집행에 관한 것일 것. 사용자는 피용자가 사무집행에 관하여 손해를 준 경우에 그 책임을 진다. 이 때 사무집행이 무엇을 의미하는지가 문제된다. 일반적으로 피용자의 불법행위가 외형상 객관적으로 사용자의 사업활동 내지 사무집행행위 또는 그와 관련된 것이라고 보여질 때에는 행위자의 주관적 사정을 고려함이 없이 사무집행에 관한 행위로 본다. 피용자가 개인적 이익을 얻기 위해 그 권한을 남용하여 한 행위라도 외형상 그 직무범위에 속한다고 볼 수 있는 경우에는 사무집행에 관한 행위에 포함된다. 그러나 외형상 사무집행에 속하는 경우에도 거래상대방이 피용자의 행위가 사무집행에 속하지 않음을 알았거나 중대한 과실로 알지 못한 경우에는 사용자는 배상책임이 없다고 한다(대법원 2002.12.10. 선고 2001다58443 판결).

셋째, 피용자의 가해행위가 있을 것. 피용자가 제삼자에 대하여 가해행위를 하였어야 한다. 여기서 제삼자란 사용자와 가해행위를 한 피용자를 제외한 그밖의 자를 말한다. 피용자의 가해행위가 제750조의 불법행위의 요건, 즉 고의·과실이나 책임능력을 모두 갖추고 있어야 한다.

넷째, 사용자가 면책사유를 입증하지 못할 것. 사용자가 피용자의 선임 및 사무감독에 상당한 주의를 한 때 또는 상당한 주의를 하였더라도 손해가 발생하였을 경우에는 손해배상책임을 면한다(제756조 1항 단서). 즉, 이 두 가지 면책사유 중 어느 하나를 입증하면 사용자는 그 책임을 면한다.

㉢ 사용자책임의 효과

사용자 또는 대리감독자(지점장·공장장·인사과장·현장감독)는 피용자와 함께 손해배상책임을 진다. 사용자 또는 대리감독자가 책임을 지더라도 피용자의 불법행위책임이 면제되는 것은 아니다. 그리고 사용자 이외에 대리감독자가 사용자책임의 요건을 갖춘 경우에는, 그 대리감독자도 사용자와 공동으로 사용자책임을 진다. 피용자의 행위는 민법 제750조의 일반불법행위의 성립요건을 갖추게 되어 사용자책임과는 별개의 독립한 불법행위도 성립된다. 사용자의 책임과 피용자의 책임은 부진정연대채무관계에 있다(통설, 대법원 2000.3.14. 선고 99다67376 판결). 사용자 또는 대리감독자가 배상을 한 때에는 피용자에 대하여 구상할 수 있다(제756조 3항).

증권회사지점장이 고객의 투자금을 횡령한 경우 증권회사의 책임

[질문]

A는 C증권회사의 지점장 B와 월 1%의 이자를 받기로 하는 수익약정을 체결하고 증권투자예탁금으로 1억 원을 B에게 지급하였다. 그런데 6개월이 지나도 이자가 입금되지 않아 알아보니 B가 그 돈을 자기 마음대로 횡령하고 잠적했다고 한다. A가 C증권회사를 상대로 손해배상을 청구할 수 있는가?

[해설]

타인을 사용하여 어느 사무에 종사하게 한 자는 피용자가 그 사무집행에 관하여 제삼자에게 가한 손해를 배상할 책임이 있다(민법 제756조). A의 경우 C증권회사는 지점장인 B의 사용자이므로 사용자책임을 물을 수 있다. 다만, B가 증권투자예탁금을 횡령한 행위가 C증권회사의 사무집행에 관련된 것인지가 문제된다. 판례는 피용자의 불법행위가 외형상 객관적으로 사용자의 사업활동 내지 사무집행행위 또는 그와 관련된 것이라고 보여질 때에는 행위자의 주관적 사정을 고려함이 없이 이를 사무집행에 관하여 한 행위로 본다. 이 판례는 증권회사의 지점장이 고객으로부터 증권투자예탁금을 교부받아 보관하던 중 횡령한 행위는 외관상 증권회사의 사무집행과 관련된 행위로 보여진다(대판 1999.12.7. 98다42929)고 하였다. 그러므로 A는 C증권회사에 대하여 사용자책임을 물어 손해배상을 청구할 수 있다. 다만, 고객이 입은 손해는 지점장이 횡령한 증권투자예탁금 상당액이다.

고객과 지점장 사이에 위 예탁금에 대하여 월 1%의 이자를 지급하기로 하는 수익약정이 있었다 하더라도 이는 구 증권거래법 제52조 제1(현재 자본시장과 금융투자업에 관한 법률 제55조)호에 위반한 무효의 약정으로서 그 수익약정에 근거한 이득의 상실을 손해액에 포함시킬 수는 없다. 따라서 A는 C증권회사를 상대로 1억 원에 대해서만 손해배상을 청구할 수 있고, 6개월간의 수익약정이자에 대하여는 손해배상을 청구할 수 없다(구 증권거래법 제41조(지점 기타의 영업소에 대한 책임) 참고).

③ 공작물 등의 점유자·소유자의 책임

공작물책임이란 공작물의 점유자 및 소유자가 공작물의 설치 또는 보존의 하자로 인하여 타인에게 입힌 손해를 배상할 의무를 부담하는 것을 말한다(제758조). 예를 들어 A가 광고탑을 세워 B에게 임대하였는데 그 광고탑이 무너져 C에게 상해를 입히거나 C의 건물을 붕괴시킨 경우에 광고탑의 임차인인 B가 점유자로서 책임을 지고, 공작물의 소유자 A는 소유자로서 책임을 진다. 그리고 수목의 재식(栽植) 또는 보존에 하자가 있는 경우에 그 수목의 점유자 또는 소유자는 공작물의 점유자 또는 소유자와 마찬가지로 책임을 진다(제758조 2항). 구상권에 관하여서도 공작물책임의 경우와 동일하다(제758조 3항).

④ 동물점유자의 책임

동물의 점유자 또는 보관자는 그 동물이 타인에게 가한 손해를 배상할 책임을 진다(제759조). 다만 동물의 종류와 성질에 따라 상당한 주의를 게을리 하지 않은 경우에는 면책될 수 있다(제759조 1항 단서). 배상책임자는 동물의 점유자와 점유자에 갈음하여 동물을 보관하는 자이다(제759조). 점유자 또는 소유자가 동물로 인하여 타인이 입은 손해를 전보한 경우에 따로 책임을 져야 하는 자가 있을 때에는 그 자에 대하여 구상권을 행사할 수 있다고 할 것이다. 예를 들어 점유자 또는 소유자가 결함있는 동물 우리로 인하여 배상을 한 경우에는, 결함있는 동물의 우리를 제조·판매한 제조자·판매자에 대하여 구상권을 행사할 수 있을 것이다.

⑤ 공동불법행위

㉮ 공동불법행위란 수인이 공동으로 불법행위를 하여 타인에게 손해를 가한 경우를 말한다. 이와 같이 수인이 공동의 불법행위에 의하여 타인에게 손해를 가한 때에는 연대하여 그 손해를 배상할 책임이 있다(제760조).

㉯ 성립요건

수인이 공동의 불법행위로 타인에게 손해를 가한 경우에 연대하여 손해를 배상할 책임이 있다. 가해행위자 각자의 행위와 손해 사이에 인과관계가 없더라도 피해자에 대한 권리침해가 공동으로 행해졌고, 그 행위가 손해 발생에 대해 공통의 원인이 되어야 한다(통설·대법원 1998.9.25. 선고 98다9205 판결). 그리고 공동 아닌 수인의 행위 중 어느 자의 행위가 그 손해를 가한 것인지 알 수 없는 때에는 이를 공동불법행위로 추정한다(제760조 2항). 이는 수인의 행위자 가운데 누군가가 위법행위를 하여 손해를 발생시킨 점은 확실하지만, 가해자가 누구인지 불분명한 경우를 규정한 것이다(통설). 예를 들어 여러 명이 싸우고 있는 동안에 누군가가 칼로 상해를 하든가, 또는 여러 사람이 돌을 던져 그 중 어느 한 사람의 돌에 맞아 피해자가 상해를 입은 때에 이 들 상해가 누구의 행위에 의한 것인지를 알 수 없는 경우가 이에 해당한다. 또한 교사자나 방조자는 공동행위자로 간주되므로(제760조 3항), 직접 불법행위를 한 자와 연대하여 책임을 진다.

㉰ 효과

공동불법행위자는 연대하여 피해자에게 그 손해를 배상할 책임이 있다(제760조). 각 공동불법행위자는 공동불법행위와 상당인과관계 있는 모든 손해를 배상하여야 한다. 공동불법행위자의 한 사람이 전부의 배상을 한 경우에는 다른 공동불법행위자에 대하여 본래 부담하였을 책임의 비율에 따라 구상권을 가지게 된다. 구상권의 소멸시효는 구상권이 발생한 시점, 즉 공동면책행위를 한 때로부터 기산하고 그 기간은 일반채권과 같이 10년이다.

버스와 승용차의 충돌로 승객이 상해를 입은 경우

[질문]

A회사 소속 고속버스와 B의 승용차가 충돌하는 사고로 인하여 버스승객 C가 상해를 입었으며, 위 사고는 전적으로 B의 과실로 인하여 발생하였다. 이러한 경우에 C는 누구를 상대로 손해배상청구를 할 수 있는가?

[해설]

A회사 소속의 고속버스와 B의 승용차가 충돌하여 C가 상해를 입은 경우에 비록 전적으로 B에게 전적인 과실이 있다고 하여도 A회사는 버스의 운행자로서 C에 대하여 자동차손해배상보장법상의 배상책임을 부담한다. 따라서 A와 B는 공동불법행위자로서 C에 대하여 손해배상책임을 부담한다. 이 때 A와 B는 C에 대하여 부진정연대책임을 진다. 따라서 C는 A 또는 B만을 상대로 손해배상청구를 할 수도 있고, 두 사람 모두에게 동시에 손해배상청구를 할 수도 있다.

제4절 친족법

1. 가족법

(1) 개념

가족법은 가족관계를 규율하는 법이다. 가족관계는 재산관계와는 달리, 혈연과 애정으로 이루어진 관계이다. 부부 사이의 관계, 부모와 자식 사이의 관계, 유언·상속의 관계는 가족법에 의해 규율된다. 이러한 가족법은 다시 친족법과 상속법으로 나누어진다. 그 외에 「가족관계의 등록 등에 관한 법률」과 가사소송법이 있다.

친족법	가족, 친족, 자의 성과 본, 혼인, 부모와 자, 후견, 부양, 이혼
상속법	상속, 유언, 유류분

(2) 가족관계의 등록 등에 관한 법률(약칭 : 가족관계등록법)

1) 가족관계등록제도

2005.2. 헌법재판소의 호주제도의 헌법불합치 결정으로 호주제도가 폐지되었고, 종래의 호적법을 대체하기 위해 2007.4. 「가족관계의 등록 등에 관한 법률」이 제정되었다. 이 법의 목적은 국민의 출생·혼인·사망 등 가족관계의 발생 및 변동에 관한 등록과 그 증명에 관한 사항을 규정함으로써 신분관계를 공적으로 기록하고 공시하기 위한 법이다(가족관계등록법 제1조).

이 법에 의한 가족관계등록부에는 등록기준지, 성명·본·성별·출생연·월·일 및 주민등록번호, 출생·혼인·사망 등 가족관계의 발생 및 변동에 관한 사항 등을 기록하여야 한다(가족관계등록법 제9조 제1항). 그리고 이러한 기록사항에 관하여 발급할 수 있는 증명서로는 1) 가족관계증명서, 2) 기본증명서(본인 출생), 3) 혼인관계증명서(혼인), 4) 입양관계증명서, 5) 친양자입양관계증명서의 5종류가 발급된다(가족관계등록법 제15조 제1항). 가족관계의 발생 및 변동에 관한 등록과 그 증명에 관한 사무는 대법원이 관장한다(가족관계등록법 제2조).

2) 등록의 신고

등록부는 신고에 의하여 기록한다(가족관계등록법 제16조). 신고는 서면, 말 또는 전자문서로 할 수 있으며(가족관계등록법 제23조, 제23조의2). 신고사건 본인의 등록기준지 또는 신고인의 주소지나 현재지에서 할 수 있다(가족관계등록법 제20조). 인지·입양·협의파양·상속포기·한정승인·혼인·협의이혼 등의 신고는 신고를 하여야 비로소 신분관계가 창설된다. 반면에 출생·사망·실종선고·개명·재판에 의한 혼인무효나 혼인취소·재판에 의한 이혼이나 이혼취소·재판에 의한 입양무효나 입양취소·재판에 의한 파양이나 파양취소·부모의 친권 또는 관리권의 상실·실종선고의 취소·후견개시 등의 신고는 신고에 의하여 효과가 법률상으로 발생하는 것이 아니라 그러한 사실이 발생하였을 때 생기며, 일정한 신고기간 내에 신고하지 않으면 과태료 처벌을 받게 된다.

□ 호적 ⇒ 가족관계등록부

호적제도(종전)	가족등록 제도
본적 폐지	등록기준지 신설
호적(부)	가족관계등록(부)
호적등본(초본)	가족관계등록사항별 증명서(5가지)
취적	가족관계등록 창설

□ 가족관계등록사항별 증명서(5가지)

증명서 종류	공통기재사항	개별 기재사항
가족관계증명서	본인의 등록기준지 성명, 성별, 본, 출생연원일, 주민등록번호	본인·부모·배우자·자녀의 성명·성별·출생연월일 등
기본증명서		본인의 출생·사망·성명·성별· 출생연월일·국적상실 등
혼인관계증명서		본인 및 배우자의 성명·성별·본·출생연월일 등
입양관계증명서		친생부모·양부모·양자의 성명·성별·본·출생연월일 등
친양자입양관계증명서		친생부모·양부모·친양자의 성명·성별·본·출생연월일

2. 성(姓)

(1) 부부의 성

결혼한 후에도 부부는 각자 본래의 성을 그대로 가진다(성불변의 원칙).

(2) 자녀의 성

> **제781조(자의 성과 본)** ① 자는 부의 성과 본을 따른다. 다만, 부모가 혼인신고시 모의 성과 본을 따르기로 협의한 경우에는 모의 성과 본을 따른다.
> ② 부가 외국인인 경우에는 자는 모의 성과 본을 따를 수 있다.
> ③ 부를 알 수 없는 자는 모의 성과 본을 따른다.
> ④ 부모를 알 수 없는 자는 가정법원의 허가를 받아 성과 본을 창설한다. 다만, 성과 본을 창설한 후 부 또는 모를 알게 된 때에는 부 또는 모의 성과 본을 따를 수 있다.
> ⑤ 혼인외의 출생자가 인지된 경우 자는 부모의 협의에 따라 종전의 성과 본을 계속 사용할 수 있다. 다만, 부모가 협의할 수 없거나 협의가 이루어지지 아니한 경우에는 자는 법원의 허가를 받아 종전의 성과 본을 계속 사용할 수 있다.
> ⑥ 자의 복리를 위하여 자의 성과 본을 변경할 필요가 있을 때에는 부, 모 또는 자의 청구에 의하여 법원의 허가를 받아 이를 변경할 수 있다. 다만, 자가 미성년자이고 법정대리인이 청구할 수 없는 경우에는 제777조의 규정에 따른 친족 또는 검사가 청구할 수 있다.

3. 가족의 범위

가족을 종전의 호주 중심에서 친권 · 부양 · 상속 등의 실질적 법률관계를 고려하여 다음과 같이 변경하였다.

> **제779조(가족의 범위)** ① 다음의 자는 가족으로 한다.
> 1. 배우자, 직계혈족 및 형제자매
> 2. 직계혈족의 배우자, 배우자의 직계혈족 및 배우자의 형제자매
> ② 제1항 2호의 경우에는 생계를 같이 하는 경우에 한한다.

4. 친족

(1) 친족의 정의 및 범위

친족(親族)은 혈연과 혼인을 기초로 하여 성립된다. 민법은 배우자, 혈족, 인척을 친족으로 규정하고 있다(제767조). 그리고 8촌 이내의 혈족, 4촌 이내의 인척, 배우자가 친족의 범위에 속한다(제777조). 배우자는 혼인한 남녀로서 법률혼만을 의미한다. 혈족에는 자연혈족(출생)과 법정혈족(입양)이 있다.

혈족(血族)에는 자연혈족과 법정혈족, 직계혈족(直系血族)과 방계혈족(傍系血族)이 있다. 자연혈족이란 출생이라는 자연적 사실에 의한 혈연관계로 맺어진 혈족을 말하고 직계혈족(부모)과 방계혈족(형제자매)이 이에 해당한다. 법정혈족은 입양과 같이 법률에 의한 혈족을 의미하며 양자와 양부모 관계가 이에 해당한다. 직계혈족은 자기의 직계존속과 직계비속을 의미하며, 방계혈족은 자기의 형제자매와 형제자매의 직계비속, 직계존속의 형제자매 및 그 형제자매의 직계비속을 의미한다(제768조). 인척(姻戚)의 범위는 혈족의 배우자, 배우자의 혈족, 배우자의 혈족의 배우자로 한다(제769조).[14]

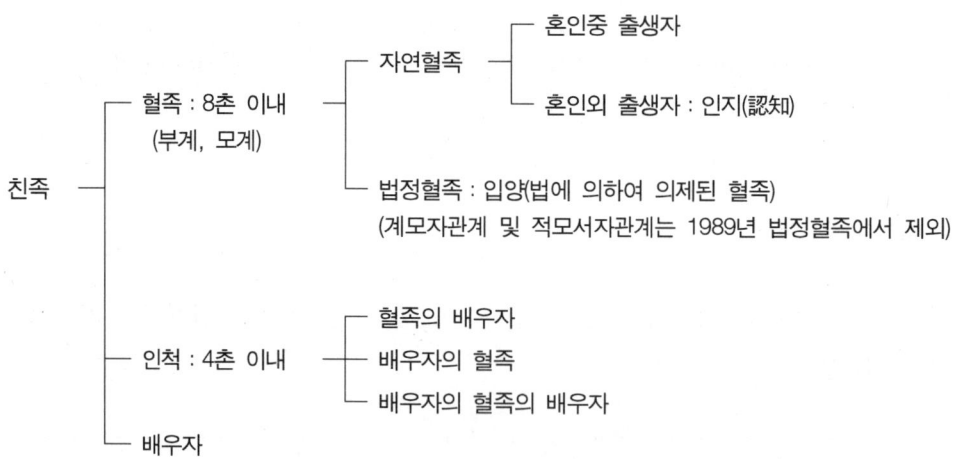

(2) 친족관계

친족관계는 혈연연결 관계에 따라 직계친(直系 : 혈연이 직상·직하로 연결되는 친족)과

---

14) 1990.1.13. 인척의 계원(系源) 중에서, 관습상 사돈에 해당되는 '혈족의 배우자의 혈족'은 삭제하였다.

방계친(傍系 : 혈통이 공동시조로부터 갈라져서 연결되는 형태)으로 구분되고, 또한 존속친(尊屬 : 부모 및 부모와 동등 行列 이상에 속하는 친족)과 비속친(卑屬 : 자녀 및 자녀와 동등항렬 이하에 속하는 친족) 등으로 구분된다.

(3) 친족관계에 의한 법률효과

친족간에는 1) 민법상의 효과로서 생명침해에 대한 손해배상청구권(제752조), 근친혼의 금지(제809조), 무효혼(제815조), 취소혼(제816조), 후견인(제928조~제940조), 부양의무(제974조), 상속권(제1000조, 제1003조) 등의 효과가 발생한다. 2) 형법상의 효과로서는, ① 범인은닉죄, 범인도피죄, 증거인멸죄 ⇒ 친족, 동거가족간에는 형면제가 되며, ② 권리행사방해죄, 절도죄, 사기죄, 공갈죄, 횡령죄, 배임죄, 장물에 관한 죄는 ⇒ 친족상도례(형법 제328조)가 적용되어 직계혈족, 배우자, 동거친족, 동거가족 또는 그 배우자 간에는 그 형을 면제하고, 그 이외의 친족이 범하는 경우에는 친고죄로 한다. 다만, 강도죄와 손괴죄에 대하여는 친족상도례를 적용하지 않는다. 반면에 ③ 친족관계로 형량이 무거워지는 존속살해죄(존속상해죄·존속폭행죄·존속학대죄·존속유기죄·존속협박죄)가 있다.

5. 약혼

(1) 의의

약혼(約婚)이란 약혼적령에 달한 남녀가 장래 혼인할 것을 약정하는 당사자 사이의 계약이다. 따라서 혼인의 의사없이 동거생활을 하거나, 실질적으로 혼인생활을 하면서 혼인신고를 하지 않고 있는 사실혼, 남녀 양가의 주혼자들이 혼인할 당사자를 위하여 혼인시키기로 약속하는 정혼과는 구별된다.

(2) 약혼의 성립요건

> **제800조(약혼의 자유)** 성년에 달한 자는 자유로 약혼할 수 있다.
>
> **제801조(약혼연령)** 18세가 된 사람은 부모나 미성년후견인의 동의를 받아 약혼할 수 있다. 이 경우 제808조를 준용한다.

> 제803조(약혼의 강제이행금지) 약혼은 강제이행을 청구하지 못한다.

(3) 약혼의 효과

약혼하면 당사자는 성실하게 교제하고 가까운 시기에 부부공동체를 구성할 의무를 부담한다. 약혼은 강제이행할 수 없으며, 약혼이 일방적으로 해소된 경우에 정당한 이유없이 부당하게 파기당한 자는 상대방에 대하여 손해배상을 청구할 수 있을 뿐이다(제806조). 또한 당사자가 약혼을 하더라도 아무런 친족관계를 발생시키지 않기 때문에 약혼 중에 출생한 자는 혼인 외의 출생자가 된다. 혼인 외의 출생자는 부모가 혼인하면 그 자는 준정(準正)이 되어 혼인 중의 출생자로 된다(제855조 2항). 만일 제3자가 약혼상의 권리를 부당하게 침해한 경우에는 일종의 채권침해로 인한 불법행위가 성립되어, 권리를 침해당한 자는 제3자에게 손해배상을 청구할 수 있다(대법원 1961.10.19. 선고 4293민상531 판결).

(4) 약혼의 해제

허위의 학력 · 직장에서의 직종 · 직급과 약혼의 해제

[질문]

종전에 서로 알지 못하던 갑과 을이 중매를 통하여 불과 10일간의 교제를 거쳐 약혼을 하게 되었다. 약혼 후에 을은 갑이 고등학교밖에 나오지 못하고 직장에서도 직종·직급 등을 속였다는 것을 알게 되었다. 이 때 을은 갑과의 약혼을 해제할 수 있는가?

[해설]

서로 상대방의 인품이나 능력에 대하여 충분히 알 수 없기 때문에 학력이나 경력, 직업 등이 상대방에 대한 평가의 중요한 자료가 된다. 그런데도 갑이 학력과 직장에서의 직종·직급 등을 속인 것은 갑을 신뢰하고 이에 기초하여 혼인의 의사를 결정하였던 을의 입장에서 보면 신의성실의 원칙에 위반한 행위로서 갑에 대한 믿음이 깨어져 갑과의 사이에 애정과 신뢰에 바탕을 둔 인격적 결합을 기대할 수 없다. 따라서 약혼을 유지하여 혼인을 하는 것이 사회생활관계상 합리적이라고 할 수 없고, 민법 제804조 제8호 소정의 '기타 중대한 사유가 있는 때'에 해당하여 갑에 대한 약혼의 해제는 적법하다(대법원 1995.12.8. 선고 94므1676·1683 판결).

1) 약혼해제의 사유

> **제804조(약혼해제의 사유)** 당사자 한쪽에 다음 각 호의 어느 하나에 해당하는 사유가 있는 경우에는 상대방은 약혼을 해제할 수 있다.
> 1. 약혼 후 자격정지[15] 이상의 형을 선고받은 경우
> 2. 약혼 후 성년후견개시나 한정후견개시의 심판을 받은 경우
> 3. 성병, 불치의 정신병, 그 밖의 불치의 병질(病疾)이 있는 경우
> 4. 약혼 후 다른 사람과 약혼이나 혼인을 한 경우
> 6. 약혼 후 1년 이상 생사(生死)가 불명한 경우
> 7. 정당한 이유 없이 혼인을 거절하거나 그 시기를 늦추는 경우
> 8. 그밖에 중대한 사유가 있는 경우

제804조 7호의 '정당한 이유'에는 학업을 마친 후에 혼인하겠다고 하는 경우, 외국에 체류 중 자기 의사에 반하여 귀국에 장애를 받고 있는 경우, 급변한 경제상태의 악화로 즉시 혼인하는 것이 곤란한 경우 등이 될 수 있다. 그리고 동조 8호의 '기타 중대한 사유'에는 중대한 모욕, 재산상태에 관한 착오, 연령사기, 처녀성의 사기, 심한 불구자로 된 경우, 애정상실, 간음 외의 부정행위, 사기·강박에 의한 약혼, 그리고 가족을 부양할 능력이 없을 정도로 재산상태가 악화된 경우 등이 포함된다. 법원은 임신불능 또는 빈곤한 환경은 약혼의 해제사유가 될 수 없다고 한다(대법원 1960.8.18. 선고 4292민상995 판결).

당사자의 일방 또는 쌍방이 법률상·배우자 있는 자의 약혼·이중약혼은 원칙적으로 무효이다. 다만 사실상 혼인하고 있는 경우, 그 혼인을 해소한 후에 부부가 된다는 계약은 사정에 따라서 사회질서에 위반하지 않는 한 약혼으로서의 효력이 인정될 수 있다.

2) 약혼해제의 방법

약혼의 해제는 상대방에 대한 의사표시로 한다. 그러나 상대방에 대하여 의사표시를 할 수 없는 때에는 그 해제의 원인있음을 안 때에 해제된 것으로 본다(제805조).

---

[15] 형법은 형벌의 종류를, 사형, 징역, 금고, 자격상실, 자격정지, 벌금, 구류, 과료, 몰수의 9가지를 정하고 있는데(제41조), 자격정지는 수형자의 일정한 자격을 일정기간 정지시키는 형벌로서 명예형(名譽刑)·자격형의 하나이다. 자격정지 형을 받은 사람에 대해서는 이를 수형자 원부에 기재하고 지체없이 그 등본을 형의 선고를 받은 사람의 가족관계등록기준지와 거주지의 시·읍·면에 통보한다. 공무원이 될 자격, 공법상의 선거권과 피선거권, 공적업무를 할 자격 등이 정지된다.

3) 약혼해제의 효과

① 손해배상의 청구

약혼을 해제한 때에는 당사자 일방은 과실있는 상대방에 대하여 약혼해제로 인한 손해배상을 청구할 수 있다(제806조 1항). 손해배상의 범위에는 재산상의 손해(혼인준비비용)와 정신상 고통으로 인한 손해(위자료)가 포함된다(제806조 2항). 정신상 고통으로 인한 손해배상청구권은 양도·승계하지 못하나(제806조 3항 본문), 당사자 사이에 이미 그 배상에 관한 계약이 성립되었거나 소를 제기한 후에는 일반 재산권과 같이 양도·승계할 수 있다(제806조 3항 단서). 또한 부당하게 타인의 약혼관계를 침해한 자는 불법행위로 인한 손해배상책임을 진다(대법원 1975.1.14. 선고 74므11 판결).

② 약혼예물의 반환청구

약혼이 성립되지 않으면 당사자 사이에 주고 받은 예물은 돌려 주어야 하는가? 라는 문제가 발생한다. 약혼 예물 수수의 법적 성질에 관하여 우리나라의 대법원 판례는 약혼의 성립을 증명하는 증거임과 동시에 '혼인의 불성립을 해제조건'으로 하는 증여의 성질을 갖는다고 한다. 따라서 약혼이 파기되어 혼인으로 나아갈 가능성이 없게 된 경우에 증여계약이 실효됨으로써 부당이득이 되어 약혼예물의 반환을 청구할 수 있다. 약혼의 해제나 파기에 대하여 당사자 일방에게 책임이 있는 경우, 책임 없는 당사자는 예물의 반환을 청구할 수 있다. 반면에 약혼해제에 관하여 과실이 있는 당사자 그가 제공한 약혼예물에 대하여 반환을 청구할 권리가 없다(대법원 1976.12.28. 선고 76므41판결).

약혼의 해제와 예물의 반환 및 손해배상

[질문]

A남은 B녀와 약혼을 하고 동거하던 중 B녀와 육체관계를 맺은 후 다른 특별한 이유 없이 처녀성이 없다는 것을 이유로 하여 B와의 약혼을 해제하였다. B녀가 약혼예물로 준 로렉스시계와 자가용을 돌려달라고 하자 A남은 B녀에게 처녀성이 없는 것은 약혼해제사유가 되기 때문에 돌려줄 수 없다고 주장하면서, 오히려 자기가 예물로 준 다이아몬드 반지를 반환하라고 한다. A의 주장은 타당한가?

> [해설]
> 약혼할 때 교환하는 예물은 혼인의 불성립을 전제로 한 증여이다. 따라서 혼인이 성립하지 않으면 반환하여야 한다. 그러나 A남과 같이 정당한 이유없이 일방적으로 약혼을 해제하는 경우에는 A남은 약혼예물의 반환을 청구할 수 없다. 반대로 B녀는 자기가 준 예물의 반환을 청구하는 동시에 손해배상도 청구할 수 있다.

6. 혼인

(1) 의의

혼인(婚姻)이란 당사자 사이의 자유로운 혼인의사의 합치에 기하여 성립하는 혼인계약이다. 혼인이 성립하려면 혼인의사의 합치(=실질적 요건) 외에 혼인신고(형식적 요건)가 있어야 한다. 이 실질적 요건과 형식적 요건이 모두 갖추어졌을 때 비로소 유효한 혼인이 성립된다.

(2) 혼인의 성립요건

1) 혼인의 실질적 요건

혼인이 성립하기 위한 실질적 요건으로서 당사자 간의 혼인의사 합치가 있을 것을 요한다(제815조 1항). 여기서 '혼인의 의사'란 무엇을 의미하는가? 판례와 다수설에 의하면 당사자 사이에 사회관념상 부부라고 인정되는 정신적·육체적 결합을 생기게 할 의사 혹은 사회통념에 좇아 혼인이라고 볼 수 있는 생활공동체를 형성하려는 의사를 말한다(실질적 의사설). 따라서 실질적인 부부관계를 성립시킬 의사가 없이 신고된 혼인은 가장혼인으로서 무효이다. 그러나 혼인의사를 신고에 의하여 법률상 부부관계를 형성하려는 의사로 보는 견해도 있다(형식적 의사설).

이 견해에 의하면 가장혼인도 혼인신고에 의해 법률상 부부관계를 형성하려는 의사는 존재하므로 유효하다.

① 혼인 당사자는 만 18세에 이르러야 한다(혼인적령, 제807조).
  만 18세가 되어야 혼인할 수 있으며 그에 이르지 않은 자의 혼인은 당사자 또는 그 법

정대리인이 취소할 수 있다(제816조 제1항, 제817조).
② 미성년자가 혼인하려면 부모의 동의를 얻어야 한다(제808조 제1항).
③ 근친혼이 아니어야 한다(제809조).

혼인을 금지하는 근친혼의 범위에는 8촌 이내의 혈족사이, 6촌 이내의 혈족의 배우자, 배우자의 6촌 이내의 혈족, 배우자의 4촌 이내의 혈족의 배우자인 인척이거나 이었던 자 사이, 6촌 이내의 양부모계의 혈족이었던 자와 4촌 이내의 양부모계의 인척이었던 자 사이에서는 혼인하지 못한다.

④ 중혼(重婚)이 아니어야 한다(제810조).

배우자가 있는 자는 다시 혼인하지 못한다. 이를 위반하여 이루어진 후혼은 혼인취소 사유로 된다.

근친혼의 금지 범위(제809조)와 그 외 동성동본 혼인의 허용

헌법재판소는 동성동본간의 금혼규제가 헌법상 인간의 존엄과 행복추구권 보장 이념에 반하고 개인의 존엄과 양성의 평등에 기초한 혼인과 가족생활의 성립·유지라는 헌법정신에 정면으로 배치되며, 그 금지범위를 동성동본인 혈족에만 한정하여 성별에 의한 차별을 하는 점에서 평등의 원칙에도 위반된다고 하고, 우리 민법이 종전에 부계와 모계의 최소한 8촌 이내의 혈족이거나 혈족이었던 자 및 8촌 이내의 인척이거나 인척이었던 자 사이의 혼인은 모두 무효로 하거나 금지하고 있었으므로 이 정도의 규제로도 우생학적으로 문제되는 근친혼의 범위는 벗어났다고 할 수 있으며, 외국의 입법례와 비교해 볼 때 그 규제의 범위가 매우 넓은 편에 속한다는 이유로 헌법불합치결정을 하였다. 그리하여 1999년 1월 1일부터는 그 효력을 상실한다고 하였다(헌법재판소 1997.7.16. 선고 95헌가6 결정). 2005년 3월 31일 민법 개정에 의하여 동성동본 금혼은 근친혼의 금지로 변경되었다.

2) 혼인의 형식적 요건

혼인은 「가족관계의 등록 등에 관한 법률」이 정하는 바에 따라 신고를 함으로써 그 효력이 생긴다(제812조 1항).[16] 혼인신고를 해야 혼인이 성립된다고 보는 법률혼주의를 채택하고 있다. 혼인신고는 당사자 쌍방과 성년자인 증인 2인이 연서한 서면으로 해야 한다(제812

---

16) 우리나라에서는 1923년부터 법률혼주의를 채택하였다.

조 2항). 혼인신고는 말(구두)로도 할 수 있고(가족관계등록법 제23조), 본인의 등록기준지 또는 신고인의 주소지나 현재지에서 할 수 있다(가족관계등록법 제20조 1항). 외국에 있는 본 국민 사이의 혼인은 그 외국에 주재하는 대사·공사 또는 영사에게 신고하면 된다(제814조 1항).

혼인신고는 담당공무원이 혼인신고서를 수리함으로써 완료되고 그때부터 효력이 발생하는 것이지 가족관계등록부에 기록되어야 성립하는 것은 아니다. 사실혼관계인 데도 당사자 일방의 비협조 등으로 혼인신고를 하지 못한 경우에는, 사실혼관계존재확인청구를 통하여 혼인신고를 할 수 있다(가사소송법 제2조 1항 1호 나목 1).

(3) 혼인의 무효와 취소

혼인의 성립요건을 갖추고 혼인신고가 수리되면 그 혼인은 유효하게 성립한다. 그러나 유효하게 성립된 혼인에 일정한 하자가 있는 경우에 그 혼인은 무효가 되거나 혼인 취소사유가 된다. 혼인의 무효와 취소는 혼인의 효력을 부정하는 점에서 동일하지만 차이점이 있다. 혼인의 무효사유(제815조) 및 혼인의 취소사유(제816조)는 민법에서 규정하고 있다.

혼인에 무효사유가 있는 경우에(무효혼) 혼인무효확인판결이 없더라도 처음부터 혼인의 효력이 없었던 것과 같이 된다. 처음부터 혼인이 성립되지 않았던 것과 같은 효과가 발생한다.

반면에 혼인에 취소사유가 있는 경우에(취소혼)는 취소청구권자의 취소청구가 있어야만 혼인의 효력이 없었던 것과 같이 된다. 혼인취소는 취소판결을 받아야 비로소 혼인의 효과가 소멸하는 것이고 취소되기 전까지는 유효한 혼인으로 취급된다. 혼인을 취소할 경우에는 반드시 가정법원에 그 취소에 관한 소송을 제기하여 취소판결을 받아야 한다. 혼인취소의 효력은 소급하지 않으며 장래에 향해서만 효력이 발생한다.

1) 혼인의 무효사유(제815조)

① 당사자 사이에 혼인의사의 합치가 없는 경우
  당사자 사이에 혼인하겠다는 합의가 있어야 한다. 혼인신고가 되었더라도 혼인의사의 합치가 없으면 그 혼인은 무효이다.
② 일정범위의 근친혼
  당사자간에 8촌 이내의 혈족관계에 있는 경우, 당사자간에 직계인척관계가 있거나 있었던 때, 당사자간에 양부모계의 직계혈족관계가 있었던 경우 그 혼인은 무효이다.

2) 혼인의 취소사유(제816조)

① 혼인적령에 달하지 않은 혼인

만 18세가 되지 않은 자의 혼인은 각 당사자 또는 그 법정대리인이 취소할 수 있다(제817조).

② 부모의 동의를 얻지 않은 혼인

미성년자가 혼인하는 경우 부모 또는 후견인의 동의를 얻어야 한다. 동의 없이 이루어진 미성년자의 혼인은 취소할 수 있다.

③ 근친혼

취소의 대상이 되는 근친혼은 무효혼의 대상이 되는 나머지이다.

④ 중혼(제818조)

법률혼의 배우자 있는 자는 혼인하지 못하며 이를 위반한 경우 후혼이 혼인취소사유로 된다.

⑤ 사기·강박에 의한 혼인(제823조)
⑥ 악질 등 중대한 사유가 있는 혼인(제822조)

3) 혼인의 무효 및 취소의 효과

혼인이 무효사유에 해당하여 무효혼이 되면 그 혼인은 처음부터 효력이 없다. 즉 처음부터 혼인이 성립하지 않았던 것과 같은 효력이 발생한다. 무효혼에서 출생한 자는 혼인 외의 출생자로 본다(제855조 제1항).

반면에, 혼인취소 사유에 해당하는 취소혼은 법률에 규정된 취소권자가 가정법원에 혼인취소청구를 하여야 한다. 혼인을 취소하려면 우선 가정법원에 조정을 신청해야 하는데 조정이 성립하지 않을 경우 사건은 당연히 혼인취소소송으로 이행된다. 혼인취소는 혼인무효와 달리, 가정법원의 확정판결 전까지는 유효한 혼인으로 취급되며 취소판결확정에 의해 비로소 장래에 향하여 혼인의 효력이 소멸한다. 다시 말해서 혼인이 취소되면 그 때부터 취소의 효력이 발생하며 소급하지 않는다(제824조, 이 점에서 재산상의 법률행위가 취소되는 경우 소급해서 효력을 잃는 것과 차이가 있다).

혼인취소의 효력이 소급하지 않음으로써, 취소된 혼인관계에서 출생한 자는 혼인이 취소되더라도 혼인중의 출생자로서의 지위를 잃지 않는다. 또한 배우자 사망 후에 혼인이 취소되더라도 이미 취득한 상속권은 그대로 유지된다.

□ 무효혼과 취소혼

혼인의 무효사유 (제815조)	혼인의 취소사유 (제816조)
- 당사간 혼인합의가 없는 때 - 8촌 이내의 혈족(친양자의 입양 전의 혈족 포함) 사이의 근친혼(제809조 1항) - 당사자간 직계인척관계가 있거나 있었던 때 (제815조 3호) - 당사자간 양부모계의 직계혈족관계가 있었던 때(제815조 4호)	- 혼인적령 위반(제807조) - 동의를 요하는 혼인에서 동의없음(제808조) - 제809조의 근친혼위반 혼인 : 제815조의 규정에 의한 무효혼(제809조 1항) 제외 - 중혼금지(제810조)의 위반 - 혼인 당시 당사자 일방에 부부생활을 계속할 수 없는 악질 기타 중대한 사유 있음을 알지 못한 때(제816조 2호) - 사기 또는 강박으로 인하여 혼인의 의사표시를 한 때(제816조 3호)

※ 무효혼은 당연무효이며, 취소혼은 일반 법률행위와 달리 소급효가 없고, 취소권자가 가정법원에 소를 제기하여 법원의 판결을 받아야 효력이 생기며 조정이 선행된다.

혼인신고의 방법

[질문]

A남과 B녀는 결혼식을 올리지 않고 같이 살기로 합의를 한 후에 신혼여행을 다녀왔다. 결혼식을 올리지 않았는데도 혼인신고를 할 수 있는가? 그리고 결혼식을 올리지 않고 혼인신고만 해도 법률상 부부로 인정되는가? 혼인신고는 어떻게 하여야 하는가?

[해설]

결혼식을 하여야만 혼인신고를 할 수 있는 것은 아니다. 즉 결혼에 대한 당사자의 의사 합치가 있다면 혼인신고를 할 수 있으며 혼인신고를 하면 법률상 부부로 인정된다. 혼인신고는 당사자 쌍방과 성년자인 증인 2명이 연서(連署)한 서면으로 한다(민법 제812조 2항). 신고는 구술로서도 할 수 있고 신고서를 우송할 수도 있다. 혼인신고서는 담당 공무원에 의하여 수리되면 효력이 발생하므로, 가족등록부에 반드시 기재되어야 하는 것은 아니다(대법원 1991.12.10. 선고 91므344 판결).

혼인적령과 부모의 동의

[질문]

　대학에 재학중인 21세의 A남은 고등학교에 재학중인 18세의 B녀와 사랑하게 되었고 급기야 두 사람은 결혼을 약속하였다. 그러나 A의 부모님은 B가 혼인연령이 되지 못했기 때문에 혼인할 수 없다고 한다. (1) 두 사람은 혼인할 수 있는가? (2) 만일 B가 20살이 되었음에도 불구하고 양가 부모가 반대한다면 어떠한가?

[해설]

　만 18세 이상이면 혼인할 수 있다. 다만 미성년자인 경우에는 부모의 동의를 얻어야 한다. 따라서 B가 18세인 경우라면 부모의 동의가 있어야만 혼인할 수 있다. 만일 부모의 동의없이 혼인을 하였다면 당사자 또는 법정대리인은 그 혼인을 취소할 수 있다(제816조 1호, 제817조). 그러나 B가 포태하였다면 혼인적령이 되지 못했더라도 혼인을 취소할 수 없다(제819조). B가 만 19세가 되었다면 부모의 동의 없이도 자신의 의사만으로도 혼인할 수 있다.

형부와 처제의 혼인

　1991년 민법 개정 이전에는 형부와 처제의 결혼에 대하여 학설의 대립이 있었지만, 1991년 이후 개정민법 제769조와 제777조 2호에서 친족의 범위에 들어가는 인척의 범위를 4촌 이내로 규정하였기 때문에 형부와 처제의 결혼은 근친혼으로서 금지된다. 설사 형부와 처제가 결혼하였다 하더라도 민법 제816조 1호가 규정하고 있는 취소혼의 대상이 된다.

형수의 6촌 여동생과의 혼인(겹사돈)

　형수의 6촌 여동생은 혈족의 배우자의 혈족으로서 무효 또는 취소사유에도 해당되지 않기 때문에 유효하게 혼인할 수 있다. 이른바 겹사돈의 관계이다.

당사자 쌍방의 자유의사에 의하지 않은 혼인신고의 효력

[질문]

성년인 A남과 B녀는 서로 잘 알게 되어 부모의 허락없이 성당에서 결혼식을 올리고 6개월 정도 동거를 하였다. 그러나 평소 그 남자가 낭비벽이 심하고 열심히 살려는 의지가 없어 보여 서로 헤어지게 되었다. 그 후 가족등록부의 혼인관계증명서를 발급받아 보니 뜻밖에도 이미 A와 B녀의 혼인신고가 되어 있었다. 이 경우에 혼인은 무효화시킬 수 없는가?

[해설]

결혼식을 거행하고 부부로서 생활하고 있다 하더라도 혼인신고를 하지 않으면 사실혼에 불과하다. A와 B는 성년자이기 때문에 부모의 동의가 없이도 혼인할 수 있지만, 혼인신고는 당사자 쌍방의 자유의사에 의하여 이루어져야 한다. 판례는 사실혼부부의 일방이 타방 모르게 한 혼인신고에 대하여 외견상 부부로서 사실혼관계와 같은 관계를 유지하여 왔다 하더라도 혼인의사 없는 타방 당사자 모르게 한 혼인신고는 원칙으로 무효라고 한다(대법원 1986.7.22. 선고 86므41 판결). 따라서 A가 B의 동의없이 몰래 한 혼인신고는 무효이다.

허위의 혼인신고가 이루어진 경우

[질문]

다른 사람이 저도 모르게 몰래 혼인신고를 해놓았다면 가족등록부에 이미 혼인했던 것으로 남게 될텐데, 이러한 경우 가족등록부에서 해당 기재를 말소할 수 없는가?

[해설]

이러한 경우 당사자가 상대방이나 제삼자를 형사 고소하여 허위신고된 가족등록이 그 사람의 범죄(공정증서원본불실기재죄·동행사죄, 사문서위조·동행사죄)로 인한 것임을 증명하는 서면(형사판결문 또는 검사의 기소유예처분 결정문 등)을 첨부하여 가족등록의 재제(再製) 또는 보완신청을 하면 종전의 기재는 정정될 수 있다. 즉 깨끗한 혼인관계증명을 발급받을 수 있다.

(4) 혼인의 효과

1) 일반적 효과

① 친족관계의 발생

혼인에 의하여 부부는 서로 배우자라는 신분을 가지며 친족이 되고(제777조 3항), 상대방의 4촌 이내의 혈족과 4촌 이내의 혈족의 배우자 사이에 서로 인척관계가 생긴다(제777조 2항).

② 동거·부양·협조의 의무

부부는 서로 동거할 의무가 있다(제826조 1항 본문). 동거 장소는 부부간의 협의에 의하여 정해지며, 협의가 이루어지지 않는 경우에는 당사자의 청구에 의하여 가정법원이 정한다(제826조 2항). 그리고 부부는 서로 부양하고 협조하여야 한다(제826조 1항 본문). 부부의 어느 일방이 정당한 이유없이 부양·협조의무를 이행하지 않는 경우 타방은 이에 대하여 부양청구의 심판을 청구할 수 있다.

③ 정조의무

민법에 부부의 정조의무에 관한 명문의 규정은 존재하지 않는다. 다만 정조의무 위반시 재판상 이혼사유가 됨으로써 부부는 서로 정조를 지킬 의무가 있다고 본다. 당사자 일방이 정조의무를 위반한 경우, 즉 부정한 행위를 한 경우에는 이혼원인이 되며(제840조 1항), 그 일방은 손해배상의 책임도 부담한다.

④ 성년의제

미성년자가 혼인을 한 때에는 성년자로 본다(제826조의2). 여기서의 혼인은 법률혼만을 의미하고 사실혼은 포함되지 않는다. 혼인을 한 미성년자를 성년으로 의제하게 되면 민법상 법정대리인의 동의 없이도 법률행위를 할 수 있게 된다. 즉 성년자와 동일한 행위능력을 갖게 되어 친권은 소멸하고 후견은 종료된다. 성년으로 의제된 미성년자는 자기의 자에 대하여 친권을 행사할 수 있고 타인의 후견인이 될 수도 있으며 소송능력도 인정된다. 다만 성년으로 간주되는 영역은 민법상의 행위능력뿐이고 다른 법률, 예를 들어 공직선거법, 근로기준법에서의 연소자근로자보호규정 등에서는 여전히 미성년자로 다루어진다. 이러한 성년의제는 혼인생활의 독립성이 부모의 친권행사로 인하여 침해될 위험성을 방지하고, 성년인 혼인당사자 일방이 타방 당사자에 대한 후견권을 행사함으로써 부부평등의 원칙을 해함을 막기 위한 것이다. 이후 이혼, 배우자의 사망 등으로 혼인이 해소되더라도 계속 성년으로 의제된다.

⚖ 미성년자도 혼인하면 성년 취급

[질문]

18세의 A남은 부모의 동의를 얻어 동갑인 18세의 B녀와 결혼을 하였으며 6개월 후 아이를 낳았다. A·B는 자기의 아이에 대해서 자기의 부모의 동의없이 친권을 행사할 수 있는가? 또한 미성년자보호법의 적용을 받지 않는가? 선거권도 행사할 수 있는가?

[해설]

미성년자도 혼인하면 성년으로 취급하지만, 사법(私法)에 있어서 그렇다는 것이지 공법 기타 사회법규(공직선거법·미성년자보호법·근로기준법)에 대해서도 성년으로 취급하는 것은 아니다. 따라서 A·B는 자기의 자에 대해서 자기부모의 동의없이 친권을 행사할 수 있고, 부모의 동의없이도 단독으로 유효하게 법률행위를 할 수 있다. 그러나 공법 기타 사회법규에서는 여전히 미성년자로서 보호를 받는다. 선거권은 만 19세부터 행사할 수 있다.

2) 재산적 효과(부부재산제)

① 부부재산계약

부부재산계약이란 혼인하려는 남녀(부부)가 혼인성립 전에 그 혼인 중의 재산에 관하여 자유로이 따로 약정하는 것을 말한다(제829조).17) 부부는 합의에 의해 자신들의 재산관계를 스스로 정할 수 있다. 이러한 부부재산계약은 혼인 성립 전에 체결되어야 효력이 있으며 혼인 중에는 원칙적으로 체결된 계약을 변경하지 못한다. 다만 혼인 중이라도 정당한 사유가 있으면 법원의 허가를 얻어 변경할 수 있다(제829조 제2항). 이 부부재산계약으로 부부의 승계인(상속인) 또는 제3자에게 대항하기 위해서는 혼인성

---

17) 2001년 6월 결혼한 직장인 이상○(당시 34세)-이지○(당시 29세) 부부가 국내에서 부부재산계약을 맺은 1호 커플이었다. 결혼 후의 재산에 대한 권리를 공평하게 갖는 5:5 재산공유, 부부가 합의하지 않은 보증은 효력이 없도록 하는 '보증부담 사전 동의', 부부 중 한 쪽이 마음대로 재산을 처분하는 것을 막는 '중요재산 매입·매각시 사전동의' 등의 조항을 넣어 부부간의 재산 계약을 맺었다. 다른 예로 만일 남편이 외도하여 이혼하게 되면 재산의 70%와 양육권을 넘겨주는 내용의 재산계약의 예도 있다.

립시까지 등기하여야 한다(제829조 제4항). 부부재산계약의 내용에 대해서 민법은 별도의 규정을 두고 있지 않으므로 자유롭게 부부재산계약을 체결할 수 있다. 그러나 처는 행위능력이 제한되므로 남편의 동의를 얻어야만 재산행위를 할 수 있다는 내용의 혼인의 본질에 반하는 내용의 계약을 체결할 수 없다.

② 법정재산제(부부별산제)

부부재산계약은 우리 관습에는 없던 제도로서 부부가 자유롭게 자신들의 재산적 법률관계를 정할 수 있도록 하는 것인데, 부부 간에 체결된 재산계약이 없으면 민법상 일률적으로 법정재산제인 부부별산제가 적용된다.

우리 민법은 부부별산제를 채택하였다. 다시 말해서 부부의 일방이 혼인 전부터 가진 고유재산과 혼인 중 자기의 명의로 취득한 재산은 각자의 특유재산, 개인재산으로 하며(제830조 제1항), 그 특유재산은 부부가 각자 그 재산을 관리·사용·수익·처분하게 된다(제831조). 그리고 부부의 누구에게 속한 것인지 분명하지 않은 재산은 부부의 공유로 추정된다(제830조 제2항).

혼인 전 재산에 관한 계약

[질문]

B녀는 수입이 좋은 직장을 다니다가 A남을 만나 혼인하기로 하였다. 그러나 A남은 혼인 후 B녀가 직장생활을 그만두기를 원했고, 이에 B녀는 자기가 직장을 그만두는 대신 남편이 사업으로 얻는 이익 가운데 매달 200만 원을 B의 통장으로 입금시키기로 계약을 체결하였다. 이후 이들은 결혼하였다. A·B간이 이러한 계약은 유효한가? 결혼 후 A는 임의로 계약을 취소할 수 있는가?

[해설]

부부는 혼인 성립 전에 혼인 중의 재산에 관하여 자유로이 특별한 약정을 할 수 있기 때문에 A·B간의 계약은 유효하다. 그리고 혼인성립 전에 체결된 재산계약은 혼인 중에는 임의로 변경하지 못하기 때문에 A는 임의로 계약을 취소할 수 없다.

부부 일방의 명의로 한 재산을 처분하려 할 때의 저지방법

[질문]

A와 B는 혼인신고를 하고 같이 맞벌이를 하여 아파트 한 채를 매수한 후 남편 A명의로 등기를 하였다. 그러나 남편 A가 B의 동의 없이 자기 마음대로 이 아파트를 처분하려고 한다. B는 어떻게 구제받을 수 있는가?

[해설]

위 부동산은 남편 A의 소유로 추정되는 만큼 A가 임의로 처분하여도 이를 저지할 방법은 없다. 단지 막연하게 재산취득에 협력하였다거나 혼인생활에 내조한 공이 있었다는 것만으로는 A의 재산으로 추정되는 것이 번복되지 않는다(대법원 1992.12.11. 선고 92다21892). 그러나 실질적으로 다른 일방이 그 재산의 대가를 부담하여 취득한 것이 증명되거나 다른 일방이 재산증식에 노력한 바 있었다면 그 특유재산의 추정은 번복되어 공유재산으로 인정될 수 있다(대법원 1995.10.12. 선고 95다25695 판결). 따라서 이러한 사실에 관한 증거를 확보하여 위 아파트에 대해 처분금지가처분을 하고, 동시에 A를 상대로 소유권이전등기 또는 공유지분 이전등기청구소송을 제기하여 승소한다면 A의 임의 처분을 막을 수 있다.

민법은 혼인생활비용의 부담과 관련하여 부부의 공동생활에 필요한 비용의 부담은 당사자간에 특별한 약정이 없으면 부부가 공동으로 부담한다고 규정한다(제833조). 여기서 공동생활에 필요한 비용이란 의식주의 비용·출산비·미성숙 자녀의 양육비·교육비·의료비·장례비 등이다. 가사노동을 제공하는 것으로 이 의무를 대신할 수 있으며, 부담능력이 없는 부부일방에게는 이 의무가 면제될 수 있다.

③ 일상가사대리권, 일상가사채무의 연대책임

부부는 일상의 가사에 관하여 서로 대리권이 있다(제827조). 여기서의 일상가사(日常家事)란 부부의 혼인생활에 필요로 하는 통상의 사무를 말한다. 구체적으로 가족의 부양과 관련된 사무로서 의식주를 해결하기 위한 것을 말한다. 의복의 구입, 주택의 임차, 가재도구의 구입, 전기·가스·수도공급계약 체결 및 비용지급, 자녀의 양육·교육 등을 말한다. 이러한 일상가사의 범위와 내용은 부부공동체의 생활정도와 지역적·사회적 관습 및 사회통념에 따라 구체적·개별적으로 결정된다.

그러나 가족의 공동생활 유지와 관계없는 금전차용 행위는 일상가사의 범위에 들어가지 않는다고 할 것이다. 가령 그 가족의 생활수준 및 재정상태를 훨씬 초과하는 대규모 주택의 매입을 위한 금전차용, 고급승용차를 구입하기 위한 금전차용은 일상의 가사에 포함되지 않는다.

부부의 일방이 일상가사에 관하여 제3자와 법률행위를 한 경우 다른 일방은 그로부터 발생한 채무에 대하여도 연대하여 책임을 부담한다(제832조 본문).

아내가 타인으로부터 자식의 등록금을 차용한 금액에 대한 남편의 책임

[질문]

남편 A가 미국에 출장가 있는 동안 B는 자식의 등록금을 위하여 C로부터 500만 원을 차용하였다. C는 B에게는 500만 원을 갚을 만한 능력이 없다는 것을 알고서 A에게 500만 원을 갚으라고 요구하였다. A는 그 500만 원을 갚아야 하는가?

[해설]

민법상 부부간에는 일상의 가사에 관하여 서로 대리권이 있고, 부부의 일방이 일상의 가사에 관하여 채무를 부담한 경우에는 다른 일방도 이로 인한 채무에 대하여 연대책임이 있다(민법 제832조 본문). 구체적으로 어떠한 법률행위가 일상가사에 속하는가 하는 것은 일률적으로 판단할 수 있는 것은 아니지만 일반적으로 식료품, 일용품, 교육비, 의료비 등은 일상가사의 범주에 속한다. 따라서 B가 자식의 등록금을 차용한 행위는 일상가사행위로 볼 수 있기 때문에 A는 B가 500만 원을 B와 연대하여 변제할 책임이 있다.

7. 이혼

(1) 이혼의 의의

배우자 일방이 사망하거나, 실종선고를 받은 경우 및 이혼의 경우 혼인이 해소된다. 혼인의 해소란 혼인이 종료되는 것을 말한다. 여기서 이혼이란 유효하게 성립한 혼인을 부부의 합의 또는 재판으로 혼인관계를 종료하는 것이다. 민법이 인정하는 이혼에는 협의이혼과 재판상 이혼이 있다.

(2) 협의이혼의 성립요건

1) 실질적 요건 : 이혼의사의 합치

부부는 협의에 의해 이혼할 수 있다(제834조). 협의상 이혼이 성립하기 위해서는 이혼의사의 합치가 있어야 한다. 혼인파탄의 원인과 동기는 문제되지 않는다. 무엇을 이혼의사로 볼 것인가에 관하여 실질적 의사설과 형식적 의사설의 견해가 대립한다. 실질적 의사설에 따르면 당사자 사이에 혼인관계를 실제로 해소시키려는 의사를 이혼의사로 본다. 반면에 형식적 의사설에 따르면 이혼신고하는 것에 대한 의사를 이혼의사로 본다. 따라서 실질적으로 혼인관계를 해소할 의사 없이 다른 목적을 달성하기 위하여 이혼신고를 하는 '가장이혼'의 경우 실질적 의사설에 따르면 무효이지만, 형식적 의사설에 의하면 유효하다.

2) 형식적 요건 : 이혼 신고

협의이혼이 성립하기 위해서는 이혼신고가 되어야 한다. 협의상 이혼은 가정법원의 확인을 받아 「가족관계등록 등에 관한 법률」의 정한 바에 의하여 신고함으로써 그 효력이 생긴다(제836조 제1항). 당사자 쌍방의 이혼의사의 합치가 있더라도 협의이혼신고가 없으면 혼인은 해소되지 않는다. 당사자 사이에 이혼의 합의를 하였다 하더라도 실제로 이혼의 효력이 발생하기 위해서는 신고하여야 한다. 다만 이혼하려는 당사자는 협의이혼신고를 하기 위해서는 가정법원으로부터 이혼의사확인을 받을 것을 요한다.

① 이혼의사의 확인

협의상 이혼을 하고자 하는 사람은 등록기준지 또는 주소지를 관할하는 가정법원의 확인을 받아 신고하여야 한다(「가족관계등록법」 제75조 제1항).
협의상 이혼을 하려는 부부는 두 사람이 함께 등록기준지 또는 주소지를 관할하는 가정법원에 출석하여 협의이혼의사확인신청서를 제출하고 이혼에 관한 안내를 받아야 한다(「가족관계의 등록에 관한 규칙」 제73조제1항).

② 이혼숙려기간

가정법원에 이혼의사의 확인을 신청한 부부는 우선 법원에서 제공하는 이혼에 관한 안내를 받아야 한다(제836조의2 제2항). 가정법원의 이러한 안내를 받은 당사자는 그 안내를 받은 날로부터 일정한 기간(이혼숙려기간)이 지난 후에 이혼의사의 확인을 받을 수 있다(동조 제2항). 그 기간은 양육할 자녀가 있는가의 여부에 따라, 3개월(양육하여야 할 자가 있는 경우), 1개월(양육하여야 할 자가 없는 경우)이 각각 경과해야 한다. 이 기간이 경과한 후에 가정법원으로부터 이혼의사확인을 받을 수 있다. 다만 가정법원은 폭력으로 인하여 당사자 일방에게 참을 수 없는 고통이 예상되는 등 이혼을 하여야 할 급박한 사정이 있는 경우에는 이 기간을 단축 또는 면제할 수 있다(제836조의2 제3항).

③ 양육비부담조서 작성 등

협의이혼 당사자는 양육해야 할 자가 있는 경우에 자의 양육과 친권자결정에 관한 협의서 또는 가정법원의 심판정본을 제출하여야 한다(제836조의2 제4항). 가정법원은 이혼의사를 확인할 때 이러한 협의서의 내용을 심사, 검토해야 한다. 미성년자녀에 대한 양육사항 및 친권자 등에 관한 사항이 정해져 있지 않으면 이혼의사확인을 받을 수 없기 때문에 협의이혼을 할 수 없다. 그리고 가정법원은 당사자가 협의한 양육비부담에 관한 내용을 확인하는 양육비부담조서를 작성하여야 한다(제836조의2 제5항). 이러한 양육비부담조서의 효력은 판결정본과 같은 효력을 갖는다.

이혼신고는 협의상 이혼을 하고자 하는 사람이 가정법원으로부터 확인서등본을 교부 또는 송달받은 날로부터 3개월 이내에 그 등본을 첨부하여 행하여야 하며 이 기간이 경과한 때에는 가정법원의 확인은 효력을 상실한다(가족관계등록법 제75조 제2항, 제3항).

가장이혼(假裝離婚)의 효력

[질문]

부인 A는 10년 전 남편 B와 결혼하여 혼인신고를 하고 자녀 2명을 두고 있다. 그런데 B가 수년 전에 사업에 실패하면서 채권자들로부터의 변제독촉이 심하게 되자, B는 A에게 사태가 진정될 때까지만 이혼한 것으로 가장하자고 하였다. 그래서 부인 A는 이에 동의하고 관할법원에서 협의이혼 의사의 확인을 받은 후 이혼신고를 마쳤다. 그러나 그 동안 B는 다른 여자와 혼인신고를 하고 같이 살면서 A와 그 자녀들을 돌보지 않고 있는데, 이 경우 A가 위 이혼을 무효화시킬 수 있는가?

[해설]

부부는 협의에 의하여 이혼할 수 있으며(민법 제834조), 이혼의 합의가 부부 사이

> 에 진정으로 성립하지 않아도 형식적인 이혼의 합의가 있는 경우, 즉 가장이혼(假裝離婚)의 경우에도 그 협의이혼은 일단 유효하다(이는 진정한 혼인의 의사가 있어야 유효한 혼인의 경우와는 다르다).
> 　판례는 "혼인 및 이혼의 효력발생 여부에 관하여 형식주의를 취하는 법제하에서는 이혼신고의 법률상 중대성에 비추어 볼 때 협의이혼의 이혼의사는 법률상 부부관계를 해소하려는 의사를 말하므로 일시적으로나마 법률상 부부관계를 해소하려는 당사자 간의 합의하에 협의이혼 신고가 된 이상 협의이혼에 다른 목적이 있더라도 양자 간에 이혼의사가 없다고는 말할 수 없고, 이와 같은 협의이혼은 무효로 되지 아니한다."(대법원 1993.6.11. 선고 93므171 판결)고 한다. 또한 가장이혼의 무효가 인정되려면 "누구나 납득할 만한 충분한 증거가 있어야 하고 그렇지 않으면 이혼 당사자 간에 일응 일시나마 법률상 적법한 이혼을 할 의사가 있었다고 인정함이 이혼신고의 법률상 및 사실상의 중대성에 비추어 상당하다"(대법원 1976.9.14. 선고 76도107 판결)고도 한다. 따라서 가장이혼의 경우에는 이혼신고가 있으면 일단 유효한 것으로 추정이 되며, 그 추정은 합리적이며 강력한 반증으로써만 번복될 수 있다고 보아야 할 것이어서 A가 이혼무효를 주장하려면 충분하고 납득할 만한 입증 방법을 제대로 갖추어 소송을 해야 할 것이다.

(3) 재판상 이혼

1) 특징

　재판상 이혼(裁判上 離婚)은 이혼의 협의가 되지 않는 경우에, 부부 일방이 법률상 정해진 재판상 이혼원인(민법 제840조)을 이유로 타방 당사자를 피고로 하여 가정법원에 이혼청구를 하여 이루어지는 이혼이다.[18] 재판상 이혼은 민법 제840조 제1호부터 제6호까지의 재판상 이혼사유가 있을 때에만 허용되며 가정법원 판결에 의해 이혼이 이루어진다. 현행법의 재판상 이혼원인은 일반적으로 유책주의(제840조 제1호~5호)에 기초하면서 예외적으로 파탄주의(제840조 제6호)를 인정한다.

　재판상 이혼에 관한 입법유형으로 유책주의와 파탄주의가 있다. 유책주의에 의하면 부부 일방에게 귀책사유가 있어야 이혼을 인정하며 혼인파탄에 주된 책임이 있는 배우자(유책배

---

[18] 혼인생활의 파탄에 대하여 주된 책임이 있는 배우자는 그 파탄을 사유로 하여 이혼을 청구할 수 없는 것이나, 다만 그 상대방도 혼인생활을 계속할 의사가 없음이 객관적으로 명백함에도 오기나 보복적 감정에서 이혼에 응하지 않고 있을 뿐이라는 등 특별한 사정이 있는 경우에는, 예외적으로 유책배우자에게도 이혼청구권이 인정된다(2004. 2.27. 2003므1890).

우자)의 이혼청구를 원칙적으로 허용하지 않는다.

이에 반해, 파탄주의에 의하면 부부 일방의 귀책사유를 요하지 않으며 객관적으로 혼인파탄이라는 사실만 있으면 이혼을 허용한다. 따라서 혼인이 파탄되었다면 유책배우자라도 이혼청구를 할 수 있다.

2) 재판상 이혼원인

① 배우자의 부정행위(제840조 제1호)

배우자의 부정행위(不貞行爲)란 정조의무에 충실하지 못한 모든 행위를 말하며 간통(姦通)보다는 넓은 개념이다. 간통까지는 이르지 않았으나 부부의 정조의무에 충실하지 않는 일체의 행위가 포함된다.[19] 고령이고 중풍으로 성교능력이 없어 실제로 성교를 갖지 못하였더라도 배우자 아닌 다른 여자와의 동거한 행위는 부정행위에 해당하여 이혼사유가 된다고 할 것이다.[20] 부정한 행위로 인정될 수 있기 위해서는 그것이 내심으로 자유로운 의사에 기한 것이어야 한다. 그러나 부정행위가 있었더라도 부부 일방이 사전에 동의하였거나 사 후에 용서를 하였다면 그 상대배우자는 이혼을 청구할 수 없다. 또한 배우자의 부정행위를 원인으로 하는 이혼청구권은 다른 일방이 그 사실을 안 날로부터 6개월이 경과하거나 부정행위가 있은 날로부터 2년이 경과한 때에는 이혼청구권은 소멸한다(제841조).

② 악의의 유기(제840조 제2호)

악의의 유기란 배우자 일방이 상대방 배우자를 버리고 부부공동생활을 폐지하는 것을 말한다. 배우자가 정당한 이유없이 동거·부양·협조의무를 포기하고 다른 일방을 두고 나가버린 경우를 뜻한다.

③ 배우자 또는 그 직계존속에 의한 심히 부당한 대우(제840조 제3호)

심히 부당한 대우란 배우자나 그 직계존속(시부모장인장모 등)으로부터 육체적 정신적 학대를 받거나 모욕을 받았고 이러한 상태에서 혼인관계의 지속을 강요당하는 것이 가혹하다고 여겨질 정도를 말한다.

---

19) 대법원 1993.04.09. 선고 92므938 판결
20) 대법원 1992.11.10. 선고 92므68 판결

④ 자기의 직계존속에 대한 배우자의 심히 부당한 대우(제840조 제4호)

이에 해당되는 사례로, 남편(夫)이 폭행사실이 없음에도 불구하고 처의 친모를 상대하여 폭행죄로 경찰서에 처벌을 요구하는 고소장을 제출한 경우[21]나 피고가 원고 親生父의 뺨을 때리는 등 행패를 부린 경우(대법원 1986.5.27. 선고 86므14 판결) 등이 있다.

⑤ 배우자의 생사가 3년 이상 분명하지 아니한 경우(제840조 제5호)

생사불명이란 생존도 사망도 증명할 수 없는 경우를 말한다. 제5호의 사유를 이유로 이혼판결이 확정된 후에 상대방이 살아서 돌아오더라도 실종선고가 취소된 경우와 달리, 혼인이 당연히 부활하지 않는다.

⑥ 기타 혼인을 계속하기 어려운 중대한 사유

혼인을 계속하기 어려운 중대한 사유란, 부부간의 애정과 신뢰가 바탕이 되어야 할 혼인의 본질에 상응하는 부부공동생활관계가 회복할 수 없을 정도로 파탄되고 그 혼인관계의 계속을 강제하는 것이 일방 배우자에게 참을 수 없을 정도의 고통이 되는 경우를 말한다. 구체적인 사유는 법원이 판단하게 될 것이다.

판례는 불치의 정신병, 불치의 조울증, 과도한 신앙생활, 성적 불능, 악질적 범죄행위 등을 제840조 제6호의 이혼사유에 해당한다고 본다. 반면에 신앙차이, 임신불능, 치료 가능한 정신병적 증세는 위 이혼사유에 해당하지 않는다고 본다.

"기타 혼인을 계속하기 어려운 중대한 사유"는 다른 일방이 이를 안 날로부터 6월, 그 사유가 있은 날로부터 2년을 경과하면 이혼을 청구하지 못한다(제841조).

과도한 신앙생활이 이혼사유가 되는지 여부

[질문]

아내 B는 새벽부터 철야까지 신앙생활에 빠져 가사생활과 아이를 돌보는데에 소홀한 탓에 남편 A와 불화가 잦았고, 그 혼인이 파탄지경에 이르게 되었다. 남편 A가 이혼하고자 하는데, 이러한 이혼청구가 받아들여 질 수 있는가?

---

21) 대법원 1958.10.16. 선고 4290민상828 판결

[해설]

신앙의 자유는 부부라고 하더라도 침해할 수 없는 것이지만, 부부 사이에는 서로 협력하여 원만한 부부생활을 유지하여야 할 의무가 있다. 처가 신앙생활에만 전념하면서 가사와 육아를 소홀히 한 탓에 혼인이 파탄에 이르게 되었다면, 그 파탄의 주된 책임은 아내 B에게 있기 때문에 남편 A의 이혼청구는 인용될 수 있다(대법원 1996.11.15. 선고 96므851 판결).

가정을 돌보지 않는 남편과의 이혼

[질문]

A남은 B녀와 결혼을 하고 딸 하나를 두고 있는데, 외박이 잦고 몇 달 전부터는 거의 집에도 들어오지 않고 자기 부모의 집에서 자며 아침에 바로 회사로 출근을 하고 있다. 게다가 생활비조차 주지 않고 있어서 B녀는 이혼을 하려고 한다. B의 이혼은 받아들여질 수 있겠는가?

[해설]

A남이 부부간의 동거의무(민법 제826조 1항)에 위반하였고, 정당한 이유없이 고의로 다른 일방을 돌보지 않아 유기한 것에 해당한다. 이로써 두 사람간의 결혼생활이 파탄에 이르게 되었기 때문에 B녀의 이혼청구는 인용될 수 있을 것으로 생각된다. 만일 A가 이혼에 협의하지 않으면 재판상 이혼을 청구하면 된다.

3) 재판상 이혼 절차

당사자 사이에 이혼에 대한 합의가 이루어지지 않고, 재판상 이혼사유가 있으면 가사소송법에 의해 가정법원에 이혼소송을 제기할 수 있다. 이 경우 재판상 이혼을 하려면 먼저 가정법원에 조정을 신청해야 한다(가사소송법 제50조 제1항). 조정과정에서 이혼하기로 조정이 성립하고 조정조서에 기재되면 이것은 재판상 화해[22]와 같은 효력이 생긴다. 따라서 곧바로 이혼의 효력이 발생한다. 조정을 신청한 자는 조정성립의 날로부터 1개월 이내에 이혼신고를 하여야 한다. 그러나 당사자들 간에 조정이 이루어지지 않는 경우에는 이혼소송(재

---

22) 소송 중에 당사자 쌍방이 소송물에 관한 주장을 서로 양보하여 소송을 종료시키기로 하는 뜻의 합의이다. 화해조서가 작성되면 소송은 자동 종료되며 따라서 화해조서에는 확정판결과 같은 효력이 있고, 만약 상대방이 그 내용대로 이행을 하지 않는 경우에는 화해조서에 집행문을 부여받아서 강제집행을 할 수 있다.

판)에 의해 이혼 가능 여부를 판단하게 된다.

(4) 이혼의 효과

1) 일반적 효과

이혼에 의해 혼인이 해소됨으로써 부부 사이의 배우자 관계는 소멸하며 혼인의 존속을 기초로 하는 부부 사이의 권리·의무도 소멸한다. 또한 혼인에 의하여 배우자의 친족들과의 사이에 생긴 인척관계도 소멸한다. 이혼에 의해 인척관계가 소멸한 배우자의 6촌 이내의 혈족, 배우자의 4촌 이내의 혈족의 배우자와는 재혼하지 못한다(제809조 제2항).

부모의 이혼이 부모자녀관계에는 영향을 주지는 않지만 자녀양육과 보호의 문제를 발생시킨다. 이혼으로 부부의 공동생활을 더 이상 유지할 수 없으므로 자녀의 공동양육은 어렵게 된다.

① 子女에 대한 효과

㉮ 친권자의 결정

친권(親權)은 자녀의 신분에 관한 권리의무(가족행위에 관한 대리권과 동의권), 재산에 관한 권리의무(재산관리, 영업허락), 그리고 양육에 관한 권리의무 등을 내용으로 한다(민법 제909조~제927조). 부모가 이혼하는 경우에는 부모의 협의로 친권자를 정하여야 하고, 친권에 관하여 협의할 수 없거나 협의가 이루어지지 아니하는 경우에는 가정법원은 직권으로 또는 당사자의 청구에 따라 친권자를 지정하여야 한다. 다만, 부모의 협의가 자(子)의 복리에 반하는 경우에는 가정법원은 보정을 명하거나 직권으로 친권자를 정한다(제909조 4항). 그러나 가정법원은 혼인의 취소, 재판상 이혼 또는 인지청구의 소의 경우에는 직권으로 친권자를 정하며, 자의 복리를 위하여 필요하다고 인정되는 경우에는 자의 4촌 이내의 친족의 청구에 의하여 이미 정하여진 친권자를 다른 일방으로 변경할 수 있다.

한편 일정한 경우는 친권을 상실, 일시 정지, 일부 제한을 할 수 있다. 즉 가정법원은 부 또는 모가 친권을 남용하여 자녀의 복리를 현저히 해치거나 해칠 우려가 있는 경우에는 자녀, 자녀의 친족, 검사 또는 지방자치단체의 장의 청구에 의하여 그 친권의 상실 또는 일시 정지를 선고할 수 있다(제924조 제1항). 그리고 거소의 지정이나 징계, 그 밖의 신상에 관한 결정 등 특정한 사항에 관하여 친권자가 친권을 행사하는 것이 곤란하거나 부적당한 사유가 있어 자녀의 복리를 해치거나 해칠 우려가 있는 경우에는 자녀, 자녀의 친족, 검사 또는 지방자치단체의 장의 청구에 의하여 구체적인 범위를 정하여 친권의 일부 제한을 선고할 수 있다(제924조의2). 즉, 친권의 일시정지, 일부 제한 제도가 신설되어, 2016년 10월 16일부터 시행되었다.

㈏ 자의 양육책임

이혼 후 누가 자를 양육할 것인지 어떻게 양육할 것인가의 문제는 자의 복리와 관련하여 중요하다. 양육에 관한 사항은 우선 이혼을 하려는 부모의 협의에 의하여 정(제837조 제1항)하고 협의에는 양육자의 결정, 양육비용의 부담, 면접교섭권의 행사여부 및 그 방법에 관한 내용이 반드시 포함되어야 한다(제837조 제2항). 이혼당사자간에 협의가 이루어지지 않거나 협의를 할 수 없는 경우에는 가정법원이 직권으로 혹은 당사자의 청구에 의하여 양육자를 결정한다(제837조 제4항). 이는 협의이혼과 재판상 이혼을 모두 포함한다.

㈐ 면접교섭권

면접교섭권(面接交涉權, right to access, visiting right)이란 자를 직접 양육하지 아니하는 부모의 일방과 자가 상호 면접교섭할 수 있는 권리를 말한다(제837조의2). 면접교섭에는 양육을 하지 않는 부모와 자녀의 직접적 만남, 서신사진의 교환, 편지나 전화, 주말의 숙박 등을 포함한다. 이혼을 하는 당사자는 면접교섭권의 행사여부 및 그 방법에 대하여 협의를 하여 이혼의사확인시까지 협의서를 가정법원에 제출하여야 한다(제837조 제1항, 제2항 및 제836조의2 제4항). 그러나 면접교섭에 관한 사항에 관하여 당사자간 협의가 이루저지지 않거나 협의할 수 없는 경우에 가정법원이 직권으로 또는 당사자의 청구에 의해 정한다(제837조 제4항).

가정법원은 자녀의 복리를 위하여 필요한 때에는 당사자의 청구 또는 직권에 의하여 면접교섭을 제한·배제·변경할 수 있다(제837조의2 제3항).

면접교섭권과 양육권의 결정

[질문]

A남과 B녀는 협의이혼을 하였으나 A·B 사이에는 자식 C·D가 있다. A는 아이들은 자신이 키우겠다며 C·D를 데리고 갔으며 B로 하여금 만나지 못하도록 하였다. B는 아이들을 보고싶어 하며, 자신도 능력이 되기 때문에 아이들을 키우고 싶어한다. B는 어떻게 하여야 하는가?

[해설]

이혼 후의 자녀에 대한 면접교섭권은 이혼 후 직접 자녀를 기르지 않는 아버지 또는 어머니도 그 자녀를 만나보거나 전화 또는 편지 등을 할 수 있는 권리이다. 따라서 B는 A와 협의하여 자녀인 C·D와 만나거나 전화 또는 편지를 할 수 있다. 협의가 이루어지지 않으면 가정법원에 청구할 수 있다.

이러한 면접교섭권은 자녀의 복리에 중점을 두어 양육 및 교육상 지장이 있을 경우에는 이를 제한하거나 배제할 수도 있다. 그리고 이혼 후의 자녀에 대한 친권·양육권은 이혼을 하는 부부간에 미성년인 자녀의 친권·양육권 문제를 협의해서 정할 수 있지만, 서로 협의가 되지 않을 때에는 부부 중 어느 한쪽이 법원에 친권자나 양육자를 정해 달라는 청구를 할 수 있다. 그리고 나중에 협의 또는 소송을 통해 친권자와 양육자를 변경할 수도 있다. 따라서 B는 A와 다시 협의하여 친권이나 양육권을 변경할 수 있으며, 이것이 이루어지지 않으면 가정법원에 친권자나 양육자의 결정을 청구할 수 있다.

2) 재산상 효과

① 재산분할청구권

㉮ 의의

재산분할청구권이란 재판상 이혼이나 협의상 이혼의 경우 이혼을 한 당사자의 일방이 다른 배우자에 대하여 재산의 분할을 청구할 수 있는 권리이다(제839조의2 제1항). 부부가 이혼하는 경우에는 혼인 중에 공동으로 이룩한 재산에 대하여 적절한 청산이 필요하며 이혼 후 전배우자에 대한 부양이 필요하다. 판례는 재산분할청구권의 법적 성질과 관련하여 청산적 성질과 부양적 성질을 모두 갖는다고 한다.

재산분할을 할 것인가의 여부와 액수 및 방법은 우선 당사자의 협의로 정하되 협의가 되지 않거나 협의를 할 수 없는 때에는 당사자의 청구에 의하여 당사자 쌍방의 협력으로 이룩한 재산의 액수 기타 사정을 참작하여 분할의 액수와 방법을 정한다(제839조의2 제2항).

㉯ 재산분할의 대상
  ㉠ 특유재산
    혼인 중에 부부 공동의 협력에 의해 취득한 재산은 당연히 재산분할의 대상이 된다. 그런데 부부 일방이 혼인 전부터 가지고 있던 고유재산, 혼인 중 상속이나 증여를 통해 재산을 취득한 경우와 같이 부부 일방의 명의로 되어 있는 특유재산의 경우 분할 대상이 되는가가 문제된다. 이에 관하여 판례는 부부의 일방의 특유재산은 원칙상 재산분할 대상이 되지 않지만, 특유재산일지라도 다른 일방이 적극적으로 특유재산의 유지에 협력하여 감소를 방지하였거나 증식에 협력하였다고 인정되는 경우에는 분할대상이 될 수 있다고 판시한다. 예를 들어 가사를 전담하는 외에 가업으로 24시간 개점하는 잡화상연쇄점에서 경리업무를 전담하면서 잡화상 경영에 참가하여 가사비용의 조달에 협력하였다면 배우자의 특유재산의 감소방지에 기여를 하였다고 볼 수 있어 특유재산이 재산분할의 대상이 된다고 보았다. 나아가 남편의 상속재산을 기초로 형성된 재산이라 하더라도 취득 및 유지에 처의 가사노동이 기여한 것으로 인정하여 재산분할 대상을 인정한다.

  ㉡ 퇴직금
    퇴직금은 부부가 혼인 중에 공동의 협력을 이룩한 재산이라고 볼 수 있다. 퇴직금은 혼인 중에 제공한 근로에 대한 대가가 유예된 것으로 부부의 혼인 중 재산의 일부가 되며 부부 중 일방이 직장에서 일하다가 이혼 당시에 이미 퇴직금 등의 금원을 수령하여 소지하고 있는 경우에는 이를 재산분할의 대상이 된다. 그러나 부부 일방이 아직 퇴직하지 아니한 채 직장에 근무하고 있을 경우 그의 퇴직일과 수령할 퇴직금이 확정되었다는 특별한 사정이 없는 한, 그가 장차 퇴직금을 받을 개연성이 있다는 사정만으로 그 장래의 퇴직금을 청산의 대상이 되는 재산에 포함시킬 수 없다.

  ㉢ 채무
    부부의 일방이 혼인 중 제3자에 대하여 부담한 채무는 재산분할 대상이 되는가?

원칙적으로는 개인채무로서 재산분할의 대상이 되지 않는다. 다만, 그 채무가 일상가사에 관한 법률행위로 인한 채무이거나 공동재산형성을 위해 부담한 채무인 경우 재산분할의 대상이 된다. 예를 들어 부동산에 대한 임대차보증금반환채무는 특별한 사정이 없는 한 혼인 중 재산의 형성에 수반한 채무로서 청산의 대상이 된다.

㉰ 유책배우자의 재산분할청구 여부

혼인관계 파탄에 대하여 주된 책임이 있는 유책배우자라 하더라도 혼인 중에 부부가 협력하여 이룩한 재산이 있는 경우에는 재산분할을 청구할 수 있다. 재산분할청구권은 협의상 이혼 및 재판상 이혼에 모두 인정된다.

㉱ 재산분할청구권의 소멸

재산분할청구권은 이혼한 날로부터 2년 내에 행사하여야 하며 이 기간을 도과한 경우에 재산분할청구권은 소멸한다(제839조의2 제3항).

② 손해배상청구권

㉮ 의의

재판상 이혼이 성립하면, 이혼 피해자는 과실있는 상대방 배우자에 대하여 재산적 손해와 정신적 고통으로 입은 손해(위자료)에 대하여 배상을 청구할 수 있는 권리이다(제806조, 제843조). 협의상 이혼의 경우에는 손해배상청구권 규정이 없지만 해석과 판례에 따르면 불법행위로 재산적·정신적 손해를 입은 때에는 손해배상청구권을 인정한다.

㉯ 제3자에 대한 손해배상청구

이혼의 원인을 야기한 자가 이혼하려는 부부가 아닌 제3자인 경우에도 손해배상청구를 할 수 있다. 예를 들어 배우자의 일방과 간통한 자는 다른 일방의 배우자에 대하여 불법행위로 인한 손해배상책임을 진다. 다만 배상책임이 성립하기 위해서는 그 상대방에게 배우자가 있다는 사실을 알고 간통행위를 했을 것을 요한다.

③ 사해행위취소권

부부의 일방이 상대방 배우자의 재산분할청구권 행사를 해함을 알고 사해행위를 한 때에는, 상대방 배우자가 그 취소 및 원상회복을 법원에 청구할 수 있도록 재산분할청구권을 보전하기 위한 사해행위취소권이 인정된다(제839조의3, 2007.12.21. 신설).

> **재산분할청구권에 대한 판례**
>
> 위자료청구권과 재산분할청구권은 그 성질을 달리하기 때문에 위자료청구와 함께 재산분할청구를 할 수도 있고, 혼인 중에 부부가 협력하여 이룩한 재산이 있는 경우에는 혼인관계의 파탄에 책임이 있는 배우자라도 재산의 분할을 청구할 수 있다(대법원 1993.5.11. 자 93스6 결정).

이혼 또는 혼인의 취소시 재산분할청구

[질문]

A는 남편 B와 혼인생활 10년 만에 가정불화로 협의이혼을 하였다. A는 혼인기간 동안 맞벌이를 계속하였으나 혼인기간 중 취득한 부동산을 모두 A의 단독명의로 하였다. 그런데 위 부동산은 같이 노력하여 마련한 재산이지만 이혼하는 시점에서 A는 이를 모두 자기 몫으로 하고 싶은데 가능한가?

[해설]

이혼한 자의 일방은 다른 일방에 대하여 재산분할을 청구할 수 있고, 재산분할에 관하여 협의가 되지 아니하거나 협의할 수 없는 경우에는 가정법원이 당사자의 청구에 의하여 당사자 쌍방의 협력으로 이룩한 재산의 액수 기타 사정을 참작하여 분할의 액수와 방법을 정한다고 하고 있다. 그리고 재산분할청구권은 이혼한 날로부터 2년이 경과하면 소멸한다(민법 제843조 및 제839조의2). 분할대상 재산은 당사자가 함께 협력하여 이룩한 재산만이 그 대상이 되므로, 혼인 전부터 각자 소유하고 있던 재산이나 일방이 상속·증여 등으로 취득한 재산 등 특유재산은 원칙적으로 청산대상이 되지 못하지만, 그 특유재산의 유지·감소의 방지에 기여한 정도가 클 경우에는 청산대상이 될 수도 있다(대법원 2002.8.28. 선고 2002스36 결정). 청산의 비율이나 방법은 일률적인 기준이 있는 것이 아니고 재산형성에 있어서의 기여도, 혼인의 기간, 혼인 중 생활정도, 유책성(有責性), 현재의 생활상황, 장래의 전망, 피부양자의 유무, 이혼위자료의 유무 등을 고려하여 정하게 되며, 예컨대 남편이 가사에 불충실한 행위를 하였다고 하더라도 그 사정은 재산분할액수와 방법을 정함에 있어서 참작사유가 될 수 있을지언정, 그 사정만으로 남편이 재산형성에 기여하지 않았다고 단정할 수 없다.

8. 사실혼

(1) 의의

사실혼(事實婚)이란 혼인의사가 있고 부부공동체의 실체는 있으나, 혼인신고가 없기 때문에 법률혼으로 인정받지 못하는 부부관계를 말한다. 사실혼이 성립하기 위해서는 부부가 되겠다는 실질적 합의, 즉 혼인의사가 존재하여야 하고 부부공동생활의 실체가 존재해야 한다. 이 점에서 단순한 동거와 다르다. 민법에는 사실혼에 관한 규정을 두고 있지 않다. 그러나 학설과 판례는 사실혼에 대하여 법률혼에서 인정하는 일정한 법적 효과를 인정하고 있다.

(2) 사실혼의 효과

부부공동체로서 실질적으로 혼인생활을 하는 부부사이의 신분적 효과는 사실혼부부에게도 인정된다. 따라서 사실혼 부부 사이에는 서로 동거·부양·협조·정조의무가 있다.

그러나 혼인신고를 전제로 하는 효과는 사실혼부부에게 인정될 수 없다. 사실혼이 성립하더라도 등록부의 변동이 발생하지 않기 때문에 사실혼관계에 있는 자가 혼인하더라도 법률상 중혼이 성립하지 않는다. 또한 사실혼 배우자 및 그 혈족 사이에 친족관계가 발생하지 않으며 중요한 것은 사실혼의 일방배우자가 사망하더라도 민법에서 규정하는 다른 배우자의 상속권이 인정되지 않는다는 것이다. 다만 공무원연금법, 근로기준법시행령에서는 사실혼 배우자를 법률혼의 배우자와 동일하게 취급하여 연금수급권 및 유족보상의 순위를 인정한다. 또한 임차인이 상속인 없이 사망한 경우에는 사실혼 배우자가 임차권을 승계한다(주택임대차보호법 제9조 제1항).

민법에서는 재산상속에 대하여 배우자가 제1순위의 상속인으로 되어 있는데, 여기서 배우자는 혼인신고를 한 법률상의 배우자를 말한다. 즉 민법상 사실혼관계에 있는 자에게는 상속권이 없다. 그러나 이러한 법리대로만 하면 사실혼관계자는 생활의 기반을 상실할 염려가 있으므로, 사실혼 배우자를 보호하기 위하여 주택임대차보호법에서는 임차권의 승계에 관해 민법상의 상속인 규정과 다르게 정하고 있다. 즉 임차인이 상속권자 없이 사망한 경우에는 사실상 혼인관계에 있는 자라서 상속권이 없을지라도, 임차권 즉 임차인의 권리와 의무는 승계할 수 있도록 하고 있다(주택임대차보호법 제9조 제1항). 이에 반하여 임차인과 같이 공동생활을 하던 상속인이 있는 경우에는 사실상의 배우자는 상속권이 없게 된다. 임차인이 사망할 당시 상속권자가 그 주택에서 가정공동생활을 하지 않고 있었던 경우에는, 그 주택에서 가정공동생활을 하던 사실상의 혼인관계에 있던 자와 2촌 이내의 친족이 공동으로 임차권 즉 임차인의 권리와 의무를 승계한다(동법 제9조 제2항).

사실혼의 부부간에는 일상의 가사에 대하여 서로 대리권(일상가사대리권)이 발생하며, 일상가사에 관한 법률행위로 인한 채무에 대해 연대책임을 진다.

사실혼 관계에서 출생한 자는 혼인 외의 출생자로 되며 사실혼관계를 정당한 이유 없이 당사자가 일방적 의사로 파기한 경우에 그 피해자는 유책배우자에게 위자료 및 기타 손해배상을 청구할 수 있다.

[질문 1]

乙女는 2년 전부터 甲男과 전세보증금 5,000만 원에 임차한 주택에서 혼인신고 없이 동거하고 있었는데, 최근에 甲男이 갑자기 사망하였다. 甲남과 乙녀 사이에 자녀는 없고 현재 甲男의 부모가 생존해 계신다. 이 경우 乙녀에게 위 주택에 대한 임차권이 승계되는가?

[해설]

이 사안의 경우 甲男의 부모가 위 주택에서 가정공동생활을 하는지의 유무에 따라 다르게 된다. 甲男의 부모가 위 주택에서 가족공동생활을 하는 경우에는 그들이 상속인이 되고 乙女는 임차권에 대해 권리와 의무가 없게 된다. 반면에 甲男의 부모가 가족공동생활을 하지 않는 경우에는 乙女과 甲男의 부모가 공동하여 임차권에 대한 권리와 의무를 승계하게 된다.

2007년 10월 29일 서울행정법원 행정11부(부장판사 김용찬)는 정모씨가 "사실혼 관계로 40년간을 함께 살았는데 재직당시 법률혼 관계의 배우자가 아니었다는 이유로 유족연금을 지급하지 않는 것은 위법하다"며 공무원연금관리공단을 상대로 낸 유족연금승계 불승인결정 취소청구소송에서 원고 승소로 판결하였다.

지방공무원이던 甲씨는 1956년 1월 김모씨와 결혼해 혼인신고를 하고 8년간 결혼생활을 유지해 왔으나 부부관계가 원만하지 않았었다. 그러던 중 甲씨는 정모씨를 만나 동거에 들어갔고, 김씨는 이를 알면서도 종전의 호적부까지 정리하는 것은 원치 않아 이혼신고를 하지 않고 형식상 부부관계로 남아 있었다.

甲씨는 정씨와 두 아이를 낳고 40년간 함께 살아왔으나 지난 1월이 되어서야 김씨와 이혼한 뒤 정씨와 정식으로 혼인신고를 했었다.

사례 1

정씨는 재혼 후 약 두 달 뒤 甲씨가 사망하자 "김씨는 이혼신고만 하지 않았을 뿐 혼인관계가 이미 끝난 상태이고, 남편이 퇴직하기 훨씬 전 부터 사실상 혼인관계를 맺어온 아내는 자신"이라며 공무원연금공단에 유족연금을 신청했었으나 거부당하자 소송을 냈었다.

재판부는 판결문에서 "공무원연금법이 유족연금을 받을 수 있는 '유족'으로서 배우자를 '재직당시 혼인관계에 있던 자'에 한하면서도 '사실상 혼인관계에 있던 자'를 포함하고 있다"고 하고 "원고가 유족연금의 수급권자에 해당하지 않는다고 본 피고의 처분은 위법하다"고 판시하였다.

재판부는 또 "甲씨의 경우 법률혼이 형식적으로만 존재할 뿐 실질적으로는 혼인관계가 해소돼 이혼한 것과 마찬가지로 볼 수 있는 특별한 사정이 있는 경우에 해당한다"며 "당사자 사이에 주관적으로 '혼인의사의 합치'가 있었고 객관적으로 '부부공동생활'이라고 인정할 만한 '혼인생활의 실체'를 갖추고 있어, 원고는 '사실상 혼인관계에 있던 자'에 해당한다"고 덧붙였다.

사례 2

퇴역군인 김모씨와 25년간 동거했던 안모(51)씨는 2005년 김씨가 사망하자 이혼신고만 하지 않았을 뿐 사실상 이혼 상태였던 전 부인 대신 사실혼관계였던 자신이 유족연금을 받을 수 있게 해달라며 법원에 소송을 냈다. 하지만 서울고법은 2007년 1월 "법률상 배우자가 유족으로서 우선 연금수급권을 가지게 되고, 사실혼 배우자는 유족으로 보호받을 수 없다"며 원고 패소로 판결하였다.

사실혼에 대한 법의 보호는 이처럼 빈약하지만, 그나마 부부관계에 대한 보호를 어느 정도 받을 수 있는 사실혼과 달리 단순 동거의 경우에는 거의 법적 보호를 받지 못한다. 한편 사실혼 부부도 그 의무는 법률혼과 마찬가지로 부담한다. 즉 박모(여·38)씨는 사실혼관계였던 이모(40)씨가 진 빚 때문에 오모(44)씨에게 침대와 세탁기, 김치냉장고 등을 압류 당할 처지에 이르자 대구지방법원에 소송을 냈다. 그러나 법원은 "민사집행법상 압류 규정은 사실혼 부부에게도 적용되므로 부부공동생활에 사용된 재산에 대한 압류가 가능하다"고 원고 일부 패소 취지로 판결하였다.

> **사례 3**
>
> 2003년 김모(여)씨와 결혼을 약속하고 동거에 들어간 박모씨는 이듬해 김씨의 승용차를 몰고 가다 앞서가던 트럭과 접촉사고로 어깨가 부러졌다. 박씨는 김씨가 가입한 자동차보험이 가족의 사고도 보상해준다는 사실을 알고 보험금의 지급을 청구했으나, 법원은 "동거만으로는 사실혼 관계로 보기 어렵다"며 원고 패소 취지로 판결하였다.

> **[질문 2]**
>
> 혼인신고를 하지 않고 사실혼관계로 살고 있던 중 남편이 교통사고로 사망했다. 사실혼관계에 있던 배우자도 유족연금을 받을 수 있는가?
>
> **[해설]**
>
> 사실혼관계의 배우자라도 유족연금을 받을 수 있다. 유족연금은 가입자에 의해 생계를 유지하는 가족(유족)을 보호하기 위한 것이므로 혼인의 실체가 존재하는 한 사실혼 배우자도 수급권을 인정받는다. 그러나 유족연금을 받고 있는 배우자가 재혼하면 연금수급권은 소멸되고, 이 때 18세 미만 자녀가 있을 경우 자녀가 그 유족연금을 승계할 수 있다. 자녀의 경우 장애 2등급 이상인 경우에는 연령에 관계없이 계속 지급받을 수 있다.

(3) 사실혼에 적용되지 않는 효과

사실혼에 있는 자로 인해 중혼(重婚)문제는 발생하지 않으며, 가족관계등록이 되지도 않으므로 친족관계도 발생하지 않는다. 또한 미성년자가 사실혼관계를 맺었다고 하여 성년으로 달한 것으로 되지 않는다(제826조의2). 사실혼의 부부는 서로 후견인이 될 권리·의무가 없으며(제932조·제934조), 부부 사이에 재산상속권도 인정되지 않는다. 그러나 사실혼 배우자와 같이 실질적으로는 피상속인과 가까우면서도 법률상 상속권이 없는 경우에는 특별연고자에 대한 분여(제1057조의2)를 받을 수는 있을 것이다.

(4) 사실혼의 해소

사실혼은 사실상의 혼인관계를 기초로 성립하는 것이므로 사실혼 관계에 있는 당사자 일방의 사망으로 인하여 공동생활의 사실이 없어지거나 사실혼 당사자가 사실혼관계를 끝내

자고 하는 합의를 한 때에도 사실혼이 해소된다. 또한 정당한 사유없이 일방 당사자에 의해 사실혼이 해소된 때에는, 유책자는 상대방에 대하여 채무불이행으로 인한 손해배상 및 불법행위로 인한 손해배상책임을 지게 된다(대법원 1970.4.28. 선고 69므37 판결). 그리고 사실혼관계의 일방적 해소의 경우에도 재산분할청구권의 규정(제839조의2)이 유추적용된다.

사실혼 가운데 일방의 혼인신고

[질문]

A는 B와 혼인할 생각은 있었지만 상황이 허락지 않아서 혼인신고를 계속 미루고 같이 동거하고 있었다. 그러던 어느 날 A가 뇌졸중으로 혼수상태에 빠지자 B가 일방적으로 혼인신고를 하였다. 이러한 혼인신고는 유효한가?

[해설]

혼인이 유효하기 위하여는 당사자 사이에 혼인의 합의가 있어야 하고, 이러한 혼인의 합의는 혼인신고를 할 당시에도 존재하여야 한다. 따라서 혼례식을 거행하고 사실혼관계에 있었으나, 일방이 뇌졸증으로 혼수상태에 빠져 있는 사이에 혼인신고가 이루어졌다면 특별한 사정이 없는 한 위 신고에 의한 혼인은 무효이다(대법원 1996.6.28. 선고 94므1089 판결).

사실혼관계의 파기에 대한 책임 및 상속

[질문]

A남은 B녀와 결혼할 의사를 가지고 동거하고 있었으나 생활비를 가져다주지 않아 거의 생활을 유지할 수가 없고, 오히려 첫사랑인 C녀를 만나서 성관계까지 갖게 되었다. B는 A와 C에게 손해배상을 청구할 수 있는가? 만일 A가 사망하였는데 A에게 1억 원의 예금이 남겨져 있었던 경우에 B는 1억 원을 상속할 수 있는가?

[해설]

사실혼관계에 있어서도 부부는 동거하며 서로 부양하고 협조하며, 정조를 지켜야 할 의무가 있다. 따라서 사실혼 배우자의 일방이 정당한 이유없이 서로 동거, 부양, 협조하여야 할 부부로서의 의무를 포기하고 정조의무에 위반한 경우에는 사실혼관계를

> 부당하게 파기한 것이 된다. 따라서 A는 사실혼관계의 부당파기로 인한 손해배상책임을 면할 수 없다. C녀 또한 부당하게 사실혼관계를 파기시켰으므로 불법행위로 인한 손해배상책임을 부담한다. 한편 A·B 두 사람이 혼인신고를 하지 않았기 때문에 B녀는 상속을 받을 수 없다. 다만 특별연고자로서 상속재산의 전부 또는 일부를 분여받을 수 있다고 할 것이고(제1057조의2), 또한 그 재산이 B의 협력으로 이루어진 것이라면 재산분할청구를 할 수도 있다.

9. 친부모와 자 : 친자관계의 발생

(1) 혼인 중의 출생자

친자관계는 가족관계의 기초이며 출생에 의해 발생하는 부모와 자녀 사이의 법률관계를 말한다. 친자관계는 출생이라는 혈연에 의해 발생하지기도 하지만 입양이라는 법률행위에 의해 발생하기도 한다. 친자에는 자연적 혈족관계인 친생자와 입양의사에 의한 법정친자관계인 양자가 있다.

친자관계는 미성년자에 대한 친권, 부모와 자녀 사이에 부양의무, 상속의 효과를 발생시킨다.

친생자는 혼인 중의 출생자와 혼인 외의 출생자로 나누어진다. 혼인 중의 출생자란 법률혼관계에 있는 부부 사이에서 태어난 자이다. 혼인 외의 출생자는 혼인관계 없는 부부 사이에서 출생한 자를 말한다. 혼인 중의 출생자는 보통 출생할 당시부터 혼인 중의 출생자의 신분을 취득하는 생래적 혼인 중의 출생자로서 출생한 시점이 언제이냐에 따라 '친생자의 추정을 받는 혼인 중의 출생자(제844조 제1항)'와 '친생추정을 받지 않는 혼인 중의 출생자'로 나누어진다. 여기서 친생자의 추정을 받는다 라고 함은 그 출생한 자녀가 모의 배우자의 친생자로 추정된다는 의미이다. 친생자추정을 깨려면 친생부인의 소를 제기하여 부자관계를 소멸시킬 수 있다. 반면에 친생추정을 받지 않는 혼인 중의 출생자는 친생자관계존부확인의 소를 통해 부자관계를 다툴 수 있다.

우리 민법은 친생자 추정에 포태주의(胞胎主義)를 택하여, 부모가 혼인 전에 포태한 자는 친생자로 추정되지 않고, 부모가 혼인 중에 포태한 자는 친생자로 추정한다. 민법은 혼인 성립의 날로부터 2백일 후(또는 혼인관계 종료의 날로부터 3백일 내에 출생한 자는 혼인 중에 포태된 것으로 추정한다(제844조 제2항). 다시 말해서 부의 친생자로 추정받는다. 만일 혼인성립의 날로부터 200일 되기 전에 출생하면 그 자는 혼인중의 출생자이기는 하지만 부의 친생자로 추정을 받지 않는 혼인 중의 출생자가 된다. 부부의 일방은 이 자가 친생자임을 부인하는 소를 제기할 수 있는데, 이는 부부 일방이 타방 당사자 또는 자를 상대로 하여 그 사실을 안 때로부터 2년 내에 행사하여야 한다(제847조 제1항). 상대방이 될 자가 모두 사망한 때에는 검사를 상대로 하여 이를 제기할 수 있다(제847조 제2항). 혼인 외의 자(私生子)는 生母의 성과 본을 따르며, 모의 친권에 복종한다.

(2) 혼인 외의 출생자 : 인지

부모가 혼인관계에 있지 않은 상태에서 출생한 자를 혼인 외의 출생자라고 한다. 이러한 경우 자와 생부의 관계에서는 친자관계가 발생하지 않으므로 인지라고 하는 별도의 절차에 의해 친자관계를 발생시켜야 한다. 다시 말해서 혼인 외의 출생자가 인지되면 자연혈족인 친생자가 된다.

인지란 그 生父 또는 生母가 자신의 의사에 기하여 혼인 외의 출생자를 자기의 자로 인정하는 법률행위이다(임의인지, 제855조 제1항). 임의인지는 신고를 필요로 하는 요식행위이며 신고를 하지 않는 한 인지의 의사표시는 법률상 효력이 없다(제859조 제1항).

부 또는 모가 임의로 인지하지 않을 경우에는 혼인 외의 출생자, 그의 직계비속 또는 법정대리인이 그 부 또는 모를 상대로 하여 가정법원에 인지청구의 소를 제기할 수 있다(제863조).

인지가 되면 자의 출생시로 소급하여 효력이 발생한다(제860조). 즉 인지되면 그 자는 태어날 때부터 부와의 사이에 친자관계가 있었던 것이 된다. 인지에 의해 비로소 법률상 권리의무가 발생하게 된다.

(3) 양자(養子)제도

1) 양친자관계

양자제도는 자연혈연적으로 친자관계가 없는 사람들 사이에 법률상 친자관계를 발생시킨다. 친생자는 혈연에 의해 성립하지만 양자는 입양계약에 의해 성립한다.

2) 민법상의 양자제도

호주제 폐지와 함께 도입된 제도로서, 재혼가정인 경우 계부와 자의 성이 달라 곤란해 하는 자녀의 복리를 위하여 기존의 양자제도와 달리, 양친이 입양한 양자를 친자식처럼 키울 수 있도록 하게 하자는 취지에서, 가정법원에 청구하여 양자에게 양친의 성과 본을 따를 수 있게 하는 친양자 제도가 2005년 3월 3일 신설되었다.

민법에서 인정하는 양자제도로 일반양자와 친양자를 규정하고 있다. 일반양자가 성립하기 위해서는 양부모와 양자 간의 입양합의(실질적 요건)와 입양신고(형식적 요건)가 있어야 한다. 입양의사의 합치(입양에 대한 합의)가 없는 경우에는 그 입양은 무효로 한다(제883조 제1호). 일반입양이 성립되면 양자의 입양 전의 친족관계는 그대로 존속한다(제882조의2 제2항). 양자는 입양된 때부터 양부모의 친생자와 동일한 지위를 갖는다(제882조의2 제1항).

반면에 민법은 일반양자와 다른 친양자를 규정하고 있다. 이것은 일반입양처럼 입양당사자의 입양의사와 입양신고에 의해 성립하는 것이 아니라 가정법원의 입양심판에 의해 성립한다(제908조의2). 친양자가 성립하면 양자를 양부모의 친생자와 동일하게 다룬다. 친양자는 부부의 혼인 중 출생자로 본다(제908조의3 제1항). 이 점에서 일반양자와 동일하지만 친양자의 입양 전의 친족관계는 단절된다는 점에서 차이가 있다(제908조의3 제2항).

제5절 상속법

1. 상속의 의의 및 상속의 개시

상속(success)은 사람의 사망으로 인하여 일정한 사람(상속인)이 그 사람(피상속인)의 재산 등을 포함하는 권리·의무를 포괄적으로 승계하는 것이다(제997조, 제1005조). 상속은 자연인의 사망으로 인하여 개시된다(제997조). 여기서 사망에는 실종선고와 인정사망도 포함된다. 실종선고의 경우에는 실종기간 만료시, 인정사망의 경우에는 사망사실이 가족관계등록부에 기재된 때가 상속개시시이다.

상속의 근거로는, 혈연관계의 대가라는 인성설(人性說)·영혼불멸설·유전설, 피상속인의 의사에서 그 근거를 구하는 의사설(유언자유설), 공유자산을 관리하는 자의 지위의 상속이라는 가산공유설, 부양청구권이 상속권으로 전화되었다는 사후부양설, 그리고 공익의 견지에서 자유롭게 그 귀속을 결정하는 것이라는 공익설 등이 거론되었다. 재산의 소유가 가산소유에서 개인소유 형태로 진화하면서 자유로운 사적소유권 의식이 전개되자 상속에 있어서도 가산공유에 대한 인식이 유언자유 사상으로 변하였다.

2. 상속회복청구권

(1) 의의

상속회복청구권이란 진정한 상속인이 자기의 상속권을 침해하고 있는 자에 대하여 그 방해를 배제하고 상속권의 내용을 실현할 수 있도록 하는 청구권을 말한다(제999조).

(2) 청구권자 및 상대방

① 상속권자 또는 그 법정대리인은 법원에 상속권을 침해한 자를 상대로 상속회복청구를 할 수 있다.

② 정당한 상속권이 없이 사실상 상속재산을 점유하여 상속권을 침해하는 자(참칭상속권

자, 僭稱 : 제멋대로 분에 넘치는 명칭을 사용함)로서는 정당한 상속권이 없음에도 거짓으로 재산상속인이라고 하여 상속재산의 전부 또는 일부를 점유하고 있는 자이다. 예컨대 과거 호주인 망인의 유족으로 이성양자와 그보다 후순위의 가족인 망인의 처가 있었는데 구 판례상 이성양자의 상속권이 배척됨에 따라 망인의 처가 이성양자를 제치고 자신이 호주승계를 하여 재산을 모두 상속받은 경우에 그 후 변경된 판례에 따라 망인의 처가 상속을 받은 것이 잘못된 참칭상속인이 된다고 소송을 제기한 경우가 있다. 자기만 또는 자기들만 재산상속을 하였다고 주장하는 일부 공동상속인과 다른 공동상속인의 상속분을 침해하는 공동상속인도 상대방이 될 수 있다.

(3) 행사방법

상속회복청구는 재판외의 청구도 가능하나, 민법은 상속권자 또는 그 법정대리인이 상속회복청구의 소를 제기할 수 있도록 하고 있다. 이 민사소송의 명칭은 상속회복청구, 상속재산반환, 등기말소 등으로 하여도 관계없다. 공동상속인 전원이 공동으로 할 필요도 없다.

(4) 효과

상속인의 승소판결이 확정되면, 참칭상속인은 진정상속인에게 상속재산을 반환하여야 한다. 참칭상속인이 악의이면 반환과 동시에 과실과 이득까지 반환하여야 한다(제201조 2항). 선의인 경우에는 이익이 현존하는 한도에서 반환의무가 있다고 해석된다. 참칭상속인 또는 공동상속인은 지출비용의 반환을 청구할 수 있다.

(5) 상속회복청구권의 소멸

상속회복청구권은 포기할 수 있다. 그러나 상속개시 전에 미리 포기하지 못한다. 상속회복청구권은 그 침해를 안 날로부터 3년, 상속권의 침해행위가 있은 날로 부터 10년이 경과하면 소멸한다(제999조 2항).

🏊 침해된 상속분의 회복

[질문]

A는 자식 B와 C를 남겨놓고 사망하였다. A에게는 유산으로 유일하게 시가 5억 원 상당에 해당하는 상가건물이 있었으나 C가 다른 상속인 몰래 자기명의로 등기를 이전한 후에 D라는 사람에게 팔고 등기까지 넘겨주었다. B는 자기가 받아야 할 상속분을 받지 못했는데 상속분을 찾을 수는 없을까?

[해설]

상속분을 받아야 할 진정상속인은 자기의 상속분을 침해한 다른 공동상속인에게 자기 몫에 해당하는 상속분을 반환하라고 하는 상속회복청구권을 행사할 수 있다. 따라서 B는 C를 상대로 상속권의 침해를 안 날로부터 3년, 상속권의 침해행위가 있은 날로부터 10년 이내에 상속회복청구권을 행사하거나, C는 건물을 양수한 D에 대하여도 상속회복청구권을 주장할 수 있을 것이다.

3. 상속인

상속인이란 피상속인의 재산상의 지위를 포괄적으로 승계한 자를 말한다. 상속인이 되기 위해서는 상속능력이 있고, 상속결격자가 아니며, 최우선 상속순위에 있어야 한다. 한편 피상속인은 상속인에 구애받지 않고 유언으로 유산을 받을 자를 지정할 수 있는데, 이와 같이 지정된 자를 포괄적 수증자라고 한다. 이 자는 실질적으로 상속인과 같으나, 엄격한 의미에서의 상속인은 아니다. 그리고 상속에 관한 비용은 상속재산 중에서 지급한다(제988조의2, 1990.1.13. 신설).

(1) 상속의 순위

1) 배우자와 피상속인의 직계비속(제1순위)

법률상 배우자는 그 직계비속과 동순위로 1순위의 공동상속인이 되고, 직계비속이 없는 경우에는 직계존속과 함께 1순위의 공동상속인이 된다. 직계비속·직계존속이 없으면 단독상속인이 된다(제1003조 1항). 그러나 사실혼의 배우자에게는 상속권이 인정되지 않으며, 다만 사실혼의 배우자는 상속인이 없는 경우에 특별연고자로서 상속재산에 대해 분여청구권이 인정된다(제1057의2).

직계비속에는 피상속인의 직계비속인 혈족이 모두 포함되어, 자연혈족(친생자)·법정혈족(양자), 혼인중의 출생자·혼인 외의 출생자, 남녀, 기혼·미혼 여부를 불문한다. 그래서 양자는 양부모와 친생부모에 대하여 양쪽으로 제1순위의 상속인이 된다. 이 때 직계비속이 수인이 있는 경우에는 최근친을 선순위로 하고, 동일 촌수의 직계비속이 수인이 있는 경우에는 동순위로 공동상속인이 된다(제1000조 2항). 태아는 상속에 있어서는 이미 출생한 것으로 본다(제1000조 3항, 1990.1.13. 개정).

2) 직계존속(제2순위)

직계존속의 범위에도 아무런 제한이 없어서 부계·모계를 불문하고 양가·친가 모두 포함되며, 이혼한 부모도 상속권이 있다. 즉 친생부모와 양부모가 있을 때에는 모두 동순위의 상속인이 된다. 직계존속이 수인이 있으면 최근친이 선순위로 되고, 동일 촌수의 직계존속이 수인이 있으면 수인이 공동상속인이 된다. 피상속인의 직계비속이 없는 경우에는, 배우자는 직계존속과 함께 1순위의 공동상속인이 된다.

3) 형제자매(제3순위)

형제자매에도 특별한 제한이 없기 때문에 남녀, 기혼·미혼을 불문한다. 상속의 순위나 상속분에 관하여도 동등하다.

4) 4촌 이내의 방계혈족(제4순위)

방계혈족은 형제자매와 형제자매의 직계비속, 직계존속의 형제자매 및 그 형제자매의 직계비속을 말하는데(제768조), 실제로 제4순위의 상속인이 되는 방계혈족은 실제로 3촌인 백숙부·고·외숙모·이모와 이질간, 4촌인 종형제자매, 고종형제자매, 외종형제자매, 이종형제자매 등이다.

5) 기타

이상의 상속인이 부존재하는 경우에는 가정법원은 친족, 기타 이해관계인 또는 검사의 청구에 의하여 상속재산관리인을 선임한다. 상속재산관리인 선임 공고를 한날로부터 3개월 내에도 상속인의 존부를 알 수 없을 때에는 관리인은 지체없이 상속재산 즉, 일반상속채권자와 유증을 받을 자에 대하여 2개월 이상의 기간 내에 그 채권과 수증을 신고할 것을 공고하여야 한다(제1056조 1항). 이상의 공고기간과 신고기간이 지나도록 상속인의 존재를 알 수 없으면, 가정법원은 관리인의 청구에 의하여 최종적으로 1년 이상의 기간을 정해 상속인이 그 권리를 주장할 것을 공고(상속인수색의 공고)하여야 한다(제1057조, 가사소송법 제2조 1항 2호 가목 38). 상속인수색 공고기간 내에 상속권 주장자가 없는 때에는 상속재산은 국고에 귀속한다(제1057조, 제1058조). 그리하여 피상속인과 생계를 같이 하고 있던 사실혼 배우자, 사실상 양자, 피상속인을 요양간호한 자, 기타 피상속인과 특별한 연고가 있는 자(특별연고자)는 상속인수색 공고기간 만료 후 2개월 이내에 재산분여의 청구를 할 수 있다(제1057조의2). 이 재산분여는 엄밀한 의미에서 상속은 아니므로, 법인이나 권리능력없는 사단(요양원, 양로원)도 청구주체가 될 수 있을 것이다.

(2) 대습상속

대습상속(代襲相續)제도는 대습자의 상속에 대한 기대를 보호하여 공평을 꾀하고, 생존배우자의 생계를 보장하여 주려는 취지의 제도이다. 상속인이 될 직계비속 또는 형제자매가 상속개시 전에 사망하거나 결격사유로 인하여 그 상속권을 상실한 경우, 그 자에게 직계비속이 있으면 그 직계비속이 그 상속인이 될 자(피대습인)의 순위에 갈음하여 상속인이 되며(제1001조), 추정상속인(피상속인)의 배우자도 그 직계비속과 함께 동 순위로 공동상속인이 되고, 피대습인의 직계비속이 없을 때에는 단독상속인이 된다(제1003조 2항). 이를 대습상속이라고 한다. 대습상속을 하면 대습자가 피대습자에 갈음하여 피대습자의 상속분을 상속하게 된다(제1010조).

우리나라에서는 전통적으로 오랫동안 며느리의 대습상속이 인정되어 1958년 2월 22일 제정된 민법에서도 며느리의 대습상속을 인정하였으며, 1990년 1월 13일 개정된 민법에서 며느리에게만 대습상속을 인정하는 것은 남녀평등·부부평등에 반한다는 것을 근거로 하여 사위에게도 대습상속을 인정하는 것으로 개정하였다.[23]

---

23) 피상속인의 형제의 상속권과 사위의 대습상속권의 순위에 대한 판례(대법원 2001.3.9. 선고 99다 13157 판결)
  1. 피상속인의 사위가 피상속인의 형제자매보다 우선하여 단독으로 대습상속한다는 민법 제1003조 2항은 위헌이 아니다.
  2. 동시사망으로 추정되는 경우 대습상속이 가능하다.
  3. 피상속인의 자녀가 상속개시 전에 전부 사망한 경우 피상속인의 손자녀의 상속의 성격은 대습상속이다.

♨ 아버지가 조부보다 먼저 사망한 경우 조부의 재산을 상속할 수 있는지

[질문]

A는 대학교 1학년생으로서 어머니는 어릴 때 돌아가셨고, 고교 1학년 때 장남인 아버지가, 고교 3학년 때인 작년에 할아버지가 사망하였다. 할아버지는 사망당시 임야 2만평 및 대지 200평, 주택 등의 유산을 남겼으며, 유족으로는 삼촌과 고모 각 2명씩 있었다. 당시 A의 삼촌과 고모 모두는 할아버지의 유언이 없었는데도 외아들인 A가 미성년자라는 이유로 A를 제외시킨 채 상속재산을 모두 차지하였고, A가 상속분을 요구하자 "고등학교 1학년 때부터 키워준 은혜도 과분한데 무슨 배은망덕한 말이냐"며 호통만 친다. 이 경우 A가 돌아가신 할아버지의 유산에 대하여 상속권을 주장할 수는 없는가?

[해설]

A의 아버지는 돌아가신 할아버지의 제1순위 상속권자였으나 할아버지 보다 먼저 돌아가셨으므로 아버지의 아들인 A가 아버지의 상속순위에 갈음하여 할아버지의 상속인이 될 수 있는데, 이를 대습상속(代襲相續)이라고 한다. A의 어머니가 살아 계셨다면 A와 같은 순위로 공동상속인이 되었을 것이나, 위 사안에서 A는 단독으로 대습상속인이 된다. 상속분에 대해서는 상속이 개시된 시점 즉 할아버지가 사망한 당시의 민법규정이 적용되어 A의 아버지의 상속분은 삼촌·고모들의 각 상속분과 균등하게 될 것이다. 따라서 A의 아버지의 상속분은 1/5이 되며, 이를 A가 대습상속하게 되는 것이다. A는 위와 같은 정당한 대습상속권을 주장할 수 있는데, 질문에 의하면 삼촌과 고모들이 A의 상속분까지 상속한 것으로 보이므로, A는 삼촌과 고모들을 상대로 하여 A의 상속분을 돌려줄 것을 요구할 수 있다. 이를 상속회복청구권이라고 한다. 그런데 이미 상속등기가 처리되어 있으므로, A의 삼촌·고모 등이 상속권 또는 상속분에 대하여 다툰다면 재판에 의하여 상속회복청구의 소를 제기하여야 할 것이다.

4. 상속분

상속분이란 공동상속의 경우에 상속재산 전체에 대하여 공동상속인이 각각 배당받을 몫의 비율을 말한다. 상속분에는 지정상속분과 법정상속분이 있다. 우리 민법은 상속에 있어서는 유언상속(유언에 의한 유증)을 우선시키고 있기 때문에, 유산배분에 관한 유언이 있으면 법정상속분의 규정은 적용되지 않는다.

(1) 지정상속분

피상속인이 유언으로 유증을 한 경우, 수증자가 받는 수증재산을 지정상속분이라고 한다. 상속분의 지정은 유언으로만 가능하며 생전행위로는 하지 못한다. 또한 1977년 12월 유류분 제도가 도입되었으므로 이를 고려하여 상속분을 지정하여야 할 것이다. 만일 유류분에 반하는 지정을 한 경우에는, 유류분 권리자는 유류분의 반환을 청구할 수 있다(제1115조).

(2) 법정상속분

동순위의 상속인이 수인인 때에는 그 상속분은 균분하며(제1009조 1항), 혼인중의 자와 혼인 외의 자 간에 차별이 없다. 피상속인의 배우자의 상속분은 직계비속 또는 직계존속과 공동으로 상속하는 때에는 공동상속인(직계비속 또는 직계존속)의 상속분에 5할을 가산한다(제1009조 2항). 대습상속의 경우에는 피대습상속인의 상속분에 의한다(제1010조 1항). 대습상속인이 수인인 경우에 그 상속분은 피대습상속인의 상속분의 한도에서 전술한 법정상속분에 의하여 정한다(제1010조 2항 전단).

> **제1009조(법정상속분)** ① 동순위의 상속인이 수인인 때에는 그 상속분은 균분으로 한다.
> ② 피상속인의 배우자의 상속분은 직계비속과 공동으로 상속하는 때에는 직계비속의 상속분의 5할을 가산하고, 직계존속과 공동으로 상속하는 때에는 직계존속의 상속분의 5할을 가산한다.
>
> **제1010조(대습상속분)** 제1001조의 규정에 의하여 사망 또는 결격된 자에 갈음하여 상속인이 된 자의 상속분은 사망 또는 결격된 자의 상속분의 한도에서 제1009조의 규정에 의하여 이를 정한다. 제1003조 2항의 경우에도 또한 같다.
>
> **제1011조(공동상속분의 양수)** ① 공동상속인 중에 그 상속분을 제삼자에게 양도한 자가 있는 때에는 다른 공동상속인은 그 가액과 양도비용을 상환하고 그 상속분을 양수할 수 있다.
> ② 전항의 권리는 그 사유를 안 날로부터 3월, 그 사유가 있은 날로부터 1년 이내에 행사하여야 한다.

⚖ 공동상속인의 상속분 계산

[질문]

A·B 부부에게는 A의 부모 甲과 乙, 형제 丙과 丁이 있고, 장남 C, 결혼한 차남 D, 결혼한 딸 E와 미혼인 딸 F가 있다. A가 1억 1천만 원의 재산을 남겨두고 아무런 유언도 없이 사망한 경우 상속을 받을 수 있는 사람은 누구이며, 그 상속인의 각각의 상속분은 얼마씩인가?

[해설]

공동상속인 사이의 상속분을 지정하지 않은 경우에는 법정상속분에 의한다. 그리고 동순위의 상속인이 수인인 경우에는 그 상속분은 균등하게 배분한다. 사례의 경우 제1순위 상속인인 배우자 B와 피상속인의 직계비속 C·D·E·F가 있기 때문에 A의 부모 甲과 乙, 형제 丙과 丁은 상속인이 될 수 없다. 자녀의 경우 상속분은 남과 여, 장남과 차남, 기혼과 미혼을 불문하고 동일하다. 다만 배우자의 경우에만 직계비속과 공동으로 상속하는 때에는 직계비속의 상속분의 5할을 가산한다. 따라서 B·C·D·E·F의 상속분의 비율은 1.5 : 1 : 1 : 1 : 1이다. 처의 상속분은 3천만 원(1억 1천만 원×3/11)이고, 처 이외의 공동상속인 C·D·E·F의 상속분은 각각 2천만 원(1억 1천만 원×2/11)이다.

(3) 특별수익자의 상속분

공동상속인 중 일부가 피상속인으로부터 상속의 선급(先給)이라고 할 수 있는 증여나 유증을 받은 경우에는, 이를 계산에 넣지 않으면 특별수익을 받은 상속인은 2중의 이득을 보게 되어 불공평하다. 특별수익자는 그 수증재산(특별수익)이 자기의 상속분에 달하지 못한 때에는 그 부족한 한도 내에서 상속분이 있다(제1008조 2항). 자기의 상속분을 초과한 경우에는 초과분을 반환하여야 할 것이다. 상속인을 수령인으로 하는 사망보험금은 특별수익으로 고려한다. 반환청구권은 유류분 청구의 방법에 의한다.

(4) 기여분(기여상속인의 상속분)

공동상속인 중에 상당기간 동거간호 그 밖의 방법으로 피상속인을 특별히 부양하거나 피상속인의 재산 유지 또는 증가에 관하여 특별히 기여한 자가 있을 때에는 이를 상속분 산정에 고려한다. 즉 상속개시 당시 피상속인의 재산가액에서 공동상속인의 협의로 정한 그 자의 기여분을 공제한 것을 상속재산으로 보고 상속분을 산정한다(제1008조 1항). 이는 공동상속인 사이에 실질적 공평을 도모한 것이다. 그리하여 상속분에 기여분을 가산한 액을 기여한 자의 최종 상속분으로 한다. 기여분은 공동상속인의 협의로 정하고, 협의가 되지 않는 경우에는 가정법원이 기여자의 청구에 의하여 기여시기·방법, 정도와 상속재산의 액 기타 사정을 참작하여 심판으로 기여분을 정한다. 기여분은 피상속인의 재산가액에서 유증의 가액을 공제한 액을 초과하지 못한다(제1008조의2).

기여의 내용은 1) 피상속인을 요양간호하였기 때문에 직업적 간호사 비용이 지출되지 않은 경우, 2) 자녀가 급료를 받지 않고 피상속인의 점포나 공장 일에 종사하여 피상속인의 재산증가에 공헌한 경우, 3) 아버지 사업이 어려워, 자녀가 자산을 제공해 채무를 변제하고 근저당 및 경매에 의한 양도를 막은 경우, 4) 남편이 첩을 얻어 음식점 경영에 소홀하였으므로, 처가 열심히 경영하여 점포를 확대하고 남편의 재산을 증가시킨 경우 등이다. 기여는 통상의 기여가 아니라, 특별한 기여라서 본래의 상속분에 따라 분할하는 것이 기여자에게 불공평한 경우라야 한다.

특별수익자가 있는 경우 상속분의 산정

[질문]

A의 아버지는 시가 6,000만 원 상당의 부동산을 유산으로 남기고 사망하였고, 상속인으로는 A를 비롯하여 A의 어머니와 형, 그리고 누나가 있다. 그리고 아버지 생전에 형에게는 주택구입자금 2,000만 원, 누나에게는 결혼자금 1,000만 원을 증여한 사실이 있다. 그러므로 A가 생각하기에는 형과 누나는 충분한 상속을 받은 것 같은데도 공동상속인임을 이유로 A와 같은 비율의 상속분을 주장하고 있다. 이 경우 형과 누나의 주장이 맞는가?

[해설]

민법 제1008조는 "공동상속인 중에 피상속인으로부터 재산의 증여 또는 유증을 받은 자가 있는 경우에 그 수증재산(受贈財産)이 자기의 상속분에 달하지 못한 때에는 그 부족한 부분의 한도에서 상속분이 있다."라고 규정하고 있으므로, 특별수익자가 있는 경우에 상속재산을 분할함에 있어서 그 전제로 각 상속인이 현실로 상속하여야 할 비율을 확정할 필요가 있다. 특별수익자는 수증재산이 상속분을 초과한 경우에는 그 초과 부분을 반환하여야 하지만, 수증자가 상속포기를 하면 반환의무를 지지 않는다. 특별수익자가 있는 경우의 구체적인 상속분 계산방식을 보면, ① 상속재산분배액=(상속재산의 가액+생전증여)×상속분율 - (생전증여+유증)이며, ② 구체적인 상속분＝상속재산의 분배액+생전증여 또는 유증이다. 즉, 위 사안의 경우 상속분은 어머니 1.5, 형님 1, 누나 1, A 1이 되며, 상속재산의 분배율은 어머니 3/9, 형님 2/9, 누나 2/9, A 2/9가 되어 현재 남아있는 부동산(시가 6,000만 원)의 상속재산분배액은 다음과 같다.

따라서 시가 6,000만 원의 부동산에 대해서 어머니는 3,000만 원의 지분이 있고, 형님은 2,000만 원을 증여받았으므로 상속재산분배액이 없으며, 누나는 1,000만 원, A는 2,000만 원의 지분이 있다.

참고 판례

민법 제1008조는 공동상속인 중에 피상속인으로부터 재산의 증여 또는 유증을 받은 자가 있는 경우에 그 수증재산이 자기의 상속분에 달하지 못한 때에는 그 부족한 부분의 한도에서 상속분이 있다고 규정하고 있다. 이는 공동상속인 중에 피상속인으로부터 재산의 증여 또는 유증을 받은 특별수익자가 있는 경우에 공동상속인들 사이의 공평을 기하기 위하여 그 수증재산을 상속분의 선급으로 다루어 구체적인 상속분을 산정함에 있어 이를 참작하도록 하려는데 그 취지가 있는 것이다. 어떠한 생전증여가 특별수익에 해당하는지는 피상속인의 생전의 자산, 수입, 생활수준, 가정상황 등을 참작하고 공동상속인들 사이의 형평을 고려하여 당해 생전증여가 장차 상속인으로 될 자에게 돌아갈 상속재산 중 그의 몫의 일부를 미리 주는 것이라고 볼 수 있는지에 의하여 결정하여야 할 것이다(대법원 1998.12.8. 선고 97므513, 520, 97스12 판결).

피상속인 재산의 유지 또는 증가에 관하여 기여한 상속인의 기여분

[질문]

A는 혼인 전부터 열심히 노력하여 음식점을 마련하였으나 이를 혼인 후 직업 없이 빈둥거리며 놀던 남편 명의로 하였고, 시부모까지 모시고 살았다. 그런데 최근 남편이 사망하면서 상속인으로 자녀가 없어 시부모와 공동상속하게 되었다. 위 음식점이 A의 노력으로만 마련된 것이므로, A는 이를 단독으로 상속받고 싶은데 이것이 가능한가?

[해설]

기여분이란 공동상속인 중에서 피상속인 재산의 유지 또는 증가에 관하여 특별히 기여하였거나, 피상속인을 특별히 부양하는 자가 있을 경우에 이를 상속분의 산정에 고려하는 제도이다. 피상속인이 상속개시 당시에 가지고 있던 재산의 가액에서 기여상

> 속인의 기여분을 공제한 것을 상속재산으로 보고 상속분을 산정 하여, 이 산정된 상속분에다 기여분을 더한 금액을 기여상속인의 상속분으로 한다(민법 제1008조의2 1항). 그리고 기여분을 주장할 수 있는 자는 공동상속인에 한하므로 공동상속인이 아닌 자는 아무리 피상속인의 재산의 유지 또는 증가에 기여하였더라도 기여분의 청구를 할 수 없다. 기여의 정도는 통상의 기여가 아니라 특별한 기여이어야 하며, 특별한 기여라 함은 본래의 상속분에 따라 분할하는 것이 기여자에게 불공평한 것으로 명백히 인식되는 경우로서, 예컨대 수인의 아들 가운데 한 사람이 무상으로 부(父)의 사업을 위하여 장기간 노무를 제공한 경우는 이에 해당하나, 배우자의 가사노동은 배우자 서로간에 부양의무가 있으므로 특별한 기여에 해당한다고 볼 수 없다. 가정법원은 협의가 되지 아니하거나 협의할 수 없는 때에는, 기여자의 청구에 의해 기여의 시기, 방법 및 정도와 상속재산의 액, 기타의 사정을 참작하여 기여분을 정한다(민법 제1008조의2 3항). 기여분은 상속이 개시된 때의 피상속인의 재산가액에서 유증의 액수를 공제한 액을 넘지 못하며(민법 제1008조의2 3항), 이 제한은 기여분보다는 유증을 우선시키기 위한 것이다. 이상에서 살펴본 바와 같이 A의 경우에는 기여분을 인정받을 수 있으며, 그 방법으로서 공동상속인끼리 협의를 하고, 협의가 되지 않거나 협의가 불가능한 경우에는 가정법원에 청구하여 기여분을 인정받아야 한다.

(5) 상속분의 양수

공동상속인 중에 그 상속분을 제삼자에게 양도한 자가 있는 때에는 다른 공동상속인이 그 가액과 양도비용을 상환하고 그 상속분을 양수할 수 있다. 여기서 상속분의 양도는 상속재산의 분할 전에 있어야 한다. 상속분의 양수는 양수인에 대한 일방적 의사표시로 할 수 있으며, 상대방의 승낙이 필요없는 형성권이다. 양수 재산은 양도인 이외의 공동상속인 전부에게 그 상속분에 응하여 귀속한다. 이 권리는 그 사유있음을 안 날로부터 3개월, 그 사유를 안 날로부터 1년 내에 행사하여야 한다(제1011조).

(6) 상속분의 분할

과도적으로 공유상태에 있는 상속재산은 1) 피상속인의 유언, 2) 공동 상속인 간의 협의, 또는 3) 협의가 되지 않는 경우 판결에 의하여 분할할 수 있다. 법원은 현물로 분할할 수 없거나 분할로 인하여 현저히 그 가액이 감손될 염려가 있는 때에는 물건의 경매를 명할 수 있다(제1012조, 제1013조, 제269조). 상속재산의 분할은 상속이 개시된 때에 소급하여 그 효력이 생긴다(제1015조). 상속개시 후에 인지 또는 재판의 확정에 의하여 공동상속인이 된 자는 상속개시 후의 인지 또는 재판의 확정에 의하여 공동상속인이 된 자가 상속재산의 분할을 청구할 경우에 다른 공동상속인이 이미 분할 기타 처분을 한 때에는 그 상속분에 상당한 가액의 지급만을 청구할 권리가 있다(제1014조).

제3관 상속재산의 분할

제1012조(유언에 의한 분할방법의 지정, 분할금지) 피상속인은 유언으로 상속재산의 분할방법을 정하거나 이를 정할 것을 제삼자에게 위탁할 수 있고 상속개시의 날로부터 5년을 초과하지 아니하는 기간 내의 그 분할을 금지할 수 있다.

제1013조(협의에 의한 분할) ① 전조의 경우 외에는 공동상속인은 언제든지 그 협의에 의하여 상속재산을 분할할 수 있다.
② 제269조의 규정은 전항의 상속재산의 분할에 준용한다.

제1014조(분할후의 피인지자 등의 청구권) 상속 개시 후의 인지 또는 재판의 확정에 의하여 공동상속인이 된 자가 상속재산의 분할을 청구할 경우에 다른 공동상속인이 이미 분할 기타 처분을 한 때에는 그 상속분에 상당한 가액의 지급을 청구할 권리가 있다.

제1015조(분할의 소급효) 상속재산의 분할은 상속개시된 때에 소급하여 그 효력이 있다.

---

5. 상속결격

법정 상속결격사유가 발생하여 재판상의 선고를 기다리지 않고, 법률상 당연히 상속인이 피상속인을 상속할 자격을 잃는 것을 말한다. 상속결격자는 피상속인에 대한 상속인이 될 수 없으며, 동시에 수증결격자가 된다(제1064조). 따라서 유증도 받을 수 없다.

제1004조(상속인의 결격사유) 다음 각호의 어느 하나에 해당하는 자는 상속인이 되지 못한다.
1. 고의로 직계존속, 피상속인, 그 배우자 또는 상속의 선순위나 동순위자를 살해하거나 살해하려 한 자
2. 고의로 직계존속, 피상속인과 그 배우자에게 상해를 가하여 사망에 이르게 한 자
3. 사기·강박으로 피상속인의 양자 기타 상속에 관한 유언 또는 유언의 철회를 방해한 자

> 4. 사기·강박으로 피상속인의 양자 기타 상속에 관한 유언을 하게 한 자
> 5. 피상속인의 양자 기타 상속에 관한 유언서를 위조·변조·파기 또는 은닉한 자

6. 상속의 효과

(1) 일반적 효과

① 상속인은 상속이 개시된 때로부터 피상속인의 재산적 권리·의무를 포괄적으로 승계한다(제1005조 본문). 그러나 피상속인의 일신에 전속된 것은 승계하지 못한다(제1005조 단서). 수인의 공동상속인이 있는 경우 공동으로 상속재산을 승계한다. 그래서 공동상속인은 각자의 상속분에 따라 피상속인의 권리의무를 승계한다(제1007조). 상속재산이 분할될 때까지는 상속재산은 공유로 한다(제1006조).

② 유해(遺骸)는 제사주재자가 승계한다(제1008조의3, 분묘 등의 승계).

③ 정신적 법익(명예, 정조, 신체 등)이 침해된 경우에도 그로 인한 재산적 손해의 배상청구권은 상속된다.

④ 생명침해로 인한 위자료는 피해자의 직계존속·직계비속 및 배우자에 대하여도 상속되어 그 손해배상책임이 있다(제752조). 반면에 약혼해제로 인한 정신적 고통에 대한 배상청구권은 통상 양도 또는 승계하지 않으나, 당사자간에 배상계약이 성립된 때에는 그에 의한다(제806조 3항).

⑤ 채무 기타 재산적 의무도 일반적으로 상속된다. 그러나 채무자의 주관적 색체가 강한 보증채무, 신원보증채무 등은 상속되지 않는다. 그러나 이미 발생한 손해배상채무는 상속된다.

⑥ 분묘에 속한 1정보(3,000평, 약 1 헥타르) 이내의 금양임야(禁養林野, 묘지를 보호하기 위해 벌목을 금지하고 나무를 기르는 묘지 주변의 임야)와 600평 이내의 묘토인 농지, 족보와 제구의 소유권은 제사를 주재하는 자가 승계한다(제1008조의3). 이는 제사주재자가 단독으로 승계(상속)하는 것으로서 상속재산에 포함되지 않으며, 따라서 상속세

부과대상이 아니다(상속세법 제12조 3호, 시행령 제8조 3항).

(2) 상속의 승인과 포기

상속의 효력은 상속인의 의사와 관계없이 또한 상속인의 인지 여부에 관계없이 법률상 당연히 생기므로, 상속인을 보호하기 위하여 상속의 승인과 포기제도를 두었다. 상속의 승인 또는 포기는 상대방이 없는 일방적 의사표시이다.

1) 상속의 승인

상속의 승인은 상속을 포기하지 않는다는 의사표시이다. 승인에는 단순승인과 한정승인이 있다. 상속인은 상속개시가 있음을 안 날(기산점)로부터 3월 이내에 상속을 승인 또는 포기할 수 있다(제1019조 1항 본문).

① 단순승인

피상속인의 권리·의무를 무조건·무제한적으로 승계하는 상속 형태 또는 방법을 말한다. 상속인은 상속개시 있음을 안 날로부터 3월내에 단순승인이나 한정승인, 또는 포기를 할 수 있다(제1019조 1항). 그러나 상속인이 한정승인도 포기도 하지 않고 3월의 고려기간이 지나면 단순승인을 한 것으로 본다(제1026조 2호). 단순승인이 되면 상속인은 피상속인의 일신전속권을 제외한 모든 권리와 의무를 제한없이 승계한다(제1025조).

② 한정승인

한정승인(限定承認)이란 상속채무가 상속재산을 초과하는 때, 상속인이 상속으로 인하여 얻은 재산의 한도에서 피상속인의 채무와 유증을 변제하겠다는 내용으로 상속을 승인하는 것을 말한다(제1028조). 상속인이 한정승인을 하려면 상속개시 있음을 안 날로부터 3개월의 기간(제1019조) 내에 상속재산의 목록을 첨부하여 가정법원에 신고하여야 한다(제1030조). 한정승인을 하면 한정승인자는 상속에 의하여 얻은 재산의 한도에서만 피상속인의 채무와 유증의 변제를 하면 된다. 상속채무는 전액을 승계하는 것이지만, 자기의 고유재산으로 변제할 책임이 없는 것이다. 헌법재판소는 1998.8.27. 96헌가22 헌법불합치 결정에 따라 상속인이 중대한 과실 없이 상속채무가 상속재산을 초과하는 사실을 "상속개시 있음을 안 날"로부터 3월내에 알지 못하고 단순승인이 된 경우에는 다시 "초과하는 상속채무가 있다는 사실을 안 날"로부터 3월내에 한정승인을 할 수 있도록 하여야 한다고 결정하였고, 이에 따라 민법의 해당규정을 개정하게 되었다(민법 제1019조 3항, 2002.1.14. 개정. 특별한정승인). 한편 상속인의 고유재산이 채무초과인 때에 있어서 상속채권자나 유증받은 자를 보호하기 위한 제도로 재산분리제도(제1045조 이하)가 있다.

> **제1019조(승인, 포기의 기간)** ① 상속인은 상속개시 있음을 안 날로부터 3월내에 단순승인이나 한정승인 또는 포기를 할 수 있다. 그러나 그 기간은 이해관계인 또는 검사의 청구에 의하여 가정법원이 이를 연장할 수 있다.
> ② 상속인은 제1항의 승인 또는 포기를 하기 전에 상속재산을 조사할 수 있다.
> ③ 제1항의 규정에 불구하고 상속인은 상속채무가 상속재산을 초과하는 사실을 중대한 과실없이 제1항의 기간내에 알지 못하고 단순승인을 한 경우에는 그 사실을 안 날로부터 3월내에 한정승인을 할 수 있다.
>
> **제1020조(제한능력자의 승인, 포기의 기간)** 상속인이 제한능력자인 때에는 제1019조 1항의 기간은 그의 친권자 또는 후견인이 상속개시 있음을 안 날로부터 기산한다.
>
> **제1021조(승인, 포기기간의 계산에 관한 특칙)** 상속인이 승인이나 포기를 하지 아니하고 제1019조 1항의 기간내에 사망한 때에는 그의 상속인이 그 자기의 상속개시 있음을 안 날로부터 제1019조 1항의 기간을 기산한다.

🔎 부모의 빚도 상속되는지

[질문]

A의 아버지 B는 건축업을 하다가 부동산경기가 좋지 않게 되자 C로부터 돈을 빌려 사업에 재기하려고 하였으나, 결국은 실패하여 빌린 돈을 다 갚지 못하고 사망하고 말았다. B에게는 1억 원 상당의 아파트밖에는 남은게 없었으나 C에게 빚진 돈은 5억 원이나 되었다. B가 사망하자 C는 A에게 5억 원을 갚으라고 독촉하는데, A가 이 채무를 갚아야만 하는가? 갚지 않을 수 있는 방법은 없는가?

[해설]

상속은 사람의 사망으로 일정한 사람(상속인)이 그 사람(피상속인)의 재산 등을 포함하는 권리·의무를 포괄적으로 승계하는 것이므로(제997조, 제1005조), 일반적으로 부모의 사망과 동시에 자녀들은 상속인이 되고 부모 명의의 토지나 집 등의 부동산 및 은행예금 등의 적극재산은 물론, 부모가 다른 사람에 대하여 부담하고 있는 차용금 채무, 보증채무 등의 소극재산도 상속받게 된다.

즉 일신전속적인 권리를 제외하고는 부모가 가지고 있던 모든 권리·의무를 포괄적으로 물려받게 되는 것이다. 그러므로 위 사례에서 B가 사망한 경우에 A는 B의 채무까지도 상속하게 되므로, B가 C로부터 빌린 돈을 갚아야 된다. 이러한 경우에 한정승인 제도는 상속재산 중에서 상속채무를 변제하고 남은 재산만 상속받을 수 있도록 하는 것이므로, 이를 이용하면 된다. 2002년 1월 14일 법률 제6591로 공포·시행된 민법 제1019조 3항에 의하면 상속인은 상속채무가 상속재산을 초과하는 사실을 중대한 과실없이 알지 못하고 단순승인(제1026조 제1 및 제2의 규정에 의하여 단순승인한 것으로 보는 경우를 포함)을 한 경우에는 그 사실을 안 날부터 3월내에 상속재산의 목록을 첨부하여 가정법원에 신고하고 한정승인을 할 수 있게 되었다(제1030조). 동 기간 내에 한정승인 외에도 상속을 포기할 수도 있다.

2) 상속의 포기

상속의 포기란 상속개시로 인하여 상속인에게 생긴 상속의 효력을 처음부터 상속인이 아니었던 것과 같은 소급효를 발생(제1042조)시키는 단독의 의사표시이다. 상속인은 상속개시 있음을 안 날로부터 3월내에 가정법원에 상속포기나 단순승인 또는 한정승인을 할 수 있다(제1041조). 상속개시 전에는 포기할 수 없고, 상속개시 후 일단 포기하면 이를 다시 취소할 수 없다(제1024조). 공동상속인 가운데 1인이 상속포기를 하면, 포기자는 처음부터 상속인이 아닌 것으로 취급되어, 다른 상속인의 상속분의 비율로 귀속된다(제1043조). 상속포기에는 전전 면의 한정승인에서와 같은 헌법불합치 결정이나 특별한정승인과 같은 규정이 없지만, 해석상 상속인이 상속 사실을 알았을 때 상속포기를 할 수 있다고 해석되거나, 특별한정승인의 예에 따른다고 하는 해석이 있다.

상속포기

상속포기는 피상속인의 적극재산과 소극재산 모두를 받지 않겠다는 것으로서, 상속인이 상속을 포기할 때에는 상속개시 있음을 안 날로부터 3월내에 가정법원에 포기의 신고를 하여야 한다(제1019조, 제1041조). 상속포기의 경우 후순위상속인에게 계속적으로 상속이 이루어져 제4순위인 4촌 이내의 방계혈족까지 상속포기를 하여야 하는 문제가 발생한다. 반면 한정승인은 상속인이 상속에 의하여 얻은 재산의 한도 안에서만 피상속인(예컨대 할아버지)의 채무를 변제하는 책임을 부담하는 것이다.

상속개시 전 상속포기의 효력

[질문]

A는 형 B가 서울에 살고 있어, 혼자가 된 아버지를 모시고 살고 있었는데 최근 아버지께서 논 3,000평을 남기고 돌아가셨다. B는 아버지 생전에 아버지의 생활비로 A에게 매달 50만 원을 보내주었지만, A가 아버지를 모시고 있었으므로 아버지 재산에 대한 상속권을 모두 포기했었다. 그러나 아버지가 돌아가시자 B가 자신의 상속권을 주장한다. A의 상속권주장이 타당한가?

[해설]

상속의 포기는 상속이 개시(아버지의 사망)된 후 일정기간 내에 가능하고, 가정법원에 신고하는 등 일정한 절차와 방식을 따라야만 그 효력이 있고, 상속개시 전에 한 상속포기의 약정은 그와 같은 절차와 방식에 따르지 아니한 것으로 법적 효력이 없다(민법 제1041조). 또한 상속인이 피상속인인 아버지의 생존시에 상속을 포기하기로 약정하였다고 하더라도 상속개시 후 민법이 정하는 절차와 방식에 따라 상속포기를 하지 아니한 이상 상속개시 후에 자신의 상속권을 주장하는 것은 정당한 권리행사로서 권리남용에 해당하거나 신의성실의 원칙에 반하는 권리의 행사라고 할 수도 없을 것이다. 따라서 B의 상속권주장은 법률상으로는 하자가 없다.

※참고 : 상속세율

7. 유언

(1) 유언의 의의

유언(遺言)은 유언자의 사망과 동시에 일정한 법률효과를 발생시키는 것을 목적으로 법이 정한 방식에 따라 하는 상대방 없는 단독행위이다. 유언도 일종의 의사표시이므로 이를 하는 데에는 의사능력이 필요하다. 제한능력자라도 유언의 결과를 인식할 수 있는 판단능력만 있으면 족하다. 유언제도는 사자(死者)의 의사 존중에 존재의의가 있으므로 제한능력자이더라도 그 규제를 완화하였는바, 유언능력은 만 17세 이상이어야 인정된다(제1061조).

유언제도의 근거는 사유재산제에 따른 사자(死者)의 의사존중(정신적 기초)과 사회복리의 실현(사회적 기초)에 두고 있다. 우리나라의 유언제도는 통상 유언(서)에 의한 요식행위이었으나, 일제 당국은 유언에 요식행위를 요구하지 않고 구술에 의한 유언도 그 효력을 인정하였었다. 우리 민법은 일제의 관습을 버리고 유언을 요식행위로 하였다. 또한 유언의 자유를 인정하므로, 상속제도의 본질상 유류분제도가 필요하게 되었다.

(2) 민법상 유언사항

유언은 민법상 엄격한 형식을 요하는 요식행위로서, 법정 방식에 의하지 않으면 무효이다. 민법상 유언사항으로는 ① 재단법인의 설립을 위한 출연행위(제47조 2항), ② 친생부인(제850조), ③ 인지(제859조 2항), ④ 미성년후견인 지정(제931조), ⑤ 상속재산분할방법의 지정 또는 위탁(제1012조 전단), ⑥ 상속재산분할 금지(제1012조 후단), ⑦ 유언집행자의 지정 또는 위탁(제1093조), ⑧ 유증(제1074조 이하)이 있다.

(3) 유언의 방식

유언은 민법에 정한 바에 의하지 아니하면 효력이 생기지 아니한다(제1060조)고 하여 유언의 성립에 대하여 5종의 엄격한 방식을 요구하고 있다. 즉 유언은 보통방식으로서 자필증서(제1066조)·녹음(제1067조)·공정증서(제1068조)·비밀증서(제1069조), 그리고 이러한 보통방식에 의할 수 없는 경우에는 구수증서(口授證書)에 의하여야 한다(제1070조). 또한 유언에는 자필증서 방식에 의하는 때를 제외하고 모두 증인이 필요한데, 미성년자 등 제한능력자, 유언에 의하여 이익을 받는 자, 공증증서에 의한 유언에 있어서 공증인법상 결격자 등은 증인의 결격사유가 된다(제1072조).

1) 자필증서에 의한 유언

자필증서(自筆證書)에 의한 유언은 유언자가 그 全文과 연월일, 주소, 성명을 자서하고 날인하여야 하고, 유언에 문자를 삽입, 삭제 또는 변경하고자 할 때에는 유언자가 자서하고 날인한다(제1066조). 자서(自書)는 자필로 작성하는 것을 의미하는데 외국어, 속기 등도 가능하나, 워드, 타자 등으로 작성한 유언은 효력이 없다. 또한 날인은 무인(拇印)으로도 가능하며, 연월일이 없거나 날인이 없는 유언은 무효이다. 이 방식의 장점은 증인이 필요없다는 점이나, 단점은 유언증서의 존재를 제 때에 알지 못하게 되는 경우도 있고, 위조·변조의 위험도 있다는 점이다.

증여하겠다는 각서를 남긴 경우

[질문]

A는 10년 전부터 B의 후처로 들어와 혼인신고 없이 동거인으로 살고 있는데, B는 그의 사후에 A의 생활안정을 배려한다면서 "자신이 소유한 부동산 1필지를 사후에 증여하겠다."는 취지의 각서를 자필로 작성하였다. 위와 같은 각서로도 유언의 효력이 인정되는가?

[해설]

'자필증서에 의한 유언'이란 유언 중에서 가장 간단한 방식으로서, 그 요건은 유언자가 유언의 내용이 되는 전문과 연월일·주소·성명을 자신이 쓰고 날인한 유언서를 작성하는 것이다(민법 제1066조). 자기 스스로 썼다면 외국어나 속기문자를 사용한 것도, 그리고 가족에게 의문의 여지없는 정도의 의미가 명확한 관용어나 약자·약어를 사용한 유언도 유효하다. 유언서 작성시 연월일도 반드시 자필로 기재하여야 하며, 유언서 말미나 봉투에 기재하여도 무방하나 연월일이 없는 유언은 무효이다. 자필증서를 보관한 자 또는 이를 발견한 자는 유언자의 사망 후 지체없이 그 증서를 법원에 제출하여 검인을 받아야 한다(민법 제1091조 1항). 앞의 사안에서 B가 작성한 각서가 위와 같은 방식을 갖추고 사후에 부동산 1필지를 A에게 유증한다는 내용이라면 민법 제1066조의 자필증서에 의한 유언에 해당하여 유언의 효력이 있을 것으로 보여진다.

2) 녹음에 의한 유언

녹음에 의한 유언은 유언자가 유언의 취지, 그 성명과 연월일을 구술하고 이에 참여한 증인 2인이 유언의 정확함과 그 성명을 구술하여 작성한다(제1067조). 녹음은 오디오녹음과 비디오녹음 모두 해당된다. 이 방식의 장점은 녹음기만 있으면 간편하다는 점이고, 단점은 녹음이 잘못되어 소멸해 버리는 수가 있는 점이다.

3) 공정증서에 의한 유언

공정증서(公正證書)란 공증인이 법률행위 및 사서증서(私書證書) 등에 관하여 작성한 증서이며, 공문서로서 강력한 증거력과 집행력이 부여된다. 공정증서에 의한 유언은 유언자가 증인 2인이 참여한 공증인의 면전에서 유언의 취지를 불러주고, 공증인이 이를 필기·낭독하여, 유언자와 증인이 그 정확함을 승인한 후 각자 서명 또는 기명날인하여 작성한다(제1068조). 장점은 유언의 존재와 내용이 명확하다는 점이고, 단점은 비용이 들고 유언자가 공증사무소에 나가기 어려운 때에는 곤란하다는 점이다. 공증인은 그 사무소에서 직무를 수행하는 것이 원칙이나, 유언의 경우에는 이의 적용이 없으며(공증인법 제56조) 따라서 유언 작성을 위해 출장할 수 있다.

4) 비밀증서에 의한 유언

유언자가 필자의 성명을 기입한 증서를 엄봉날인(嚴封捺印)하고 이를 2인 이상의 증인의 면전에 제출하여 자기의 유언서임을 표시한 후, 그 봉서표면(封書表面)에 유언서의 제출연월일을 기재하고, 유언자와 증인이 각자 서명 또는 기명날인하여 작성한다(제1069조 1항). 봉서(封書)는 그 표면에 기재된 날부터 5일 이내에 공증인 또는 가정법원 서기에게 제출하여 그 봉인(封印) 상에 확정일자인을 받아야 한다(동조 2항). 이 방식은 유언의 내용을 자기 생전에 비밀로 해두고 싶은 경우에 사용된다. 장점은 유언 내용을 사전에 비공개로 유지할 수 있다는 점이고, 단점은 방식이 약간 복잡하다는 것이다.

5) 구수증서에 의한 유언 : 특별방식

질병 기타 급박한 사유로 인하여 전술한 방식들에 의할 수 없는 경우, 유언자가 2인 이상의 증인을 참여시켜 그 중 1인에게 유언의 취지를 구수(口授)하고 그 구수를 받은 자가 이를 필기·낭독한 후 유언자와 증인이 그 정확함을 승인하고 각자 서명 또는 기명날인하여 작성한다(제1070조 1항). 이 방식의 유언은 증인 또는 이해관계인이 급박한 사유가 끝난 날부터 7일 이내에 가정법원에 검인(檢認)을 신청하여야 한다(동조 2항). 가정법원의 검인은 유언증서의 형식·태양 등 유언의 방식에 관한 모든 사실을 조사·확인하고, 그 위조·변조를 방지하며 또한 보전을 확실히 하기 위한 절차로서 일종의 증거보전절차이기도 하다.

제2절 유언의 방식

제1065조(유언의 보통방식) 유언의 방식은 자필증서, 녹음, 공정증서, 비밀증서와 구수증서의 5종으로 한다.

제1066조(자필증서에 의한 유언) ① 자필증서에 의한 유언은 유언자가 그 전문과 연월일, 주소, 성명을 자서하고 날인하여야 한다.
② 전항의 증서에 문자의 삽입, 삭제 또는 변경을 함에는 유언자가 이를 자서하고 날인하여야 한다.

제1067조(녹음에 의한 유언) 녹음에 의한 유언은 유언자가 유언의 취지, 그 성명과 연월일을 구술하고 이에 참여한 증인이 유언의 정확함과 그 성명을 구술하여야 한다.

제1068조(공정증서에 의한 유언) 공정증서에 의한 유언은 유언자가 증인 2인이 참여한 공증인의 면전에서 유언의 취지를 구수하고 공증인이 이를 필기낭독하여 유언자와 증인이 그 정확함을 승인한 후 각자 서명 또는 기명날인 하여야 한다.

제1069조(비밀증서에 의한 유언) ① 비밀증서에 의한 유언은 유언자가 필자의 성명을 기입한 증서를 엄봉날인하고 이를 2인 이상의 증인의 면전에 제출하여 자기의 유언서임을 표시한 후 그 봉서표면에 제출 연월일을 기재하고 유언자와 증인이 각자 서명 또는 기명날인 하여야 한다.
② 전항의 방식에 의한 유언봉서는 그 표면에 기재된 날로부터 5일내에 공증인 또는 법원서기에게 제출하여 그 봉인상에 확정일자인을 받아야 한다.

제1070조(구수증서에 의한 유언) ① 구수증서에 의한 유언은 질병 기타 급박한 사유로 인하여 전4조의 방식에 의할 수 없는 경우에 유언자가 2인 이상의 증인의 참여로 그 1인에게 유언의 취지를 구수하고 그 구수를 받은 자가 이를 필기낭독하여 유언자의 증인이 그 정확함을 승인한 후 각자 서명 또는 기명날인하여야 한다.
② 전항의 방식에 의한 유언은 그 증인 또는 이해관계인이 급박한 사유의 종료한 날로부터 7일내에 법원에 그 검인을 신청하여야 한다.
③ 제1063조 2항의 규정은 구수증서에 의한 유언에 적용하지 아니한다.

제1071조(비밀증서에 의한 유언의 전환) 비밀증서에 의한 유언이 그 방식에 흠결이 있는 경우에 그 증서가 자필증서의 방식에 적합한 때에는 자필증서에 의한 유언으로 본다.

제1072조(증인의 결격사유) ① 다음 각 호의 어느 하나에 해당하는 사람은 유언에 참여하는 증인이 되지 못한다.
1. 미성년자
2. 피성년후견인과 피한정후견인
3. 유언으로 이익을 받을 사람, 그의 배우자와 직계혈족
② 공정증서에 의한 유언에는 「공증인법」에 따른 결격자는 증인이 되지 못한다.

6) 유언의 집행 : 유언증서나 녹음의 검인

유언의 증서나 녹음을 보관한 자 또는 이를 발견한 자는 유언자의 사망 후 지체없이 가정법원에 이를 제출하여 그 검인을 청구하여야 한다(제1091조 1항). 이 검인은 유언증서나 녹음의 외형을 검증하고 그 성립존재를 확보하는 절차이므로, 공정증서나 구수증서에 의한 유

언에는 필요하지 않다(제1091조 2항).

(4) 유언의 효력

유언은 유언서가 작성된 때 성립하나, 유언의 효력은 유언자가 사망하는 때에 발생한다(제1073조 1항). 당사자 생존 중에 유언의 효력을 철회할 수 있다(제1108조~제1111조). 유언이 철회된 때에는 유언은 처음부터 없었던 것과 마찬가지의 결과로 된다. 유언자가 사망한 후에는 철회가 아니라, 유언의 무효·취소로 다루어야 한다.

유언자가 지정한 지정유언집행자, 그리고 상속인의 순으로 유언집행자가 된다. 이상의 유언집행자가 없을 때에는 가정법원이 이해관계인의 청구에 의하여 유언집행자를 선임한다(제1096조 1항).

(5) 유증

유증(遺贈)이란 유언으로 타인에게 재산적 이익을 무상증여하는 단독행위이다. 즉 유언에 의한 재산의 무상증여이다(대법원 1985.12.10. 선고 85누667 판결). 사인행위(死因行爲)라는 점이 생전행위(生前行爲)인 증여와 다르고, 단독행위라는 점에서 계약인 사인증여(死因贈與)와도 다르다. 상속재산의 전부 또는 일부를 유증하는 것이지만, 채무면제도 할 수 있다. 유증은 유언과 마찬가지로 유언자가 사망한 때부터 그 효력이 발생한다. 유증은 재산을 목적으로 하는 것이므로, 유언의 자유란 바로 이 유증의 자유라고도 할 수 있다. 유증에는 포괄적 유증과 특정적 유증이 있으며, 수증자는 이를 승인 또는 포기할 수 있다(제1074조 내지 제1077조).

유언의 방식에 의하지 아니한 피상속인의 상속재산 분할방법 지정행위의 효력

[질문]

甲은 그가 사망하면 그의 소유인 주택 및 대지는 장남 乙에게, 농지 2필지는 차남 丙에게, 임야는 3남 丁에게 나누어 가지라고 평소 입버릇처럼 말하였다. 그런데 甲이 사망하였고, 위와 같은 甲의 유지를 받들어 재산을 분할하려고 하였으나, 丁이 이에 반발하여 법정상속지분에 의하여 분할하여야 한다고 주장한다. 이 경우 丁의 주장이 타당한가?

> [해설]
> 민법 제1012조에서는 「피상속인은 유언으로 상속재산의 분할방법을 정하거나 이를 정할 것을 제삼자에게 위탁할 수 있고 상속개시의 날부터 5년을 초과하지 아니하는 기간 내의 그 분할을 금지할 수 있다.」고 규정하고 있다. 그리고 민법은 유언의 존재 여부를 분명히 하고 위조, 변조를 방지할 목적으로 일정한 방식에 의한 유언에 대해서만 효력을 인정하고 있다. 그런데 위 사안에서 甲의 생전발언은 위와 같은 유언의 방식을 갖추지 못한 것이므로, 유언의 방식에 의하지 아니한 피상속인의 상속재산분할방법 지정행위의 효력에 관하여 판례를 살펴보면, "피상속인은 유언으로 상속재산의 분할방법을 정할 수는 있지만, 생전행위에 의한 분할방법의 지정은 그 효력이 없어 상속인들이 피상속인의 의사에 구속되지는 않는다."라고 하였다(대법원 2001.6.29. 선고 2001다28299 판결).
> 따라서 위 사안에서 甲이 생전에 위와 같은 재산분할방법을 말하였다고 하더라도 그것은 유언의 형식을 갖추지 못한 것이므로 효력이 없다. 그렇다면 乙·丙·丁 3인은 법정상속지분에 따라서 위 모든 상속재산에 대하여 각각 1/3의 상속지분을 가지게 될 것이다.

8. 유류분

(1) 유류분(遺留分)의 의의

우리나라 조선시대의 유언제도에서는 혈족만이 유증을 받게 되어 있어서, 실제로 유류분제도가 필요하지 않았다. 그러나 사유재산제도가 확립되고 그에 따라 유언의 자유가 인정됨에 따라, 피상속인이 자기 재산을 전부 처분하는 경우 법정상속인의 생활보장을 도모할 수 없기 때문에 상속인의 생계를 위하여 반드시 남겨두어야 하는 상속재산이 일정비율 필요하게 되었다. 이를 유류분권이라고 하며 우리 민법에서는 1977년 12월에 도입되었다. 이에 따라 상속 개시시 상속인은 그 법정상속분의 일정비율에 대해 피상속인의 재산을 확보하기 위해 재산반환청구권을 행사할 수 있다. 유류분권을 상속개시 전에 미리 포기할 수 있도록 하면 강요와 위력에 의하여 포기하는 경우가 있을 수 있으므로, 상속개시 전에 미리 포기하지 못한다고 할 것이다(통설).

(2) 유류분의 범위

1) 유류분 권리자

유류분 권리자는 법정상속인 중 피상속인의 직계비속·배우자·직계존속·형제자매이다(제1112조). 또한 이들 중 재산상속의 순위상 상속권이 있는 자이어야 한다. 즉 상속결격자이거나 상속을 포기한 자는 유류분권이 없다. 태아는 살아서 출생하면 직계비속으로서 유류분을 가진다. 대습상속인도 피대습자의 상속분의 범위 내에서 유류분을 가진다(제1001조, 제1010조, 제1118조).

2) 유류분 비율

유류분의 비율은 ① 피상속인의 직계비속은 그 법정상속분의 2분의 1, ② 피상속인의 배우자는 그 법정상속분의 2분의 1, ③ 피상속인의 직계존속은 그 법정상속분의 3분의 1, ④ 피상속인의 형제자매는 그 법정상속분의 3분의 1이다(제1112조).

유류분 권리자	유류분의 비율
피상속인의 배우자, 직계비속	그 법정상속분의 2분의 1
피상속인의 직계존속, 형제자매	그 법정상속분의 3분의 1

3) 유류분의 산정

피상속인의 상속개시시 재산가액에 상속개시 전 1년 사이에 행해진 증여재산의 가액을 가산하고(제1114조), 채무의 전액을 공제한 후 이를 산정한다. 가액은 상속개시시를 기준으로 평가한다(제1113조 1항).

(3) 유류분의 보전(반환청구)

유류분 권리자는 피상속인의 제1114조에 규정된 증여 및 유증으로 인하여 그 유류분에 부족이 생긴 때에는 부족한 한도에서 그 재산의 반환을 청구할 수 있다(제1115조 1항). 이를 유류분의 보전이라고 한다. 이 경우 증여 및 유증받은 자가 수인인 때에는 각자가 얻은 가액의 비율로 반환하여야 한다(제1115조 2항). 유류분 반환청구권은 상대방있는 단독행위이다. 유증과 증여는 유류분 반환청구가 있으면 유류분에 부족한 한도에서 효력이 소멸한다. 상속분의 지정으로 유류분이 침해된 경우에도 유류분을 주장할 수 있다.

유류분 권리자는 상속의 개시와 반환하여야 할 증여 또는 유증을 한 사실을 안 때로부터 1년 이내에 반환청구권을 행사하지 않으면 시효에 의하여 소멸한다. 상속개시가 있은 때로부터 10년을 경과한 때도 같다(제1117조). 이는 거래의 안전을 위하여 단기간에 그 권리를 소멸시키기 위한 것이라고 하여 소멸시효가 아니라 제척기간으로 해석하여야 할 것이다.

유증으로 인하여 생계수단이 없는 상속인의 구제

[질문]

A의 아버지께서는 장남인 A와 어머니 그리고 남동생 1명을 유족으로 두고 3개월 전에 사망하였다. 유산으로는 현재 A의 가족이 살고 있는 시가 7,000만 원 상당의 집 한 채와 1억 4천만 원 상당의 토지가 있으나, 아버지께서는 유언으로 집은 A의 가족에게 물려주고, 토지는 K라는 사회봉사단체에 증여하였다. A의 가족들은 아버지의 높으신 뜻을 저버릴 생각은 없지만 생계를 유지하기가 어려운데, 이러한 경우 장남인 A가 유증된 재산의 반환을 청구할 수는 없는가?

[해설]

이러한 경우에 상속이 개시되면 일정범위의 상속인이 피상속인의 재산의 일정비율을 확보할 수 있는 유류분제도가 인정되고 있다. 민법상 유류분제도를 둔 취지는, 유류분 권리자(A의 가족)가 받은 상속재산이 유류분을 침해하는 유증 또는 증여의 결과 유류분에 부족하게 될 때에는 유류분 권리자가 자기의 유류분을 보전할 수 있도록 하는 것이다. 즉, 이러한 경우에 유류분권은 구체적인 반환청구권으로 나타나게 되며, 유류분 권리자는 유류분에 부족한 한도에서 유증 또는 증여된 재산의 반환을 청구할 수 있다(민법 제1115조 1항).

위 사례에서 각 지분별로 계산해보면 A의 어머니의 법정상속분은 9,000만 원(=2억 1천만 원×3/7)이 되며, A와 A의 남동생의 상속분은 각 6,000만 원(=2억 1천만 원×2/7)이 된다.

그런데 유류분은 법정상속분의 1/2이므로 A의 어머니의 유류분은 4,500만 원이 되고, A와 A의 남동생의 유류분은 각 3,000만 원이 된다. 한편, 실제로 상속되는 재산은 A의 어머니의 경우 3,000만 원(7,000만 원×3/7), A와 A의 남동생의 경우 각 2,000만 원(7,000만 원×2/7)밖에 되지 아니하므로 A의 어머니는 1,500만 원(4,500만 원 - 3,000만 원), A와 A의 남동생은 각 1,000만 원(3,000만 원 - 2,000만 원)이 부족하게 된다. 따라서 A의 가족은 각자 자신의 유류분의 한도에서 부족한 가액만큼 K

단체에 유증재산의 반환을 청구할 수 있다. 다만 반환청구권은 상속의 개시 및 증여의 사실을 안 때로부터 1년 내에 행사하지 아니하거나, 상속이 개시된 때 즉 부친의 사망일로부터 10년 내에 행사하지 아니하면 소멸된다.

CHAPTER 06 상법

1. 상법총칙(상법전 제1편)

상법(商法, commercial law, Handelsrecht)은 실질적으로 기업에 관한 법규이고, 형식적으로는 상법전을 말한다. 기업이란 영리를 목적으로 일정한 기획 아래 계속적으로 활동하는 경제적 조직체이다. 민법이 일반인의 사회생활에 대하여 일반적으로 적용되는 일반사법임에 대하여, 상법은 특히 기업에 관한 생활관계를 규율하므로 상법은 민법에 대해 특별사법이 된다.

상법전은 제1편 상법총칙, 제2편 상행위, 제3편 회사, 제4편 보험, 제5편 해상으로 구성되어 있다.

(1) 상인과 상행위

① 당연상인(상법 제4조) : 자기명의로 상행위를 하는 자를 상인이라 한다.
② 의제상인(제5조)
   ㉮ 설비상인 : 점포 기타 유사한 설비에 의하여 상인적 방법으로 영업을 하는 자는 상행위를 하지 아니하더라도 상인으로 본다.
   ㉯ 민사회사 : 회사는 상행위를 하지 아니하더라도 상인으로 본다.
③ 소상인(제9조) : 「상법」상 소상인은 자본금액이 1천만 원에 미치지 못하는 상인으로서, 회사가 아닌 자로 한다(동법 시행령 제2조 소상인의 범위).

(2) 상인의 보조자(상업사용인)

상인의 기업 내부 보조자인 상업사용인은 그 대리권의 범위에 따라 ① 지배인, ② 部分的 포괄대리권을 가진 사용인, ③ 물건판매점포의 사용인이 있다. 상업사용인의 영업주에 대한 의무로서는 고용계약과 위임계약에 따라, 전자에서 노무 제공의무, 후자에서 선관주의의무(민법 제681조), 사무처리 보고의무(민법 제683조), 취득물의 인도의무(민법 제684조) 등이 있다. 또한 위임관계를 강화하여 경업피지의무와 특정지위취임금지를 규정하고 있다(상법 제10조~제17조).

(3) 상인의 물적 설비

1) 상호(商號)

상인이 영업상 자기를 표시하기 위하여 사용하는 명칭이다. 상호는 명칭이므로 문자로 표시할 수 있어야 하고 호칭할 수 있어야 한다(기호나 도형 불가). 명칭은 외국어도 무방하나 외국문자에 의한 등기는 인정되지 않는다. 상호의 선정은 자유이나, 회사가 아니면 상호에 회사임을 표시하는 문자를 사용하지 못하며(제20조), 회사의 상호에는 그 종류에 따라 합명회사, 합자회사, 유한책임회사, 주식회사 또는 유한회사의 문자를 사용하여야 한다(제19조).

2) 영업소

상인의 영업활동의 중심이 되는 일정한 장소를 말한다. 공장·창고는 영업활동의 중심이 아니므로 영업소가 아니다. 일정한 장소란 시간적으로 계속성이 있는 일정한 공간을 말하므로 일시적인 매점은 영업소가 아니다. 수개의 영업소가 있는 경우에는 주된 영업소를 본점(principal office), 본점의 지휘·명령에 따라 영업활동을 분담하는 지점(branch office)으로 구분한다.

3) 상업장부(商業帳簿)

모든 상인이 그 영업상의 재산 및 손익의 상황을 명백히 하기 위하여 상법상의 의무로 작성하는 장부이다. 상법상 상업장부에는 회계장부(會計帳簿)와 대차대조표(貸借對照表)가 있다. 회계장부의 작성방법에 관하여 상법은 일반적으로 공정·타당한 회계관행에 관하여 작성할 것을 규정하고 있다(제29조 제2항), 상업장부와 영업에 관한 중요서류는 폐쇄한 때로부터 10년간 보존하여야 한다. 다만 전표 또는 이와 유사한 서류의 보존기간은 5년이다

(제33조).

4) 상업등기

상법의 규정에 따라 상업등기부(商業登記簿)에 하는 등기를 말한다. 상업등기제도는 상인의 영업에 있어서 법률관계의 성립·변경·소멸에 관한 중요사항을 일반대중에게 公示함으로써, 상인의 신용을 유지하고 거래의 안전을 도모하기 위하여 인정된 제도이다. 현재 상업등기부로서는 ① 상호, ② 제한능력자, ③ 법정대리인, ④ 지배인, ⑤ 합명회사, ⑥ 합자회사, ⑦ 유한책임회사, ⑧ 주식회사, ⑨ 유한회사, ⑩ 외국회사의 10종이 있다.

2. 상행위법

상행위는 실질적으로는 상인의 영리행위(기업활동)를 말하고, 형식적으로는 상법 및 특별법에서 상행위로 규정된 행위를 말한다. 형식적 의의의 상행위법은 상법전 제2편 상행위에 관한 규정을 말한다. 상법 제2편은 제1장 통칙, 제2장 상사매매, 제3장 상호계산, 제4장 익명조합, 제5장 대리상, 제6장 중개업, 제7장 위탁매매업, 제8장 운송주선업, 제9장 운송업, 제10장 공중접객업, 제11장 창고업에 관하여 규정하고 있다. 기업거래 형태의 발전으로 새로운 형태의 상행위가 계속적으로 출현하고 있어서 이러한 새로운 형태의 실질적 의의의 상행위를 상법 제2편에 모두 규정할 수 없고, 또한 보험업과 해상운송업상 상행위는 상법 제4편과 제5편에서 규정하고 있다.

(1) 상행위의 종류

1) 기본적 상행위(제46조)

영업으로 하는 다음의 행위를 상행위라 한다. 당연상인(제4조)의 개념을 정하는 데 기초가 되는 상행위로서, 매매·임대차·도급·금융거래 등 22종의 상행위를 한정적으로 열거하고 있다(상법 제46조). 이 상행위는 '영업으로' 할 때에 상행위로 인정되므로 영업적 상행위라고도 한다. 그러나 오로지 임금을 받을 목적으로 물건을 제조하거나 노무에 종사하는 자의 행위는 그러하지 아니하다.

① 동산, 부동산, 유가증권 기타의 재산의 매매
② 동산, 부동산, 유가증권 기타의 재산의 임대차
③ 제조, 가공 또는 수선에 관한 행위
④ 전기, 전파, 가스 또는 물의 공급에 관한 행위
⑤ 작업 또는 노무의 도급의 인수
⑥ 출판, 인쇄 또는 촬영에 관한 행위
⑦ 광고, 통신 또는 정보에 관한 행위
⑧ 수신·여신·환 기타의 금융거래
⑨ 공중(公衆)이 이용하는 시설에 의한 거래
⑩ 상행위의 대리의 인수
⑪ 중개에 관한 행위
⑫ 위탁매매 기타의 주선에 관한 행위
⑬ 운송의 인수
⑭ 임치의 인수
⑮ 신탁의 인수
⑯ 상호부금 기타 이와 유사한 행위
⑰ 보험
⑱ 광물 또는 토석의 채취에 관한 행위
⑲ 기계, 시설, 그 밖의 재산의 금융리스에 관한 행위
⑳ 상호·상표 등의 사용허락에 의한 영업에 관한 행위
㉑ 영업상 채권의 매입·회수 등에 관한 행위
㉒ 신용카드, 전자화폐 등을 이용한 지급결제 업무의 인수

2) 기타 쌍방적 상행위와 일방적 상행위

소매상과 도매상과의 거래와 같이 당사자 쌍방에게 상행위가 되는 행위를 쌍방적 상행위라 하고, 소매상과 일반인의 거래와 같이 당사자 일방에게만 상행위가 되는 행위를 일방적 상행위라고 한다. 쌍방적 상행위는 물론 일방적 상행위에 대하여서도 상법이 적용된다(제3조).

(2) 상행위법상 특칙

상법은 상거래의 영리성·신속성·반복성·비개성 등 특성에 의거 민법의 일반원칙에 대하여 많은 특칙을 두고 있다. 우선 일반 민사채권의 소멸시효가 10년이지만 상사소멸시효는 5년으로 단축하였다. 법정이율도 민법상 법정이율이 年 5分이나, 상사 법정이율은 年 6分으로 하였다. 다수당사자 간의 채무에 있어서 민법은 분할책임을 원칙으로 하나, 상법은 수인이 그 1인 또는 전원에게 상행위가 되는 행위로 인하여 채무를 부담한 때에는 연대하여 책임을 부담한다고 규정하고 있다(제57조). 또한 보증(保證)이 상행위(商行爲)이거나(예컨대 은행의 지급보증), 주채무(主債務)가 상행위로 인한 것인 때에는(예컨대 상인의 영업자금의 차용) 주채무자와 보증인은 연대책임(連帶責任)을 부담한다. 따라서 상사보증인은 최고·검색의 항변권(催告·檢索 抗辯權)이 없다.

(3) 기업 외부보조자

1) 대리상(代理商)
상업사용인(商業使用人)이 아니면서 일정한 상인을 위하여 상시 그 영업부류에 속하는 거래의 대리 또는 중개를 영업으로 하는 자이다(제87조).

2) 중개업
타인간의 상행위의 중개를 영업으로 하는 것이며, 이러한 영업을 하는 독립의 상인이 중개인이다(제93조). '중개'라 함은 타인간의 법률행위를 설립시키기 위하여 진력하는 사실행위이다.

3) 위탁매매업
자기명의로서 타인(위탁자)의 계산으로 물건 또는 유가증권의 매매를 영업으로 하는 것으로서, 이러한 영업을 하는 자를 위탁매매인이라 한다(제101조).

위탁매매인이 '자기명의'로 매매한다는 것은 매매계약에 있어서 권리의무의 주체가 된다는 뜻이며, '타인의 계산으로' 한다는 것은 경제적 효과가 타인(위탁자)에게 귀속됨을 의미한다. 이 점이 위탁매매의 특색이며, 이를 주선행위(周旋行爲)라고 한다.

기타 상행위법에서는 운송주선업, 운송업(물건운송, 여객운송), 공중접객업, 창고업, 금융리스업, 가맹업, 채권매매업을 규정하고 있다.

3. 회사법

(1) 상법전 제3편 회사 규정을 회사법이라고 한다. 기업을 개인기업 형태로 하는 경우에는 관할 지방세무서에서 사업자등록을 하는 것만으로 사업 개시가 가능하므로 기업 설립이 용이하고, 보통 적은 자금으로 소자본 창업이 가능하며, 신속한 계획 수립 및 변경이 가능하고 기업 활동이 자유롭다.

사업아이템 선정 → 사업계획서 작성 → 인·허가 → 사업자등록 → 사업 개시

(2) 회사의 종류

회사는 상행위 기타 영리를 목적으로 하여 설립한 법인이다(상법 제169조). 상행위를 목적으로 하는 회사를 상사회사, 기타 영리를 목적으로 하는 회사를 민사회사라고 한다. 회사의 종류는 주식회사, 유한책임회사, 유한회사, 합자회사, 합명회사의 5가지가 있다(상법 제170조). 회사 기업 특히 주식회사 또는 유한책임회사의 형태를 취하는 경우 그 장·단점과, 상법상 기본적 상행위(상법 제46조)는 다음과 같다. 그리고 법인기업에게는 복식부기 재무제표의 작성의무 등이 요구된다.

	장 점	단 점
회 사	1) 주식회사는 대규모 기업, 유한회사는 중소기업, 합명회사 및 합자회사는 개인기업에 적합, 유한책임회사는 벤처창업에 적합	1) 상법 등 관련법규상 설립 절차가 다소 복잡하다.
	2) 주주는 유한책임, 이사의 책임 강조	2) 자본금 요건이 요구되는 경우가 있다.
	3) 신주발행(증자) (또는 회사채 발행)으로 자금의 조달 가능	
	4) 상장주식의 매매에는 양도세 면제, 영업양도시 기업 주식을 양도하면 되며 저율의 양도세 적용	3) 대표이사가 회사 자금을 개인 용도로 사용하면 이자를 받아야 한다.
	5) 대외적 공신력과 신용도 관공서·금융기관 관계에서 유리	

	적합 기업	특 징
주식 회사	물적회사의 전형 · 대규모 기업	• 자본이 중시되는 물적 회사로서, 그 자본은 주식이라는 균일한 유가증권으로 세분화되어 있고, 주주는 인수한 주식을 한도로 유한책임 부담 • 주식과 사채 발행으로 자금 조달 • 기관은 의사결정기관인 주주총회, 업무집행기관이 이사(회), 그리고 감사로 구성 • 주식의 양도는 원칙적으로 자유(상법 제335조) • 주식 권면액은 100원 이상, 벤처기업에 대해서는 무액면주도 허용(상법 제329조)
유한 회사	중소기업	• 자본이 중시되는 물적 회사로서, 사원(社員)은 출자 지분을 한도로 유한책임을 지나 회사설립 출자미필액, 증자미필액 등의 전보책임을 부담. • 기관은 사원총회, 이사, 감사(임의기관)으로 구성 • 지분은 100원 이상, 지분의 양도 자유, 다만 정관으로 제한 가능, 제556조 2011.4.14. 전문개정
유한책임 회사	벤처기업	• 사원은 출자금액을 한도로 유한책임 • 출자자도 경영에 참여 가능 • 상법과 정관에 다른 규정이 없으면―합명회사에 관한 규정 준용
합자 회사	인적회사	• 사원 구성; 유한책임사원 1인 이상 +무한책임사원 1인 이상 • 유한책임사원; 회사채권자에 대해 직접 · 연대책임, 출자한도 유한책임, 지분 양도; 무한책임사원 전원의 동의 • 무한책임사원; 업무집행 담당, 직접 · 연대 · 무한책임, 지분 양도; 총사원의 동의
합명 회사	인적회사의 전형	• 사원 구성; 2인 이상의 무한책임사원 만으로 구성 • 인적 신뢰관계를 바탕으로 한 조합형태 기업에 적합 • 사원은 원칙적으로 업무집행권과 회사 대표권 • 지분 양도에 전사원의 동의

4. 보험법

상법전 제4편 보험이란 동질적인 위험 하에 있는 다수인이 우연한 사고의 발생으로 인한 경제적 수요를 충족하기 위하여 통계적 기초에서 산출된 금액(보험료)을 미리 갹출하여 일정한 기금을 마련하고, 사고가 발생한 경우에 일정한 재산적 급여(보험금)를 받음으로써 경제생활의 안정을 도모하기 위한 제도이다.

보험에는 보험자가 재산상의 손해를 전보할 것을 내용으로 하는 손해보험(損害保險)과 사람의 생명·신체에 관한 보험사고가 생긴 경우 보험자가 재산적 급여를 하는 인보험(人保險)이 있다. 손해보험은 보험자가 보험사고로 인하여 생길 피보험자의 재산상의 손해를 보상하는 것을 목적으로 하는 보험으로서(제665조), 상법상 화재보험, 운송보험, 해상보험, 책임보험, 자동차보험이 이에 속하고, 기타 삼림·수해·신용보증보험 등이 있다. 인보험은 사람에 관하여 발생하는 사고에 대한 보험으로서, 생명보험(정기, 종신, 생존, 양로, 단체, 신용보험)과 상해보험이 있고, 기타 질병보험·교육보험·의료보험 등도 이에 속한다.

보험계약에 있어서는 윤리성과 선의성이 강조된다. 이를 위하여 상법은 보험계약자와 피험자에게 고지의무(告知義務)를 규정하고 있고, 고의(故意)로 인한 보험사고에 대한 보험자의 면책(제659조) 등을 규정하고 있다.

5. 해상법

상법전 제5편 해상법(海商法)이란 해상기업(海上企業)에 관한 법규이다. 해상기업은 해양을 무대로 선박에 의해 전개되는 기업이다. 해상기업(海上企業)에는 해상운송업·해난구조업·어업·해상예선업 등이 있으나, 이 중 해상운송업이 가장 대표적이다.

(1) 해상기업(海上企業)의 물적 조직

해상기업의 물적 조직인 선박은 상행위 기타 영리를 목적으로 항해에서 사용하는 선박이다.

(2) 해상기업의 인적 조직

해상기업주체(선박소유자·선박공유자·선박임차인·정기용선자)와 해상기업보조자(선장과 해원)가 있다. 상법은 해상기업의 특수성과 해상기업의 보호를 위하여, 선박소유자의 유한책임을 규정하고 있다(제769조 이하)

(3) 해상운송(海上運送)에는 해상운송인이 선박의 전부나 일부를 제공하여 물건의 운송을 인수하는 용선(傭船)계약과 개개의 물건의 운송을 인수하는 개품운송계약이 있다. 해상

운송인의 의무로서는 선박의 안전항행을 위한 감항능력(堪航能力)注意義務, 운송물을 선량한 관리자의 주의로 보관할 의무, 그리고 부득이한 경우 이외에 예정항로를 변경하지 아니하고 항행해야 할 직항의무 등이 있다.

(4) 해상기업(海上企業)의 위험

1) 공동해손(共同海損)

선박과 적하의 공동위험을 면하기 위하여 선장이 피난·투하 등 선박이나 적하에 대한 처분을 하는 경우에 생기는 손해 또는 비용을 말한다. 공동해손은 그 위험을 면한 선박의 가액·적하의 가액·운임의 반액과 공동해손과 액과의 비율에 따라 각 이해관계인이 분담한다(제865조 이하).

2) 선박충돌(船舶衝突)

2척 이상의 선박이 해상 또는 내수에서 접촉하여 손해를 일으키는 것이다. 선박충돌이 불가항력으로 발생하거나 충돌원인이 명백하지 않은 때에는 피해자는 그 손해의 배상을 청구하지 못한다. 그러나 충돌이 일방의 선원의 과실로 발생한 때에는 그 선박소유자가 손해를 배상할 책임을 진다. 충돌이 쌍방의 과실의 경중에 따라 각 선박소유자가 손해배상책임을 부담한다. 그 과실의 경중을 판정할 수 없는 때에는 손해배상의 책임을 균분하여 부담한다(제879조).

3) 해양사고구조(海洋事故救助)

해양사고에 조우한 선박 또는 적하를 의무 없이 구조하는 것이다. 이 경우 구조자는 당연히 구조료청구권을 가진다. 구조료에 관해 합의가 있는 경우에는 그에 의할 것이나, 합의가 없는 경우에는 법원이 당사자의 청구에 의해 그 위험 정도·구조노력·구조비용·구조효과 등을 참작하여 그 액을 정한다(제863조 이하).

6. 어음법 · 수표법

어음과 수표는 상인뿐 아니라 일반인도 범용하고 있으므로 어음법과 수표법은 상법의 특별법이 아니라 민법의 특별법이며, 유가증권(有價證券)의 기본이념인 유통성과 지급의 확실성을 확보하기 위하여 자세한 규정이 있다. 어음에는 환(換)어음과 약속(約束)어음이 있다.
① 환어음(bill of exchange)은 발행인이 지급인에 대하여 일정한 금액을 수취인 기타 증권의 소지인에게 지급할 것을 위탁하는 지급위탁증권이다.
② 약속어음(promissory note)은 발행인이 수취인 기타 증권의 소지인에게 일정한 금액을 지급할 것을 약속하는 지급약속증권이다.

환어음과 수표는 그 법률적 성질이 지급위탁증권이라는 점에서 같으나, 그 경제적 기능의 환어음과 약속어음은 신용증권이고 수표는 지급증권이라는 점에서 다르다. 환어음은 국제거래 용도로 주로 사용되는 반면, 약속어음은 국내결제에서 주로 이용된다.
③ 수표(check)도 환어음과 마찬가지로 발행인이 지급인인 은행에 대하여 수취인 기타 정당한 소지인에게 일정한 금액을 지급할 것을 위탁하는 지급위탁증권이다. 따라서 수표에는 다른 규정이 없는 한 환어음에 관한 규정이 준용된다. 그러나 수표는 지급증권이므로 법률상 당연한 일람출급증권으로 하고 있는 등, 신용증권인 어음과는 많은 다른 특색을 지니고 있으며, 수표의 지급인은 은행에 한한다(수표법 제3조).

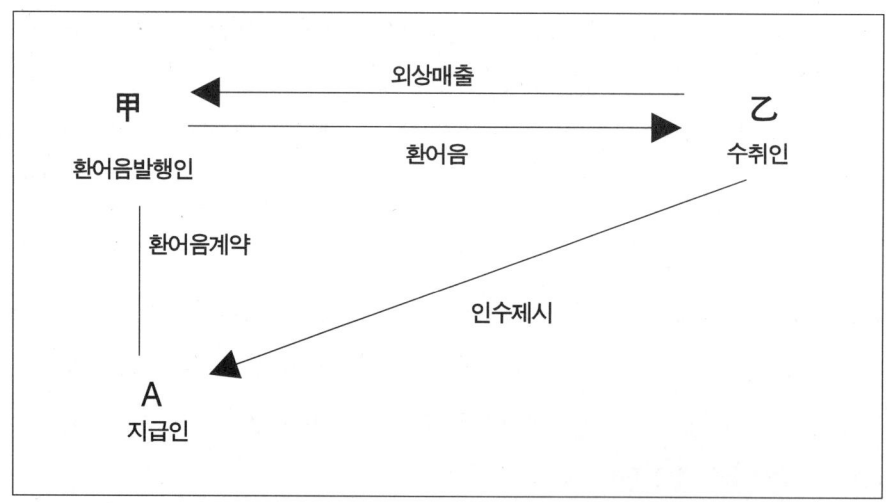

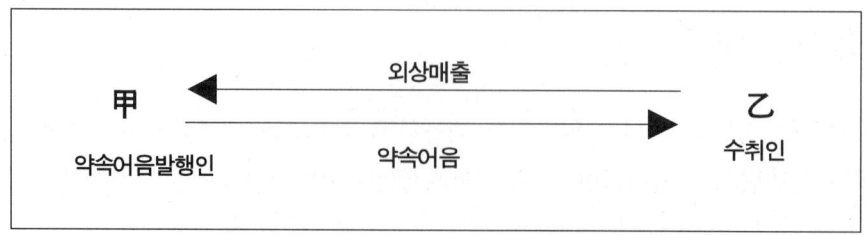

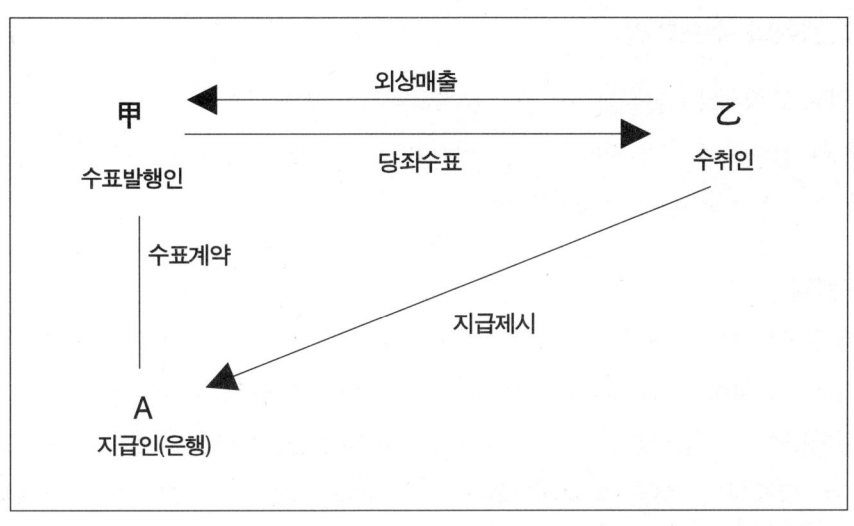

	환어음	약속어음	수표
성질	지급위탁증권	지급약속증권	지급위탁증권
경제적 기능	신용증권, 송금, 국제	신용증권, 국내거래	지급의 도구(지급증권)
어음·수표행위	발행·배서·보증·인수·참가인수	발행·배서·보증	발행·배서·보증·지급보증
주채무자	인수인	발행인	없음(→지급보증인)
발행인의 책임	상환의무(담보책임)	주채무(최종적 책임)	상환의무(담보책임)
무기명식 발행	불가	불가	가능
만기(지급기일)	일람출급·일람후정기출급·발행일자후정기출급·확정일출급	일람출급·일람후정기출급·발행일자후정기출급·확정일출급	없음(일람출급성)
지급인 제한	없음	없음	은행 기타 금융기관
소멸시효	• 인수인·약속어음 발행인에 대한 청구권: 만기로부터 3년 • 소지인 → 환어음발행인, (환어음·약속어음) 배서인: 만기로부터 1년 • 배서인 → 다른 배서인: 환수일(제소일)로부터 6월		• 지급제시기간 경과 후(환수일, 제소일)로부터 6월 • 지급보증한 지급인에 대한 청구권: 제시기간 경과 후 1년
복본·등본	등본	복본·등본	복본

(1) 어음행위와 수표행위

어음행위(수표행위)는 실질적으로 어음(수표)채무를 발생시키는 행위로서, 형식적으로 어음상(수표상) 권리나 의무를 변동시키는 의사표시를 요소로 하는 행위로서, 기명날인 또는 서명을 필수 요건으로 하는 요식행위이다.

1) 어음행위

환어음행위에는 발행, 배서, 인수, 보증, 참가인수가 있다. 약속어음은 신용증권이라는 점에서 환어음과 유사하므로 다른 규정이 없는 한 환어음에 관한 규정이 준용된다. 약속어음은 발행인 자신이 일정금액의 지급을 약속하는 증권이므로, 이에는 지급인이 없고 발행인과 수취인의 두 당사자만 있다. 따라서 약속어음에는 인수제도가 없고, 또 인수거절로 인한 상환청구의 문제도 없다. 약속어음의 경우에는 발행인이 지급인을 겸하므로, 약속어음행위로는 발행, 배서, 보증의 3가지 행위만 인정된다.

① 발행(draw)

환어음의 발행이란 발행인이 환어음에 환어음 요건(어음법 제1조, 제76조, 수표법 제1조)을 기재하고 기명날인(記名捺印) 또는 서명(署名)하여 수취인에게 교부하는 것이다.

② 배서(背書, endorse)

발행인에게 어음을 교부받은 수취인은 어음의 지급을 청구하거나 또는 어음에 배서하여 이를 다른 사람에게 양도할 수 있다(어음법 제11조 이하, 제77조, 수표법 제14조). 후자 즉 수취인은 배서에 의하여 그 지위를 타인에게 양도할 수 있고(배서의 권리이전적 효력), 배서가 계속되는 경우 어음은 전전유통되게 된다. 어음에 대하여 일정한 항변사유가 존재한다고 해도 제한을 받을 수 있다(인적항변의 절단).

③ 인수(引受)

지급인은 단순히 어음상의 지급인으로 기재되어 있는 것만으로 어음상의 채무를 부담하게 되는 것이 아니고, 어음상에 인수라는 문구를 기재하고 기명날인하여야 비로소 어음의 주채무자(主債務者)로 된다(어음법 제21조 이하). 어음소지인은 어음 발행 시부터 만기에 이르기까지 언제든지, 또 일람후정기출급(一覽後定期出給)어음의 경우에는 발행일로부터 1년 내에 지급인에게 인수를 위하여 어음을 제시하여야 한다(인수제시). 한편 수표는 단기결제를 목적으로 하는 일람출급성 지급증권이고 신용증권화를 방지하기 위하여 인수제도를 인정하지 않는다(수표법 제4조).

④ 보증
어음보증은 어음채무를 담보할 목적으로 하는 어음행위이다(어음법 제30조, 수표법 제25조 이하).

⑤ 참가인수
만기 전 상환청구를 저지하기 위하여 참가인수인이 어음의 지급을 약속하는 어음행위이다. 법적 성질은 상환의무의 인수이고, 환어음(약속어음에도 인정된다는 것이 다수설) 또는 그 등본이나 보전에 기재하고 피참가인을 표시해 기명날인 또는 서명(署名)한다.

2) 수표행위

수표행위로는 발행, 배서, 보증, 지급보증이 있다. 지급보증이란 지급보증된 수표가 제시기간 내에 제시되는 때에는 지급인이 지급할 것을 약속하는 수표행위이다(수표법 제53조 이하). 지급인 이외의 자가 타인의 수표채무를 보증하는 수표보증과는 구별된다. 지급보증인에 대한 수표상의 청구권은 제시기간 경과 후 1년간 행사하지 않으면 소멸한다(수표법 제58조).

3) 만기와 지급(支給), 지급제시기간

어음의 만기로는 일람출금, 일람 후 정기 출급, 발행일자 후 정기 출급, 확정일 출급의 4종이 있고(어음법 제33조), 일람출급환어음은 지급제시 된 때를 만기로 하고, 발행일로부터 1년 내에 인수인이나 지급인에게 지급을 위한 제시를 하여야 한다(어음법 제34조 지급제시). 그 외 일람 후 정기출급, 발행일자 후 정기출급, 확정일출급 어음의 소지인은 지급을 할 날 또는 이에 이은 2거래일 내에 지급을 위한 제시를 하여야 한다(어음법 제38조). 이 경우 어음금액을 지급한 자는 배서가 연속되어 있는 한 그 어음소지인이 무권리자일지라도 책임을 면한다.

4) 상환청구(償還請求, recourse)

인수가 거절되거나 지급이 거절되는 경우에 어음소지인은 인수거절증서 또는 지급거절증서를 작성하여 그 前者에게 어음금액 기타 비용의 변제를 청구할 수 있다. 과거에는 이를 소구(遡求)라고 하였다.

□ 환어음 견양

□ 약속어음 견양

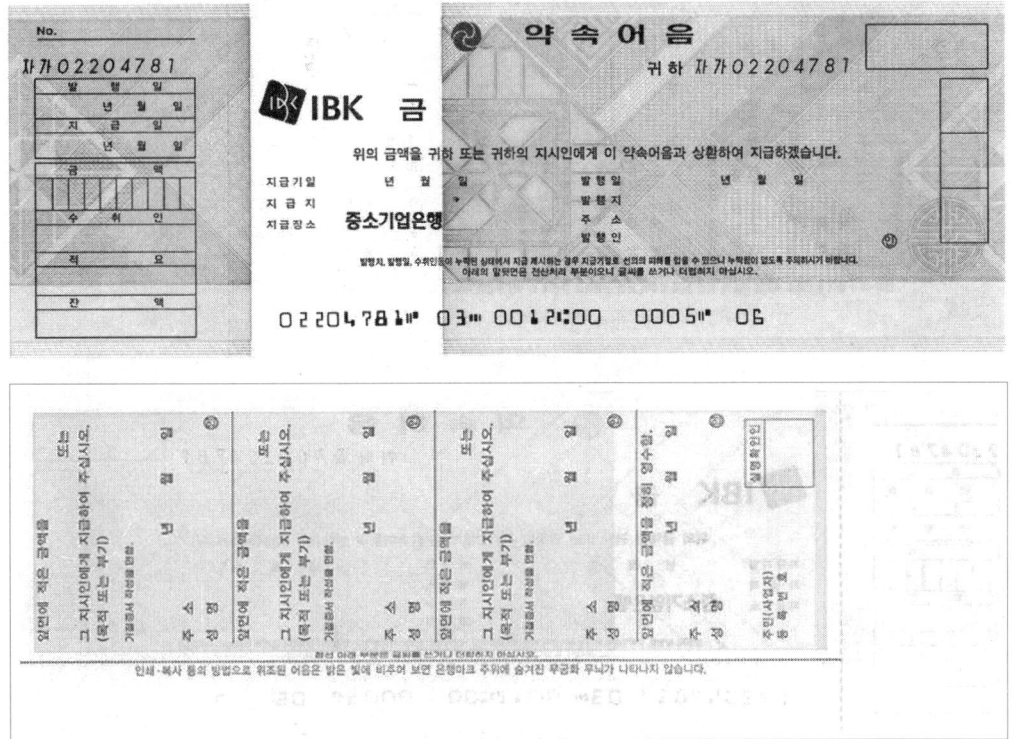

□ 수표 견양

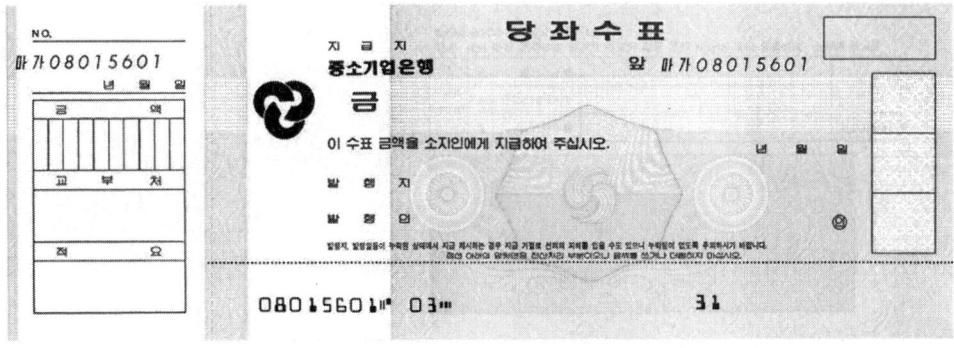

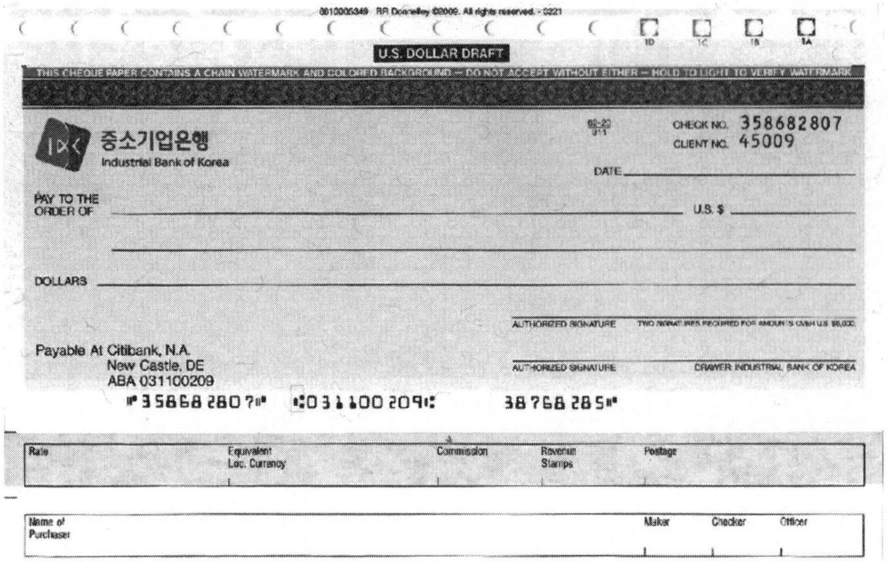

8810005349 RR Donnelley ©2009. All rights reserved. - 0221

U.S. DOLLAR DRAFT

THIS CHEQUE PAPER CONTAINS A CHAIN WATERMARK AND COLORED BACKGROUND — DO NOT ACCEPT WITHOUT EITHER — HOLD TO LIGHT TO VERIFY WATERMARK

중소기업은행
Industrial Bank of Korea

CHECK NO. 358682807
CLIENT NO. 45009

DATE ____

PAY TO THE ORDER OF ____ U.S. $ ____

DOLLARS ____

AUTHORIZED SIGNATURE

Payable At Citibank, N.A.
New Castle, DE
ABA 031100209

AUTHORIZED SIGNATURE　　DRAWER INDUSTRIAL BANK OF KOREA

Rate	Equivalent Loc. Currency	Commission	Revenue Stamps	Postage

Name of Purchaser	Maker	Checker	Officer

자기앞수표

지 급 지 서울
주 식 회 사 하나은행　　앞 가나77713531

₩ 100,000. (금일십만원정)

이 수표 금액을 소지인에게 지급하여 주십시오.
거절증서 작성을 면제함.

발 행 지 서울특별시
주 식 회 사 하나은행

이래의 알뒷면은 전산처리 부분이오니 글씨를 쓰거나 더럽히지 마십시오.

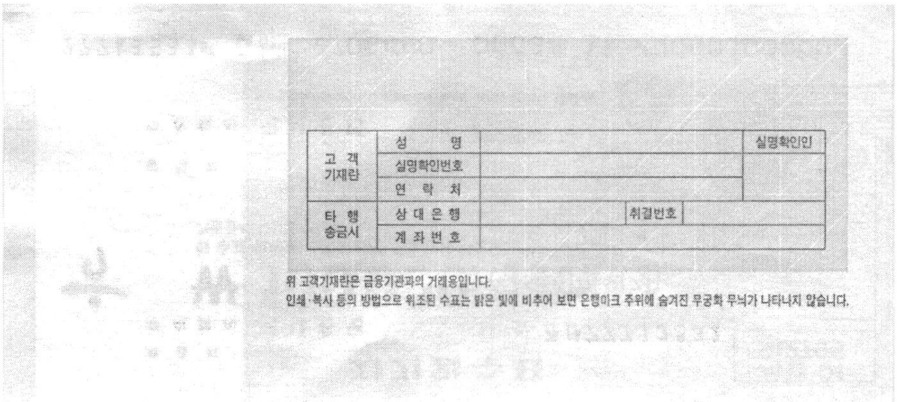

고 객 기재란	성 명			실명확인인
	실명확인번호			
	연 락 처			
타 행 송금시	상 대 은 행		취결번호	
	계 좌 번 호			

위 고객기재란은 금융기관과의 거래용입니다.
인쇄·복사 등의 방법으로 위조된 수표는 밝은 빛에 비추어 보면 은행마크 주위에 숨겨진 무궁화 무늬가 나타나지 않습니다.

CHAPTER 07 형법

제1절 형법의 기초

1. 형법이란 무엇인가?

(1) 개념

'형법'(刑法)은, 범죄와 그에 대한 법률효과인 형벌 또는 보안처분을 규정한 총체이다. '협의의 형법'은 형법이라는 명칭이 붙여진 형법전(刑法典)을 의미하며, 이를 형식적 의미의 형법이라고 한다. '광의의 형법'은 그 명칭과 형식을 불문하고, 범죄와 그에 관한 법적 효과로서 형벌과 보안처분을 규정한 모든 법규범을 의미한다. 이것을 실질적 의미의 형법이라고도 한다. 예를 들어 특별형법, 행정형법, 상사형법 등을 포함한다.

(2) 형법의 기능

국가에 의해 어떤 행위가 범죄이고 이에 대한 법적 효과로서 어떠한 형벌 또는 보안처분이 과해질 것인가를 규정한 법규범의 총체가 형법(실질적 의미의 형법)이다. 이러한 형법규범이 갖는 기능은 견해에 따라 다양하지만, 일반적으로 아래와 같이 '보호적 기능, 보장적 기능, 및 사회보호적 기능'을 갖는다고 보며, 여기에 규제적 기능을 추가하기도 한다.

1) 보호적 기능

형법의 보호적 기능은 보통 '법익의 보호'와 '사회윤리적 행위가치의 보호' 기능으로 구분된다. 법익(法益)이란 '법이 보호하고자 하는 이익'으로서 개인적 법익(생명, 재산, 명예 등), 사회적 법익(공공 안전, 공공 신용 등) 및 국가적 법익(국가의 존립, 권위 등)으로 나뉜다. 그리고 사회윤리적 행위가치란, 형법이 옳은 행위와 옳지 못한 행위(범죄)를 규정함으로써 사회공동체가 공유하는 가치의 기준을 제시하고 이에 따라 행동하도록 하여 사회의 가치를 보호하는 기능을 한다. 보호적 기능과 관련해서는 '보충성의 원칙'이라는 법원칙이 적용되는데, 보충성의 원칙은 형벌이란 국가 공권력을 통해서 가해지는 가장 강력한 물리력이므로, 잘못된 행위에 대해 다른 통제수단을 통한 통제가 불가능할 때에만 형벌이 보충적으로 사용되어야 한다는 원칙이다.

2) 보장적 기능

형법은 범죄와 이에 대한 형벌을 규정함으로써, 국가형벌권의 발동을 통제하여 국민의 자유와 권리를 보장하는 기능을 한다. 즉, 무엇이 범죄이고 이에 대해 어떤 형벌이 부과될 것인가를 명확하게 정한 형법이 없으면, 국가형벌권이 자의적으로 활용되어 국민에게 불이익이 있게 되는 것을 통제하는 기능이다. 이에 따라, 형법의 보장적 기능을 '마그나 카르타(Magna Carta)[1]적 기능'이라고도 한다.

3) 사회보호적 기능

형법은 범죄 행위에 대한 처벌(형벌)을 예고하여 범죄를 저지르지 않도록 억제하고, 사회 공동질서를 유지, 보호하는 기능을 한다. 이는 일반인들이 처벌받지 않기 위해 범죄를 저지르지 않도록 억제하는 '일반 예방적 기능'과 범죄자가 처벌을 받은 후에 다시 동일한 행위를 하지 않도록 하는 '특별 예방적 기능'으로 구분된다.

4) 규제적 기능

형법은 일반 국민들에 대해서는 행위 규범으로서, 국가 사법권력에 대해서는 재판 규범으로서의 기능을 한다. 형법의 가장 기본적인 기능으로서 위의 3가지 기능이 본 기능으로부터 파생되었다고 한다.

---

[1] 마그나 카르타(Magna Carta)는 우리말로 '대헌장(大憲章)'으로 해석되며, 1215년 영국에서 국왕의 자의적인 행동을 규제하기 위해 귀족들의 요구에 의해 제정된 일종의 서약서의 형태를 가지는 문서이다. 왕권의 자의적 발동을 억제하고, 법과 재판에 의해서만 자유민들의 자유, 생명, 재산을 침해할 수 있는 등의 내용을 담고 있어, 최초의 인권보장서로서의 의미를 갖는다.

(3) 한국의 형법

우리나라에서는 광무 9년(1905년)에 근대적 의미의 형법전인 형법대전이 시행되었다. 형법대전은 '대전회통(大典會通)'을 보완한 것으로서, 서구식 근대 형법전 편찬 방식을 대체로 따랐다. 1911년에는 일본형법인 '조선형사령'이 의용되었다가 해방 후에도 대한민국 정부 수립 이후 1953년까지 지속되었다.

1953년 9월 형법이 제정된 이후, 1975년, 1988년에 일부 개정이 있었으며 1995년에 이르러서는, 정치·경제·사회 등 모든 영역의 발전과 윤리의식의 변화로 발생한 법규범과 현실과의 괴리를 좁히고, 우리사회의 정보화의 추세에 따른 신종범죄에 대처하기 위해 컴퓨터 관련 범죄와 민생치안관련범죄(인질관련 범죄)가 신설되었다. 특히, 재물손괴죄 등에 전자기록 등 특수매체기록을 행위의 객체로 추가하는 등 현실의 반영이 있었다. 그밖에도, 강제집행으로 명도 또는 인도된 부동산에 침입하는 등의 경우, 가스, 전기, 방사선 등을 방류하여 생명 등에 위험을 발생시킨 경우, 자동판매기 등 편의시설 부정이용, 자동차 등을 불법 사용한 경우에 대하여 처벌조항을 신설하였다.

성범죄에 효과적으로 대처하기 위해서 '유사강간죄' 신설과 성범죄의 객체를 "부녀"에서 "사람"으로 확대하고, 성폭행 범죄에 있어서 '친고죄'와 '혼인빙자간음죄'를 폐지하였다(2012.12.18. 개정). 각종 착취 목적의 '인신매매죄'를 신설하고 그 처벌범위를 확대하였으며, 약취, 유인과 인신매매죄의 규정에 대한 '세계주의' 규정을 도입하였다(2013.4.5). 헌법재판소가 간통죄(제241조)를 위헌으로 결정함에 따라 폐지되었으며, 500만 원 이하의 벌금형에 대해서도 집행을 유예할 수 있도록 벌금형에 대한 집행유예 제도를 도입하였다(2016.1.6). 또한, 헌법재판소는 외국에서 형의 전부 또는 일부의 집행을 받은 자에 대하여, 우리 형법에 의한 처벌 시 반드시 반영되어야 한다고 선언하였다(2013헌바129, 2015.2.28. 선고). 이에 따라, 외국에서 집행된 형의 전부 또는 일부에 대하여, 선고하는 형에 산입한다고 개정하였다(제7조, 2016.12.20). 그리고, 서울 강서구 PC방 살인사건을 계기로 하여, 심신미약자에 대한 '필요적 감경규정'을 '임의적 감경규정'으로 하였다(제10조 제2항, 2018.12.18.).

최근의 주요 개정(2020.5.19. 개정) 내용으로는 텔레그램을 이용한 성착취 사건 등 사이버 성범죄로 인한 피해가 증가함에 따라, 미성년자 의제강간의 연령기준을 13세에서 16세로 상향하면서 피해자가 13세 이상 16세 미만인 경우에는 가해자가 19세 이상인 경우에만 처벌하도록 하였으며(제305조 제2항 신설), 강간, 유사강간 등의 죄를 범할 목적으로 예비, 음모한 사람에 대해 3년 이하의 징역에 처하는 규정을 신설(제305조의 3)하여, 성범죄로 인한 국민들의 피해발생을 예방하여 성적 자기결정권 등 기본권을 보호하고 범죄로부터 안전한 사회를 조성하려 하였다.

(4) 형사불법과 민사불법의 구별

많은 경우에 있어 사람들은 손해배상청구와 수사기관에 고소·신고하는 행위를 혼동한다. 민법 제750조는 "고의 또는 과실로 인한 위법행위로 타인에게 손해를 가한 자는 그 손해를 배상할 책임이 있다."고 하여 민사불법행위에 대한 규율을 하고 있다. 민사불법은 사인과 사인 간에서 발생한 부당한 피해를 가해자로 하여금 직접 배상하도록 한다. 그에 반하여 형사불법은 범죄행위를 저지른 개인과 이에 대한 형벌권을 가진 국가 사이의 관계로서 피해자에게 직접 영향을 미치는 것이 아니다.

민사불법과 형사불법은 다루는 내용과 범위 및 소송절차에서 차이가 있다. 따라서 형사소송의 결론과 민사소송의 결론이 다르게 날 수 있다는 점을 유의하여야 한다. 일반적으로 폭행, 상해, 절도, 사기 등의 범죄의 경우에는 형사불법과 민사불법이 동시에 발생하므로 두 방향 모두에 따른 절차를 진행할 수 있다. 이 경우 형사고소만 하게 되면 자신의 손해를 배상받지 못할 수도 있다. 반대로 민사소송만 제기하면 재판에서 승소해도 가해자가 처벌을 받지 않게 될 수 있다. 그러나 단순한 채무불이행처럼 민사불법에만 해당하고 형사불법에는 해당하지 않는 경우도 있다.

2. 죄형법정주의

(1) 의의

'죄형법정주의'(罪刑法定主義)란 "법률 없으면 범죄 없고 형벌도 없다"는 형법의 기본원리이다. 법치주의 원리가 형법의 세계에서는 죄형법정주의라는 이념으로 나타난다. 인류의 역사에서는 국가의 권력을 독점한 왕권 또는 신권 등이 존재하였으며, 이들은 절대권력을 통하여 자의적이고 부도덕하며 가혹한 형벌권의 남용이 이루어졌다. 이러한 경험은 국가권력으로부터 시민의 자유와 권리를 보장하기 위한 사상적·제도적 발전을 이루었고 죄형법정주의 역시 이와 같은 경로에서 발전하게 된 것이다.

죄형법정주의라는 표현을 풀어 해설하면 다음과 같다. 첫째, "법률 없이는 범죄 없다(nullum crimen sine lege)." 즉, 어떤 행위가 아무리 사회적으로 유해하고 '비난가능성'이 크더라도 그러한 행위가 범죄로써 사전에 법률에 공표되어 있어야 형사처벌을 할 수 있다. 둘째, "법률 없이는 형벌 없다(nulla poena sine lege)." 즉, 어떤 행위의 가벌성뿐만 아니라 형벌의 종류와 정도도 범죄행위 이전에 법률로 확정되어 있어야 한다.

우리 헌법도 "누구든지 법률에 의하지 아니하고는 체포·구속·압수·수색 또는 심문을 받지 아니하며, 법률과 적법한 절차에 의하지 아니하고는 처벌·보안처분 또는 강제노역을 받지 아니한다(헌법 제12조 1항)."고 하고 있으며, 형법도 "범죄의 성립과 처벌은 행위시의 법률에 의한다(형법 제1조 1항).".라고 하고 있다.

(2) 파생원칙

죄형법정주의는 국가형벌권행사의 기준을 설정하고, 형벌권의 남용으로부터 국민을 보호하는 기능을 한다. 이러한 죄형법정주의의 내용으로 ① 법률주의, ② 소급효금지의 원칙, ③ 명확성의 원칙, ④ 유추해석 금지의 원칙, ⑤ 적정성의 원칙이라는 다섯 가지 파생원리가 있다.

1) 법률주의

민주법치국가의 범죄와 형벌은 국민의 대표자들로 구성된 대의기관에서 적법한 절차를 거쳐 제정된 '성문법률'에 의하여 규율되어야 한다. 법률의 하위규범을 통한 위임입법 또는 관습법에 의하여 새로이 구성요건을 창설하거나 형벌과 보안 처분을 가중하는 것은 허용되지 않는다. 다만 행위자에게 유리한 관습법을 적용하는 것은 가능하다. 예를 들어, 관습법에 의한 성문형법규정의 폐지, 구성요건의 축소, 위법성조각사유, 책임조각사유, 인적처벌조각사유, 객관적 처벌조건의 인정 등을 들 수 있다. 관습법은 간접적으로 성문형법규정의 해석에 영향을 미칠 수 있고(형법 제20조 사회상규 등), 간접적 법원성이 있다고 할 것이다.

2) 소급효금지의 원칙

범죄와 형벌은 범죄행위를 할 당시의 법률에 의하여 결정되어야 한다는 원칙이다. 헌법 제13조 제1항과 형법 제1조 제1항은 소급효금지의 원칙을 명시하고 있다. 만일 행위를 할 당시에는 법률의 규정에 처벌규정이 없었는데, 그 후에 그 행위를 처벌하도록 법을 개정하거나 제정한다면 일반 국민은 법을 신뢰할 수 없고 행동의 자유를 제한받게 된다. 그러나 범죄자에게 유리하게 변경된 경우에는 그 변경된 법을 적용할 수 있다.

3) 명확성의 원칙

'명확성의 원칙'은 형법이 범죄의 구성요건과 형사제재에 관한 규정을 법관의 자의적 해석이 허용되지 않도록 구체적이고 명확하게 규정하여야 한다는 원칙이다. 구성요건을 기술함에 있어서 완전한 명확성이란 불가능하며 일정 부분 일반적이고 추상적인 표현의 사용은 필요하다. 형사제재에 있어서도 구체적 타당성을 위하여 형벌의 상한과 하한이라는 범위를 설정하는 방식을 사용할 수밖에 없다. 따라서 명확성의 원칙에 있어서는 명확한 정도를 합리적으로 판단하고 설정하는 것이 중요하다.

4) 유추해석 금지의 원칙

법률에 명문규정이 없는 사항에 대해서, 그것과 유사한 사항에 관한 법률을 적용하는 것을 금한다는 원칙이다. 법 규정의 문언이 완전한 명확성을 갖기는 어렵기 때문에 일정 부분 해석이 필요하지만, 허용되지 않는 해석의 한계를 두는 것으로서 해석을 넘어서는 법의 창조를 막기 위한 것이다. 죄형법정주의는 국가형벌권의 자의적인 행사로부터 개인의 자유와 권리를 보호하기 위하여 범죄와 형벌을 법률로 정할 것을 요구하며, 이러한 취지에 비추어 보면 형벌 법규의 해석은 엄격하여야 하고, 형벌법규의 명문의 의미를 피고인에게 불리한 방향으로 지나치게 확장해석하거나 유추해석 하는 것은 허용되지 아니하며(대법원 2011. 8. 25. 선고 2011도7725 판결), 다만 국가형벌권으로부터 개인의 자유를 보호하려는 취지의 원칙이므로 피고인에게 유리한 유추해석은 허용된다.

판례

일반인의 관점에서 통용할 것이라고 오인할 가능성이 있는 외국의 지폐가 형법 제207조 제3항에서 규정한 '외국에서 통용하는 외국의 지폐'에 해당하는지 여부(소극)
(대법원 2004.5.14., 선고, 2003도3487, 판결)

형법 제207조(통화의 위조 등) "행사할 목적으로 외국에서 통용하는 외국의 화폐, 지폐 또는 은행권을 위조 또는 변조한 자는 10년 이하의 징역에 처한다."(동 제3항)고 규정하고 있는바, 여기에서 외국에서 통용한다고 함은 그 외국에서 강제통용력을 가지는 것을 의미하는 것이므로 외국에서 통용하지 아니하는 즉, 강제통용력을 가지지 아니하는 지폐는 그것이 비록 일반인의 관점에서 통용할 것이라고 오인할 가능성이 있다고 하더라도 위 형법 제207조 제3항에서 정한 외국에서 통용하는 외국의 지폐에 해당한다고 할 수 없고, 만일 그와 달리 위 형법 제207조 제3항의 외국에서 통용하는 지폐에 일반인의 관점에서 통용할 것이라고 오인할 가능성이 있는 지폐까지 포함시키면 이는 위 처벌조항을 문언상의 가능한 의미의 범위를 넘어서까지 유추해석 내지 확장해석하여 적용하는 것이 되어 죄형법정주의의 원칙에 어긋나는 것으로 허용되지 않는다.

미국에서 발행된 적이 없이 단지 여러 종류의 관광용 기념상품으로 제조, 판매되고 있는 미합중국 100만 달러 지폐와 과거에 발행되어 은행 사이에서 유통되다가 현재는 발행되지 않고 있으나 화폐수집가나 재벌들이 이를 보유하여 오고 있는 미합중국 10만 달러 지폐가 막연히 일반인의 관점에서 미합중국에서 강제통용력을 가졌다고 오인할 수 있다는 이유로 형법 제207조 제3항의 외국에서 통용하는 지폐에 포함된다고 판단한 원심판결을 파기하였다.

[질문 1]

A는 미성년자인 B에게 '미성년자보호법'상 '음란성' 또는 '잔인성'을 조장할 우려가 있거나 기타 미성년자로 하여금 충동을 일으킬 수 있게 하는 불량만화의 반포행위'가 금지되어 있는데도 불구하고 이러한 내용이 담긴 만화를 판매하였다.

A는 미성년자보호법 위반으로 기소되었고 A는 '음란'이라든지 '잔인'이란 표현은 모호하여 '명확성의 원칙'에 반한다고 주장한다. A의 주장은 타당한가?

[해설]

　　헌법재판소는, '음란성'은 법관의 보충적인 해석을 통하여 그 규범내용이 확정될 수 있는 개념이라고 할 수 있으나, 한편 '잔인성'에 대하여는 아직 판례상 개념규정이 확립되지 않은 상태이고 그 사전적 의미는 "인정이 없고 모짐"이라고 할 수 있는 바, 이에 의하면, 미성년자의 감정이나 의지, 행동 등 그 정신생활의 모든 영역을 망라하는 것이다. 즉, 살인이나 폭력 등 범죄행위를 이루는 것에서부터 윤리적·종교적·사상적 배경에 따라 도덕적인 판단을 달리할 수 있는 영역에 이르기까지 천차만별이어서 법집행자의 자의적인 판단을 허용할 여지가 높다.

　　여기에 '조장' 및 '우려'까지 덧붙여지면 사회통념상 정당한 것으로 볼 여지가 많은 것까지 처벌의 대상으로 할 수 있게 된다. 이와 같은 경우를 모두 처벌하게 되면 그 처벌범위가 너무 광범위해지고, 일정한 경우에만 처벌하게 된다면 어느 경우가 그에 해당하는지 명확하게 알 수 없다(헌재 2002.2.28. 99헌가8).

　　따라서, '잔인성'이란 표현에 대해서는 A의 주장이 타당하다.

[질문 2]

　　C는 외국 공항에서 대한민국으로 출발하는 대한민국 국적 여객기 1등석에 탑승하였다. 이륙하기 전 담당 승무원의 서비스에 불만이 생긴 C는 승무원과 사무장에게 폭언과 폭행을 하면서 이들을 비행기에서 내리게 하라고 행패를 부렸다. 기체는 이미 계류장의 탑승교에서 분리되어 활주로 방향으로 이동 중이었으나 C의 위협과 난동에 의하여 기장은 다시 탑승구 쪽으로 항공기를 돌아가게 하였다. 이 사건에 대하여 검사는 C를 항공보안법상의 항로변경죄로 기소하였다. 과연 C의 행위를 항로변경죄라고 판단하는 것은 유추해석 금지의 원칙 위반일까?

[해설]

　　땅콩회항 사건으로 유명한 이 사건에서 대법원은 다음과 같이 판단하였다.

　　"항로가 공중의 개념을 내포한 말이고, 입법자가 그 말뜻을 사전적 정의보다 넓은 의미로 사용하였다고 볼 자료가 없다. 지상의 항공기가 이동할 때 '운항 중'이 된다는 이유만으로 그때 다니는 지상의 길까지 '항로'로 해석하는 것은 문언의 가능한 의미를 벗어난다."(대법원 2017.12.21. 선고 2015도8335 전원합의체 판결)

　　대법관들 사이에서도 견해의 차이는 존재했다. 박보영, 조희대, 박상옥 대법관은 "'항로'도 지상과 공중을 불문하고 '운항 중인 항공기가 다니는 길'을 모두 포함하는 것으로 넓게 새겨도 가능한 의미의 범위를 벗어나지 아니한다."는 반대의견을 개진한 바 있다.

3. 형법의 적용범위

(1) 시간적 적용범위

형법의 시간적 적용범위에 있어서, 행위시와 재판시 사이에 법률의 변경이 있는 경우에 신법인 재판시법을 적용하는지 아니면 구법인 행위시법을 적용하는 지에 대하여 문제가 될 수 있다. 우리나라의 형법은 범죄의 성립과 처벌은 행위시의 법률에 의한다(제1조 제1항)고 규정하여, '행위시법주의'를 원칙으로 하고 있다. 그 행위시점에 관하여는 행위 종료시로 보고 있다. 다만, 범죄 후 법률의 변경에 의하여 그 행위가 범죄를 구성하지 아니하거나, 형이 구법보다 경한 때에는 신법에 의한다(제1조 제2항). 즉, 행위자에게 유리한 신법을 적용한다. 그 행위가 범죄를 구성하지 아니하는 경우란, 형법각칙이나 특별형법의 범죄구성요건이 폐지된 경우뿐만 아니라, 위법성조각사유 등 형법총칙이 변경됨으로 말미암아 가벌성이 폐지된 경우도 포함한다.

형이 구법보다 '경한 때'라고 함은 경한 형으로 법률이 변경된 경우를 말한다. 그러므로, 신법의 형이 구법의 형보다 경한 경우 신법을 적용하고, '중한 형'으로 법률이 변경되거나 형의 경중의 차이가 없는 경우에는 행위시법의 원칙상 구법인 '행위시법'을 적용한다. 그리고, 재판 확정 후, 법률의 변경에 의하여 그 행위가 범죄를 구성하지 아니하는 때에는 형의 집행을 면제한다(형법 제1조 제3항).

[질문]

A가 B를 상해하였을 때에 상해죄의 형량이 7년 이하의 징역으로 규정되어 있었고, 기소되었을 때에는 5년 이하의 징역으로 변경되었으며 판결 당시에는 3년 이하의 징역으로 다시 변경되었다. A에게는 어느 시점의 법정형을 적용하여야 하는가?

[해설]

형벌불소급의 원칙에 의하면, A가 상해죄를 범하던 당시의 법을 적용하여 7년 이하의 징역에 처하는 것이 원칙이다. 그러나 법정형이 범죄자에게 유리하게 변경된 경우에는 범죄자에게 가장 유리한 법을 적용할 수 있다. 따라서 A에게 가장 유리한 3년 이하의 징역형을 선고하여야 한다.

(2) 장소적 적용범위

우리나라 형법은 대한민국영역 내에서 죄를 범한 모든 사람에게 적용된다(제2조). 이를 '속지주의 원칙'이라고 한다. 주권이 미치는 국가영역 내에서의 행위는 국적을 불문한다. 속지주의의 원칙은 대한민국 영역 외에 존재하는 대한민국 국적의 선박 또는 항공기에까지 확장된다(제4조). 이를 기국주의라고 한다.

대한민국 국민은 대한민국 영역 밖에서 행하는 행위에 대해서도 대한민국 형법을 적용받는다(제3조). 이를 속인주의라 한다. 대한민국 또는 대한민국 국민이 외국에서 외국인의 범죄로 인한 침해를 당한 경우에도 대한민국 형법이 적용될 수 있다(제5조·제6조). 이를 보호주의라고 표현한다. 대한민국 국민이 피해자가 되어 대한민국 형법이 적용되는 것을 수동적 속인주의라고도 한다. 단 외국인의 행위가 행위지의 법률에서는 범죄로 규정하지 않은 경우에는 예외로 한다.

외국인이 대한민국 밖에서 다른 외국인에게 범죄를 저지른 경우라도 인류 공통의 반인도적 범죄에 대해서는 대한민국 형법을 적용시키는 세계주의가 있다. 집단학살, 인신매매, 전쟁범죄, 테러, 선박·항공기납치 등의 범죄에 해당한다. 형법은 미성년자의 약취, 유인(제287조), 인신매매(제289조) 등에 대해 세계주의를 인정한다. 또한 국제형사재판소 관할 범죄의 처벌 등에 관한 법률 제3조 제5항에서는 집단살해죄, 인도에 반한 죄, 전쟁범죄에 있어 세계주의를 명시하고 있다.

우리 형법이 적용되면서 동시에 외국의 형법이 적용될 수 있기도 하다. 또한 형법이 적용되는 행위라고 해도 범죄자가 외국 영역 내에 있는 경우에는 우리 수사기관이 직접 체포할 수 없다. 현지의 수사기관으로부터 범죄인인도를 받거나 자진하여 대한민국에 입국하였을 때 우리 수사기관이 체포할 수 있을 뿐이다.

[질문]
A국을 여행하기 위하여 A국 항공기에 탑승한 A·B·C·D·E국 국민들이 F국 국적의 테러리스트 T에 의한 항공기납치를 당한 상태에서 김포공항에 잠시 착륙하였다. T에게는 어느 나라의 법이 적용될 수 있을까?

[해설]
A국은 속지주의(기국주의)에 의하여 T를 처벌할 수 있다.

> F국은 속인주의에 의하여 T를 처벌할 수 있다.
> B·C·D·E국은 보호주의(또는 수동적 속인주의)에 의하여 T를 처벌할 수 있다.
> 항공보안법 제3조, "항공기내에서 범한 범죄 및 기타 행위에 관한 협약", "항공기의 불법납치억제를 위한 협약" 등에 의하여 세계주의가 인정되는 범죄이므로 대한민국도 T를 처벌할 수 있다.
> 다만 현재 T가 대한민국 영역 내에 있으므로 대한민국 수사기관이 T를 체포한 후 기소하여 처벌하는 것은 가능하나 A·B·C·D·E·F국은 대한민국에 범죄인인도를 요청하여야 실제 형벌을 부과할 수 있다.

(3) 외국에서 받은 형집행의 효력

죄를 지어 외국에서 형의 전부 또는 일부가 집행된 사람에 대해서는 그 집행된 형의 전부 또는 일부를 선고하는 형에 산입한다(형법 제7조).

4. 범죄론의 기초

(1) 의의

'범죄'가 성립하기 위해서는 '구성요건해당성'과 '위법성', '책임'이 있어야 한다. 이것을 '범죄의 성립요건'이라고 한다. 이러한 3단계의 성립요건이 모두 충족된 경우에 유죄가, 3단계 중 어느 하나라도 존재하지 않는 경우에 무죄가 된다. 3단계의 범죄체계는 형법 해석의 일관성과 형평성을 보장함으로써 자의적인 형벌권의 남용을 방지한다. 형법 적용의 일관성은 정의롭고 예측 가능한 형벌권 행사를 가능하게 한다. 이는 법치주의의 확립과 사회 구성원들의 법에 대한 신뢰를 향상시키는 데 기여한다는 중요한 기능으로 연결된다.

(2) 구성요건(構成要件)

'구성요건'이란 형법상 금지 또는 요구되는 행위가 무엇인가를 추상적, 일반적으로 기술해 놓은 것으로, 형벌법규에 규정된 '개개의 범죄유형'이다. 구성요건은 구체적으로 명시되지 아니하고, 추상적인 개념으로 표시된다. '구성요건 해당성'은 구체적 행위가 법률에 규정된 '구성요건의 일부 또는 전부를 실현'하는 것을 말한다. '구성요건을 충족'한다는 것은 구성요건의 '객관적인 요소'와 '주관적인 요소'를 모두 갖춘 경우이다.

1) 객관적 구성요건

객관적 구성요건으로는 행위주체, 행위객체, 행위, 결과, 인과관계 등이 있다. 행위주체는 일정한 신분범의 형태로 규정된 경우에 의미가 있다. 뇌물죄에 있어서 '공무원 또는 중재인'의 예를 들 수 있다. 일반적인 경우 행위주체는 모든 사람이라고 볼 수 있다.

형법에서 행위는 금지된 행위를 하는 것을 의미하는 '작위'와 요구된 행위를 하지 않는 '부작위' 두 가지 형태로 존재한다. 대부분의 범죄는 작위범의 형태로 범하게 되고 퇴거불응죄(제319조)와 같은 예외적인 형태의 부작위범 규정이 있다. 그러나 부작위의 방법으로 작위범과 같은 불법이 인정되는 경우가 있다. 형법 제18조는 "위험의 발생을 방지할 의무가 있거나 자기의 행위로 인하여 위험발생의 원인을 야기한 자가 그 위험발생을 방지하지 아니한 때에는 그 발생된 결과에 의하여 처벌한다."고 규정하여 부작위에 의한 범죄성립의 가능성을 예정하고 있다.

대부분의 범죄는 사람의 사망·상해 등과 같은 결과의 발생을 필요로 한다. 이러한 범죄 유형의 경우에는 행위와 결과 사이의 인과관계가 존재해야 완전한 범죄가 성립한다. 만일 행위도 결과도 존재하지만 인과관계가 부정될 경우에는 미수죄에 그칠 뿐이다. 반대로 폭행죄와 같이 결과의 발생이 없이도 완전히 범죄가 성립하는 경우도 있다.

2) 주관적 구성요건

① 고의

형법 제13조는 "죄의 성립요소인 사실을 인식하지 못한 행위는 벌하지 아니한다. 단, 법률에 특별한 규정이 있는 경우에는 예외로 한다."고 정한다. 이는 사실의 인식이 없으면 고의가 없다는 최소한의 요건을 규정한 것이다. '벌하지 아니한다.'는 의미는 불벌의 의미가 아니라 인식한 사실에 대한 고의범으로 처벌되지 않는다는 것이며, 과실이 인정되고, 과실범 처벌규정이 존재할 경우에는 과실범으로 처벌될 수 있다.

고의의 요소는 객관적 구성요건요소에 대한 지적 요소로서의 '인식'과 의지적 요소로서의 '의사(의욕 내지 인용)' 두 가지이다. 두 가지 모두 명확한 고의를 '확정적 고의'라고 한다. 이에 비하여 의지적 요소가 약한 경우를 '미필적 고의'라고 한다. 즉 구성요건적 결과 발생을 의도하지는 않더라도 용인 또는 감수하는 내심의 의사는 필요하다.

② 과실
'과실'(過失)이란 사회생활상 요구되는 주의의무를 위반 또는 태만하게 함으로써, 구성요건적 결과의 발생을 예견하지 못하거나 회피하지 못한 경우를 말한다. 형법 제14조는 '정상의 주의를 태만'함으로 인하여 죄의 성립요소인 사실을 인식하지 못한 행위는 법률에 특별한 규정이 있는 경우에 한하여 처벌한다고 규정하고 있다. 고의범 처벌의 원칙상 과실범의 처벌을 위해서는 특별한 규정을 필요로 한다. 과실치사상, 업무상과실장물죄, 실화죄, 과실일수죄, 과실교통방해죄 등 예외적인 경우에만 과실범 처벌규정이 존재한다.

③ 결과적 가중범
고의로 기본범죄를 실행하였으나 그 범죄에 내재된 위험성으로 인하여 의도치 않은 중한 결과가 발생하는 경우가 있다. 예컨대 사람을 살해할 고의는 없이 공격하였으나 피해자가 사망에 이르게 된 경우 상해죄와 과실치사죄의 2개의 범죄로 처벌하는 것이 아니라 상해치사죄라는 결과적 가중범을 통해 보다 무겁게 처벌한다. ~치사죄 또는 ~치상죄의 죄명으로 규정된 경우가 대부분이다.

④ 개괄적 고의(dolus generalis)
행위자가 예상한 인과과정과 다른 경과를 통하여 범죄의 목적을 달성한 경우가 있다. 사람을 살해할 고의로 공격한 후 범죄의 증거와 흔적을 인멸할 목적으로 암매장하였는데, 사실은 정신을 잃은 상태에서 암매장을 당하여 질식사한 경우를 생각해볼 수 있다. 이러한 경우 행위의 전 과정을 개괄적으로 보아 최초의 고의를 확장시켜 살인죄로 처벌하는데 이 때 확장시켜 인정하는 고의를 개괄적 고의라고 한다.
개괄적 고의 이론에 대하여 두 과정을 분리하여 최초 행위에 대해서는 미수책임을, 결과에 대해서는 과실책임을 인정하는 것이 논리적이라는 비판도 있다.

(3) 위법성론(違法性論)

1) 의의
"구성요건에 해당하는 행위가 법질서 전체의 입장과 객관적으로 모순, 충돌하는 성질을 말한다." 즉, 위법성은 금지 혹은 요구를 내용으로 하는 구성요건인 법규범과의 충돌을 의미하며, 어느 행위가 구성요건에 해당하면 동시에 위법성이 추정된다. 또, 위법성은 '의무규범의 위반'을 의미하고, 구성요건에 해당하는 행위의 구체적 위법과 적법여부를 위법성 조각사유의 존부확인을 통해 평가하는 '소극적 단계'라고 말할 수 있다.

2) 위법성조각사유

구성요건에 해당하는 어떠한 행위가 위법하지 않으려면, 정당화사유가 존재하여야 한다. 이것이 위법성조각사유(違法性阻却事由)이다. 형법에 규정된 위법성조각사유에는 정당행위(제20조), 정당방위(제21조), 긴급피난(제22조), 자구행위(제23조), 피해자의 승낙(제24조), 그리고 명예훼손죄의 사실의 증명(제310조)이 있다. 그밖에 인공임신중절(모자보건법 제8조), 현행범인의 체포(형사소송법 제212조) 등도 있다.

① 정당행위

'정당행위'(正當行爲)란 법령에 의한 행위 또는 업무로 인한 행위 기타 사회상규에 위배되지 아니하는 행위로서, 벌하지 아니한다(형법 제20조). 법령에 의한 행위로는 모자보건법상의 임신중절행위, 형사소송법상의 체포나 구속이 있다. 여기서, '업무'란 사회생활 관계에서 계속적이고 반복적인 의사로 행하는 사무를 말한다.

㉮ 법령에 의한 행위

공무원의 직무집행행위(사형집행, 구속·압수·수색, 민사소송법에 의한 강제집행), 징계행위, 사인의 현행범 체포, 노동쟁의행위 등이다.

㉯ 업무로 인한 행위

의사의 치료행위, 안락사, 변호사·성직자의 직무수행행위, 변호사의 명예훼손적 변론 등이다.

의사의 치료행위는 '주관적으로 치료의 목적'을 가지고 '객관적으로 의술의 법칙'에 따라 행하는 '신체침해행위'를 말한다. 또한, 치료행위로서 행하여진 이상, 의사의 면허유무는 위법성조각과는 무관하다. 따라서, 무면허의사의 치료행위도 정당행위가 될 수 있다.

㉰ 사회상규(社會常規)

어떤 구성요건적 행위가 개별적 위법성조각사유의 하나에 속하지 않더라도 사회상규에 위배되지 않을 때에는 위법성이 조각된다.

사회상규에 위배되지 아니하는 행위(형법 제20조)라 함은 법질서 전체의 정신이나, 그 배후에 놓여 있는 사회윤리 내지 사회통념에 비추어 용인될 수 있는 행위를 말하고, 이와 같은 정당행위를 인정하려면 첫째, 그 행위의 동기나 목적의 '정당성', 둘째, 행위의 수단이나 방법의 '상당성', 셋째 보호이익과 침해이익과의 '법익 균형성', 넷째, '긴급성', 다섯째, 그 행위 외에 다른 수단이나 방법이 없다는 '보충성' 등의 요건을 갖추어야 한다.

② 정당방위

㉮ 자기 또는 타인의 법익에 대한 '현재의 부당한 침해를 방위'하기 위한 행위는 '상당한 이유'가 있는 때에는 벌하지 아니한다(제21조 제1항).

정당방위(正當防衛, self-defense)는 일종의 긴급행위로써, 부정(不正) vs 정(正)의 관계인 셈이다. 싸움이나 보복 경우에는 정당방위가 인정되지 않는다. 이는 본질적으로 방위행위가 아니라 공격에 의한 침해행위의 성격이 짙기 때문이다.

㉯ 방위행위가 그 정도를 초과한 때에는 정황에 의하여 그 형을 감경 또는 면제할 수 있다. 이 경우, 그 행위가 야간 기타 불안스러운 상태 하에서 공포, 경악, 흥분 또는 당황으로 인한 때에는 벌하지 아니한다.

부녀자가 강제추행범의 혀를 깨문 행위

A와 B가 공동으로, 인적이 드문 심야에 혼자 귀가중인 C녀에게 뒤에서 느닷없이 달려들어 양팔을 붙잡고, 어두운 골목길로 끌고 들어가 담벽에 쓰러뜨렸다. A는 반항하는 C녀의 옆구리를 무릎으로 차고 억지로 키스를 함으로 C녀가 정조와 신체를 지키려는 일념에서 엉겁결에 A의 혀를 깨물어 '설절단상'을 입혔다. C녀의 범행은 자기의 신체에 대한 현재의 부당한 침해에서 벗어나려고 한 행위이다. 따라서, 그 행위에 이르게 된 경위와 그 목적 및 수단, 행위자의 의사 등 제반사정에 비추어 위법성이 결여된 정당방위 행위라 할 수 있다.

반면에, 정당방위의 성립을 부정한 경우도 있다. 예를 들어 이혼소송중인 남편이 찾아와 가위로 폭행하고 변태적 성행위를 강요하는 데에 격분하여, 처가 칼로 남편의 복부를 찔러 사망에 이르게 한 경우, 그 행위는 방위행위로서의 한도를 넘어선 것으로 사회통념상 용인될 수 없기 때문에 정당방위나 과잉방위에 해당하지 않는다고 보았다(대법원 2001.5.15. 선고 2001도1089 판결).

[질문1]

경찰관의 '불심검문'으로, A는 경찰관 B에게 운전면허증을 교부하였지만, 경찰관에게 큰 소리로 욕설을 하였다. 이때, 인근 주민도 이 욕설을 직접 들었다. 그런데 경찰관 B는 문득, A를 모욕죄의 현행범으로 체포하겠다고 고지하면서, A의 오른쪽 어깨를 붙잡았다. A는 체포를 면하려고, 반항하는 과정에서, 경찰관 B에게 상해를 가했다. 이때, A에게 상해죄 내지 공무집행방해죄의 책임을 물을 수 있는가?(판례에 따름)

[해설]

A는 경찰관의 '불심검문'에 응하여 이미 운전면허증을 교부한 상태이고, 경찰관뿐 아니라 인근 주민도 욕설을 직접 들었다. A가 도망하거나 증거를 인멸할 염려가 있다고 보기는 어렵고, 피고인의 모욕 범행은 불심검문에 항의하는 과정에서 저지른 일시적, 우발적인 행위로서 사안 자체가 경미하다.

또, 피해자인 B가 이 범행현장에서 즉시 범인을 체포할 급박한 사정이 있다고 보기도 어렵고, 경찰관이 피고인을 체포한 행위는 '적법한 공무집행'이라고 볼 수 없다. 이에, 피고인이 체포를 면하려고 반항하는 과정에서 상해를 가한 것은 '불법체포'로 인한 신체에 대한 현재의 부당한 침해에서 벗어나기 위한 행위로서, '정당방위'에 해당한다(대법원 2011.5.26. 선고 2011도3682 판결).

[질문2]

친구들과 술을 마시고 새벽 3시경 귀가하게 된 A는 거실에서 서랍장을 뒤지며 절취품을 물색하던 절도범인 B를 발견하고는 주먹으로 B의 얼굴을 수 회 때려 넘어뜨리고, B가 넘어진 상태에서도 도망하려 하자 뒤통수를 수 회 차고, 뒤이어 위험한 물건인 빨래 건조대를 집어들고 B의 등 부분을 수 회 때린 뒤, A의 허리에 차고 있던 벨트를 풀어 B의 등 부분을 수 회 때려 외상성 경막하 출혈 등의 상해를 가하였다. A의 행위는 정당방위인가?(판례에 따름)

[해설]

A의 행위가 처음에는 현재의 부당한 법익침해에 대한 반격이었을지라도, 나중에는 법익을 방위할 의사를 완전히 대체할 정도로 공격의사가 압도적이었을 뿐만 아니라 사회통념상 상당성을 갖추었다고 볼 수도 없어, 정당방위가 성립하지 않는다(대법원 2016.5.12. 선고 2016도2794 판결).

이 사건에 대하여 국회, 학계, 언론 및 여론에 의한 많은 비판이 존재하였다. 정당한

> 비판을 넘어서 판결을 조롱하는 비난까지 존재하였다. 그러나 A의 폭행이 방위의사가 아닌 공격의사에 의한 행위였다는 점을 반박할 만한 근거가 없다. 상대보다 압도적인 전력으로 상대를 제압한 이후에 수 분간 고문에 가까운 가혹한 폭행을 지속한 행위를 정상적이고 당연한 방어의 범위에 해당한다고 보는 것이 오히려 비정상적 사고이다.

③ 긴급피난

자기 또는 타인의 법익에 대한 '현재의 위난'을 피하기 위하여 '상당한 이유'가 있는 때에는 '긴급피난'(緊急避難)이라고 하여 벌하지 아니한다. 다만 위난을 피하지 못할 책임이 있는 자에 대하여는 전항의 규정을 적용하지 아니한다(형법 제22조). 여기서, 자기 또는 타인의 법익은 모든 개인적 법익이 해당되나, 국가적 법익이나 사회적 법익을 위해 긴급피난이 가능한가에 관해서는 견해의 대립이 있다.

'상당한 이유'에 대하여, 피난행위는 사회상규에 비추어 보아 당연하다고 인정되어야 한다. 그러나 긴급피난의 경우는 정(正) vs 정(正)의 관계이므로, 정당방위보다 더 엄격한 요건이 요구된다. 그 '피난행위'는 위난에 처한 법익보호의 '유일한 수단'이 되어야 하며(보충성의 원칙), 피난행위로 인하여 침해되는 이익보다 본질적으로 우월한 것이어야 한다(균형성의 원칙). 뿐만 아니라, 피난행위 자체가 사회윤리나 법정신에 비추어 보아 적합한 수단이어야 한다(적합성의 원칙).

또, 긴급피난에 있어서 특칙이라는 것이 있다. 군인, 소방관, 경찰, 의사처럼 위난을 피하지 못할 책임이 있는 자의 경우는 원칙적으로 긴급피난이 허용되지 않는다. 단, 이들에게 언제나 희생의무만 따르는 것은 아니기 때문에, 타인을 위한 경우와 '감수범위'를 넘는 위난의 경우에는 피난이 가능하다고 보아야 할 것이다.

[질문]

A가 강간범행의 와중에서 B가 A의 손가락을 깨물며 반항하자, 물린 손가락을 비틀며 잡아 뽑다가 B에게 치아결손의 상해를 입힌 경우 긴급피난행위라 할 수 있는가?

[해설]

A가 스스로 야기한 강간 범행의 과정에서, B가 A의 손가락을 깨물며 반항하자, 물린 손가락을 비틀며 잡아 뽑다가 B에게 치아결손의 상해를 입힌 경우, 법에 의하여 용

인되는 피난행위라 할 수 없다. 이 사안은 자초위난의 경우라고 볼 수 있는데, 처음부터 긴급피난을 하기 위하여 자초한 경우나, 고의로 위난을 자초한 경우에는 피난행위의 상당성이 없으므로 긴급피난이 성립될 수 없다.

④ 자구행위

'법정절차'에 의하여 '청구권을 보전'하기 불능한 경우에 그 '청구권의 실행불능' 또는 '현저한 실행곤란'을 피하기 위한 행위는 '상당한 이유'가 있는 때에는 벌하지 아니한다(형법 제23조). '자구행위'에 의하여 보호되는 '청구권은 보전'할 수 있는 권리임을 요한다. 그러므로 '원상회복이 불가능한 권리'는 여기의 청구권에 포함되지 아니한다. 따라서, 한번 침해되면 원상회복이 어려운 '생명', '신체', '자유', '정조', '명예' 등의 권리는 여기의 청구권에 포함될 수 없다.

'자구행위'(自救行爲)는 권리자가 권리에 대한 불법한 침해를 받고, 국가기관의 법정절차에 의하여서는 권리보전이 불가능한 경우에 자력에 의하여 그 권리를 구제·보전하는 행위이다. 예를 들어 빚을 갚지 아니하고, 해외로 도망가는 자를 체포하는 경우, 또는 절취당한 물건을 소지하고 있는 범인을 길에서 우연히 발견하고 장물을 탈환하는 경우 등이다. 이처럼 자구행위는 부정(不正) vs 정(正)의 관계가 성립한다.

[질문]

A는 가구점을 하는 B에 대한 물품대금 채권을 다른 채권자들보다 우선적으로 확보할 목적으로 B가 부도를 낸 다음날 새벽에 피해자의 승낙을 받지 아니한 채 피해자의 가구점의 시정장치를 쇠톱으로 절단하고 그곳에 침입하여 시가 1천 6백만 원 어치에 해당하는 B의 가구들을 화물차에 싣고 다른 장소에 옮겨 놓았다. A의 죄책은?

[해설]

'자구행위'라는 것은 '청구권의 보전수단'이고, 실현내지 충족수단은 아니다. 이 사례에서, 다른 채권자들이 채권확보를 위하여 B의 물건들을 취거해 갈 수도 있다는 사정만으로, 피고인들이 법정절차에 의하여 자신들의 피해자에 대한 청구권을 보전하는 것이 불가능한 경우에 해당한다고 볼 수 없다.

그러므로 A는 불법영득의사가 있었다고 볼 수밖에 없으며, '특수절도죄'가 성립한다고 판단하였다(대법원 2006.3.24. 선고 2005도8081).

⑤ 피해자의 승낙

㉮ 처분할 수 있는 자의 승낙에 의하여 그 법익을 훼손한 행위는 법률에 특별한 규정이 없는 한 벌하지 아니한다(형법 제24조). 즉, 법익의 주체가 다른 사람에게 자기의 법익을 침해할 것을 허용한 경우, 일정한 요건 하에서 구성요건해당적 행위의 '위법성'만을 조각시키는 것을 말한다.

'피해자의 승낙'에 의하여 처분할 수 있는 법익은 개인적 법익에 한한다. 그러나 개인적 법익이라고 모두 처분할 수 있는 법익은 아니다. '촉탁·승낙살인죄'(제252조)에서처럼 생명은 개인적 법익이지만, '본질적 가치'이며 '비대체적인 절대성'을 가지고 있으므로 승낙의 대상이 되지 아니하며, '감경적 구성요건'에 해당하는 범죄가 성립된다.

이 피해자의 승낙은 그 개인적 법익의 처분 승낙이 윤리적, 도덕적으로 사회상규에 반하는 것이 아니어야 한다. 폭행에 의하여 사람을 사망에 이르게 하는 따위의 일에 있어서 '피해자의 승낙'은 윤리적, 도덕적으로 허용될 수 없는 즉, 사회상규에 반하는 것이라고 할 것이므로 피해자의 승낙에 의하여 위법성이 조각되지 않는다.

㉯ 그밖에 피해자의 '추정적 승낙'이라는 것이 있다. 피해자가 현실적인 승낙은 하지 않았지만, 행위당시의 객관적 사정에 비추어보아 피해자 내지 승낙권자가 그 사태를 인식을 하였다면, 당연히 승낙할 것으로 기대되는 것을 말한다. 예를 들어, 이웃집 집주인이 집을 비운 사이에 화재가 난 경우, 이를 소화하기 위하여 대문을 파괴하고 침입한 경우 등이다. 즉, 행위 당시의 모든 객관적 사정에 비추어 볼 때 만일 피해자가 행위의 내용을 알았더라면, 당연히 승낙하였을 것으로 예견되는 경우라 할 것이다(대법원 2006.3.24. 선고 2005도8081 판결).

[질문]
종교상의 치료행위(안수)를 정당행위나 피해자의 승낙에 의한 행위라고 볼 수 있는가?

[해설]
피고인이 피해자의 정신질환을 치료하기 위해 안수기도를 하면서 피해자의 가슴과

> 머리를 눌러 전흉부 및 두정부피하출혈상을 가한 것은, 수단방법의 상당성, 법익의 교량, 긴급성, 보충성의 요건을 결한 것으로서 정당행위라 할 수 없고, 또 피해자의 승낙이 있는 경우에 해당한다고도 볼 수 없다.
>
> 이러한 종교적 기도행위를 마치 의료적으로 효과가 있는 치료행위인 양 내세워 환자를 끌어들인 다음, 통상의 일반적인 안수기도의 방식과 정도를 벗어나 환자의 신체에 비정상적이거나 과도한 유형력을 행사하고 신체의 자유를 과도하게 제압하여 환자의 신체에 상해까지 입힌 경우라면, 그러한 유형력의 행사가 비록 안수기도의 명목과 방법으로 이루어졌다 해도 사회상규상 용인되는 정당행위라고 볼 수 없다고 판시하였다(대법원 2008.8.21. 선고 2008도2695 판결).

(4) 책임(責任)

1) 책임과 책임주의

'책임'이란, 불법성이 인정되는 행위를 한 자에 대해서 개인적인 '비난가능성'의 문제를 제기하는 제3의 조건이다. 규범이 요구하는 적법한 행위를 할 수 있는 자가, 적법한 행동을 할 수 있었음에도 불구하고, 불법을 결의하고 위법하게 행위를 하였다는 점에 대하여 행위자에게 가해지는 '비난가능성'이다.

'책임주의'란, "책임 없으면, 범죄는 성립하지 않고 형벌 없다.", "형량도 책임의 크고 작음에 따라야 한다."는 원칙을 말한다. 이러한 책임주의는 헌법상 원리인 법치주의와 인간의 존엄과 가치 보장으로부터 도출된 것이다.

2) 책임능력

'책임능력'(責任能力)이란, 형법이 전제로 하고 있는 '자유로운 의사를 결정할 수 있는 능력'을 의미한다. 그러므로 행위자가 법규범의 의미와 내용을 이해하여 명령과 금지를 인식할 수 있는 통찰능력과 이에 따라 행위 할 수 있는 조종능력을 말한다. 만일 이러한 책임능력이 없는 자에 의한 행위는 '비난가능성'이 없기 때문에 책임을 귀속시킬 수 없다.

형법상 '책임무능력자'에는 14세 미만자(형법 제9조)와 심신상실자(제10조 제1항)가 있으며, 한정책임능력자에는 심신미약자(제10조 제2항)와 농아자(제11조)가 있다. 심신장애로 인하여 사물을 변별할 능력이 없거나 의사를 결정할 능력이 없는 자의 행위는 벌하지 아니한다(제10조 1항). 그리고, 심신장애로 인하여 전항의 능력이 미약한 자의 행위는 형을 감경할 수 있다(제10조 제2항). 이는 종전에 필요적 감경으로 되어 있었으나, 법관의 재량과 사건의 경중 등에 따라 유연하게 적용할 수 있도록 임의적 감경으로 변경하였다(2018.12.18). 한편, 위험의 발생을 예견하고 자의로 심신장애를 야기한 자의 행위에는 심신상실(제10조 제1항)과 심신미약(제10조 제2항)의 규정을 적용하지 아니한다고 정하고 있다. 이를 '원인에 있어서 자유로운 행위'(actio libera in causa)라고 한다(제10조 제3항). 예컨대, 맨 정신에서는 범죄를 행할 용기가 없어서 만취상태를 이용하여 상대방에게 폭행, 상해, 살인을 범하는 경우가 이에 해당된다.

저항할 수 없는 폭력이나 자기 또는 친족의 생명, 신체에 대한 위해를 방어할 방법이 없는 협박에 의하여 강요된 행위는 벌하지 아니한다(제12조). 행위자에게 적법행위를 기대할 수 있는 가능성이 없는 행위에 대해서까지도 책임을 묻는 것은 책임주의 원칙에 반한다는 것을 명확히 한 것이다.

[질문 1]
　범행 당시에는 간질병이 발작하지는 않았지만, 평소 간질증세가 있는 자라면, 책임감면이 되는가?

[해설]
　대법원은 평소 간질병 증세가 있었더라도 범행 당시에는 간질병이 발작하지 아니하였다면 이는 책임감면사유인 심신장애 내지는 심신미약의 경우에 해당하지 아니한다고 하였다.

[질문 2]
　A녀에게는 다른 사람과는 달리 생리기간 중에 충동을 억제하지 못하고 범죄를 저지르는 습관이 있었다. 그러던 중, A녀는 생리기간 중인 어느 날 S 백화점에서 물건을 훔치다가 백화점 직원에게 체포되고 말았다. A녀의 절도죄에 대하여 감면을 인정할 수 있는가?

[해설]
　자신의 충동을 억제하지 못하여 범죄를 저지르게 되는 현상은 정상인에게서도 얼마든지 찾아볼 수 있는 일로서, 특단의 사정이 없는 한 위와 같은 성격적 결함을 가진 자

> 에 대하여 자신의 충동을 억제하고 법을 준수하도록 요구하는 것이 기대할 수 없는 행위를 요구하는 것이라고는 할 수 없으므로, 원칙적으로 충동조절장애와 같은 성격적 결함은 형의 감면사유인 심신장애에 해당하지 아니한다.
>
> 　대법원은 그러나 그 이상으로 사물을 변별할 수 있는 능력에 장애를 가져오는 원래의 의미의 정신병이 도벽의 원인이라거나, 혹은 도벽의 원인이 '충동조절장애'와 같은 성격적 결함이라 할지라도 그것이 매우 심각하여 원래의 의미의 정신병을 가진 사람과 동등하다고 평가'할 수 있는 경우에는 그로 인한 절도 범행은 심신장애로 인한 범행으로 보아야 한다고 하였다.

5. 미수(未遂)

(1) 범죄의 실현단계

　범죄가 실현되는 데에는 몇 가지 단계를 거치게 된다. 먼저, 범죄자기 범죄를 범할 것을 결심하는 단계로써 내심으로 확정하는 단계가 있다. 이러한 범죄의 결심은 순수한 심리적 현상에 불과하므로, 원칙적으로 형법적 평가의 대상이라고 볼 수 없다.

　형법이 관심을 두는 범죄의사의 외부적 발현은 예비·음모 단계에서 출발한다. 예비란 범죄의사의 실현을 위한 준비행위라 할 것이다. 이에 대하여 음모는 2인 이상이 서로의 의사를 교환하고 합의하는 것을 말한다. 그러하기에 A가 B에게 단순히 범죄의사를 전달하거나 표시했다고 해서 음모가 되는 것은 아니다. 예비행위가 실행의 착수에 이르지 아니한 때에는 법률에 특별한 규정이 없는 한 벌하지 아니한다(형법 제28조). 예비·음모 이후 실행의 착수로 나아간 경우에는 예비·음모죄는 별도로 성립하지 않는다.

　범죄의 실행에 착수하여, 실행행위를 종료하지 못하였거나, 종료했다고 할지라도 결과가 발생하지 아니한 경우를 미수(未遂)라고 한다. 실행에 착수하였다는 것은 구성요건적 행위가 시작된 것을 의미한다. 따라서 예비·음모에 비해서도 불법성이 커진 것이라고 평가할 수 있다. 그러나 미수범 역시 모든 경우에 처벌하는 것이 아니라 과실범과 같이 법률에 특별한 규정이 있는 경우에 한하여 처벌한다.

　기수(旣遂)는 범죄의 실행에 착수하여, 구성요건을 완전히 실현한 경우를 말하며, 범죄의 완성단계에 이르렀다는 점에서 미완성의 단계인 미수와 다르다.

(2) 미수의 유형

형법상 미수범에는 '장애미수', '중지미수', '불능미수'가 있다.

> **제25조(미수범)** ① 범죄의 실행에 착수하여 행위를 종료하지 못하였거나 결과가 발생하지 아니한 때에는 미수범으로 처벌한다.
> ② 미수범의 형은 기수범보다 감경할 수 있다.
>
> **제26조(중지범)** 범인이 자의로 실행에 착수한 행위를 중지하거나 그 행위로 인한 결과의 발생을 방지한 때에는 형을 감경 또는 면제한다.
>
> **제27조(불능범)** 실행의 수단 또는 대상의 착오로 인하여 결과의 발생이 불가능하더라도 위험성이 있는 때에는 처벌한다. 단, 형을 감경 또는 면제할 수 있다.

'장애미수'(障碍未遂)란 행위자가 의외의 장애로 인하여 자신의 의사에 반해 범죄를 완성하지 못한 경우이다. 일반적으로 미수라고 하면 장애미수를 말한다.

반면에 '중지미수'(中止未遂)는 "범인이 자의로 실행에 착수한 행위를 중단하거나, 그 행위로 인한 결과발생을 방지"한 것으로, 형을 감경 또는 면제하고 있다. 그래서 이것을 행위자에 있어서 되돌아가는 '황금의 다리'(eine goldenen Brücke zum rückzug)라고 비유한다. 중지미수는 자율적 동기에 의하여 중지한 때에 인정받을 수 있다.

그러므로 일반 사회관념상 범행의 수행에 장애가 될 만한 사유로 인하여 타율적으로 중지한 때에는 장애미수에 불과하다. 예컨대 강도가 강간하려고 하였으나 잠자던 피해자의 어린 딸이 잠에서 깨어 우는 바람에 도주하였고, 또 피해자가 시장에 간 남편이 곧 돌아온다고 하면서 임신 중이라고 말하자 도주한 경우에는 자의로 강간행위를 중지하였다고 볼 수 없다.

'불능미수'(不能未遂)는 실행의 수단 또는 대상의 착오로 인하여 결과의 발생이 불가능한 경우로서, '위험성'이 있는 때에 처벌한다. 그리고, 그 형은 감경 또는 면제할 수 있다. 불능미수는 결과발생이 불가능하지만, 위험성으로 인하여 처벌된다. 그러므로 일정량 이상을 먹으면 사람이 죽을 수도 있는 '초우뿌리'나 '부자' 달인 물을 마시게 하여 피해자를 살해하려다 미수에 그친 행위는 살인미수죄에 해당한다(대법원 2007.7.26. 선고 2007도3687). 그러나 이러한 위험성조차 인정되지 않는 행위는 처벌하지 않는다.

> [질문]
> A는 피해자를 강간할 마음을 먹고, B의 안면부를 2회 때리고 항거불능하게 한 다음, B의 반바지를 내리고, 강간을 하려 하였으나, 피해자 B가 다음번에 만나 친해지면 응해 주겠다는 취지의 간곡한 부탁으로 인해 그 이상 강간의 실행행위에 나아가지 아니하고 B녀를 집에다 데려다주었다. 이 경우 A의 죄책은?
>
> [해설]
> 범죄의 실행행위에 착수하고 그 범죄가 완수되기 전에 자기의 자유로운 의사에 따라 범죄의 실행행위를 중지한 경우, 자의에 의한 중지가 일반 사회통념상 장애에 의한 미수라고 보여지는 경우가 아니면 이는 '중지미수'에 해당한다. A가 피해자 B를 강간하려다가 "다음번에 만나 친해지면 응해 주겠다."는 취지의 간곡한 부탁으로 인하여, 그 목적을 이루지 못한 후, 피해자를 자신의 차에 태워 집에까지 데려다 주었다면 A는 자의로 B에 대한 강간행위를 중지한 것이고 B가 다음에 만나 친해지면 응해 주겠다는 취지의 간곡한 부탁은 사회통념상 범죄실행에 대한 장애라고 여겨지지는 아니하므로, A의 행위는 중지미수에 해당한다. 그러므로 강간죄의 '중지미수'에 해당한다.

6. 공범

(1) 범죄의 가담형태

범죄의 가담형태에는 '정범'(正犯)과 '공범'(共犯)이 있다. '정범'은 '직접정범'인 '단독정범'과 '공동정범'으로 나누인다. 여기서, '단독정범'은 한 사람이 단독으로 범죄를 실행하는 것이고, '공동정범'이란 여럿이 공동해서 범죄를 실행하는 것이다. 이러한 '공동정범'은 한 범행에 대하여 2인 이상임을 말하는 것일 뿐, 본래적 의미의 공범은 아니다. 공범(협의의 공범)에는 타인을 교사하여 범죄를 실행하게 하는 교사범이 있고, 타인의 범죄를 방조하는 자인 방조범(종범)이 있다. 공범은 독자적인 의미보다는 정범개념에 의존하고 있으며, 정범 없이 공범은 없다. 과실범이나 미수범이 특별한 규정이 있어야 처벌되는 것과는 달리 일단 범죄가 발생하였다면 이와 관련되어 있는 모든 정범 및 공범은 자신의 가담 형태에 따라 특별한 규정이 없이도 처벌된다.

공범과 정범의 구별에 관하여, 법원은 행위지배설을 택하여, "공동정범의 본질은 분업적 역할분담에 의한 기능적 행위지배에 있으므로, 공동정범은 공동의사에 의한 기능적 행위지배가 있음에 반하여, 종범은 그 행위지배가 없는 점에서 양자가 구별된다."고 하고 있다.

(2) 정범

'정범'(正犯)이란 자기의 의사로 범죄의 구성요건에 해당하는 행위, 즉 실행행위를 행한 자를 말한다. 한 사람이 각 범죄를 저지르는 가장 단순한 기본형태로 단독정범이 있고, 이러한 범죄를 여러 사람이 공동으로 범한 경우 이를 공동정범이라고 한다. 또, 어느 행위로 인하여 처벌되지 않거나 과실범으로 처벌되는 타인을 도구로 이용하여 자기의 범죄를 범한 경우(예를 들면, 정신이상자를 충동하여 방화하게 한 경우)를 간접정범이라고 한다. 이에 반하여 타인의 범죄를 교사 또는 방조하여 타인의 범행에 고의로 참가하는 것을 공범이라고 한다.

1) 공동정범

2인 이상이 공동하여 죄를 범한 때에는 각자를 그 죄의 '정범'으로 처벌한다(형법 제30조). 이 취지는 '공동행위자'가 협력하여 분업적으로 구성요건을 실현한 경우에 각자가 구성요건의 일부만 실현한 때에도 그 전체에 대한 책임을 지게 하는데 있다. 예를 들어, A와 B가 공모하여 A는 총을 겨누고 B는 돈을 뺏은 경우에 강도죄의 구성요건인 폭행, 협박과 재물의 강취는 각기 다른 사람에 의하여 있었지만, A, B의 공동의 결의에 의하여 공동의 구성요건을 실현한 것이다. 그러므로 이들 2명은 모두 강도죄의 전체 결과에 대해 처벌받게 된다.

2) 간접정범

'간접정범'(間接正犯)이란 타인을 생명 있는 도구로 이용하여, 간접적으로 범죄를 실행하는 정범의 형태를 말한다. 어느 행위로 인하여 처벌되지 아니하는 자 또는 과실범으로 처벌되는 자를 교사 또는 방조하여 범죄행위의 결과를 발생하게 한 자는 교사 또는 방조의 예에 의하여 처벌한다(형법 제34조). 간접정범은 타인을 이용한다는 점에서 교사범과 유사해 보이나, 행위지배를 한다는 점에서 직접정범과 성질이 같다. 피용자의 범위와 관련하여 유형별로 살펴보면 다음과 같다.

① 구성요건에 해당하지 않는 행위를 이용하는 경우
예컨대 A(이용자)가 B(피이용자)에게 강요나 기망을 하여, B가 자살이나 자상한 때이다.

다음으로, 이용당하는 자의 행위는 객관적 구성요건에 해당하지만, 구성요건적 고의가 없는 경우이다. 바꾸어 말하면, '고의 없는 도구'로 이용되는 경우를 말한다.

예컨대, 의사(A)가 고의 없는 간호사(B)를 시켜 환자 김 억울씨(C)에게 독약이 든 주사를 투여하게 하여 사망에 이르게 하는 것이다.

② 구성요건에 해당하지만 위법하지 않은 행위를 이용하는 경우

예컨대, 타인의 긴급피난행위를 이용하는 경우로서, 낙태에 착수한 임산부(A)가 생명에 위험이 있게 되자 의사(B)를 찾아가고, 이 때 의사(B)가 임부(A)의 생명을 구하기 위하여 낙태수술을 함으로써, 의사를 이용하는 경우이다. 임부(A)는 '낙태죄의 간접정범'이 된다.

③ 책임 없는 자를 이용하는 경우

'이용자'가 유아나 정신병자 같은 '책임무능력자'를 이용하는 경우에, 원칙적으로 의사지배기 인정되어 간접정범이 된다. 디만, 이들이 형사미성년자니 정신이상자라고 하디라도 시비변별 능력이 있다면, '교사범'이 성립할 것이다.

(3) 공범

1) 교사범

'교사범'(敎唆犯)이란 타인으로 하여금 '범죄를 결의'하여 실행하게 한 자를 말한다. 교사행위라는 것은 범죄의사가 없는 정범에게 범행의 결의를 불러일으키는 것을 말한다. 즉, 교사범은 타인을 교사하여 죄를 범하는 것이므로, 스스로 행위지배에 관여하지 않는다고 할 것이다. 이 점에서 실행행위를 분담하고 분업적 역할분담에 의하여 기능적으로 행위를 지배하는 '공동정범'과 구별된다. 타인을 교사하여 죄를 범하게 한 자는 죄를 실행한 자와 동일한 형으로 처벌한다(제31조 제1항).

교사를 받은 자가 범죄의 실행을 승낙하고 실행의 착수에 이르지 아니한 때에는, 교사자와 피교사자를 음모 또는 예비에 준하여 처벌한다. 그리고 교사를 받은 자가 범죄의 실행을 승낙하지 아니한 때에도 교사자에 대하여는 음모 또는 예비에 준하여 처벌한다(제31조 제2항).

자기의 지휘, 감독을 받는 자를 교사하여 범죄를 실행하게 한 경우에는 정범의 법정형의 장기 또는 다액에 1.5배 가중하여 처벌하는데 이를 특수교사라 한다(제34조 제2항).

[질문]

경찰관 A는 노래방의 도우미 알선 영업 단속 실적을 올리기 위하여, 그에 대한 제보나 첩보가 없는데도, 손님을 가장하고 들어가 도우미 요청을 거절하는 업주 B를 설득, 유도하여 도우미를 불러내는데 성공한 후, 업주 B를 단속하였다. 경찰관의 이러한 단속은 타당한가?(대법원 판례에 따름)

[해설]

범의를 가진 자에 대하여 단순히 범행의 기회를 제공하거나 범행을 용이하게 하는 것에 불과한 수사방법을 함정수사라고 한다. 이와 같은 이른바 기회제공형 함정수사의 방법을 초월하여 범의를 가지지 아니한 자에 대하여 수사기관이 사술이나 계략 등을 써서 범의를 유발하는 범의유발형 함정수사는 위법한 수사에 해당한다. 오히려 위법한 범의유발형 함정수사의 경우에는 수사기관이 교사범의 책임을 지게 될 수 있다.

(4) 종범(방조범)

타인의 범죄를 방조한 자는 방조범(종범)으로 처벌한다(제32조 제1항). 방조의 본질적 성격으로 볼 때, 피방조자에게 행위지배가 있기 때문에 종범은 공범이 된다. 이러한 종범은 그 성립에 있어서 종속성을 갖게 되는데, '정범의 실행행위의 착수'가 없는 한, 방조죄만 독립하여 성립하지 않는다. 다만, 자살방조(제252조 2항), 아편흡식 또는 몰핀 주사의 장소를 제공하여 이익을 취한 자(제201조), 도주원조(제147조)의 경우에는 이것 자체를 정범의 실행행위로 보기 때문에 형법 제32조를 적용하지 않는다.

또, 형법상 '방조행위'는 정범이 범행을 한다는 정을 알면서, 그 실행행위를 용이하게 하는 직접·간접의 모든 행위를 가리키는 것이다. 그 방조는 정범의 실행행위 중에 이를 방조하는 경우뿐만 아니라, 실행 착수 전에 장래의 실행행위를 예상하고 이를 용이하게 하는 행위를 하여 방조한 경우에도 성립한다(대법원 2011.12.8. 선고 2010도9500 판결). 정범의 의사를 강화하는 방식의 방조행위도 가능하다. 이렇듯 방조범은 정범에 비해서는 그 불법과 책임이 약하기 때문에 정범의 법정형의 2분의 1로 감경하여 처벌한다(제32조 제2항)

특수교사와 마찬가지로 자기의 지휘, 감독을 받는 자의 범행을 방조한 것을 특수방조라 한다. 방조범이 정범보다 가볍게 처벌하지만 특수방조의 경우에는 정범의 형으로 처벌한다(제34조 제2항).

7. 형벌론

(1) 의의

'형벌'(punishment, penalty)은 범죄행위에 대한 법률상 효과로서, 범인에게 과하는 법익의 박탈이다. 이러한 형벌에는 생명형, 자유형, 명예형, 재산형이 있다. 또, 형벌은 행위자의 책임을 기초로 한다는 점에서, 행위자의 위험성을 기초로 부과되는 보안처분과 구별된다. 또한 형벌은 과거의 범죄행위를 대상으로 한다는 점에서 장래의 범죄예방을 지향하는 보안처분과 차이를 갖는다. 형법은 집행유예시 보호관찰과 사회봉사(제62조의2), 수강명령, 가석방시의 보호관찰(제73조의2 제2항)을 규정하고 있다.

(2) 형벌의 종류

1) 생명형 : 사형

사형은 범죄인 생명을 박탈하여 그를 사회로부터 영구히 제거시키는 것을 내용으로 하는 형벌로서, 형무소 내에서 교수하여 집행한다(형법 제66조). 사형의 본질은 생명의 박탈이므로 이를 생명형이라고 말하고, 또 형벌의 성질상 가장 중한 형벌이므로 이를 극형이라고도 한다.

사형제도 존폐론

세계적으로 약 63개국 정도가 이미 사형제도를 폐지하였거나 폐지를 추진하고 있다고 한다. 우리나라도 1998년 이후 사형을 집행하지 않고 있어서, 현재 사실상 사형 폐지국가라고 할 수 있다. 사형 폐지를 요구하는 근거는 주로 사형의 반인륜성, 정치적 악용, 오판 가능성, 그리고 무자비성 때문이다.

사형폐지론을 최초로 주장한 베카리아는 1764년 '범죄와 형벌'이라는 저서를 통하여 그 당시의 잔혹한 형벌을 비난하고 사형의 폐지를 강력히 주장하였다.

그는 ① 사형은 야만적이고 잔혹한 형벌이며 인간의 존엄과 가치의 전제가 되는 생명권을 침해하는 것이므로 헌법에 반하는 형벌로서 허용될 수 없고, ② 집행방법 여하를 불문하고 잔혹한 형벌이며, 인간의 이성에 기인한 것이 아니라 복수심이라는 본능에 근거하고 있는 야만적 형벌이어서 인도주의에 반하고, ③ 무고한 시민에 대하여 집행된 경우에 회복할 수 없는 형벌이며, 즉 모든 재판에는 오판이 있을 수 있는데 그 오판에 의해서 사형이 집행된 경우에는 그 잘못을 회복할 길이 없으며, 사형은 일반인이

> 기대하는 것처럼 범죄예방적·위협적 효과를 가지지 못하고, 형벌의 목적이 개선과 교육에 있다고 볼 때에 사형은 전혀 이러한 목적을 달성할 수 없는 원시적이고 무의미한 것이며, ④ 생명을 줄 수 없는 인간이 타인의 생명을 박탈할 수 없다고 할 것이고, 사형이 정치적으로 남용될 수 있으니 폐지해야 한다고 하였다.[2]
>
> 이에 반하여 사형존치론자[3]의 논거는, ① 사형은 사회질서유지와 문화향상을 위하여 어떤 경우에 있어서는 부득이하며, ② 실제에 있어서는 사형은 극히 희소한 현상이요, 확증을 얻는데 신중을 기하므로 오판을 상상키 어려우며 형벌은 정의의 실현이지 인도주의의 구현은 아니고, 사형은 생명의 박탈인 만큼 형사정책상 충분한 위하력도 있으며 자유형과 재산형 이외에 반드시 사형을 필요로 하는 경우가 있으므로 사형폐지론은 한 개의 이론에 불과하며 현실론은 아니라고 한다.

2) 자유형 : 징역, 금고, 구류

자유형은 자유의 박탈을 내용으로 하는 형벌로서, 그 해악에 대한 응보성을 충족시키는 동시에 범죄인의 개선, 교화를 목적으로 하는 형벌수단이다. 징역 또는 금고는 무기 또는 유기로 하고 유기는 1개월 이상 30년 이하로 하고 있다. 다만, 유기징역 또는 유기금고에 대하여 형을 가중하는 때에는 50년까지로 한다(제42조). 징역·금고와 구류의 차이는 30일 이상과 미만이라는 기간의 차이이다. 징역이 수형자를 일정한 정역에 복역하게 하는데 반하여, 금고는 정역에 복역하지 않는다는 차이가 있다.

3) 재산형 : 벌금, 과료, 몰수

① 벌금, 과료

벌금은 5만 원 이상으로 한다. 다만, 감경하는 경우에는 5만 원 미만으로 할 수 있다(제45조). 과료는 2천 원 이상 5만 원 미만으로 한다(제47조). 벌금 및 과료는 판결확정일로부터 30일 내에 납입하여야 한다.

2016.1.6. 개정으로 500만 원 이하의 벌금형을 선고할 경우 집행유예를 명할 수 있도록 벌금형에 대한 집행유예제도가 도입되었다(제62조 제1항).

벌금 또는 과료를 선고할 때에는 납입하지 아니하는 경우의 노역장 유치기간을 정하여

---

[2] 사형폐지론자 : 베까리아(Cesare Bonesana Marsese di Beccaria, 1738~1794), 나탈레(Tomaso Natale, 1733~1819), 페스탈로찌(Johann Heinrich Pestalozzi, 1746~1827), 데이트로(Donis Diderot, 1713~1784)

[3] 토마스 아퀴나스(St. Thomas Aquinas 1225~1274), 종교개혁가·자연법학자, 루소와 사회계약론자, 롬브로조, 라까사뉴 등.

동시에 선고하여야 한다. 선고하는 벌금이 1억 원 이상 5억 원 미만인 경우에는 300일 이상, 5억 원 이상 50억 원 미만인 경우에는 500일 이상, 50억 원 이상인 경우에는 1,000일 이상의 유치기간을 정한다(제70조).

② 몰수

'몰수'(沒收)는 범인에게 대하여 일정한 재산의 박탈을 내용으로 하는 형벌로서, 벌금 및 과료와 같이 일종의 재산형이다. 그러나 몰수는 일방적으로 주형에 부가하여서 부과되는 점에 항상 독립적으로 부과되는 벌금 및 과료와 다르다(부가형). 하지만, 몰수도 독립적으로 부과될 수 있는 경우가 있다. 즉, 형법 제49조는 행위자에게 유죄판결을 아니할 때에도, 몰수의 요건이 있을 때에는 몰수만을 선언할 수 있다고 규정하고 있다.

4) 명예형 : 자격상실, 자격정지

사형·무기징역 또는 무기금고의 판결을 받은 자에게는 ㉮ 공무원이 되는 자격, ㉯ 공법상의 선거권과 피선거권, ㉰ 법률로 요건을 정한 공법상의 업무에 관한 자격, ㉱ 법인의 이사·감사 또는 지배인 기타 법인의 업무에 관한 검사역이나 재산관리인이 되는 자격을 박탈한다(형법 제43조 제1항). 유기징역이나 유기금고를 선고받은 자는 그 형의 집행이 종료하거나 면제될 때가지 위 ㉮, ㉯, ㉰의 자격을 정지시킨다(제43조 제2항). 자격정지형을 병과하는 경우에는 징역 또는 금고의 집행을 종료하거나 면제된 날로부터 정지기간을 기산한다(제44조 제2항).

(3) 선고유예, 집행유예, 가석방

1) 선고유예(宣告猶豫)

형의 '선고유예'는 범정(犯情)이 경미한 범인에 대하여 일정 기간 형의 선고를 유예하여 주고, 그 기간을 무사히 경과하였을 때에는 그 범죄를 완전히 묻지 않는 것이다. 1년 이하의 징역이나 금고, 자격정지 또는 벌금의 형을 선고할 경우에 개전의 정이 현저함을 요하며, 자격정지 이상의 형을 받은 전과가 없음을 요한다(형법 제59조). 위와 같은 조건을 구비한 자가 형의 선고를 받은 날로부터 무사히 2년을 경과한 때에는 면소된 것으로 간주한다(제60조). 그러나 형의 선고유예를 받은 자가 유예기간 중 자격정지 이상의 형에 처한 판결이 확정되거나 자격정지 이상의 형에 처한 전과가 발견될 때에는 유예한 형을 선고한다(제61조).

2) 집행유예(執行猶豫)

형의 '집행유예'는 범인에게 유죄선고는 하나 일정한 조건하에 그 집행을 유예하였다가, 그 유예기간이 무사히 지나는 경우, 그 형의 효력을 소멸시키는 제도이다. 요건은, ① 3년 이하의 징역이나 금고 또는 500만 원 이하의 벌금의 형을 선고할 경우, ② 피고인에게 정상참작사유가 있고, ③ 피고인이 전에 금고 이상의 형의 선고를 받은 일이 있을 때에는 그 형의 집행을 종료하거나 또는 집행의 면제를 받은 날로부터 5년을 경과하여야 하며, ④ 형의 집행을 유예할 수 있는 기간은 1년 이상 5년 이하이어야 한다(제62조). 집행유예의 선고를 받은 자가 그 선고의 실효 또는 취소됨이 없이 그 유예기간을 지나는 때에는 형의 선고는 그 효력을 상실한다(제65조). 또 집행유예를 선고받은 자가 유예기간 중 금고 이상의 선고를 받아 그 판결이 확정된 때에는 집행유예의 효력을 상실한다(제63조). 그리고 집행유예의 선고를 받은 후 형법 제62조 1항 단서의 사유가 발각된 때에는 집행유예의 선고를 취소한다(제64조).

3) 가석방(假釋放)

'가석방'이란, 수형자의 개전의 정상이 인용될 때에 형기 만료 전에 수형자를 조건부로 석방하는 제도이다. 가석방이 되기 위해서는 다음의 요건을 갖추어야 한다.

① 징역 또는 금고의 집행 중에 있는 자
② 그 행상이 양호하여 개전의 정이 현저한 때
③ 무기에 있어서는 20년, 유기에 있어서는 형기의 3분의 1을 경과한 후 행정처분으로 가석방
④ 벌금 또는 과료의 병과가 있을 때에는 그 금액을 완납

'가석방 처분'을 받은 가석방의 처분을 받은 후 그 처분이 실효 또는 취소되지 아니하고 가석방기간을 경과한 때에는 형의 집행을 종료한 것으로 보며, 가석방 중의 일수는 형기에 산입하지 아니한다(제76조 제1항). 가석방 중 금고 이상의 형의 선고를 받아 그 판결이 확정된 때에는(과실범으로 인한 때에는 제외) 가석방 처분은 그 효력이 상실된다(제74조). 그리고 가석방의 처분을 받은 자가 감시에 관한 규정에 위배한 때에는 가석방 처분이 취소될 수 있다(제75조). 가석방의 기간 및 보호관찰(제73조의2)과 관련하여, 가석방의 기간은 무기형에 있어서는 10년으로 하고, 유기형에 있어서는 남은 형기로 하되, 그 기간은 10년을 초과할 수 없다. 그리고, 가석방된 자는 가석방 기간 중 보호관찰을 받으며, 가석방을 허가한 행정

관청이 필요가 없다고 인정한 때에는 그러하지 아니하다.

(4) 형의 양정

형의 양정은 형법각칙에 개개의 구성요건에 규정되어 있는 형벌인 '법정형'에서 형종을 선택하고, 가중·감경사유를 적용하여 범죄행위에 상응하는 상한과 하한의 범위에 해당하는 '처단형'을 정한 뒤, 그 범위 내에서 구체적으로 당해 피고인에게 선고하는 '선고형'의 단계를 거친다.

양형에 있어서는 ① 범인의 연령, 성행, 지능과 환경, ② 피해자에 대한 관계, ③ 범행의 동기, 수단과 결과, ④ 범행 후의 정황 등의 조건을 참작하여야 한다(제51조).

(5) 보안처분

'보안처분'(保安處分)이란, 행위자의 장래의 위험성 때문에 치료, 교육, 재사회화를 위한 개선과 그에 대한 '보안'이라는 사회방위를 주된 목적으로 하여 과해지는 형벌 이외의 형사적 제재이다.

구 사회보호법을 통하여 보호감호·치료감호·보호관찰 등 3가지의 보안처분이 도입되었으나, 위헌성의 문제로 인하여 2005.8.4. 폐지되었다. 현재는 형법 제62조의2에서 보호관찰, 사회봉사·수강명령, '소년법'상 보호처분, '치료감호 등에 관한 법률'과 '보호관찰 등에 관한 법률'에서 치료감호와 보호관찰 등이 시행되고 있다. 최근에는 '특정 범죄자에 대한 보호관찰 및 전자장치 부착 등에 관한 법률'에 의한 전자감시, '성폭력범죄자의 성충동 약물치료에 관한 법률'에 의한 약물치료 등의 새로운 보안처분제도도 등장하였다.

① 보호관찰

'치료감호'가 종료하였거나 치료위탁된 피치료감호자를 감호시설 이외에서 지도 감독하는 것을 내용으로 한다.

② 기타의 보안처분

형법상 집행유예시 보호관찰과 사회봉사, 수강명령(제62조의2), 선고유예시의 보호관찰(제59조의2), 가석방시의 보호관찰(제73조의2 제2항)이 있고, 소년법상 보호처분, 보호관찰법상 보호관찰처분, 보안관찰법상 보안관찰처분이 있다.

제2절 다양한 범죄유형

1. 개인적 법익의 침해

(1) 사람의 생명과 신체에 관한 죄

1) 살인죄

사람을 살해한 자는 '사형', '무기' 또는 '5년 이상의 징역'에 처한다(형법 제250조). 살인죄의 주체는 피해자 이외의 모든 자연인이고, 객체는 사람이다. 형법에서는 진통과 함께 분만이 개시된 때부터 태아가 아닌 사람으로 본다. 따라서 분만개시 이전의 태아를 살해한 행위는 낙태죄에 해당한다.

자기 또는 배우자의 직계존속을 살해한 자는 '사형', '무기' 또는 '7년 이상의 징역'에 처한다(존속살해죄). 그리고 직계존속이 치욕을 은폐하기 위하거나 양육할 수 없음을 예상하거나 특히 참작할 만한 동기로 인하여 분만 중 또는 분만직후의 영아를 살해한 때에는 10년 이하의 징역에 처한다(영아살해죄). 영아살해죄의 주체는 '직계존속'이 되며 '법률상 직계존속 이외에 사실상 직계존속'도 포함한다고 학설은 주장하는 반면, 법원은 사실상의 직계존속은 포함되지 않는다고 하고 있다. 뿐만 아니라, 사람의 촉탁 또는 승낙을 받아 그를 살해한 자는 촉탁·승낙에 의한 살인죄, 자살자에 대한 교사·방조행위를 처벌하는 자살교사·방조죄는 1년 이상 10년 이하의 징역형으로 처벌한다. 위계 또는 위력을 통하여 촉탁·승낙 또는 자살행위를 하게 한 경우에는 보통살인죄와 동일하게 처벌한다.

2) 상해·폭행의 죄

사람의 신체의 생리적 기능을 훼손하는 행위는 상해죄에 해당하여 7년 이하의 징역, 10년 이하의 자격정지 또는 1천만 원 이하의 벌금에 처한다(형법 제257조 제1항). 자기 또는 배우자의 직계존속에 대하여 상해와 폭행의 죄를 범하면, 중하게 처벌하고 있다(제257조 제2항, 존속상해죄). 또한 사람의 신체를 상해하여 생명에 대한 위험을 발생하게 한 자, 불구 또는 불치·난치의 질병에 이르게 한 자는 1년 이상 10년 이하의 징역에 처한다(제258조, 중상해죄).

사람의 신체에 대하여 직접 유형력을 행사하는 행위는 폭행죄가 되어 2년 이하의 징역, 500만 원 이하의 벌금, 구류 또는 과료에 처한다(형법 제260조). 폭행은 단순히 구타의 방법에 제한되지 않는다. 물리적 고통을 수반하지 않는 행위인 밀치는 행위, 얼굴에 침을 뱉는 행위, 수염·모발의 절단 등도 폭행이 된다. 액체·기체를 이용하거나 소음·전기 등의 에너지를 이용하는 폭행도 가능하다. 그러나 일상적으로 사용하는 표현인 언어폭력을 폭행죄에 해당한다고 할 수는 없다. 언어폭력은 신체에 대한 폭행이 아니라 정서와 감정에 대한 폭력이기 때문이다. 단순폭행죄와 존속폭행죄는 피해자의 명시한 의사에 반하여 공소를 제기할 수 없는 반의사불벌죄이다.

> **폭행죄에 있어서 신체의 청각기관을 자극하는 음향도 포함되는지 여부**
>
> 대법원은 형법 제260조에 규정된 폭행죄는 사람의 신체에 대한 유형력의 행사를 가리키며, 그 유형력의 행사는 신체적 고통을 주는 물리력의 작용을 의미하므로 신체의 청각기관을 직접적으로 자극하는 음향도 경우에 따라서는 유형력에 포함될 수 있다고 한다.
>
> 또, 피해자의 신체에 공간적으로 근접하여, 고성으로 폭언이나 욕설을 하거나 동시에 손발이나 물건을 휘두르거나 던지는 행위는 직접 피해자의 신체에 접촉하지 아니하였다 하더라도 피해자에 대한 불법한 유형력의 행사로서 폭행에 해당될 수 있는 것으로 보고 있다.
>
> 그러나 거리상 멀리 떨어져 있는 사람에게 전화기를 이용하여 전화하면서 고성을 내거나 그 전화 대화를 녹음 후 듣게 하는 경우에는 특수한 방법으로 수화자의 청각기관을 자극하여 그 수화자로 하여금 고통스럽게 느끼게 할 정도의 음향을 이용하였다는 등의 특별한 사정이 없는 한 신체에 대한 유형력의 행사를 한 것으로 보기 어렵다고 한다(대법원 2003.1.10. 선고 2000도5716).

단체 또는 다중의 위력을 보이거나, 위험한 물건을 휴대하여 상해 또는 폭행을 가하는 경우 행위방법의 위험성으로 인하여 가중처벌한다. 특수상해죄는 2년 이상 20년 이하의 징역에, 특수폭행죄는 5년 이하의 징역 또는 1천만 원 이하의 벌금에 처한다. 위험한 물건은 살상용으로 제작된 무기에 제한되지 않고 사용하기에 따라 위험성이 있는 것은 모두 해당할 수 있다. 빨래건조대와 같은 일상용품이나 헬멧과 같이 신체를 보호하는 안전장비도 폭행에 이용하는 경우에는 위험한 물건이 된다.

사람의 신체를 상해하여 사망에 이르게 한 자는 결과적 가중범인 상해치사죄로 3년 이상의 징역으로 처벌한다. 또한 사람을 폭행하여 사망 또는 상해에 이르게 한 자 역시 폭행치사상이 되어 상해치사죄 또는 상해죄와 동일한 형으로 처벌한다.

[질문 1]
　　A는 빚 독촉을 하다가 시비 중 멱살을 잡고 대드는 채무자 B녀의 손을 뿌리치고 그를 뒤로 밀어 넘어트려 아래로 뒹굴게 하여, 그 순간 그 등에 업힌 그 딸 C(생후 7개월)가 두개골절 등의 상해를 입어 사망하였다. A의 죄책은?

[해설]
　　A가 그 멱살을 잡은 손을 뿌리친 것은 그 정도로서 정당행위로 볼 수 있을지는 몰라도, A가 이에 그치지 않고 다시 그를 뒤로 밀어 넘어트린 것은 그 도를 넘은 것이라 본다. 또, A가 폭행을 가한 B와 그 폭행의 결과 사망한 C는 서로 다른 인격자라 할지라도, 위와 같이 어린애를 업은 사람을 밀어 넘어트리면, 그 어린애도 따라서 필연적으로 넘어질 것임은 A도 예견하였을 것이다. 어린애를 업은 사람을 넘어트린 행위는 그 어린애에 대해서도 역시 폭행이 된다 할 것이다. 따라서, 어린애를 업은 사람을 밀어 넘어뜨려 그 결과 어린애가 사망하였다면 '폭행치사죄'가 성립된다.

[질문 2]
　　B는 A를 강간하려다가 미수에 그치고 그 과정에서 A에게 경부 및 전흉부 피하출혈, 통증으로 약 7일 간의 가료를 요하는 상처가 발생하였으나, 그 상처가 굳이 치료를 받지 않더라도 일상생활을 하는 데 아무런 지장이 없고 시일이 경과함에 따라 자연적으로 치유될 수 있는 정도였다. B의 죄책은?

[해설]
　　강간을 하려는 행위로 인하여, '신체의 완전성'이 손상되고 생활기능에 장애가 왔다거나 건강상태가 불량하게 변경되었다고 보기는 어려워, 강간치상죄의 상해에 해당하지 않으며 B에게는 '강간미수죄'가 적용된다.
　　유사한 판례로서, 강간행위에 수반하여 생긴 상해가 극히 경미한 것으로서, 굳이 치료할 필요가 없고 자연 치유되며 일상생활을 하는데 아무런 지장이 없는 경우에는 강간치상죄의 상해에 해당되지 아니한다. 이러한 논거는 피해자의 반항을 억압할 만한 폭행 또는 협박이 없어도 일상생활 중 발생할 수 있는 것이거나, 합의에 따른 성교행위에서도 통상 발생할 수 있는 상해와 같은 정도임을 전제로 한다. 그러나 이러한 정도를 넘는 상해가 폭행 또는 협박에 의하여 생긴 경우라면 상해에 해당된다고 할 것이다. 피해자의 건강상태가 나쁘게 변경되고 생활기능에 장애가 초래된 것인지는 객관적, 일률

> 적으로 판단될 것이 아니라, 피해자의 연령, 성별, 체격 등 신체, 정신상의 구체적 상태를 기준으로 판단되어야 한다(대법원 2005.5.26. 선고 2005도1039 판결).

3) 낙태의 죄

'부녀'가 약물 기타 방법으로 낙태한 때에는 1년 이하의 징역 또는 200만 원 이하의 벌금에 처하고, 부녀의 촉탁 또는 승낙을 받아 낙태하게 한 자도 마찬가지로 처벌한다. 특히, 부녀의 촉탁 또는 승낙을 받아 낙태하게 한 자가 부녀를 상해에 이르게 한 때에는 3년 이하의 징역에 처하고, 사망에 이르게 한 때에는 7년 이하의 징역에 처한다(형법 제269조).

'낙태죄'(落胎罪)는 자연적인 분만기에 앞서서, 인위적인 방법으로 태아를 모체 밖으로 배출하거나 태아를 모체 내에서 살해하는 것을 내용으로 하는 범죄이다. 낙태죄에 대하여, 법원은 "태아를 자연분만기에 앞서서 인위적으로 모체 밖으로 배출하거나 모체 안에서 살해함으로써 성립하고, 그 결과 태아가 사망하였는지 여부는 낙태죄의 성립에 영향이 없다."고 하였다(대법원 2005.4.15. 선고 2003도2780 판결).

의사 등(의사, 한의사, 조산사, 약제사 또는 약종상)이 부녀의 '촉탁이나 승낙'을 받아 낙태하게 한 때에는 '업무상동의낙태죄'(제270조 제1항)를, 부녀의 촉탁 또는 '승낙 없이 낙태하게 한 자'는 '부동의낙태죄'(제270조 제2항)를 구성한다. '부동의낙태죄'는 '동의낙태죄'에 비하여 불법이 가중되는 가중적 구성요건이다.

2019.4.11. 헌법재판소의 재판에서 임신한 여성의 자기낙태를 처벌하는 '자기낙태죄(형법 제269조 제1항)와 의사낙태죄(제270조 제1항) 조항이 헌법에 위반된다는 단순위헌 의견이 3인이었고, 헌법에 합치되지 아니한다는 아래 주문과 같은 헌법불합치 의견이 4인이었으므로, 단순위헌 의견에 헌법불합치의견을 합산하여 헌법재판소법 제23조 제2항 단서 제1호에 규정된 법률의 위헌결정을 함에 필요한 심판정족수를 충족하였으며, 따라서 위 조항들에 대하여 헌법에 불합치로 선언하고, 입법자가 2020.12.31. 이전에 개선입법을 할 때까지 위 조항들을 계속 적용하되, 만일 위 일자까지 개선입법이 이루어지지 않는 경우 위 조항들은 2021.1.1.부터 그 효력을 상실한다고 결정하였다. [헌법불합치, 2017헌바127, 2019.4.11. 형법(1995.12.29. 법률 제5057호로 개정된 것)][4]

---

[4] 단순위헌 의견 재판관들의 '임신 14주 이내 자기결정권 존중 제한적 낙태 허용' 의견(초기), 헌법불합치 의견 재판관들의 '태아가 독자적 생존 가능한 임신 22주 이내 자기결정권' 의견(중기)이 있었고, 이와 관련된 입법(안)도 국회에 제안된 상태이다. 참고로 모자보건법상 낙태 허용 한계는 24주이다.

'모자보건법'은 일정한 요건 하에서 '인공임신중절수술'을 허용하고 있는데, 의사는 다음에 해당되는 경우에 한하여 본인과 배우자(사실상의 혼인관계에 있는 자를 포함한다)의 동의를 얻어 '인공임신중절수술'을 할 수 있다. 그리고 본인 또는 배우자가 심신장애로 의사표시를 할 수 없는 때에는 그 친권자 또는 후견인의 동의로, 친권자 또는 후견인이 없는 때에는 부양의무자의 동의로 각각 그 동의에 갈음할 수 있다. 또한 배우자의 사망·실종·행방불명 기타 부득이한 사유로 인하여 동의를 얻을 수 없는 경우에는 본인의 동의만으로 그 수술을 행할 수 있다(모자보건법 제14조).

① 본인 또는 배우자가 대통령령이 정하는 우생학적 또는 유전학적 정신장애나 신체질환이 있는 경우(2009.7.7. 개정시행령에서 '임신 24주 이내', '태아에게 미치는 위험성이 높지 않은 질환 등'은 삭제하여 인공임신중절의 허용범위를 축소하였다.)
② 본인 또는 배우자가 대통령령이 정하는 전염성 질환이 있는 경우
③ 강간 또는 준강간에 의하여 임신된 경우
④ 법률상 혼인할 수 없는 혈족 또는 인척간에 임신된 경우
⑤ 임신의 지속이 보건의학적 이유로 모체의 건강을 심히 해하고 있거나 해할 우려가 있는 경우

> **헌재 결정**
> '자기낙태죄'와 의사가 임신한 여성의 촉탁 또는 승낙을 받아 낙태하게 한 경우를 처벌하는 '의사'에 관한 부분('의사낙태죄')이 각각 임신한 여성의 자기결정권을 침해하는지 여부(적극)
> 전원재판부 2017헌바127, 2019.4.11., 헌법불합치

임신한 여성의 자기결정권에 기한 임신종결 여부 결정의 특성, 생명의 발달 단계와 자기결정권의 행사를 고려한 법적 보호 수단 및 정도, 임신한 여성과 태아의 특별한 관계를 고려할 때의 생명보호수단, 자기낙태죄 조항의 실효성, 형법적 제재 및 이에 따른 형벌의 위하의 한계와 문제점, 사회적·경제적 사유로 인한 낙태갈등 상황의 중대성을 종합해 볼 때, 자기낙태죄 조항이 모자보건법에서 정한 사유에 해당하지 않는다면 결정가능기간 중에 다양하고 광범위한 사회적·경제적 사유로 인하여는 공익에 기여하는 실효성 내지 정도가 그다지 크다고 볼 수 없다. 반면 앞서 보았듯이 자기낙태죄 조항에 따른 형사처벌로 인하여 임신한 여성의 자기결정권이 제한되는 정도는 매우 크다. 결국, 입법자는 자기낙태죄 조항을 형성함에 있어 태아의

생명 보호와 임신한 여성의 자기결정권의 실제적 조화와 균형을 이루려는 노력을 충분히 하지 아니하여 태아의 생명 보호라는 공익에 대하여만 일방적이고 절대적인 우위를 부여함으로써 공익과 사익간의 적정한 균형관계를 달성하지 못하였다.

자기낙태죄 조항은 모자보건법이 정한 일정한 예외를 제외하고는 태아의 발달단계 혹은 독자적 생존능력과 무관하게 임신기간 전체를 통틀어 모든 낙태를 전면적·일률적으로 금지하고, 이를 위반할 경우 형벌을 부과하도록 정함으로써, 형법적 제재 및 이에 따른 형벌의 위하력(威嚇力)으로 임신한 여성에게 임신의 유지·출산을 강제하고 있으므로, 임신한 여성의 자기결정권을 제한하고 있다. 태아는 일정 시기 이후가 되면 모체를 떠난 상태에서 독자적으로 생존할 수 있는데, 의학기술의 발전에 따라 이 시기는 가변적일 수 있으나, 세계보건기구(WHO)는 이를 임신 22주(마지막 생리기간의 첫날부터 기산한 임신주수를 의미한다)라고 하고 있고, 산부인과 학계도 현 시점에서 최선의 의료기술과 의료 인력이 뒷받침될 경우 임신 22주 내외부터 독자적인 생존이 가능하다고 한다. 이처럼 태아가 모체를 떠난 상태에서 독자적인 생존을 할 수 있는 경우에는, 그렇지 않은 경우와 비교할 때 훨씬 인간에 근접한 상태에 도달하였다고 볼 수 있다. 한편 임신한 여성의 자기결정권의 중요성 및 특성에 비추어 볼 때, 이러한 자기결정권이 보장되려면 임신한 여성이 임신 유지와 출산 여부에 관하여 전인적 결정을 하고 그 결정을 실행함에 있어서 충분한 시간이 확보되어야 한다. 구체적으로 살펴보면, 여성이 임신 사실을 인지하고, 자신을 둘러싼 사회적·경제적 상황 및 그 변경가능 여부를 파악하며, 국가의 임신·출산·육아 지원 정책에 관한 정보를 수집하고, 주변의 상담과 조언을 얻어 숙고한 끝에, 만약 낙태하겠다고 결정한 경우 낙태 수술을 할 수 있는 병원을 찾아 검사를 거쳐 실제로 수술을 완료하기까지 필요한 기간이 충분히 보장되어야 함을 의미한다. 이러한 점들을 모두 고려한다면, 태아가 모체를 떠난 상태에서 독자적으로 생존할 수 있는 시점인 임신 22주 내외에 도달하기 전이면서 동시에 임신 유지와 출산 여부에 관한 자기결정권을 행사하기에 충분한 시간이 보장되는 시기(이하 착상시부터 이 시기까지를 '결정가능기간'이라 한다)까지의 낙태에 대해서는 국가가 생명보호의 수단 및 정도를 달리 정할 수 있다고 봄이 타당하다. 따라서, 자기낙태죄 조항은 입법목적을 달성하기 위하여 필요한 최소한의 정도를 넘어 임신한 여성의 자기결정권을 제한하고 있어 침해의 최소성을 갖추지 못하고 있으며, 법익균형성의 원칙도 위반하였다고 할 것이므로, 과잉금지원칙을 위반 하여 임신한 여성의 자기결정권을 침해하는 위헌적인 규정이다.

(2) 자유에 관한 죄

1) 협박죄

'협박의 죄'는 '자연인인 타인에게 해악을 고지'함으로써, '개인의 의사결정의 자유를 침해'하는 것을 내용으로 하는 범죄이다. 사람을 협박한 자는 3년 이하의 징역, 500만 원 이하의 벌금, 구류 또는 과료에 처한다(형법 제283조). 해악을 고지하는 방법은 언어적 방법과 비언어적 방법을 불문한다. 협박죄는 '해악의 고지'가 일반적으로 사람으로 하여금 공포심을 일으키게 하기에 충분한 것이면 성립한다. 상대방이 실제로 공포심을 일으켰는지 여부는 중요하지 않다. 따라서 협박의 미수는 공포심을 일으키지 않은 경우가 아니라, 해악의 고지가 현실적으로 상대방에게 도달하지 아니한 경우나 도달은 하였으나 상대방이 이를 지각하지 못하였거나 고지된 해악의 의미를 인식하지 못한 경우 등에 해당한다(대법원 2007.9.28. 선고 2007도606 전원합의체 판결).

협박죄가 성립하기 위하여는 최소한, 발생 가능한 것으로 생각될 수 있는 정도의 구체적인 해악의 고지가 있어야 한다. 또한 행위자가 해악의 실현에 영향을 가할 수 있어야 하므로 천재지변이나 길흉화복 등의 내용으로 경고하는 것은 협박이 되지 않는다. 싸우는 과정에서 폭언을 하는 것 또한 협박이라고 할 수 없다. 해악의 고지가 있다 하더라도, 그것이 사회의 관습이나 윤리관념 등에 비추어 볼 때에 사회통념상 용인할 수 있을 정도의 것이라면 협박죄는 성립하지 아니한다(춘천지법 2017.6.14., 선고, 2016노792, 판결 : 상고 등).

[질문 1]

A는 애인관계인 여성B가 만나주지 않는다는 이유로 자신의 집 안에 있던 물건을 집어던지고 부엌칼로 손가락을 자르거나 배를 갈라 자해하려는 시늉을 하면서, 자신의 요구를 거절하지 못하게 하였다. A의 죄책은?

[해설]

협박죄에서 '협박'은 사람으로 하여금 공포심을 일으킬 수 있을 정도의 '해악의 고지'를 의미하고, 여기에서의 해악은 법익의 침해를 의미하는데 침해되는 법익의 종류에는 제한이 없으며 의사결정이나 행동의 자유도 포함된다.

> 애인관계인 여성이 만나주지 않는다는 이유로 자신의 집 안에 있던 물건을 집어던지고 부엌칼로 손가락을 자르거나 배를 갈라 자해하려는 시늉을 하면서 자신의 요구를 거절하지 못하게 한 행위는 거동이나 태도로 피해자에게 '해악의 고지'를 한 것으로서 협박죄에 해당한다(대전고법 2006.7.28. 선고 2006노172 판결).

[질문 2]

A가 피해자 B에게 전화를 걸어, "묘소에 있는 시아버지 목뼈가 왼쪽으로 돌아가 아들이 형편없이 빗나가 학교에도 다니지 못하게 되고 부부가 이별하게 되며, 하는 사업이 망하고 집도 다른 사람에게 넘어가게 된다. 그러니 조상천도를 해야 모든 것이 다 잘 된다. 조상천도를 하지 않으면 큰일 난다."고 말하여, 만일 조상천도를 하지 않으면 그의 가족의 생명과 신체 등에 어떤 위해가 발생할 것처럼 겁을 주고 이에 B로부터 예금계좌로 835,000원을 송금 받아 이를 갈취하였다. A의 죄책은?

[해설]

'공갈죄'는 사람을 공갈하여 재물의 교부를 받거나 재산상의 이익을 취득하는 것으로, 제삼자로 하여금 재물의 교부를 받게 하거나 재산상의 이익을 취득하게 한 때에도 마찬가지이다. '공갈죄'의 수단으로서의 '협박'은 객관적으로 사람의 '의사결정의 자유를 제한'하거나 '의사실행의 자유를 방해'할 정도로 겁을 먹게 할 만한 '해악을 고지'하는 것을 말한다. 그 해악에는 인위적인 것뿐만 아니라, 천재지변 또는 신력이나 길흉화복에 관한 것도 포함될 수 있다. 다만 천재지변 또는 신력이나 길흉화복을 해악으로 고지하는 경우에는 상대방으로 하여금 행위자 자신이 그 천재지변 또는 신력이나 길흉화복을 사실상 지배하거나 그에 영향을 미칠 수 있는 것으로 믿게 하는 '명시적' 또는 '묵시적 행위'가 있어야 공갈죄가 성립한다.

그러나 조상 천도제를 지내지 아니하면 좋지 않은 일이 생긴다는 취지의 해악의 고지는 길흉화복이나 천재지변의 예고로서, 행위자에 의하여 직접, 간접적으로 좌우될 수 없는 것이고 가해자가 현실적으로 특정되어 있지도 않으며, 해악의 발생 가능성이 합리적으로 예견될 수 있는 것이 아니므로 협박으로 평가될 수 없으므로 무죄이다(대법원 2002.2.8. 선고 2000도3245 판결).

2) 강간과 추행의 죄

'강간죄'(强姦罪)는 폭행 또는 협박으로 사람을 강간한 자는 3년 이상의 유기징역에 처한다.

'유사강간죄'는 폭행 또는 협박으로 사람에 대하여 구강, 항문 등 신체(성기는 제외한다)의 내부에 성기를 넣거나 성기, 항문에 손가락 등 신체(성기는 제외한다)의 일부 또는 도구를 넣는 행위를 한 사람은 2년 이상의 유기징역에 처한다(제297조의2).

'준강간'(準强姦)은 사람의 '심신상실'이나 '항거불능의 상태'를 이용하여 간음 또는 추행하는 것을 말한다(제299조). 이러한 '심신상실의 상태'는 수면이나 인사불성뿐만 아니라, 정신기능의 이상으로 보통인의 동의로 볼 수 없는 경우를 포함한다. 구 형법은 '강간죄'를 친고죄(親告罪)로 정하여, 고소가 있어야 하였다. 그러나 2012년 개정형법은 친고죄 규정을 폐지하였다.

'미성년자 또는 심신미약자에 대한 간음죄'(제302조)와 별도로, 13세 미만의 사람에 대하여 간음 또는 추행을 한 자는 '미성년자의제강간 및 강제추행죄'가 된다. 13세 미만자는 본인의 수락능력이 없다고 보아, 동의가 있어도 강간죄·강제추행죄 등의 예에 의하여 처벌한다(제305조 제1항). 또한, 13세 이상 16세 미만의 사람에 대하여 간음 또는 추행을 한 19세 이상의 사람도 강간죄·강제추행죄 등의 예에 따라 처벌한다.

강제추행죄는 폭행·협박으로 사람에 대하여 추행함으로써 성립하는 범죄로서, 10년 이하의 징역 또는 1,500만 원 이하의 벌금에 처한다(제298조).

실효성이 미약하고, 여성의 성적 주체성을 훼손하는 혼인빙자간음죄를 폐지하였다(현행 제304조 삭제). 헌법재판소는 "혼인을 빙자하여 음행의 상습없는 부녀를 기망하여 간음한 자" 부분이 헌법 제37조 2항의 과잉금지원칙을 위반하여 남성의 성적자기결정권 및 사생활의 비밀과 자유를 침해한다고 보았다. 이 법률조항의 경우, 입법목적에 정당성이 인정되지 않는다. 첫째, 남성이 위력이나 폭력 등 해악적 방법을 수반하지 않고서 여성을 애정행위의 상대방으로 선택하는 문제는 그 행위의 성질상 국가의 개입이 자제되어야 할 사적인 내밀한 영역인데다 또 그 속성상 과장이 수반되게 마련이어서 우리 형법이 혼전 성관계를 처벌대상으로 하지 않고 있으므로 혼전 성관계의 과정에서 이루어지는 통상적 유도행위 또한 처벌해야 할 이유가 없다(2009.11.26. 2008헌바58, 2009헌바191(병합) 전원재판부)

> **아내에 대한 강간죄의 성립 여부**
>
> [질문]
>
> A씨는 2012년 국제결혼 중개 업체를 통해 20살 이상 어린 아내 B씨를 만나 결혼하고, 이듬해 B씨가 한국에 오자 본격적인 신혼생활을 시작했다. 그러나 A씨는 아내가 몸을 웅크리는 등 거부 의사를 밝혔음에도 A씨는 2개월 동안 10여 차례 부부관계를 강제했고, 집에서 옷을 입지 못하게 했을 뿐만 아니라, B씨가 텔레비전을 보다 잠이 들었다거나 아파서 병원에 가고 싶다고 말했다는 이유로 남편이 주먹으로 자신의 머리를 때리기도 했다. B씨는 결혼 생활 두 달 만에 탈출했고 여성단체의 도움 받아 남편을 고소하기에 이르렀다. A씨의 죄책은?
>
> [해설]
>
> 과거, 대법원은 실질적인 부부관계가 유지되고 있을 때에는 설령 남편이 강제로 아내를 간음하였다고 하더라도 강간죄가 성립하지 아니한다고 판시하였다.
>
> 그러나 부부 사이에 민법상의 동거의무가 인정된다고 하더라도 거기에 폭행, 협박에 의하여 강요된 성관계를 감내할 의무가 내포되어 있다고 할 수 없다. 혼인이 개인의 성적 자기결정권에 대한 포기를 의미한다고 할 수 없고, 성적으로 억압된 삶을 인내하는 과정일 수도 없기 때문이다. 따라서 혼인관계가 파탄된 경우뿐만 아니라 혼인관계가 실질적으로 유지되고 있는 경우에도 남편이 반항을 불가능하게 하거나 현저히 곤란하게 할 정도의 폭행이나 협박을 가하여 아내를 간음한 경우에는 강간죄가 성립한다(대법원 2013.5.16. 선고 2012도14788 전원합의체 판결).

(3) 사회생활에 관한 죄

1) 명예훼손죄

'공연히 사실을 적시'하여 '사람의 명예를 훼손'한 자는 2년 이하의 징역이나 금고 또는 500만 원 이하의 벌금에 처한다(제307조 제1항). 또한 허위사실 적시에 의한 명예훼손죄(제307조 제2항)는 제1항보다 중한 형으로 벌한다. 그러나 '반의사불벌죄'로써, 피해자의 명시한 의사에 반하여 처벌할 수 없다(제312조).

이러한 '명예훼손죄'의 보호법익인 '사람의 명예'는 '외적인 명예'를 말한다. '외적 명예'란, 사람의 인격적 가치와 그의 사회 도덕적 행위에 대한 사회적 평가를 말하는 것이다. 명예의 주체에는 자연인, 사자(死者), 법인 및 그밖에 단체를 포함한다.

'공연성'(公然性)이란, 불특정 또는 다수인이 인식할 수 있는 상태를 의미한다. 불특정인 경우는 다수인·소수인을 불문하며, 다수인인 경우는 특정·불특정을 불문한다. 특히 다수인이라는 의미는 단순히 복수를 말하는 것이 아니라, 개인의 명예가 사회적으로 훼손되었다고 할 수 있는 정도의 상당한 다수임을 요한다고 하겠다. 또한 특정 소수인에게 사실을 적시하더라도 그 사람들에 의하여 외부의 불특정 또는 다수인에게 전파될 가능성이 있다면 공연성이 인정된다.

또 공연히 '허위의 사실을 적시'하여 사자의 명예를 훼손한 자는 사자의 명예훼손죄(제308조)가 되며, 사람을 비방할 목적으로 신문, 잡지 또는 라디오, 기타 출판물에 의하여 명예훼손 하는 경우 처벌된다(제309조). 다만, 명예훼손죄의 위법성조각사유로서, "행위가 진실한 사실로서 '오로지 공공의 이익'에 관한 때에는" 처벌하지 아니한다(제310조).

이는 개인의 명예보호와 표현의 자유가 충돌하는 것을 조정하기 위한 것이다. 명예훼손죄와 출판물에 의하여 명예훼손죄는 '반의사불벌죄'이기 때문에 피해자의 명시한 의사에 반하여 공소를 제기할 수 없다. 그리고 사자의 명예훼손죄(제308조)는 '친고죄'이므로 고소가 있어야 공소를 제기할 수 있다.

[질문]

이혼소송이 계속중인 A(처)가 B(남편)의 C(친구)에게 서신을 보내면서 B(남편)의 명예를 훼손하는 문구가 기재된 서신을 동봉하였다. A는 명예훼손죄가 성립하는가? (단, C는 B에게 유리한 진술서를 작성해 줄 정도로 B와 가까운 사이이다.)

[해설]

명예훼손죄에 있어서 '공연성'은 '불특정' 또는 '다수인이 인식할 수 있는 상태'를 의미하므로, 비록 개별적으로 한 사람에 대하여 사실을 유포하더라도 이로부터 불특정 또는 다수인에게 '전파될 가능성'이 있다면 공연성의 요건을 충족한다 할 것이다. 하지만, 이와 달리 전파될 가능성이 없다면 특정한 한 사람에 대한 사실의 유포는 공연성을 결한다. 이 사건은 이혼소송이 계속중인 처가 남편의 친구에게 서신을 보내면서 남편의 명예를 훼손하는 문구가 기재된 서신을 동봉한 경우로서 '공연성'이 결여되었다(대법원 2000.2.11. 선고 99도4579 판결).

> **명예훼손 피해자의 특정성**
>
> '명예훼손죄'는 어떤 특정한 사람 또는 인격을 보유한 단체에 대하여 그 명예를 훼손함으로써 성립하므로, 그 피해자는 특정한 것임을 요하므로, 다만 경기도민이라 함과 같이 막연한 표시에 의하여서는 명예훼손죄를 구성하지 아니하나, 그에 의하여 특정인을 가리키는 것이 명백하면 명예훼손죄를 구성할 수 있다(대법원 2000.10.10. 99도5407).

2) 모욕죄

'모욕죄'(侮辱罪)의 행위는 공연히 모욕하는 것으로서, '공연히' 사람을 모욕한 자는 1년 이하의 징역이나 금고 또는 200만 원 이하의 벌금에 처한다(제311조). 여기서 공연히라는 것은 불특정 또는 다수인이 인식할 수 있는 상태를 말하며, 모욕한다는 것은 구체적으로 '사실을 적시'하지 아니하고 사람의 인격을 경멸하는 추상적인 가치판단만을 표시하는 것이다. 모욕죄는 '친고죄'이기 때문에 고소가 있어야 공소를 제기할 수 있다(제312조 제1항).

[질문]

방송국 시사프로그램을 시청한 후 방송국 시청자게시판에 작성·게시한 글 중 특히, "그렇게 소중한 자식을 범법행위의 변명의 방패로 쓰시다니, 정말 대단하십니다."는 등의 표현은 그 게시글 전체를 두고 보더라도, 그 출연자인 피해자에 대한 사회적 평가를 훼손할 만한 모욕적 언사라고 주장한다. 모욕죄에 해당하는가?

[해설]

피고인이 방송국 홈페이지의 시청자 의견란에 작성·게시한 글 중 일부의 표현은 이미 방송된 프로그램에 나타난 기본적인 사실을 전제로 한 뒤, 그 사실관계나 이를 둘러싼 문제에 관한 자신의 판단과 나아가 이러한 경우에 피해자가 취한 태도와 주장한 내용이 합당한가 하는 점에 대하여, 자신의 의견을 개진하고, 피해자에게 자신의 의견에 대한 반박이나 반론을 구하면서, 자신의 판단과 의견의 타당함을 강조하는 과정에서 부분적으로 그와 같은 표현을 사용한 것을 '사회상규'에 위배되지 않는다고 보고 있다(대법원 2003. 11.28. 선고 2003도3972 선고 판결).

> [사례]
>
> 　모욕죄의 보호법익(=외부적 명예) 및 '모욕'의 의미 / 모욕죄가 성립하기 위하여 피해자의 외부적 명예가 현실적으로 침해되거나 구체적·현실적으로 침해될 위험이 발생하여야 하는가? (소극)
>
> [판례]
>
> 　피고인이 택시를 타고 목적지까지 갔음에도 택시기사에게 택시요금을 주지 않자 택시기사가 경찰서 지구대 앞까지 운전하여 간 다음 112 신고를 하였고, 위 지구대 앞 길에서 피해자를 포함한 경찰관들이 위 택시에 다가가 피고인에게 택시요금을 지불하라고 요청하자 피고인이 "야! 뭐야!"라고 소리를 쳐서 피고인을 택시에서 내리게 한 후, 피해자가 피고인에게 "손님, 요금을 지불하고 귀가하세요."라고 말하자 피고인이 피해자를 향해 "뭐야. ㄱ××야.", "뭐 하는 거야. ㅅ×들아.", "ㅆ××들아. ㄱ××야."라고 큰소리로 욕설을 한 사실을 알 수 있다. 이 같은 피고인의 발언 내용과 그 당시의 주변 상황, 경찰관이 현장에서 피고인에게 위와 같은 권유를 하게 된 경위 등을 종합해 보면, 당시 피고인에게 정당한 요금을 지불하게 하고 안전하게 귀가하게 하기 위하여 법집행을 하려는 경찰관 개인을 향하여 경멸적 표현을 담은 욕설을 함으로써 경찰관 개인의 인격적 가치에 대한 평가를 저하시킬 위험이 있는 모욕행위를 하였다고 볼 것이고, 이를 단순히 당시 상황에 대한 분노의 감정을 표출하거나 무례한 언동을 한 정도에 그친 것으로 평가하기는 어렵다. 그리고 설령 그 장소에 있던 사람들이 전후 경과를 지켜보았기 때문에 피고인이 근거 없이 터무니없는 욕설을 한다는 사정을 인식할 수 있었다고 하더라도 공연성 및 전파가능성도 있었다고 보이는 이상, 피해자인 경찰관 개인의 외부적 명예를 저하시킬 만한 추상적 위험을 부정할 수는 없다고 할 것이다(대법원 2017.4.13., 선고, 2016도15264, 판결).

3) 업무방해죄

'업무방해죄'(業務妨害罪)는 허위의 사실을 유포하거나 위계 또는 위력으로써 '사람의 업무를 방해'함으로써, 성립하는 범죄이다(형법 제314조). 이 죄는 '재산죄적 성격'과 아울러 '사회활동의 자유'에 대한 죄라는 성격을 동시에 갖고 있기 때문에 양자가 결합된 것으로 이해할 수 있다. 보호법익은 '업무'이며, 이 업무는 사람이 그 사회생활상의 지위에 기인하여 계속적으로 종사하는 사무 내지 사업을 말한다. 반드시 경제적 사무에 국한하지는 않으며, 보수의 유무도 불문한다. 주된 업무인지 부수적 업무인지도 불문한다.

업무와 관련하여, 폭력조직 간부인 피고인이 조직원들과 공모하여 'A'가 운영하는 성매매업소 앞에 속칭 '병풍'을 치거나 차량을 주차해 놓는 등 위력으로써 업무를 방해하였다는 내용으로 기소된 사례가 있다. 이 사안에서, 성매매업소 운영업무가 업무방해죄의 보호대상인 업무라고 볼 수는 없을 것이다(대법원 2011.10.13. 선고 2011도7081 판결). 즉, 불법적인 운영업무는 업무방해죄의 보호대상이 되는 업무라고 보지 않는다는 것이다. 그리고 공무원이 직무상 수행하는 '공무'를 방해하는 행위를 업무방해죄로 처벌할 수 있는지 여부와 관련하여, 형법이 업무방해죄와는 별도로 '공무집행방해죄'를 규정하고 있으므로, 공무원이 직무상 수행하는 공무를 방해하는 행위에 대해서는 '업무방해죄'로 처벌할 수는 없다(대법원 2009.11.19. 선고 2009도4166 전원합의체 판결).

'위계'에 의한 업무방해죄에 있어서 위계란, 행위자의 행위목적을 달성하기 위하여 상대방에게 '오인', '착각' 또는 '부지'를 일으키게 하여, 이를 이용하는 것을 말한다. 업무방해죄의 성립에는 '업무방해의 결과'가 '실제로 발생함을 요하지 않고', 업무방해의 결과를 초해할 위험이 발생하는 것이면 족하며, 업무수행 자체가 아니라 '업무의 적정성' 내지 '공정성'이 방해된 경우에도 업무방해죄가 성립한다.

그리고 오늘날 업무방해의 새로운 유형으로, 컴퓨터 등 정보처리장치 또는 전자기록 등 특수매체기록을 손괴하거나 정보처리장치에 허위의 정보 또는 부정한 명령을 입력하거나 기타 방법으로 정보처리에 장애를 발생하게 하여 사람의 업무를 방해하는 범죄가 발생하게 된 바, 이를 업무방해죄의 형과 같이 처벌하고 있다(제314조 제2항).

[질문]

K대학교 대학원에 재학 중인 A는 B가 운영하는 논문자료 및 리서치 회사에 학위논문의 대필을 의뢰하여 작성한 후, 마치 자신이 작성한 것인 양 학교에 제출하였다. A의 죄책은?

[해설]

대학의 석사학위논문 정도의 학술적 저작물을 작성함에 있어서는 논문작성과정에서 타인으로부터 외국서적의 번역이나 자료의 통계처리 등 단순하고 기술적인 조력을 받는 것은 허용된다고 보아야 할 것이다. 하지만, 그 작성자로서는 학위논문의 작성을 통하여 논문의 체제나 분류방법 등 논문작성 방법을 배우고, 지도교수가 중점적으로 지도하여 정립한 논문의 틀에 따라 필요한 문헌이나 자료를 수집하여 분석, 정리한 다음 이를 논문의 내용으로 완성하는 것이 가장 중요한 일이라 할 것이다. 비록 논문작성자가 지도교수의 지도에 따라 논문의 제목, 주제, 목차 등을 직접 작성하였다고 하더라도 자료를 분석, 정리하여 논문의 내용을 완성하는 일의 대부분을 타인에게 의존하였다면, 그 논문은 논문작성자가 주체적으로 작성한 논문이 아니라 타인에 의하여 대작된 것이라고 보아야 한다.

법원은 단순히 통계처리와 분석, 또는 외국자료의 번역과 타자만을 타인에게 의뢰한 것이 아니라 전체 논문의 초안작성을 의뢰하고, 그에 따라 작성된 논문의 내용에 약간의 수정만을 가하여 제출하였음이 인정된다는 이유로 타인에 의하여 대작된 논문이라고 인정하였다. 따라서, A에게 '업무방해죄'가 성립된다.

(4) 재산에 관한 죄

'재산에 대한 죄'는 '개인의 재산'을 보호법익으로 하는 범죄를 말한다. 형법에서는 '절도'와 '강도'의 죄, '사기'와 '공갈'의 죄, '횡령'과 '배임'의 죄, '장물에 관한 죄,' '권리행사를 방해하는 죄'가 있다. '재산죄'의 객체가 되는 것은 재물이다. 이 재물은 관리 가능한 유체물 이외의 무체물도 포함한다. '재산죄'는 다음과 같이 분류된다.

구 분		내 용	
객체	재물죄	객체 : 재물	절도, 횡령, 장물, 손괴죄
	이득죄	객체 : 재산상 이익 (재산상 이익 : 무상의 노무제공, 채권 취득, 부채의 감소, 채무변제의 연기)	배임죄
	재물죄 및 이득죄	객체 : 재물 및 재산상 이익	강도죄, 사기죄, 공갈죄
영득 의사	영득죄	고의 및 불법영득의사 필요	절도죄, 강도죄, 사기죄, 공갈죄, 횡령죄(장물죄)
	비 영득죄	고의 이외에 불법영득의사를 불요 단, 타인 재물의 효용가치를 해하는 것을 내용으로 함	손괴죄
침해 방법	탈취죄	타인의 의사에 반하거나 그 의사에 의하지 않고 재산을 취득	절도죄, 강도죄, 장물죄, 횡령죄
	편취죄	타인의 하자있는 의사에 따른 처분행위로 인하여 재산을 취득	사기죄, 공갈죄

재산에 관한 죄는 기본적으로 일정 범위의 친족 간의 행위에 대하여 '친족상도례'가 적용되는 경우가 많다. 직계혈족, 배우자, 동거친족, 동거가족 또는 그 배우자간의 죄는 그 형을 면제한다. 그리고 그 밖의 친족 간에 죄를 범한 때에는 고소가 있어야 공소를 제기할 수 있다. 강도죄와 손괴죄에는 친족상도례가 인정되지 아니한다.

1) 절도죄

타인의 재물을 절취한 자는 6년 이하의 징역 또는 1천만 원 이하의 벌금에 처한다(형법 제329조). '절도죄'(窃盜罪)는 타인이 점유하는 타인의 재물을 절취함으로써 성립하는 범죄이다. 타인의 재물에 대하여는, 타인의 단독 점유뿐만 아니라 행위자와 타인의 공동점유의 경우도 '점유의 타인성'이 인정된다.

피해자가 가지고 있는 책을 잠깐 보겠다고 하며 동인이 있는 자리에서 보는 척 하다가 가져갔다면, 책은 아직 피해자의 점유 하에 있었다고 할 것이므로 '절도죄'가 성립한다.

절도죄의 실행의 착수시기는, 타인의 점유를 배제하는데 '밀접한 행위'를 개시하거나 '목적물을 물색한 때' 실행의 착수가 있다. 그리하여 소매치기의 경우 피해자의 양복상의 주머니로부터 금품을 절취하려고 그 호주머니에 손을 뻗쳐 그 겉을 더듬은 때, 자동차의 오른쪽 앞문을 열려고 앞문 손잡이를 잡아당기다가 피해자에게 발각되었을 때 절도의 실행에 착수하였다고 할 수 있다.

그러나 기수시기에 관하여는, 재물을 '자기 또는 제3자의 지배'하에 둔 때에 기수가 된다는 '취득설'의 입장을 취하고 있다. 구체적으로는 용이하게 운반할 수 있는 재물은 손에 잡거나 호주머니 또는 가방에 넣었을 때, 그리고 쌀가마니처럼 그러하지 않은 경우는 피해자의 지배범위를 벗어났을 때 기수가 된다.

이와는 구분하여, '자동차 등 불법사용죄'를 규정하고 있다(제331조의2). 이는 권리자의 동의 없이 타인의 자동차, 선박, 항공기 또는 원동기장치자전차를 일시 사용한 자를 처벌하는 것이다. 절도죄가 성립하려면, 불법영득의 의사가 필요한데, 사용절도의 경우는 불법영득의 의사가 없기 때문에 절도죄로 처벌할 수 없었기 때문이다. 이 죄에서 사용은 불법적으로 사용을 개시한 것만을 말하며, 동의의 권한을 벗어나 다른 사람에게 운전하게 한 경우는 포함되지 아니한다.

결혼식장에서 접수인 행세 후 축의금 가로채기

[질문1]

A가 결혼예식장에서 신부측 축의금 접수인인 것처럼 행세하는 B에게 축의금을 내어 놓자, B는 이를 교부받아 가로채었다. B의 죄책은?

[해설]

이 사안에서 A의 교부행위의 취지는 신부측에 전달하는 것일 뿐 B에게 그 처분권을 주는 것이 아니므로, 이를 'B에게 교부'한 것이라고 볼 수 없다. 단지, 신부측 접수대에 교부하는 취지에 불과하므로, B가 그 돈을 가져간 것은 신부측 접수처의 점유를 침탈하여 범한 절취행위라고 보는 것이 정당하다.

타인의 카드로 현금자동인출기에서의 현금인출행위

[질문2]

'A'는 'B'의 주거에 침입하여 훔친 'B'의 신용카드를 사용하여 현금인출기에서 50만 원을 인출하였다. 이 경우 'A'는 어떤 죄로 처벌받게 되는가?

[해설]

사례에서 첫째, 'A'가 주거에 침입하여 신용카드를 훔쳤으므로, '주거침입죄'와 '절도죄'가 성립될 것이다.

둘째, 신용카드로 현금인출기에서 50만 원을 인출한 행위는 신용카드업법 제25조 1항(현행 여신전문금융업법 제70조 1항)의 '부정사용죄'에 해당할 뿐 아니라, 별도로 절도죄를 구성한다. 그러므로 'A'는 '주거침입'과 '절도죄', '여신전문금융업법위반죄'로 처벌받게 될 것이다.

[판례]

피고인이, 자신의 동생 갑 사망 후 갑의 미성년 자녀 을 및 그의 생모 친권자 병에게 알리지 않고 갑 명의의 현금카드를 사용하여 갑의 계좌에서 예금을 인출하거나 예금을 자신의 계좌로 이체하여 절도 및 컴퓨터 등 사용사기죄로 기소된 사안에서, 위 각 범행의 피해자가 을임을 전제로 친족상도례 규정이 적용되어야 한다는 피고인 주장을 배척한 사례

> [판결요지]
> 법원은, 권한 없는 자가 타인의 현금카드를 이용하여 예금을 인출하거나 예금 잔고를 다른 금융기관에 개설된 자기 계좌로 이체한 경우 절도 범행의 피해자는 현금자동인출기 관리자이고, 컴퓨터등사용사기 범행의 피해자는 자금이체 거래의 직접적인 당사자이자 이중지급 위험의 원칙적 부담자인 거래 금융기관이므로, 이와 같은 경우 친족 간의 범행을 전제로 하는 친족상도례 규정이 적용되지 않는다는 이유로, 위 각 범행의 피해자가 을임을 전제로 친족상도례 규정이 적용되어야 한다는 피고인 주장을 배척하였다(서울중앙지법 2012.03. 29. 선고 2011노3337 판결 : 확정 절도·컴퓨터 등 사용사기[각공2012상, 681]).
>
> 유사한 사례로서 손자가 할아버지의 금융기관 통장을 훔쳐서 현금자동인출기에 넣고 조작하여 예금잔고 중 일부를 자기의 거래은행 계좌로 이체한 경우에 대하여, 대법원은 이 사례에 있어서, 피해자를 할아버지가 아니라 예금자인 할아버지에 대한 예금채권 반환채무를 갖고 있는 그 금융기관으로 보았고, 그 금융기관은 손자의 거래은행에 예금채권을 지급할 2중이 지급의무를 부담하게 됐다고 하여, 친족상도례를 적용하지 않고 '절도죄'의 성립을 인정하였다(대법원 2007.3.28.).

2) 강도의 죄

'폭행 또는 협박'으로 타인의 재물을 강취하거나 기타 재산상의 이익을 취득하거나 제삼자로 하여금 이를 취득하게 한 자는 3년 이상의 유기징역에 처한다(형법 제333조).

절도가 재물의 탈환을 항거 또는 체포를 면탈하거나, 죄적을 인멸할 목적으로 폭행 또는 협박을 가한 때에는 '준강도죄'(準強盜罪)가 성립한다(제335조). 먼저 강도죄의 객관적 구성요건으로서, 폭행 또는 협박, 타인의 재물을 강취하거나 기타 재산상의 이익을 취득 또는 제삼자로 하여금 이를 취득하게 할 것, 그리고 폭행협박에 의한 반항억압과 재물강취 사이에 인과관계가 있어야 한다. '실행의 착수시기'는 '강도의 의사'로 '상대의 반항을 억압할 정도의 폭행·협박이 개시'된 때이다. 그리고 재물 또는 재산상의 이익을 취득한 때 기수가 된다. 또한 '주관적 구성요건'으로 고의가 있어야 하고, '불법영득의 의사'가 있어야 한다. 다른 재산범죄와 달리 강도죄는 친족상도례가 적용되지 아니한다.

[질문 1]

A는 B의 핸드백을 날치기 하는 과정에서, B가 가방을 놓지 않고 버티는 바람에, 몇 미터 가량 끌고 감으로써 B의 무릎 등에 상해를 입혔다. A의 죄책은?

[해설]

이른바, '날치기'와 같이 강제력을 사용하여 재물을 절취하는 행위가 때로는 피해자를 넘어뜨리거나 상해를 입히는 경우가 있고, 그러한 결과가 피해자의 반항을 억압하는 목적이 없이 점유탈취의 과정에서 우연히 가해진 경우라면, 이는 강도가 아니라 절도에 불과하다. 그러나 그 강제력의 행사가 사회통념상 객관적으로 상대방의 반항을 억압하거나 항거 불능케 할 정도의 것이라고 한다면, 강도죄의 폭행에 해당한다고 할 것이다.

그러므로 날치기의 점유탈취 과정에서, 상대방이 이를 알아채고 재물을 뺏기지 않으려 반항하는 와중에 계속하여 피해자를 끌고 가면서 억지로 재물을 빼앗은 행위는, 피해자의 반항을 억압한 후 재물을 강취한 것으로서 강도에 해당한다. 이 사안에 있어서 법원은 '강도치상죄'의 성립을 인정하였다(대법원 2007.12.13. 선고 2007도7601 선고 판결).

[질문 2]

A는 B의 집에 들어가 다이아반지를 훔쳐가지고 나오다가 B에게 들켰다. A는 B가 잡으려고 하기 때문에, 이를 피하려고 B를 몽둥이로 때려눕힌 후 도망쳤다. A에게는 어떠한 범죄가 성립하는가?(절도행위를 하다가 체포를 면하려고 폭행한 경우임.)

[해설]

절도가 재물의 탈환을 항거하거나 체포를 면탈하거나 죄적을 인멸할 목적으로 폭행 또는 협박을 가하는 경우에는 준강도죄가 성립한다(형법 제335조).

3) 사기의 죄

사람을 '기망'하여, '재물의 교부'를 받거나 '재산상의 이익'을 취득한 자 및 이와 같은 방법으로 제삼자로 하여금 재물의 교부를 받게 하거나 재산상의 이익을 취득하게 한 때에는 사기죄(詐欺罪)가 성립한다(형법 제347조). 그러므로 사기죄는 재물 및 재산상의 이익을 객체로 하므로, '재물죄'이자 '이득죄'가 된다. 미성년자의 지려천박 또는 사람의 심신장애를 이용하여 재물의 교부를 받거나 재산상의 이익을 취득하는 것을 '준사기'(제348조)에 해당한다.

'사기죄'는 타인을 기망하고, 이에 속은 피해자의 잘못된 판단에 의한 처분행위로 인하여 재물이나 재산상의 이익을 취하는 경우이다. 통상적 사기에 대한 이해와 형법상 사기의 개념은 구별하여야 한다. '사기죄'는 기망(欺罔) → 기망에 의한 잘못된 의사결정 → 처분행위 → 편취(騙取)라는 일련의 행위가 연결되어야 한다. 그러므로 자기가 점유하는 재물을 횡령하기 위하여 기망한 경우는 횡령죄만 성립하는 것이다.

> [질문]
> A병원 원장은 의료기관이 청구한 진료수가 내역을 보험회사가 삭감할 것을 미리 예상하고, 그만큼 허위로 과다하게 진료수가를 청구하였다. A의 죄책은?
>
> [해설]
> 의료기관이 보험회사에 대하여 허위로 진료수가를 과다하게 청구하여, 진료비를 지급받은 경우 사기죄가 성립한다(대법원 2008.2.29. 선고 2006도5945 판결).
>
> 자동차보험의 진료수가는 관련 법령이 정한 절차에 따라 결정·지급되는 것으로서, 보험회사가 임의로 의료기관의 지급청구내역이나 금액을 삭감할 수 없고, 보험회사의 부당한 감액조치에 대하여는 의료기관이 진료수가분쟁심의회에 심사를 청구할 수 있는 것이다.
>
> 그럼에도 불구하고 의료기관이 청구한 진료수가 내역을 보험회사가 삭감할 것을 미리 예상하고 그만큼 허위로 과다하게 진료수가를 청구하였다면, 허위로 과다하게 청구한 부분에 대한 편취의사 및 불법영득의사가 있었다고 보아야 한다(대법원 2005.9.28. 선고 2005도1876 판결).

빌려간 돈을 갚지 않을 경우 사기죄가 성립되는지

> [질문]
> A는 약 3년 전부터 잘 알고 지내는 B에게 여러 차례에 걸쳐서 1,500만원을 그 남편의 사업자금명목으로 빌려주었다. 차용시에는 남편의 건축사업이 잘 되면 이자는 물론이고 아파트분양까지 책임지겠다고 하여 믿고 대여해 주었는데, 이제 와서는 건축경기가 좋지 않아 파산위기에 처해 있으니 마음대로 하라고 한다. 이런 경우 사기죄가 성립되는가?

[해설]

　　사기죄는 타인을 기망하여 착오에 빠지게 하고 그 처분행위로 재산적 이득을 얻음으로써 성립하는 죄이다(형법 제347조). A의 경우에는 B가 당초부터 변제할 의사나 능력 없이, A에게 금전을 차용한 경우에만 형사상 사기죄가 문제될 것이며, B의 그러한 고의는 B가 자백하지 아니하는 한 차용당시의 B의 객관적인 사정을 종합하여 판단해 보아야 할 것이다.

4) 공갈죄

　사람을 공갈하여, '재물의 교부'를 받거나 '재산상의 이익'을 취득한 자는 10년 이하의 징역 또는 2천만 원 이하의 벌금에 처한다(형법 제350조). 공갈죄(恐喝罪)의 수단으로서의 '협박'은 사람의 의사결정의 자유를 제한하거나 의사실행의 자유를 방해할 정도로 겁을 먹게 할 만한 해악의 고지를 의미한다. 여기에서 고지된 해악의 실현은 반드시 그 자체가 위법한 것임을 요하지 아니하며, 해악의 고지가 권리실현의 수단으로 사용된 경우라도 그것이 '권리행사를 빙자'하여 '협박'을 수단으로 상대방을 겁먹게 하였고, 권리실행의 수단 방법이 '사회통념상 허용되는 정도나 범위'를 넘는다면 공갈죄가 성립한다(2007.10.11. 선고 2007도6406 참조).

　'공갈죄'는 사기죄와는 달리, 그 수단이 '폭행·협박'이라는 점이 다르며, 보호법익 역시 사기죄가 재산권임에 반하여, '공갈죄'는 '재산권' 및 '자유권'이라는 점에서 구별된다. 강도죄와는 재물 및 재산상의 이익을 객체로 하고 폭행 협박한다는 점에서 같으나, 폭행·협박의 정도가 공갈죄에 있어서는 상대방에게 공포심이 생기게 할 정도로 족하나 강도죄는 반항을 억압할 수 있을 정도이어야 한다.

[질문]

　　A는 교통사고 상해를 당하여 그로 인한 손해배상청구권이 있었는데, 사고차의 운전사인 B가 바뀐 것을 알고는 전치 2주의 치료를 요하는 상해를 입었음에도 불구하고 사고차량의 운전사의 사용자인 B에게 1,000만 원을 요구하였다. 그리고 만일 이에 응하지 않는다면, 수사기관에 신고할 것 같은 태도를 보임으로써, 이에 겁을 먹은 B로부터 금 500만원을 교부받았다. A에게는 어떠한 범죄가 성립하는가?

> [해설]
> 권리행사를 빙자하여 상대방을 외포하게 함으로써 재물을 교부받은 경우에 해당하므로 A는 '공갈죄'가 성립한다.

5) 횡령죄

'횡령죄'(橫領罪)란 '타인의 재물을 보관하는 자'가 그 재물을 횡령하거나 그 반환을 거부한 때에 성립한다(형법 제355조 제1항). 이 횡령죄는 위탁물을 불법하게 영득하는데 본질이 있다(영득죄).

횡령죄의 주체는 '위탁관계에 의하여 타인의 재물을 보관하는 자'이다. 횡령죄에 있어서 '보관'이란, '신임관계를 기반'으로 한 것이므로, '사실상의 지배' 이외에 '법률상의 지배'까지 포함하며 '신분적 요소'로서의 성격을 갖는다.

또, 이 보관은 위탁관계에 의한 것임을 요한다. 따라서 위탁관계에 근거하지 않는 재물의 보관자가 이를 영득한 경우에는 횡령죄가 아니라 '점유이탈물횡령죄'이다. 승객이 놓고 내린 지하철의 전동차 바닥이나 선반 위에 있던 물건을 가지고 감으로써 성립한다.

또한, 상대방이 착오에 의해서 거스름돈을 더 많이 내준 것을 알면서도 이것을 말없이 수령한 것은 부작위에 의한 기망에 해당하게 되고 부작위에 의한 사기죄를 구성한다는 견해가 있다. 그러나 이를 수령한 당시에는 거스름돈이 많은 사실을 몰랐으나, 나중에 이를 알고 돌려주지 않은 경우에는 '점유이탈물횡령죄'가 성립한다고 보아야 할 것이다.

점유이탈물횡령죄(형법 제360조)는 유실물, 표류물 또는 타인의 점유를 이탈한 재물을 횡령함으로써 성립한다. '업무상의 횡령'(형법 제356조)은 업무상의 임무에 위배하여 '횡령죄'를 범한 자를 10년 이하의 징역 또는 3천만 원 이하의 벌금에 처한다.

'횡령죄'의 '기수' 시기와 관련하여, '처분행위'로 인하여 '불법영득의 의사'가 객관적으로 인식될 수 있도록 외부에 표현'되었을 때 기수가 된다는 '표현설'이 있고, 처분행위로 인하여 불법영득의사가 실현되었을 때라는 '실현설'이 있지만, 법원은 대체로 '표현설'을 견지하고 있다. 배임죄와는, 횡령죄의 객체가 '재물'임에 반하여 배임죄는 '재산상의 이익'이 객체라는 점에 차이가 있다.

[질문1]

고속버스 승객이 차내에 있는 유실물을 가져간 경우의 죄책은?

[해설]

고속버스 운전사는 고속버스의 관수자로서 차내에 있는 승객의 물건을 점유하는 것이 아니고 승객이 잊고 내린 유실물을 교부받을 권능을 가질 뿐이므로, 유실물을 현실적으로 발견하지 않는 한 이에 대한 점유를 개시하였다고 할 수 없고, 그 사이에 다른 승객이 유실물을 발견하고 이를 가져갔다면 절도에 해당하지 아니하고 '점유이탈물횡령'에 해당한다.

[질문2]

2018년 6월 중 A는 귀가하는 중에 버스 안에서 체크카드를 주웠다. '쌀 떨어진 지 한참 됐는데….' 순간 잘못 생각에 그는 곧장 마트로 가서 쌀과 햄 한 통, 두부 한 모, 코카콜라 한 병 등 총 4만 4,940원어치를 그 체크카드로 계산했다. 정육점에서 고기도 사려 했지만 잔액 부족으로 더 이상은 결제되지 않았다. A의 죄책은?

[해설]

A의 집에 그날 저녁 경찰이 방문했고, 당시 A는 유일한 가족인 대학생 아들과 막 저녁 식사를 하려던 참이었다. 그때 A를 찾아온 경찰은 "분실 카드를 무단으로 사용했다는 신고를 받아서 이를 확인해야 한다"며 A를 경찰서로 연행했다. 넉 달 후 A에게 벌금 250만 원이 선고된 '약식명령문'(비교적 경미한 사건에 한해 재판을 거치지 않고 서면 심리만으로 벌금형 선고가 이뤄지는 사법제도)이 송달됐다. A는 '점유이탈물횡령죄, 사기죄, 사기미수, 여신전문금융업위반.'의 전과자가 되었다. 남의 카드를 쓴 죄의 항목이 이렇게 많았다. 벌금을 내지 못하는 경우 노역장에 가야 했다. A는 경찰서를 찾아갔다. '명령문을 받은 7일 이내에 정식재판을 청구할 수 있지만, 크게 달라지는 건 없을 것'이라는 대답을 들었다(출처, 서울신문 2020.2.17).

https://www.seoul.co.kr/news/newsView.php?id=20200217003003&wlog_tag3=daum#csidx23f2bd818d298fe9f64cfedd13901f1

6) 배임죄

'배임죄'(背任罪)란 '타인의 사무를 처리하는 자'가 그 임무에 위배하여, 재산상의 이익을 얻고, 본인에게 손해를 준 경우에 성립한다(형법 제355조 제2항). 배임죄의 주체는 '타인의 사무를 처리하는 자'이고, 그 객체는 '재산상의 이익'이다. 배임행위는 권한남용, 의무위반, 법률행위, 사실행위, 작위 및 부작위를 불문한다. 예를 들어, 철도공사 직원이 고의로 무임 승차하게 하는 경우, 채권추심을 고의로 미루어 소멸시효가 완성하게 하는 경우이다. 배임죄의 실행의 착수시기는 '배임행위'를 시작한 때이다. 그리고 재산상 손해가 발생한 때 기수가 된다.

[질문1]

A는 자신의 토지를 B에게 매매한 후 소유권이전등기 이전에 더 비싼 값을 치르겠다고 하는 C에게 이중매매하고 소유권이전등기를 해 주었다. 이 경우 A에게 배임죄가 성립할까?

[해설]

매매계약의 당사자 사이에 중도금을 수수하는 등으로 계약의 이행이 진행되어 다른 특별한 사정이 없는 한 임의로 계약을 해제할 수 없는 단계에 이른 때에는 그 계약의 내용에 좇은 채무의 이행은 채무자로서의 자기 사무의 처리라는 측면과 아울러 상대방의 재산보전에 협력하는 타인 사무의 처리라는 성격을 동시에 가지게 되므로, 이러한 경우 그 채무자는 배임죄의 주체인 '타인의 사무를 처리하는 자'의 지위에 있고, 이러한 지위에 있는 자가 그 의무의 이행을 통하여 상대방으로 하여금 그 재산에 관한 완전한 권리를 취득하게 하기 전에 이를 다시 제3자에게 처분하는 등 상대방의 재산 취득 혹은 보전에 지장을 초래하는 행위는 상대방의 정당한 신뢰를 저버리는 것으로 비난가능성이 매우 높은 전형적인 임무위배행위에 해당한다. 따라서 부동산의 매매에서 매도인이 중도금을 수령한 이후에 매매목적물을 제3자에게 처분하는 행위는 매수인을 위한 등기협력의무에 위배하는 것으로 배임죄에 해당한다.

[질문 2]

회사직원 A가 회사의 영업비밀을 경쟁업체에 유출하거나, 스스로의 이익을 위하여 이용할 목적으로, 무단으로 반출한 경우 A의 죄책은?

[해설]
    회사직원 A가 회사의 영업비밀을 경쟁업체에 유출하거나, 스스로의 이익을 위하여 이용할 목적으로 무단으로 반출하였다면 그 반출시에 업무상 배임죄의 기수가 된다.
    설령, 영업비밀이 아니더라도 그 자료가 불특정 다수의 사람에게 공개되지 않았고 사용자가 상당한 시간, 노력 및 비용을 들여 제작한 영업상 주요한 자산인 경우라면, 그 자료의 반출행위는 업무상 배임죄를 구성한다.
    또 회사직원 A가 영업비밀이나 영업상 주요한 자산인 자료를 적법하게 반출하였고, 그 반출행위가 업무상배임죄에 해당하지 않는 경우라도, 퇴사시에 그 영업비밀 등을 회사에 반환하거나 폐기할 의무가 있음에도 경쟁업체에 유출하거나 스스로의 이익을 위하여 이용할 목적으로 이를 반환하거나 폐기하지 아니하였다면, 이러한 행위도 '업무상 배임죄'에 해당한다(대법원 2008.4.24. 선고 2006도9089 판결).

2. 사회적 법익의 침해

(1) 방화와 실화의 죄

1) 현주건조물 등에의 방화

불을 놓아 사람이 주거로 사용하거나 사람이 현존하는 건조물, 기차, 전차, 자동차, 선박, 항공기 또는 광갱을 소훼한 자는 무기 또는 3년 이상의 징역에 처한다(제164조 제1항). 그리고 이로 인하여, 사람을 상해에 이르게 한 때에는 무기 또는 5년 이상의 징역에 처하고, 사망에 이르게 한 때에는 사형, 무기 또는 7년 이상의 징역에 처한다(제164조 제2항).

[질문]
    A는 평소 사회에 대해 불만을 많이 갖고 있었던 자로서 혼자서는 죽을 수 없다고 생각하여, 대중이 이용하는 지하철 전동차에 신나를 뿌리고 불을 질러 전동차를 모두 태우고 말았다. A에게는 어떤 범죄가 성립하는가? 만일 이 방화로 인하여 사람들이 죽었다면 어떤 범죄가 성립하는가?

[해설]
    '현주건조물방화죄'란 불을 놓아 사람이 주거로 사용하거나 사람이 현존하는 건조

> 물, 기차, 전차, 자동차, 선박, 항공기 또는 광갱을 소훼함으로써 성립하는 범죄이다(형법 제164조 1항). 따라서 A가 전동차에 불을 놓아 모두 태운 것은 현주건조물방화죄에 해당한다. 그리고 현주건조물방화죄를 범하여 사람을 사망케 하였다면 '현주건조물방화치사죄'가 성립한다.

2) 업무상 실화, 중실화

업무상과실 또는 중대한 과실로 인하여 제170조의 실화죄를 범한 자는 3년 이하의 금고 또는 2천만 원 이하의 벌금에 처한다(제171조).

> [질문]
>
> A는 성냥불로 담배를 붙인 다음 그 성냥불이 꺼진 것을 확인하지 아니한 채 휴지가 들어 있는 플라스틱 휴지통에 던진 결과 발화하여 B의 주택이 전부 타버리고 말았다. A에게는 어떤 죄가 성립되는가?
>
> [해설]
>
> A는 조금만 주의를 하였어도 화재가 발생할 것이라는 사실을 예견할 수 있었는데도 불구하고 부주의로 이를 예견하지 못하였다. 따라서, A에게 중과실이 인정되고 이로 인해 화재가 발생하였기 때문에 '중실화죄'(重失火罪)가 성립한다.

(2) 성풍속에 관한 죄

1) 간통죄 : 폐지

2015년에 간통죄(제241조)에 대한 헌법소원에 대한 위헌결정이 있었다. 이에 따라, '배우자 있는 자의 간통행위 및 그와의 상간행위를 2년 이하의 징역에 처하도록 규정한 형법 제241조가 성적 자기결정권 및 사생활의 비밀과 자유를 침해하여 헌법에 위반된다고 선언함으로써 본죄는 효력을 상실하게 되었다.

그 요지를 살펴보면, 사회 구조 및 결혼과 성에 관한 국민의 의식이 변화되고, 성적 자기결정권을 보다 중요시하는 인식이 확산됨에 따라 간통행위를 국가가 형벌로 다스리는 것이 적정한지에 대해서는 이제 더 이상 국민의 인식이 일치한다고 보기 어렵다고 보았다.

비록 비도덕적인 행위라 할지라도 본질적으로 개인의 사생활에 속하고 사회에 끼치는 해악이 그다지 크지 않거나, 구체적 법익에 대한 명백한 침해가 없는 경우에는 국가권력이 개입해서는 안 된다는 것이 현대 형법의 추세여서 전세계적으로 간통죄는 폐지되고 있으며, 간통죄의 보호법익인 혼인과 가정의 유지는 당사자의 자유로운 의지와 애정에 맡겨야지, 형벌을 통하여 타율적으로 강제될 수 없는 것이며, 현재 간통으로 처벌되는 비율이 매우 낮다는 것이다.

뿐만 아니라 간통행위에 대한 사회적 비난 역시 상당한 수준으로 낮아져, 간통죄는 행위규제규범으로서 기능을 잃어가고, 형사정책상 일반예방 및 특별예방의 효과를 거두기도 어렵게 되었고, 부부 간 정조의무 및 여성 배우자의 보호는 간통한 배우자를 상대로 한 재판상 이혼 청구, 손해배상청구 등 민사상의 제도에 의해 보다 효과적으로 달성될 수 있으며, 오히려 간통죄가 유책의 정도가 훨씬 큰 배우자의 이혼수단으로 이용되거나 일시 탈선한 가정주부 등을 공갈하는 수단으로 악용되고 있기도 하다는 점이다.

결론적으로, 헌법재판소는 과잉금지원칙에 위배하여 국민의 성적 자기결정권 및 사생활의 비밀과 자유를 침해하는 것으로서 헌법에 위반된다고 하였다(2015.2.26. 2009헌바17 등 병합).

2) 음행매개죄

영리의 목적으로 사람을 매개하여 간음하게 한 자는 3년 이하의 징역 또는 1천 500만 원 이하의 벌금에 처한다(형법 제242조).

3) 음화반포죄

음란한 문서, 도화, 필름 기타 물건을 반포, 판매 또는 임대하거나 공연히 전시 또는 상영한 자는 1년 이하의 징역 또는 500만 원 이하의 벌금에 처한다(형법 제243조).

(3) 도박과 복표에 관한 죄

1) 도박 및 상습도박

① 도박을 한 사람은 1천만 원 이하의 벌금에 처한다(제246조 제1항). 다만, 일시오락 정도에 불과한 경우에는 예외로 한다. 특히, 도박죄의 객체에 '재물' 뿐만 아니라 '재산상 이익'도 포함하고 있음을 명확히 하였다(2013.4.5. 개정).

② 상습으로 도박죄를 범한 사람은 3년 이하의 징역 또는 2천만 원 이하의 벌금에 처한다(제246조 제2항).5)

도박죄를 처벌하는 이유는, 정당한 근로에 의하지 않는 재물의 취득을 처벌함으로써, 경제에 관한 건전한 도덕법칙을 보호하는데 있다. 그리고 도박은 '재물을 걸고 우연에 의하여 재물의 득실을 결정하는 것'을 의미한다고 할 것이다. 여기서, '우연'이라고 함은 주관적으로 '당사자에 있어서 확실히 예견 또는 자유로이 지배할 수 없는 사실에 관하여 승패를 결정하는 것'을 말하고, 객관적으로 불확실할 것을 요구하지 아니한다. 따라서, 당사자의 능력이 승패의 결과에 영향을 미친다고 하더라도, 다소라도 우연성의 사정에 의하여 영향을 받게 되는 때에는 도박죄가 성립할 수 있다(대법원 2008.10.23. 선고 2006도736 판결).

2) 도박장소 등 개설

'영리의 목적'으로 도박을 하는 장소나 공간을 개설한 사람은 5년 이하의 징역 또는 3천만 원 이하의 벌금에 처한다(제247조).

3) 복표의 발매 등

법령에 의하지 아니한 복표를 발매한 사람은 5년 이하의 징역 또는 3천만 원 이하의 벌금에 처한다. 또한, 이 복표발매를 중개한 사람은 3년 이하의 징역 또는 2천만 원 이하의 벌금에, 복표를 취득한 사람은 1천만 원 이하의 벌금에 처한다(형법 제248조).

4) 복표의 발매 등

법령에 의하지 아니한 복표(福票)를 발매한 자는 3년 이하의 징역 또는 2천만 원 이하의 벌금에 처한다(형법 제248조).

---

5) '도박죄'를 처벌하지 않는 외국 카지노에서의 도박행위의 위법성 여부가 문제된다. 이에 대하여, 법원은 형법은 "본법은 대한민국 영역 외에서 죄를 범한 내국인에게 적용한다."(제3조, 내국인의 국외범)고 하여 법의 적용범위에 관해 속인주의를 정하고 있다. 다만, 국가 정책적 견지에서 도박죄의 보호법익보다 좀 더 높은 국가이익을 위하여 예외적으로 내국인의 출입을 허용하는 '폐광지역개발지원에관한특별법' 등에 따라 카지노에 출입하는 것은 법령에 의한 행위로 위법성이 조각된다고 할 것이나, 도박죄를 처벌하지 않는 외국 '카지노'에서의 도박이라는 사정만으로 그 위법성이 조각된다고 할 수 없다(대법원 2004.4.23. 선고 2002도2518 판결).

[질문]

A·B·C 등은 근무를 마치고 심심하다며 약 두 시간에 걸쳐 A의 집에서 고스톱을 하였다. 이 과정에서 A는 가지고 있던 10,000원을, B는 7,000원을, C는 5,000원을 각각 내놓았다. 그 날 약 30회에 걸쳐서 고스톱을 치다가 경찰에 적발되었다. A·B·C에게 도박죄가 성립하는가?

[해설]

'도박죄'란 재물로써 도박함으로써 성립하는 범죄이다(제246조 1항). 그러나 도박행위가 일시적 오락의 정도에 불과한 때에는 본죄는 성립하지 않는다. 위에서 A·B·C의 도박은 직업, 도박장소에 가게 된 경위, 도박을 하게 된 동기, 도박을 한 시간, 도박 규모 등을 고려할 때 '일시오락'의 정도에 불과하여 도박죄는 성립하지 않는다.

(4) 공공의 신용에 대한 죄 : 위·변조범죄

1) 의의

공공의 신용에 대한 죄에는 통화에 대한 죄(형법 제207조 이하), 유가증권 및 우표와 인지에 관한 죄(제214조 이하), 문서에 관한 죄(제231조 이하), 인장에 관한 죄(제239조 이하)가 있다.

2) 통화위조죄

'행사할 목적'으로 통용하는 대한민국의 화폐, 지폐 또는 은행권을 '위조' 또는 '변조'한 자는 무기 또는 2년 이상의 징역에 처한다(형법 제207조 제1항). 그리고 '행사할 목적'으로 내국에서 유통되는 외국의 화폐, 지폐 또는 '은행권'을 '위조' 또는 '변조'한 자는 1년 이상의 유기징역에 처한다(제2항). 행사할 목적으로 외국에서 통용하는 외국의 화폐, 지폐 또는 은행권을 위조 또는 변조한 자는 10년 이하의 징역에 처한다(제3항). 위조 또는 변조한 전3항 기재의 통화를 행사하거나 행사할 목적으로 수입 또는 수출한 자는 그 위조 또는 변조의 각 죄에 정한 형에 처한다(제4항).

피고인이 행사할 목적으로 미리 준비한 물건들과 옵세트인쇄기를 사용하여 한국은행권 100원 권을 사진 찍어 그 필름 원판 7매와 이를 확대하여 현상한 인화지 7매를 만들었음에 그쳤다면, 아직 통화위조의 실행착수에는 이르지 아니하였고 예비단계에 불과하다.

3) 위조통화의 취득

'행사할 목적'으로 위조 또는 변조한 제207조 기재의 통화를 취득한 자는 5년 이하의 징역 또는 1천 500만 원 이하의 벌금에 처한다(형법 제208조).

4) 위조통화 취득 후의 지정행사

제207조 기재의 통화를 취득한 후, 그 정을 알고 행사한 자는 2년 이하의 징역 또는 500만 원 이하의 벌금에 처한다(형법 제210조).

5) 통화유사물의 제조 등

판매할 목적으로 내국 또는 외국에서 통용하거나 유통하는 화폐, 지폐 또는 은행권에 유사한 물건을 제조, 수입 또는 수출한 자는 3년 이하의 징역 또는 700만 원 이하의 벌금에 처한다(형법 제211조).

[질문]

A는 자기 빚을 갚기 위하여 한국은행권 만 원권을 컴퓨터로 정교하게 제작하여 1,000여장을 인쇄한 후, 이러한 사정을 모르는 B와 십만 원짜리 자기앞수표로 교환하였다. B가 집에 돌아와 살펴보고서 모두 다 정교하게 위조된 지폐라는 사실을 알게 되었다. 그럼에도 불구하고 B는 이 지폐로 전자상가 등지에서 고가의 전자제품을 구입하였다. A와 B에게는 어떠한 범죄가 성립하는가?

[해설]

A는 행사할 목적(채무변제)으로 한국은행권을 위조하였으므로 통화위조죄가 성립된다. 그리고 B는 위조통화인줄 모르고 취득한 후 나중에 알게 되었는데도 불구하고, 이러한 위조통화를 행사하였으므로 위조통화 취득 후 지정행사죄가 성립한다. 위조통화 취득 후 지정행사죄란 위조 또는 변조한 통화임을 모르고 취득한 후 그 사정을 알고 행사함으로써 성립하는 범죄이다(형법 제210조).

6) 문서에 관한 죄
① 사문서 위·변조죄

'사문서 위·변조죄'(私文書 僞造·變造罪)는 작성권한 없는 자가 타인의 명의를 모용하여, 문서를 작성하는 경우이다. 이는 문서의 진정에 대한 공공의 신용을 보호법익으

로 하는 것이다(형법 제231조).[6]

전자복사기로 복사한 문서의 '사본'도 문서위조죄 및 동 행사죄의 객체인 문서에 해당하고, 위조된 문서원본을 단순히 전자복사기로 복사하여 그 사본을 만드는 행위도 공공의 신용을 해할 우려가 있는 별개의 문서사본을 만드는 행위로서 문서위조에 해당한다(1996.5.14. 96도785). 또한, 사문서의 작성명의자의 인장이 찍히지 아니하였더라도 그 사람의 상호와 성명이 기재되어 그 명의자의 문서로 믿을 만한 형식과 외관을 갖춘 경우에는 사문서위조의 대상이 된다(2000.2.11. 99도4819).

> [질문]
>
> A는 B의 통장과 인장을 훔치고 비밀번호를 알아내어 S은행에서 예금 인출표를 작성하여 창구직원에게 보여주고 500만 원을 인출하였다. A에게는 어떠한 범죄가 성립하는가?(단 절도죄는 제외한다.)
>
> [해설]
>
> 작성권한 없는 자가 타인명의를 사칭하여 타인명의의 문서를 작성하는 것은 문서위조이다. 사문서를 위조한 경우에는 사문서위조죄이다. A는 B명의를 사칭하여 B의 명의로 은행의 예금 인출표라는 사문서를 위조하였다. 따라서 A에게는 사문서위조죄가 성립한다. 또한 A는 이를 창구직원에게 제출한 것은 위조한 사문서를 행사한 것이기 때문에 위조 사문서행사죄도 성립된다.

② 허위진단서작성죄

형법상 사회적 법익에 관련된 죄 중 문서에 관한 죄에 속하는 죄로서, 의사, 한의사, 치과의사가 진단서, 검안서 또는 생사에 관한 증명서를 허위로 작성한 때에는 3년 이하의 징역이나 금고, 7년 이하의 자격정지 또는 3천만 원 이하의 벌금에 처한다(형법 제233조).

---

[6] 피고인이 위조하였다는 국제면허증이 그 유효기간을 경과하여 본래의 용법에 따라 사용할 수 없게 되었다고 하더라도, 이를 행사하는 경우 그 상대방이 그 유효기간을 쉽게 알 수 없도록 되어 있거나, 그 문서 자체가 진정하게 작성된 것으로서 피고인이 명의자로부터 국제운전면허를 받은 것으로 오신하기에 충분한 정도의 형식과 외관을 갖추고 있다면, 피고인의 행위는 문서위조죄에 해당한다(1998.4.10. 98도164, 98감도12). 그밖에 사망자의 명의로 된 문서라고 할지라도 그 문서의 작성일자가 명의자의 생존 중의 날짜로 된 경우 일반인으로 하여금 사망자가 생존 중에 작성한 것으로 오신케 할 우려가 있으므로, 비록 시간적으로 피해자의 사망 이후에 피해자 명의의 문서를 위조하고 이를 행사한 것이라고 하더라도 사문서위조죄와 동행사죄가 성립한다(1993.9.28. 93도2143).

주체는 의사, 한의사, 치과의사, 조산사에 한정되며 간접정범으로 범할 수 없다. 객체는 진단서, 검안서 또는 생사에 관한 증명서이다. 행위는 문서를 허위로 작성하는 것인데, 여기서 말하는 허위란 객관적으로 진실에 반하는 것으로서 병명, 사인, 사망일시, 치료 여부, 치료기간 등에 관한 기재 등이 대상이 된다. 또한 본인이 진단하지 않고 진단서를 작성하는 경우에도 본죄가 성립한다. 단, 허위라고 인식하였으나 객관적 사실과 일치한 때에는 본죄가 불성립하며, 오진으로 인하여 허위사실을 기재한 경우엔 본죄에 해당하지 않는다.

형법은 사문서의 무형위조[7]를 처벌하지 않으나, 예외적으로 처벌하는 범죄가 허위진단서 작성죄이다.

공무원인 의사가 공무소의 명의로 허위진단서를 작성한 경우

형법이 제225조 내지 제230조에서 공문서에 관한 범죄를 규정하고, 이어서 제232조 내지 제236조에서 사문서에 관한 범죄를 규정하고 있는 점에 비추어 볼 때, 공무원인 의사가 공무소 명의로 허위진단서를 작성한 경우에는 허위공문서작성죄만이 성립하고 허위진단서작성죄는 별도로 성립하지 않는다(2004.4.9. 2003도7762).

절취한 후불식 전화카드를 사용하여 전화를 건 행위

카드번호와 카드발행자 등 사용자에 관한 각종 정보가 전자기록화되어 있는 후불식 전화카드의 경우, 절취자가 이를 공중전화기에 넣고 사용한 때에는 전화카드 전체가 하나의 문서로 사용된 것으로 보아 권리의무에 관한 타인의 사문서를 부정행사한 경우에 해당한다(대법원 2002.6.25. 2002도461).

---

[7] 무형위조란 권한은 있으나 허위 내용으로 문서를 작성하는 경우이고, 유형위조란 권한이 없는 자가 타인의 명의로 문서나 유가증권을 작성하는 것이다. 무형위조는 '작성'이라고 표현하며, 원칙적으로 처벌대상이 아니다.

⚖ 허위의 혼인신고서 작성에 의한 혼인신고

[질문]

A는 동거하던 B녀가 동거관계를 청산하려고 만나주지 않고 피하자 혼인신고를 하겠다고 일방적으로 통지만 하였다. 그리고 이미 B녀의 도장이 찍힌 혼인신고서 용지를 작성하여 공무원에게 제출하고 혼인신고를 마침으로써, 혼인사실을 호적부에 등재한 후 비치케 하였다. A에게는 어떠한 범죄가 성립하는가?

[해설]

A가 혼인신고서를 작성할 당시에 B에게는 혼인의사가 없었다. 그럼에도 불구하고 B에게 혼인의사가 있는 것처럼 혼인신고서를 작성하였는데, 이는 타인의 명의를 사칭하여 의사표시를 타인이 한 것처럼 꾸미는 위조에 해당한다. 따라서 A에게는 사문서위조죄가 성립한다. 또한 이를 공무원에게 제출하였으므로 동행사죄가 성립한다. 한편, 호적부에 등재하였다면 호적부는 공정증서원본에 해당하므로 '공정증서원본부실기재죄' 및 '동행사죄'에 해당한다.

3. 국가적 법익의 침해

(1) 내란의 죄

'내란의 죄'는 국토를 참절하거나 국헌을 문란할 목적으로 폭동한 자는 다음의 구별에 의하여 처단한다(제87조). 본죄를 범하면, 수괴는 사형, 무기징역 또는 무기금고에 처하고, 모의에 참여하거나 지휘하거나 기타 중요한 임무에 종사한 자는 사형, 무기 또는 5년 이상의 징역이나 금고에 처한다. 살상, 파괴 또는 약탈의 행위를 실행한 자도 같다. 또, 부화수행하거나 단순히 폭동에만 관여한 자는 5년 이하의 징역 또는 금고에 처한다. 여기에서 폭동은 다수인이 결합한 '최광의의 폭행·협박'을 말하며, 그 정도가 '한 지방의 평온을 해할 정도'이면 기수가 된다.

제89조는 예비, 음모, 선동, 선전을 벌하며, 그 목적한 죄의 실행에 이르기 전에 자수한 때에는 그 형을 감경 또는 면제한다. 여기서 말하는 '국헌문란'이란 헌법 또는 법률에 정한 절차에 의하지 아니하고 헌법 또는 법률의 기능을 소멸시키는 것과 헌법에 의하여 설치된 국가기관을 강압에 의하여 전복 또는 그 권능행사를 불가능하게 하는 것을 말한다.

(2) 무고의 죄

'무고죄'(誣告罪)는 국가 심판기능의 적정한 행사와 피무고자의 법적 안정성을 침해하는 이중적 성격을 가진 범죄이다. 형법은 타인으로 하여금 형사처분 또는 징계처분을 받게 할 목적으로 공무소 또는 공무원에 대하여 허위의 사실을 신고한 자는 10년 이하의 징역 또는 1천 500만 원 이하의 벌금에 처한다(형법 제156조).

'무고죄'에 있어서 '허위의 사실'이라 함은 그 신고된 사실로 인하여 상대방이 형사처분이나 징계처분 등을 받게 될 위험이 있는 것이어야 하고, 비록 신고내용에 일부 객관적 진실에 반하는 내용이 포함되었다 하더라도 그것이 독립하여 형사처분 등의 대상이 되지 않는다. 또, 신고사실의 정황을 과장하는 데 불과하거나, 허위인 일부 사실의 존부가 전체적으로 보아 범죄사실의 성립 여부에 직접 영향을 줄 정도에 이르지 아니하는 내용이라면 무고죄가 성립하지 아니한다(대법원 2008.8.21. 선고 2008도3754). 대개 고소장에 상대방을 나쁜 사람으로 표현하기 위하여 자신의 피해사실과 관계가 없는 사실을 근거없이 과장되게 표현하는 고소인들이 있는데, 이는 옳지 않다. 오히려 이로 인하여 '무고죄'에 해당될 수도 있다.

예컨대, 피고소인이 소문난 사기꾼이라든지, 노름꾼으로 사회의 지탄을 받는다든지 하는 등의 표현 등이다. 또 수사기관에서 불기소처분이 내려졌다거나, 국가기관에서 법률상 들어줄 수 없다고 판정이 된 문제에 관해, 고소인 자신이 그와 다른 견해를 가지고 있다 하여 자기의 뜻을 관철하고자 동일한 내용의 고소나 진정을 수없이 제기하는 것도 '무고죄'로 될 가능성이 많다. 무고의 '기수' 시기에 관하여, 허위사실의 신고가 당해 공무소, 공무원에게 도달할 때 기수가 된다. 또한 무고 문서가 도달한 이상 그 후 무고 문서를 되돌려 받았다고 하더라도 본죄의 성립에는 영향이 없다고 할 것이다.

[질문]

A가 시비를 가려 달라는 목적에서 고소한 것이라도 무고죄는 성립하는가?

[해설]

'무고죄'에 있어서 형사처분을 받게 할 목적은 허위신고를 함에 있어, 다른 사람이 그로 인하여 형사처분을 받게 될 것이라는 인식이 있으면 충분하고, 그 결과의 발생을 희망할 필요까지는 없다. 그러므로 고소인이 고소장을 수사기관에 제출한 이상 그러한 인식은 있다고 할 것이다. 나아가 고소를 한 목적이 상대방을 처벌받도록 하는 데 있지

> 않고 시비를 가려 달라는 데에 있다고 하더라도 무고죄의 범의가 없다고 할 수 없으며, 그가 신문사의 대표이사로서 위 신문사 수습대책위원회의 요구에 따라 수동적으로 행동한 것이라고 하여도 무고죄의 성립에는 지장이 없다.

(3) 위증과 증거인멸의 죄

1) 위증, 모해위증죄

법률에 의하여 선서한 증인이 허위의 진술을 한 때에는 5년 이하의 징역 또는 1천만 원 이하의 벌금에 처한다. 형사사건 또는 징계사건에 관하여 피고인, 피의자 또는 징계혐의자를 모해(謀害)할 목적으로 전항의 죄를 범한 때에는 10년 이하의 징역에 처한다(형법 제152조).

2) 허위의 감정, 통역, 번역

법률에 의하여 선서한 감정인, 통역인 또는 번역인이 허위의 감정, 통역 또는 번역을 한 때에는 위증, 모해위증죄(제152조)의 예에 의한다(형법 제154조).

3) 증거인멸 등과 친족간의 특례

타인의 형사사건 또는 징계사건에 관한 증거를 인멸, 은닉, 위조 또는 변조하거나 위조 또는 변조한 증거를 사용한 자는 5년 이하의 징역 또는 700만 원 이하의 벌금에 처한다. 그리고 타인의 형사사건 또는 징계사건에 관한 증인을 은닉 또는 도피하게 한 자도 위의 형과 같다. 또한 피고인, 피의자 또는 징계혐의자를 모해할 목적으로 전2항의 죄를 범한 자는 10년 이하의 징역에 처한다. 그밖에 '친족' 또는 '동거의 가족'이 본인을 위하여 본조의 죄를 범한 때에는 처벌하지 아니한다(제155조, 2005.3.3. 개정).

> [질문]
> 위증죄에 있어서 증인의 기억에 반하는 증언은 허위진술인가?
>
> [해설]
> 증인의 증언이 기억에 반하는 허위진술인지 여부는 그 증언의 단편적인 구절에 구

> 애될 것이 아니라 당해 신문절차에 있어서의 증언 전체를 일체로 파악하여 판단하여야 할 것이다. 증언의 전체적 취지가 객관적 사실과 일치되고, 그것이 기억에 반하는 공술이 아니라면 사소한 부분에 관하여 기억과 불일치하더라도 그것이 신문취지의 몰이해 또는 착오에 인한 것 때에는 위증이 될 수 없다.

(4) 뇌물의 죄

1) 의의

'뇌물죄'(賂物罪)는 '공무원의 직무집행의 공정'과 이에 대한 '사회의 신뢰' 및 '직무행위의 불가매수성'을 그 보호법익으로 하고 있다. 또, 직무에 관한 청탁이나 부정한 행위를 필요로 하는 것은 아니기 때문에 수수된 금품의 뇌물성을 인정하는 데 특별한 청탁이 있어야만 하는 것은 아니며, 또한 금품이 직무에 관하여 수수된 것으로 족하고 개개의 직무행위와 대가적 관계에 있을 필요는 없다. 공무원이 그 직무의 대상이 되는 사람으로부터 금품 기타 이익을 받은 때에는 사회상규에 비추어 볼 때 의례적 대가에 불과한 것이라고 여겨지거나, 개인적인 친분관계가 있어서 교분상의 필요에 의한 것이라고 명백하게 인정할 수 있는 경우 등 특별한 사정이 없는 한 직무와의 관련성이 없는 것으로 볼 수 없으며, 공무원이 직무와 관련하여 금품을 수수하였다면 비록 사교적 의례의 형식을 빌어 금품을 주고 받았다고 하더라도 그 수수한 금품은 뇌물이 된다.

'뇌물죄'는 '직무집행의 공정'과 이에 대한 '사회의 신뢰'에 기하여 직무행위의 '불가매수성'을 그 직접의 보호법익으로 하고 있으므로 '뇌물성'은 의무위반 행위나 청탁의 유무 및 금품수수 시기와 직무집행 행위의 전후를 가리지 아니한다. 따라서 '뇌물죄'에서 말하는 '직무'에는 법령에 정하여진 직무뿐만 아니라, 그와 관련 있는 직무, 과거에 담당하였거나 장래에 담당할 직무 외에 사무분장에 따라 현실적으로 담당하지 않는 직무라도 법령상 일반적인 직무권한에 속하는 직무 등 공무원이 그 직위에 따라 공무로 담당할 일체의 직무를 포함한다.

또한, 뇌물죄가 직무집행의 공정과 이에 대한 사회의 신뢰를 그 보호법익으로 하고 있음에 비추어 볼 때, 공무원이 금원을 수수하는 것으로 인하여 사회 일반으로부터 직무집행의 공정성을 의심받게 되는지의 여부도 판단기준의 하나가 된다. 공무원이 직무와 관련하여 뇌물수수를 약속하고 퇴직 후 이를 수수하는 경우에는 뇌물수수죄는 성립하지 않지만, 뇌물약속죄 및 사후수뢰죄가 성립한다.

2) 수뢰, 사전수뢰죄

공무원 또는 중재인이 그 직무에 관하여 뇌물을 수수, 요구 또는 약속한 때에는 5년 이하의 징역 또는 10년 이하의 자격정지에 처한다. 또 공무원 또는 중재인이 될 자가 그 담당할 직무에 관하여 청탁을 받고 뇌물을 수수, 요구 또는 약속한 후 공무원 또는 중재인이 된 때에는 3년 이하의 징역 또는 7년 이하의 자격정지에 처한다(형법 제129조).

3) 제삼자뇌물제공죄

공무원 또는 중재인이 그 직무에 관하여 부정한 청탁을 받고 제3자에게 뇌물을 공여하게 하거나, 공여를 요구 또는 약속한 때에는 5년 이하의 징역 또는 10년 이하의 자격정지에 처한다(형법 제130조).

4) 수뢰 후 부정처사, 사후수뢰죄

공무원 또는 중재인이 수뢰·사전수뢰·제3자 뇌물제공의 죄를 범하여, 부정한 행위를 한 때에는 1년 이상의 유기징역에 처한다(제131조 제1항). 그리고 공무원 또는 중재인이 그 직무상 부정한 행위를 한 후 뇌물을 수수, 요구 또는 약속하거나 제삼자에게 이를 공여하게 하거나 공여를 요구 또는 약속한 때에도 위의 형과 같다(제131조 제2항).

뿐만 아니라, 공무원 또는 중재인이었던 자가 그 재직 중에 청탁을 받고 직무상 부정한 행위를 한 후 뇌물을 수수, 요구 또는 약속한 때에는 5년 이하의 징역 또는 10년 이하의 자격정지에 처한다(제131조 제3항).

5) 알선수뢰죄

공무원이 그 지위를 이용하여 다른 공무원의 직무에 속한 사항의 알선에 관하여 뇌물을 수수, 요구 또는 약속한 때에는 3년 이하의 징역 또는 7년 이하의 자격정지에 처한다(제132조).

> [질문]
> Y경찰서 교통계에 근무하는 경찰관 A는 B의 도박장개설 및 도박범행을 묵인하고, 편의를 봐주는 것에 대한 사례비 명목으로, 1회에 금 30만 원씩 5회에 걸쳐 150만 원을 교부받고 도박장 개설 및 도박범행 사실을 알면서도 이를 단속하지 않았다. A의 죄책은?

> [해설]
> 경찰관직무집행법 제2조 1호는 경찰관이 행하는 직무 중의 하나로 '범죄의 예방·진압 및 수사'를 들고 있는데, 이와 같이 범죄를 예방하거나, 진압하고, 수사하여야 할 일반적 직무권한을 가지는 A가 '도박장 개설' 및 '도박범행'을 묵인하고 편의를 봐주는데 대한 사례비 명목으로 금품을 수수하였다. 또한 도박장 개설 및 도박범행 사실을 잘 알면서도 이를 단속하지 아니하였다면, 이는 경찰관으로서 직무에 위배되는 부정한 행위를 한 것이다. 비록 A가 이 사건 범행당시 원주경찰서 교통계에 근무하고 있었기 때문에 도박범행의 수사 등에 관한 구체적인 사무를 담당하고 있지 않다고 하더라도, 달리 볼 것은 아니다.

6) 부정청탁 및 금품 등 수수의 금지에 관한 법률

종전의 뇌물죄 규정보다 강화된 공직자의 부패·비리에 대한 대응을 위하여 2015년 동법이 제정되어 2016.9.28.부터 시행되었다. 속칭 김영란법이라고 부르기도 한다. 공직자 등의 범위를 국가기관, 공공기관, 각급학교 및 언론사 업무 종사자에게까지 확대하고, 공직자 등의 금품 등의 수수행위를 직무관련성 또는 대가성이 없는 경우에도 제재가 가능하도록 하여 공직자 등의 공정한 직무수행을 보장하고 공공기관에 대한 국민의 신뢰를 확보하도록 하였다.

부정청탁을 받은 공직자 등이 그에 따라 부정하게 직무를 수행한 경우에는 2년 이하의 징역 또는 2천만 원 이하의 벌금에 처한다(제22조 제2항).

공직자 등은 직무 관련 여부 및 기부·후원·증여 등 그 명목에 관계없이 동일인으로부터 1회에 100만 원 또는 매 회계연도에 300만 원을 초과하는 금품 등을 받거나 요구 또는 약속해서는 아니 된다(제8조 제1항). 직무관련성이 있는 경우 대가성 여부를 불문하고 어떠한 금품 등을 받거나 요구 또는 약속해서는 아니 된다(제8조 제2항). 공직자 등의 배우자 역시 금품 등을 받거나 요구 또는 약속해서는 아니 된다(제8조 제4항). 반대로 공직자 등 또는 그 공직자 등의 배우자에게 수수 금지 금품 등을 제공하거나 그 제공의 약속 또는 의사표시를 해서는 아니 된다(제8조 제5항). 공직자 등이 수수 가능 범위를 초과하여 수수·요구·약속하거나, 배우자의 행위를 알고도 신고하지 않은 경우, 수수금지 금품 등을 제공·약속·의사표시를 한 자는 3년 이하의 징역 또는 3천만 원 이하의 벌금에 처한다(제22조 제1항).

CHAPTER 08 민사소송과 형사소송법

제1절 소 송

　소송이라 함은 법원이 분쟁 또는 이해의 충돌을 법적으로 해결·조정하기 위하여 서로 대립되는 이해관계인을 당사자로 관여시켜서 심판하는 절차를 말한다. 소송에 있어서 공권력을 담당하는 법원과 양당사자는 삼면적 관계를 이루고 있다. 소송은 사건의 종류에 있어서 민사소송·형사소송·행정소송·선거소송 등으로 나누는데, 그것은 모두 헌법상의 사법기관인 법원의 권한에 속하는 것이다. 소송법체계의 중심을 이루는 것은 형사소송법과 민사소송법이다.

범죄행위에 대한 손해배상

[질문]
　A는 평소 좋지 않은 감정을 가지고 있는 B에게 찾아가 칼을 휘둘러 B에게 전치 6주의 상해를 입혔다. B는 A에게 찾아가 손해배상을 청구하면서 상해죄로 고소하겠다고 하였다. 그러나 A는 범죄로 형벌을 받고 나오면 손해배상을 하지 않아도 된다고 한다. 정말 형을 다 치르고 나오면 손해배상은 받을 수 없는가? 또한 고소를 하면 민사상 손해배상청구를 할 수 없는가?

> [해설]
> A의 행위는 형법상 상해죄에 해당하는 동시에 민법상 불법행위가 된다. 따라서 B는 A를 형법상 상해죄로 고소할 수 있고, 민법상 불법행위를 이유로 손해배상청구를 할 수도 있다. 이러한 두 가지는 병행할 수 있다. 즉, 상해죄로 고소하는 동시에 손해배상청구를 할 수 있다. 만일 상해죄로 고소하고, 이와는 별도로 손해배상청구소송을 제기하는 경우 앞에서 상해죄에 대한 재판절차를 형사소송이라 하고, 손해배상청구소송을 민사소송이라고 한다. 사례에서 A의 주장은 타당하지 않다. A가 형을 다 치르고 나온다고 하더라도 소멸시효가 지나지 않는 이상 손해배상을 하여야만 한다.

제2절 민사소송법

1. 서설

(1) 민사소송의 의의

사람들 사이에 사법상 권리관계에 관하여 다툼이 발생하는 경우 국가기관인 법원이 이를 확정하고 그 내용을 실현해주는 절차를 민사소송이라고 할 수 있다. 예를 들어 A는 B에게 5천만 원을 빌려주었는데 갚아야 할 날이 되었는데 갚지 않고 있을 때에 법원에 소송을 제기하여 법원의 힘을 빌려서 해결하는 것이다. 즉, 채권자인 A의 실력에 의하여 권리를 실현하는 자력구제가 아니라, 국가기관인 법원이 법에 따라 평화적으로 권리를 실현해 주는 국가구제로서 민사소송이 마련되어 있다.

(2) 민사소송절차의 개요

광의의 민사소송은 다툼있는 권리관계를 확정하는 판결절차와, 그 확정된 권리를 강제적으로 실현해 주는 강제집행절차, 그리고 권리의 실현에 대비하여 미리 행하는 보전절차(가압류·가처분절차)를 포함한다. 그러나 좁은 의미에서는 수소법원에서의 판결절차만을 의미한다. 이러한 협의의 민사소송은 소의 제기로 시작되어 변론준비절차와 변론절차를 거쳐 판결의 선고로 종료되는 것이 일반적이다.

(3) 소송의 종류

소(訴)라 함은 피고에 대한 특정청구(권리주장)의 법률적 당부에 관하여 심리와 판결을 특정법원에 요구하는 원고의 신청을 의미한다. 소의 종류는 원고가 청구하는 법률적 주장의 성질과 내용에 따라서 다음 세 가지로 나눌 수 있는데, 소제기의 방식이나 심리절차에 차이가 있는 것은 아니다.

1) 이행의 소

소송의 상대방에게 어떤 행위를 이행하도록 법원에서 명하여 달라고 요구하는 소이다. 예를 들어 "가옥을 명도하라.", "금 오천만 원을 지급하라.", "물건을 인도하라.", "소유권이전등기를 말소하라."고 하는 식으로 소장(소장의 기재사항 중 "청구의 취지")에 기재하게 된다.

2) 확인의 소

원고에게 어떤 권리가 있다든지 또는 피고에게 의무가 없다는 확인을 법원에 구하는 소를 말한다. 예를 들어 "○○토지는 원고소유임을 확인한다.", "피고의 해고행위는 무효임을 확인한다.", "피고는 ○○가옥의 임차권자임을 확인한다." 등과 같이 소장에 기재한다.

3) 형성의 소

법률관계를 발생·변경·소멸시키는 내용의 판결을 구하는 소를 말한다. 예를 들어 "주주총회의 ○○결의를 취소한다.", "○○와 ○○는 이혼한다." 등과 같이 소장에 기재한다.

(4) 소송제기 전 보전처분 : 가압류와 가처분

1) 보전절차의 필요성

소송을 제기하여 판결을 얻어내기까지는 많은 시간이 소요되기 때문에 이 기간 동안 피고가 패소할 것을 대비하여 재산을 모두 처분하거나 다른 사람의 명의로 바꾸게 되면 소송에서 이겼다 하더라도 집행할 재산이 없어서 채권의 만족을 얻지 못하게 된다. 비록 채무자가 이러한 방법을 쓰지 않는 경우에도 소송기간이 길어지다 보면 재산상태가 악화되어 헛수고로 되는 경우가 있다. 이러한 경우를 대비하여 민사소송법은 승소한 후 강제집행을 원활하게 할 수 있도록 채무자 재산의 현상변경을 금지할 것을 목적으로 하는 절차를 두고 있다. 이를 보전처분이라고 한다. 보전처분에는 가압류와 가처분이 있으며 후자는 '다툼의 대상에 관한 가처분'과 '임시의 지위를 정하기 위한 가처분'으로 나뉜다.

2) 가압류 · 가처분의 의의

가압류란 금전채권이나 장차 금전채권으로 될 수 있는 청구권에 관하여 후일의 강제집행을 보전하기 위한 임시조치이다. 즉, 나중에 강제집행시에 집행할 재산을 확보하기 위하여 미리 채무자재산의 처분권을 제한하는 것이다. '다툼의 대상에 관한 가처분'이란 금전채권 이외의 특정물에 대한 이행청구권에 관하여 나중의 강제집행을 보전하기 위한 임시조치이다. 대표적으로 점유이전금지가처분과 처분금지가처분이 있다. '임시의 지위를 정하기 위한 가처분'은 다툼 있는 권리관계가 본안재판으로 확정될 때까지 기다릴 경우에 채권자에게 발생하게 될 현저한 손해난 위험을 막기 위한 임시조치이다. 판매금지가처분, 직무집행정지가처분, 건축공사중지가처분 등이 그 예이다. 가압류 · 가처분은 종국적인 판결 즉, 승패가 날 때까지의 임시조치이므로 앞에 '가'자를 붙인 것이고, 채권자의 신청만을 가지고 법원이 단시일 내에 결정을 내리는 것이 보통이다. 대부분의 경우 가압류, 가처분명령에 앞서 채권자에게 담보를 제공하게 하는데, 신청인은 법원의 허가를 받아 보증보험회사와 지급보증위탁계약을 체결한 문서를 담보로 제공할 수 있다.

3) 가압류 · 가처분의 종류 및 내용

부동산 가압류란 채무자의 특정부동산(토지, 건물)을 함부로 처분할 수 없도록 가압류하는 것이다. 유체동산 가압류란 채무자의 유체동산(냉장고, TV 등)을 함부로 처분할 수 없도록 가압류하는 것이다. 채권 가압류란 채무자가 다른 사람으로부터 받을 돈을 받지 못하도록 채권을 가압류하는 것이다. 부동산점유이전금지 가처분이란 채무자가 분쟁의 대상이 된 부동산의 점유를 다른 사람에게 이전하지 못하도록 하는 것이다. 부동산처분금지 가처분이란 채무자가 분쟁의 대상이 된 부동산을 매매, 양도하는 등의 처분을 못하도록 하는 것이다.

> **공무상표시무효죄**
>
> 형법은 공무원이 그 직무에 관하여 실시한 강제처분을 보하기 위하여 이를 침해하는 행위를 처벌하고 있다(제40조). 예를 들면 집행관이 가압류한 물건을 처분한 경우 또는 물건에 붙여놓은 가압류표시가 기재된 종이쪽지를 찢어버린 경우, 출입이 금지된 압류표지를 무시하고 토지에 들어가서 경작을 한 경우 등이 이에 해당된다. 또한 당구장을 압류하되 채무자로 하여금 현상을 유지하는 것을 조건으로 그 사용이 허용되었는데, 채무자가 이를 무시하고 음식점으로 개조하여 사용하는 경우 등도 처벌을 받게 된다.

2. 소송의 제기

(1) 소장의 작성

소장에는 일정한 사항을 기재하고 그 작성자인 원고 또는 그 대리인이 기명날인하고 소정 인지를 붙여야 한다. 피고에게 송달하기 위하여 피고의 인원수에 해당되는 소장부본도 제출하여야 한다. 소장에는 반드시 다음 사항을 기재하여야 하며, 이 중에 어떤 것을 결하게 되면 재판장은 소장각하명령을 할 수 있다.

(2) 소장의 작성방법

1) 소장의 기재사항

원고, 피고의 주소·성명이 명확히 기재되어야 한다(전화번호와 우편번호도 기재하는 것이 좋다). 피고가 있는 곳을 알 수 없을 때에는 소명자료를 첨부하여 공시송달을 신청할 수 있다.

① 청구취지

청구취지를 특정하여 기재하여야 한다. "피고는 원고에게 돈 천만 원을 지급하라."는 식으로 원고가 판결을 통하여 얻어내려는 결론을 기재하여야 한다.

② 청구원인

청구원인을 기재하여야 한다. "원고는 1993.1.1. 피고에게 돈 천만 원을 빌려주었으나, 피고는 이를 갚지 않고 있다."는 식으로 판결을 구하게 된 원인이 무엇인가를 구체적으로 기재한다.

> **용어의 설명 : 원고와 피고**
>
> 민사소송을 먼저 제기하는 사람을 원고, 당하는 사람을 피고라고 한다. 위의 예에서 A가 소송을 제기하면 A가 원고, B가 피고가 된다. 반대로 B가 5천만 원이라는 돈을 빌리지 않았다고 하여 소송을 제기하면 A가 피고, B가 원고가 된다. 개인이나 법인은 물론 종중, 동창회, 학교육영회 같은 사실상의 단체도 민사소송의 원고, 피고가 될 수 있다. 다만, 미성년자 같은 무능력자는 법정대리인이 소송을 대리하여야 한다.

(3) 관할법원에 제출

① 소송은 원칙적으로 피고의 주소지를 관할하는 법원에 소송을 제기하여야 하지만(보통재판적), ② 원고의 편의 등을 위하여 여러 가지 예외가 인정되고 있다(특별재판적). 예컨대, 대여금, 물품대금, 손해배상의 청구의 경우 그 채무이행지인 원고의 주소지를 관할하는 법원에도 소송을 제기할 수 있도록 한 것(의무이행지의 특별재판적), 교통사고를 당한 피해자가 사고장소를 관할하는 법원에도 소송을 제기할 수 있도록 한 것(불법행위지의 특별재판적) 등이다.

(4) 민사소송의 진행

1) 소장의 심사 및 소장 송달

소장심사는 재판장이 하며, 소장심사를 통하여 보정명령, 소장각하명령, 이송결정(관할위반시) 여부를 결정한 후 소장부본 및 소송절차안내서를 송달하여 피고로 하여금 30일내에 답변서를 제출하도록 한다. 답변서를 제출하지 않으면 변론없이 판결이 선고될 수 있다는 점에 주의해야만 한다.

2) 변론준비절차

변론준비절차는 변론에 앞서 쟁점을 정리하기 위한 단계로써 재판장 또는 합의부원 중 재판장이 지정한 수명법관이 변론준비절차를 진행한다. 준비절차에서 원·피고는 필요한 주장을 모두 해야 하며 증거도 모두 제출해야 한다. 당사자본인신문과 증인신문을 제외한 모든 증거조사를 할 수 있다. 변론준비절차가 끝나면 변론기일을 지정하고 당사자를 소환한다. 경우에 따라 준비절차 기일을 열지 않고 바로 제1차 변론기일을 열 수도 있다.

3) 변론 : 주장·답변 및 항변

지정된 변론기일에 원고는 먼저 "돈 천만 원을 빌려주었다."는 사실을 주장하고, 피고는 이에 대하여 "빌린 사실이 있다(자백)." 또는 "없다(부인)."는 식의 답변을 한다. 주의할 점은 대답을 하지 않으면(침묵) 자백하는 것과 같이 취급되고, 모르겠다고(부지) 하는 것은 부인하는 것으로 취급된다는 것이다. 그 외에 피고는 "돈 빌린 사실이 있으나(자백) 그 후에 갚았다 또는 받을 돈으로 상계했다."는 식으로 새로운 사실을 내놓을 수도 있는데, 이를 항변이라 하고 그 항변에 대하여 원고는 자백, 부인 등의 답변을 하여 소송이 진행되는 것이다. 이러한 주장, 답변 등은 원·피고가 변론기일에 출석하여 구두로 하는 것이 원칙이나, 서면으로 제출할 수도 있는데 이를 준비서면이라고 부른다. 실제로는 소송상의 주장, 답변 등은 간단한 것을 제외하고는 미리 서면으로 준비하여 이를 제출하는 것이 좋다.

4) 입증

주장 또는 항변사실에 대하여 상대방이 부인(또는 부지)하면 주장 또는 항변을 한 자가 이를 입증하여야 한다. 누가 입증할 책임이 있느냐 하는 것은 중요할 뿐만 아니라 매우 어렵고 복잡한 문제이다. 서면증거, 검증물, 감정인에 의한 감정, 증인 등이 일반적으로 제출되는 증거방법이다. 또한 특별히 증거방법을 제한하고 있지 않으므로 무단으로 녹취된 테이프 등도 증거로 제출하는 것이 가능하다. 원·피고 중 어느 한쪽이 소환(공시송달 제외)을 받고도 불출석하면 출석한 쪽이 주장하는 사실을 자백한 것으로 간주되기 때문에(다만 불출석하더라도 준비서면으로 써낸 답변은 인정된다) 불리한 판결을 받을 가능성이 매우 크다. 당사자 쌍방이 모두 2회에 걸쳐서 적법한 소환을 받고도 불출석하거나 변론을 하지 아니한 때에는 그 후 1개월 내에 기일지정신청을 하지 아니하면 소가 취하된 것으로 간주하며 이를 실무에서는 쌍불취하라고 한다.

(5) 소송절차의 종료

1) 종국판결

증거조사 등 심리절차를 마치게 되면 법원은 변론을 종결하고 보통 2주 후 판결을 선고한다. 판결은 "원고의 청구를 인용한다.", "원고의 청구를 기각한다.", "이 사건 소를 각하한다." 등으로 선고하게 된다.

2) 소의 취하

소의 취하 원고가 판결확정 전에 소를 취하하는 때에는 소송은 종결된다. 다만 피고가 준비서면을 제출하거나 변론을 한 후에는 피고의 동의를 얻어야만 소를 취하할 수 있다.

3) 기타 소송절차의 종료 사유

그밖에 청구의 포기, 인락, 화해 등으로 종료되기도 한다. 청구의 포기란 원고가 자기의 주장이 이유없다는 것을 인정하는 것이며, 청구의 인낙이란 피고가 자기에 대한 원고의 청구인 권리주장이 이유있다고 인정하는 것이고, 재판상 화해란 당사자 쌍방이 서로 양보하여 소송을 종료시키는 것을 말한다.

(6) 판결정본의 송달 : 판결의 확정

판결을 선고한 재판장은 판결원본을 서기에게 교부하여 그 정본을 만들어 소송당사자들에게 송달하게 된다. 판결정본을 송달받은 후 소송당사자들은 상소절차를 밟을 것인지를 결정한다. 판결정본 송달일로부터 2주간의 상소기간이 도과하도록 상소하지 않을 경우 판결이 확정되게 된다.

3. 상소

(1) 항소

1심에서 패소판결을 받았으나 불복이 있는 사람은 판결정본을 송달받은 날로부터 2주 이내에 항소장을 작성하여 1심법원에 제출하면 판결이 확정되지 않고 항소심에서 또 다시 재판을 받게 된다. 항소장에 붙이는 인지액은 1심의 1.5배이다.

(2) 상고

항소심의 판결에 대하여 불복이 있으면 판결 송달일로부터 2주 이내에 상고장을 항소심법원에 제출하여야 한다. 상고장에 붙이는 인지액은 1심의 2배이다.

4. 확정과 강제집행

당사자는 판결이 확정된 경우에는 소송기록이 있는 법원에서 판결확정증명을, 확정 전 판결 중 가집행선고가 붙은 판결인 경우에는 판결정본송달증명을 받고, 판결에 집행문을 부여받아 이를 집행권원로 하여 강제집행함으로써 소송의 목적을 달성하게 된다.

5. 소액사건심판

(1) 제도의 취지

민사소송을 하려면 처음 소장을 쓰는 것부터 끝날 때까지의 절차가 어려워 변호사나 법무사의 도움없이는 스스로 하기 어렵고, 비용도 많이 들고 시일도 오래 걸리기 때문에 재판을 꺼리는 수가 많았다. 3,000만 원을 초과하지 아니하는 금전지급을 목적으로 하는 청구(대여금, 물품대금, 손해배상청구)와 같이 비교적 단순한 사건에 대하여 보통재판보다 훨씬 신속하고 간편하며 경제적으로 재판을 받을 수 있게 만든 것이 이 제도이다.

(2) 간편한 소송제기

법원종합접수실 또는 민사과에 가면 누구나 인쇄된 소장서식 용지를 무료로 얻어서 해당 사항을 써넣으면 소장이 되도록 마련되어 있고, 그것마저 쓸 수 없는 사람은 법원직원에게 부탁하면 무료로 대서까지 받을 수 있다. 원고와 피고 쌍방이 임의로 법원에 출석하여 진술하는 방법으로도 소 제기가 가능하다(구술에 의한 소제기).

(3) 신속한 재판

소장을 접수하면 즉시 변론기일을 지정(보통 30일 이내)하여 알려준다. 재판도 단 1회로 끝내는 것을 원칙으로 하므로, 당사자는 모든 증거를 최초의 변론기일에 제출할 수 있도록 준비하여야 한다. 재판에 불출석하면 즉시 불리한 결과가 닥친다. 피고가 불출석하고 답변서도 내지 않으면 즉석에서 원고에게 승소 판결이 선고되고, 원고가 두 번 불출석하고 그 후 1월 내에 기일지정의 신청을 하지 아니하면 소송은 취하된 것으로 간주될 수 있다. 당사자의 편의를 위해 1995.9.1.부터 소도시나 군지역에 시법원 또는 군법원이 설치되었으므로, 시·군법원 관할의 소액사건에 대하여는 소장을 지방법원이나 지원에 제출하여서는 안 되고, 시·군법원에 제출하여야 한다.

(4) 소송대리의 특칙

보통 재판과 달리 변호사가 아니라도 원·피고의 처, 남편, 부모, 자식, 형제자매, 호주 등이 법원의 허가없이 대리하여 소송을 할 수 있다. 이 때는 위임장과 가족관계등록부 또는 주민등록등본을 제출하여야 한다.

6. 승소한 후 강제집행절차

(1) 의의

힘겨운 소송에서 이겼다고 하여도 모든 것이 완전하게 끝난 것이 아니다. 물론 소송에서 패한 상대방이 판결대로 순순히 채무를 이행하면 간단하지만 그렇지 않은 경우에는 강제집행을 하는 절차를 밟아야 한다. 결국 소송을 해서 받아낸 것은 집행권원이다. 따라서 이러한 집행권원에 의하여 패소자의 이행을 국가기관이 강제력을 발동하여 실현시켜주는 절차가 강제집행이다.

내용증명우편제도

내용증명의 의의
내용증명이란 발송인이 수취인에게 어떤 내용의 문서를 언제 발송하였다는 사실을 우체국에서 공적으로 증명하는 등기취급우편제도이다. 내용증명은 개인 상호간의 채권·채무관계나 권리의무를 더욱 명확하게 할 필요가 있을 때 주로 이용되고 있다.

제3절 형사소송법

1. 서설

형사소송은 국가가 범죄자에게 형벌권을 실행하기 위하여 법원이 범죄사실을 심리·판결하는 절차이다. 그 절차를 규율하는 법이 바로 형사소송법이다. 형법은 범죄에 대하여 그에 상응하는 형벌을 규정하고 있는 반면, 형사소송은 범죄자를 신속히 수색·체포하고 범죄사실을 확인하여 형법상의 형벌을 가하도록 한다. 이를 실행하기 위하여 공익의 대표자인 검사가 범죄자를 수사·기소하게 된다. 그러나 범죄의 피의자가 확실한 증거없이 처벌되어서는 아니되는 것은 물론이고 범죄자의 책임을 규명하는 경우에 있어서도 소추하는 자의 주관에 의한 무리가 가하여져서도 안 된다. 이러한 의미에서 범죄피의자도 범죄의 사실이 공판에 의하여 확인될 때까지는 무죄인 것으로 다루어져야 한다. 형벌권이 남용되면 국민의 인권을 직접 유린할 가능성이 많다. 형사소송은 수사·공소제기·공판 그리고 집행의 순서로 진행한다.

2. 형사사건과 수사절차

공동생활을 하다보면 사람들 사이에 다툼도 생기고 사고도 일어나게 된다. 그래서 이해관계가 얽혀 원만한 타협이 이루어지지 않게 되면 사람들은 재판을 걸어 시비를 가리게 되는데, 이를 민사사건이라 하며 모든 문제의 원칙적인 해결방법인 것이다. 그러나 예컨대 살인사건처럼 어떤 종류의 문제는 너무나 중대한 것이기 때문에 개인들끼리 해결을 하도록 놓아둘 수 없는 것이 있다. 그러한 문제는 국가가 법률로 범죄라고 규정하여 형벌을 과하는데, 이러한 것을 형사사건이라 한다. 수사란 이러한 형사사건을 조사하는 절차를 말한다.

> 절도 ⇒ 체포, 수사 개시 ⇒ (체포 후 48시간 이내) 구속영장 청구(구속 전 피의자 심문) ⇒ 구속 ⇒ 구속적부심 ⇒ (고소·고발 후 3개월 이내) 공소제기 ⇒ 1심재판 ⇒ 선고

(1) 수사기관

1) 검사와 사법경찰관

검사는 범죄의 혐의가 있다고 사료하는 때에는 범인, 범죄사실과 증거를 수사한다(제196조). 또한 경무관, 총경, 경정, 경감, 경위는 사법경찰관으로서 범죄의 혐의가 있다고 사료하는 때에는 범인, 범죄사실과 증거를 수사하며, 경사, 경장, 순경은 사법경찰리로서 수사를 보조한다(제197조 제1항 및 2항).

2) 상호관계

검사와 사법경찰관은 수사, 공소제기 및 공소유지에 관하여 서로 '협력'하여야 한다(제195조 제1항). 다만, 이에 따른 수사를 위하여 준수하여야 하는 일반적 수사준칙에 관한 사항은 대통령령으로 정한다(제195조 제2항).

(2) 수사의 단서와 수사의 개시

1) 수사 개시의 원인을 수사의 단서라고 하는데 수사의 단서에는 현행범인의 체포, 변사자의 검시, 불심검문, 기사, 세평, 고소·고발, 범죄신고(전화 또는 투서), 진정, 수사기관의 인지 등이 포함된다. 고소·고발이 있는 때에는 즉시 수사가 개시되고 피고소인 등은 피의자의 지위를 갖게 된다. 그러나 그 외의 수사의 단서가 있는 경우에는 바로 수사가 개시되는 것은 아니고, 수사기관의 범죄인지에 의하여 비로소 수사가 개시되며, 그 이전에는 내사단계에 불과하다. 범죄인지란 수사기관이 수사의 단서가 있는 경우에 범죄의 혐의가 있다고 판단하여 수사를 개시하는 것을 말하며, 입건이라고도 한다.

2) 검사는 사법경찰관리의 수사과정에서 법령위반, 인권침해 또는 현저한 수사권 남용이 의심되는 사실의 신고가 있거나 그러한 사실을 인식하게 된 경우에는 사법경찰관에게 사건기록 등본의 송부를 요구할 수 있고, 송부를 받은 검사는 필요한 경우 사법경찰관에게 '시정조치'를 요구할 수 있으며, 검사는 시정조치 요구가 정당한 이유 없이 이행되지 않은 경우에 사법경찰관에게 사건을 송치할 것을 요구할 수 있다(제197조의3 신설).

3) 검사는 사법경찰관과 동일한 범죄사실을 수사하게 된 때에는 사법경찰관에게 사건을 송치할 것을 요구할 수 있고, 요구를 받은 사법경찰관은 지체 없이 검사에게 사건을 송치하도록 하되, 검사가 영장을 청구하기 전에 동일한 범죄사실에 관하여 사법경찰관이 영장을 신청한 경우에는 해당 영장에 기재된 범죄사실을 계속 수사할 수 있도록 한다(제197조의4 신설).

(3) 고소와 고발

1) 고소

① 고소의 의의

범죄의 피해자 등 고소권을 가진 사람이 수사기관에 대하여 범죄사실을 신고하여 범인을 처벌해 달라고 요구하는 것이다. 따라서 단순히 피해신고를 하는 것과는 다르다.

② 고소권을 가진 사람

모든 범죄의 피해자와 피해자가 무능력자인 경우의 법정대리인 그리고 피해자가 사망한 경우의 배우자, 직계친족, 형제자매이다. 다만 자기나 배우자의 직계존속 즉, 부모나 시부모, 장인, 장모 등을 원칙적으로 고소할 수 없으나 예외적으로 직계존속으로부터 성폭력을 당했을 경우에는 직계존속이라도 고소할 수 있다. 또한 피해자 또는 그 법정대리인은 행위자를 고소할 수 있다.

③ 고소방법
직접 수사기관에 출석하여 구두로 고소할 수도 있고 고소장을 작성하여 제출할 수도 있다. 고소장은 일정한 양식이 없고 고소인과 피고소인의 인적 사항, 그리고 피해를 입은 내용, 처벌을 원한다는 뜻만 들어 있으면 반드시 무슨 죄에 해당하는지 밝힐 필요는 없다. 다만 피해사실 등의 내용이 무엇인지 알 수 있을 정도로 가능한 명확하고 특정되어야 한다. 가명이나 허무인 또는 다른 사람의 명의를 도용하여 고소해서는 안 된다.

④ 고소의 제한
범죄 중에는 피해자의 명예나 입장을 고려하여 고소가 없으면 처벌할 수 없는 죄가 있는데 그것을 친고죄라고 한다. 모욕죄, 사자명예훼손죄 등이 여기에 속한다. 친고죄에 대하여는 범인을 알게 된 날로부터 6월을 경과하면 고소하지 못한다고 정하고 있다(형사소송법 제 230조). 또한, 한번 고소를 취소하면 다시 고소할 수 없고, 1심의 판결이 선고된 후에는 고소를 취소하더라도 소용이 없다. 그리고 공범이 있는 경우에는 고소인 마음대로 일부만 고소하거나 취소할 수 없고, 공범 전부에게 고소와 취소를 하여야 한다.

⑤ 고소 후 절차
고소인은 수사기관에 출석하여 고소사실을 진술할 권리가 있고 수사에 협조할 의무도 있다. 그리고 검사가 고소사건을 불기소처분하게 되면 그 처분 통지를 받을 권리가 있고 불기소처분의 사유를 알고 싶으면 알려달라고 요구할 수 있다. 불기소처분에 불만이 있으면 상급 고등검찰청에 항고를 할 수 있다. 재항고에 대하여, 2012년 12월 1일부터는 재정신청권이 없는 고발인만 할 수 있고 재정신청권자(고소인)는 재항고를 제기할 수 없다. 재항고는 항고기각 결정을 통지받은 날 또는 항고 후 항고에 대한 처분이 이루어지지 아니하고 3개월이 지난 날부터 30일 이내에 서면으로 검찰총장에게 재항고할 수 있다. 재정신청은 고소권자 및 고발자(형법 123조에서 125조까지 죄)가 검

사로부터 공소를 제기하지 않는다는 통지를 받은 때, 그 소속 지방검찰청 소재지를 관할하는 고등법원에 재정을 신청할 수 있다.

2) 고발

범죄의 피해자나 고소권자가 아닌 제삼자가 수사기관에 대하여 범죄사실을 신고하여 범인을 처벌해 달라는 의사표시를 고발(告發)이라고 하는데, 형사소송절차에서는 대체로 고소와 그 취급을 같이 한다.

3. 인신구속

(1) 체포

1) 체포영장의 청구와 발부

입건된 피의자가 죄를 범하였다고 의심할 만한 상당한 이유가 있고 정당한 이유없이 출석요구에 응하지 아니하거나 응하지 아니할 우려가 있는 때에는 피의자를 체포할 수 있다. 체포를 하기 위해서는 원칙적으로 판사가 발부한 체포영장이 있어야 한다. 사법경찰관이 피의자를 체포하기 위해서는 먼저 검사에게 체포영장을 신청하고 검사는 판사에게 청구하여 체포영장을 발부받게 된다. 명백히 체포의 필요가 인정되지 아니하는 경우에는 검사나 판사는 체포영장을 기각할 수 있다.

2) 체포영장의 집행

체포영장의 집행, 즉 피의자를 체포하려고 할 때에는 피의자에게 범죄사실의 요지, 체포이유, 변호인을 선임할 권리(미란다원칙)를 고지하고 변명의 기회를 주어야 한다. 또한 피의자의 변호인, 법정대리인, 배우자, 직계가족, 형제자매, 호주에게 사건명, 체포일시·장소, 범죄사실의 요지, 체포이유, 변호인을 선임할 권리를 통지하여야 한다. 그리고 피의자를 체포한다고 하더라도 48시간을 초과할 수 없기 때문에 48시간 이내에 구속영장을 청구하지 않으면 피의자를 석방하여야 한다.

3) 긴급체포와 현행범인의 체포

수사기관은 범죄가 무겁고 긴급한 사정이 있어 판사의 체포영장을 발부받을 여유가 없을 때에는 그 사유를 알리고 영장없이 피의자를 체포할 수 있는데 이를 긴급체포라 한다. 사법경찰관이 피의자를 긴급체포한 경우에는 즉시 검사의 승인을 얻어야 한다. 범죄의 실행중이거나 실행의 직후인 사람을 현행범인이라 하는데, 현행범인은 누구든지 영장없이 체포할 수 있다. 수사기관이 아닌 사람이 현행범인을 체포한 때에는 즉시 수사기관에 인도하여야 한다. 체포 또는 긴급체포한 피의자를 구속하고자 할 때에는 체포한 때부터 48시간 이내에 판사에게 구속영장을 청구하여야 한다. 만일 그 기간 이내에 구속영장을 청구하지 아니하거나(영장에 의한 체포 또는 현행범인 체포의 경우) 구속영장을 발부받지 못한 때(긴급체포의 경우)에는 피의자를 즉시 석방하여야 한다.

(2) 구속

1) 구속영장의 청구와 발부

구속이란 피의자 또는 피고인의 신체의 자유를 체포에 비하여 장기간에 걸쳐서 제한하는 강제처분이다. 피의자의 구속은 법관이 발부한 구속영장에 의하여 수사기관이 피의자를 구금 또는 구인하는 것이다. 구금(拘禁)은 피고인 또는 피의자를 교도소 또는 구치소 등에 감금하는 강제처분이고, 구인(拘引)은 피고인 또는 피의자를 법원 기타 장소에 인치하는 강제처분이다.

검사는 피의자가 죄를 범하였다고 의심할 만한 상당한 이유가 있고, 구속의 사유(제70조 제1항)가 있을 때에는 관할지방법원판사에게 청구하여 구속영장을 발부 받아 피의자를 구속할 수 있고, 사법경찰관은 검사에게 신청하여 검사의 청구 및 관할지방법원 판사의 구속영장 발부에 의하여 피의자를 구속할 수 있다. 다만, 다액 50만 원 이하의 벌금, 구류 또는 과료에 해당하는 범죄에 관하여는 피의자의 구속은 일정한 주거가 없는 경우에 한한다(형사소송법 201조). 다음 형사소송법 제70조 제1항 각호의 구속의 사유는 다음과 같다.

> **형사소송법 제70조(구속의 사유)** ① 법원은 피고인이 죄를 범하였다고 의심할 만한 상당한 이유가 있고 다음에 해당하는 사유가 있는 경우에는 피고인을 구속할 수 있다.
> 1. 피고인이 일정한 주거가 없는 때
> 2. 피고인이 증거를 인멸할 염려가 있는 때
> 3. 피고인이 도망하거나 도망할 염려가 있는 때
> ② 법원은 제1항의 구속사유를 심사함에 있어서 범죄의 중대성, 재범의 위험성, 피해자 및 중요 참고인 등에 대한 위해우려 등을 고려하여야 한다.

2) 구속 전 피의자심문(영장실질심사)

수사기관에서 피의자의 범죄혐의 유무를 조사하여 피의자가 죄를 범하였다고 의심할 만한 상당한 이유가 있고 도망이나 증거인멸의 우려가 있는 경우에는 법원에 구속영장을 청구하여 판사가 발부한 구속영장에 의하여 피의자를 구속하게 된다. 이 경우 피의자는 수사 과정에서 변명의 기회를 가지게 되는 것은 물론이고 구속여부가 결정되기 전에 판사 앞에서 변명의 기회를 가질 수 있다. 이 제도가 바로 구속 전 피의자심문제도이다. 피의자들 중 현행범인이나 체포영장, 긴급체포의 방식으로 수사기관에 체포된 피의자는 위와 같은 구속 전 피의자심문을 신청할 수 있는 권리가 있고, 피의자의 변호인, 법정대리인, 배우자, 직계존속, 형제자매, 호주, 가족이나 동거인 또는 고용인은 피의자와 별도로 구속 전 피의자심문을 신청할 수 있는 권리가 있다. 다만, 피의자나 변호인 등의 신청이 있는 경우에도 판사가 반드시 피의자를 심문하여야 하는 것은 아니며, 피의자를 심문하지 않아도 구속여부를 결정할 수 있다고 판단되는 사안에 대하여는 신청이 있는 경우에도 심문을 실시하지 아니한 채 구속영장을 발부할 수도 있다. 또한 피의자가 체포되지 아니한 상태에서 구속영장이 청구되는 경우에는 피의자나 변호인, 가족 등에게 심문신청권을 부여하지 않고 판사가 직권으로 심문일시 여부를 결정하여 심문이 필요하다고 판단되는 사안에 대하여 심문을 실시한다. 피의자가 체포되지 아니한 상태에서 구속여부를 결정하는 것이기 때문에 따로 심문신청권을 부여하지 않는 것이다. 이 경우 판사가 심문을 실시하고자 할 때는 피의자의 심문을 위하여 심문을 위한 구인영장을 발부하여 피의자를 법원에 구인한 후 심문을 실시한다.

(3) 체포 또는 구속의 적부심사

일단 영장에 의하여 수사기관에 체포 또는 구속되었다고 하더라도 피의자는 적부심사 절차에 따라 다시 법원으로부터 체포 또는 구속의 적부여부를 심사 받을 수 있다. 이 절차에서 체포 또는 구속이 부당하다고 하여 법원이 석방을 명하면 피의자는 즉시 석방된다. 체포 또는 구속적부심의 청구는 피의자 본인이나 변호인은 물론 배우자, 직계친족, 형제자매, 호주, 가족, 나아가 동거인이나 고용주도 피의자를 위하여 청구할 수가 있다. 체포 또는 구속 적부심을 청구받은 법원은 지체없이 피의자를 심문하고 증거를 조사하여 결정을 하여야 하는데, 청구권자가 아닌 사람이 청구하거나 동일한 영장에 대하여 재청구한 때, 수사방해의 목적이 분명할 때 등에는 청구를 기각할 수 있으며, 이에 대하여 피의자는 항고하지 못한다.

4. 송치 및 이의신청

(1) 사법경찰관의 사건 송치

사법경찰관은 고소·고발 사건을 포함하여 범죄를 수사한 때에는 다음의 구분에 따른다(제245조의5).

1) 혐의 인정의 경우(제1호)

범죄의 혐의가 있다고 인정되는 경우에는 지체 없이 검사에게 사건을 송치하고, 관계 서류와 증거물을 검사에게 송부하여야 한다.

2) 기타(제2호)

그 밖의 경우에는 그 이유를 명시한 서면과 함께 관계서류와 증거물을 지체 없이 검사에게 송부하여야 한다. 이 경우 검사는 송부받은 날부터 90일 이내에 이를 사법경찰관에게 반환하여야 한다.

(2) 송부통지

사법경찰관은 제245조의5 제2호의 경우, 그 송부한 날부터 7일 이내에 서면으로 고소인·고발인·피해자 또는 그 법정대리인(피해자가 사망한 경우에는 그 배우자·직계친족·형제자매를 포함한다)에게 사건을 검사에게 송치하지 아니하는 취지와 그 이유를 통지하여야 한다(제245조의6).

(3) 불송치에 따른 이의신청, 재수사

1) 이의신청

사법경찰관으로부터 사건을 검사에게 송치하지 아니하는 취지와 그 이유를 통지받은 사람은 해당 사법경찰관의 소속 관서의 장에게 이의를 신청할 수 있고, 사법경찰관은 이의신청이 있는 때에는 지체 없이 검사에게 사건을 송치하도록 한다(제245조의7).

2) 재수사

검사는 사법경찰관이 사건을 송치하지 아니한 것이 '위법 또는 부당한 때'에는 그 이유를

'문서'로 명시하여 사법경찰관에게 '재수사'를 요청할 수 있도록 하고, 사법경찰관은 요청이 있으면 사건을 재수사하도록 한다(제245조의8).

5. 기소

(1) 기소의 의의

검사는 사법경찰관으로부터 송치받은 사건이나 직접 인지 등으로 수사한 사건에 대하여 피의자가 재판을 받음이 마땅하다고 판단되는 경우에는 이를 법원에 회부하게 되는데 이를 공소제기(公訴提起) 즉, 기소(起訴)를 한다고 하며, 검사에 의하여 기소된 사람을 피고인이라고 한다.

(2) 약식기소

검사가 피의자에 대하여 징역형이나 금고형에 처하는 것보다 벌금형에 처함이 상당하다고 생각되는 경우에는 기소와 동시에 법원에 대하여 벌금형에 처해 달라는 뜻의 약식명령을 청구할 수 있는데 이를 약식기소라고 한다. 따라서 구속된 사람에 대하여 검사가 약식기소를 하는 경우에는 석방을 하여야 한다. 이 경우 판사는 공판절차를 거치지 않고 수사기록만으로 재판을 하게 된다. 그러나 판사는 약식 절차에 의하는 것이 불가능 또는 부적당하다고 생각하는 경우에는 정식재판에 회부하여 공판을 열어 재판을 할 수도 있다. 피고인이나 검사는 판사의 약식명령에 대하여 불복이 있으면 7일 내에 정식 재판을 청구할 수 있다.

(3) 보완수사

검사는 송치사건의 공소제기 여부 결정 또는 공소의 유지에 관하여 필요한 경우, 사법경찰관이 신청한 영장의 청구 여부 결정에 관하여 필요한 경우에 사법경찰관에게 보완수사를 요구할 수 있고, 사법경찰관은 정당한 이유가 없는 한 지체 없이 이를 이행하고, 그 결과를 검사에게 통보하여야 한다. 만일, 검찰총장 또는 각급 검찰청 검사장은 사법경찰관이 정당한 이유 없이 이 요구에 따르지 아니하는 때에는 권한 있는 사람에게 해당 사법경찰관의 직무배제 또는 징계를 요구할 수 있다. 그 징계 절차에 관해서는 「공무원 징계령」 또는 「경찰공무원 징계령」에 의한다(제197조의2 신설).

(4) 불기소 또는 기소중지, 참고인의 중지

1) 불기소처분

① 의의

검사가 사건을 수사한 결과 재판에 회부하지 않는 것이 상당하다고 판단되는 경우에는 기소를 하지 않고 사건을 종결하는데 이를 불기소처분이라고 한다. 검사의 불기소처분 내용에 관한 증명으로서 관할 검찰청 사건과 또는 사건계에 서면, 우편, 전화로 신청할 수 있다.

② 혐의 없음

혐의 없음은 피의사실이 범죄를 구성하지 아니하거나 인정되지 아니하는 경우(범죄인정안됨)과 피의사실을 인정할 만한 충분한 증거가 없는 경우(증거불충분)으로 구분하고, 피의자의 무고함을 최종적으로 판단하는 처분이다. 그러나, 민사상의 채무불이행에 해당되어 무혐의 처분을 한 경우에는 형사상 범죄가 성립되지 않는 것을 의미할 뿐이지 민사상의 채무까지 면해주는 것은 아니다.

③ 죄가 안됨

피의사실이 범죄구성요건에 해당하나 법률상 범죄의 성립을 조각하는 사유가 있어 범죄를 구성하지 아니하는 경우로 피의자가 형사미성년자(만 14세 되지 아니한 자)나 심신상실자인 경우, 정당행위, 정당방위, 긴급피난에 해당되는 경우에는 검사는 죄가 안됨 처분을 한다.

④ 공소권없음

확정판결이 있는 경우, 사면이 있는 경우, 공소시효가 완성된 경우, 범죄 후 법령의 개폐로 형이 폐지된 경우, 법률의 규정에 의하여 형이 면제된 경우, 피의자에 대하여 재판권이 없는 경우, 동일사건에 관하여 이미 공소가 제기된 경우, 친고죄의 경우 고소가 없거나 그 고소가 무효 또는 취소된 때, 반의사불벌죄의 경우 처벌을 희망하지 아니하는 의사표시가 있거나 처벌을 희망하는 의사표시가 철회된 경우, 피의자가 사망하거나 피의자인 법인이 존속하지 않게 된 경우에는 검사는 공소권이 없으므로 공소권없음 처분을 한다.

⑤ 기소유예

기소유예는 죄는 인정되지만 피의자의 연령이나 성행, 환경, 피의자에 대한 관계, 범행의 동기 수단, 범행 후의 정황들을 참작하여 기소를 하여 전과자를 만드는 것보다는 다시 한번 성실한 삶의 기회를 주기 위하여 검사가 기소를 하지 않고 용서해 주는 것을 말한다.

2) 기소중지

범인 불명, 피의자의 소재불명, 피의자의 해외여행, 심신상실, 질병 등의 사유로 인하여 수사를 종결할 수 없는 경우 그 사유가 해소될 때까지 행하는 중간처분이다. 그러나 장래 그 사유가 해소되면 반드시 재기하여 종국처분할 것을 예정하고 있는 점에 그 특색이 있다. 기소중지의 사유는 비교적 장기간에 걸쳐 수사를 종결할 수 없는 것으로 한정되고 일시적인 사유는 여기서 제외된다.

3) 참고인 중지

검사가 사건을 수사한 후 참고인·고소인·고발인 또는 같은 사건의 다른 피의자의 소재불명으로 수사를 종결할 수 없는 경우에 그 사유가 해소될 때까지 행하는 처분이다.

(4) 보석

검사에 의하여 구속기소된 경우에는 피고인은 재판을 담당하고 있는 법원에 보증금을 납부할 것은 조건으로 석방하여 줄 것을 청구할 수 있다. 이를 보석(保釋)이라고 한다. 보석보증금은 현금으로 납부하지 않고 보석보증보험증권을 첨부한 보증서로써 갈음할 수 있다. 보석은 피고인은 물론 변호인과 피고인의 법정대리인, 배우자, 직계친족, 형제자매, 호주도 청구할 수 있으며, 법원은 보석을 결정함에 있어서 미리 검사의 의견을 물어야 하지만 그 의견에 구애받지 않고 결정할 수 있다. 법원은 피고인의 자력 정도와 범죄의 성질, 증거 등을 고려하여 상당한 보증금을 납부할 것과 주거를 제한하는 등의 조건을 붙이는 것이 보통이다. 또 보석은 피고인 등의 청구가 없더라도 법원이 직권으로 허가하는 경우도 있다.

6. 재판

(1) 의의

검사가 기소한 사건에 대하여 법원은 공판을 열어 재판을 하게 된다. 그러나 검사가 약식기소한 사건에 대하여는 공판을 열지 않고 기록만으로 재판을 하지만 판사가 정식재판을 할 필요가 있다고 생각하면 사건을 통상재판에 회부할 수도 있다. 공판은 보통 법원에 마련된 공판정에서 공개리에 진행이 된다. 이 재판에서 피고인은 자기의 억울함이나 정당함을 주장할 수 있고 또 변호인의 도움을 받을 수 있다. 공판의 심리변론판결의 일반적 순서는 다음과 같다.

(2) 인정신문

재판장은 피고인의 성명·연령·본적·거주·직업을 물어서 피고인에게 틀림없음을 확인하여야 한다.

(3) 검사의 기소요지의 진술

검사는 공소장에 의하여 기소의 요지를 진술하여야 한다.

(4) 피고인 신문

검사와 변호인은 순차로 피고인에 대하여 공소사실과 청장에 관한 필요한 사항을 직접 신문할 수 있다. 재판장은 검사, 변호인의 신문이 끝난 뒤에 신문할 수 있다.

(5) 증거 조사

증거조사는 피고인에 대한 신문이 종료한 뒤에 하여야 한다. 그러나 필요한 때에는 그 신문 중에도 할 수 있다.

(6) 변론

피고인 신문과 증거 조사가 끝나면 검사는 사실과 법률적용에 관하여 의견을 진술한다.

이것이 이른바 검사의 '논고'이다. 재판장은 검사의 의견을 들은 후에 피고인과 변호인에게 최후의 의견을 진술할 기회를 주어야 한다. 이와 같이 피고인·변호인에게는 최후진술권이 인정되어 있다.

(7) 판결

이상의 절차가 끝나면 판결이 선고된다. 판결의 선고는 공판정에서 재판장이 낭독하고 이유의 요지를 설명한다. 판결선고와 동시에 상소기간과 상소할 법원을 고지한다. 형사소송법은 3심제를 취하고 있으므로 제1심 판결에 불복일 때에는 항소를 할 수 있고, 제2심 판결에 불복할 때에는 상고를 할 수 있다.

7. 형의 집행 · 가석방 · 형집행정지

(1) 형의 집행

법원의 판결에 의하여 선고된 형이 확정되면 검사의 지휘에 의하여 집행하는데 징역이나 금고형은 교도소에서 집행하게 된다. 벌금은 판결 확정일부터 30일 이내에 납부하여야 하며 벌금을 납부하지 않는 경우에는 1일 이상 3년 이내의 범위에서 노역장에 유치하게 되므로 스스로 납부하여 불이익을 면해야 한다. 형사사건의 벌과금을 기한 내에 납부하지 아니하면 벌과금 미납자로 전국에 지명수배되어 뜻하지 아니한 불편을 겪을 수 있다.

(2) 가석방과 형집행 정지

징역 또는 금고의 형의 집행중에 있는 자 가운데 복역성적이 양호하고 뉘우침이 있는 때에는 무기에 있어서는 10년, 유기에 있어서는 형기의 3분의 1을 경과한 후에 법무부 장관이 가석방을 할 수 있다. 가석방의 기간은 무기형에 있어서는 10년으로 하고, 유기형에 있어서는 남은 형기로 하되, 그 기간은 10년을 초과할 수 없다. 가석방된 자는 가석방 기간 중 보호관찰을 받는다. 그러나 가석방 중에 행실이 나쁘거나 다시 죄를 저지르면 가석방이 취소 또는 실효되어 남은 형기를 마저 복역하여야 한다. 그리고 예컨대 형의 집행으로 생명을 보전할 수 없거나 잉태 후 6개월 이상인 때 또는 연령이 70세 이상인 때 기타 중대한 사유가 있으면 검사는 형집행을 정지시키고 석방할 수도 있다.

8. 형의 실효(전과말소)

한 번의 잘못으로 형을 선고받았다고 하더라도 일정한 기간 죄를 저지르지 않으면 전과는 말소하여 정상적인 사회복귀를 보장할 필요가 있다. 징역 또는 금고의 집행을 종료하거나 집행이 면제된 자가 피해자의 손해를 보상하고 자격정지 이상의 형을 받음이 없이 7년을 경과한 때에는 본인이 신청을 하면 재판의 실효를 선고 받을 수 있다. 그러나 일반인들은 이 신청절차 등을 모르고 있기 때문에 정부는 "형의 실효 등에 관한 법률"을 제정하여 형의 집행을 종료 또는 면제 받은 후 일정기간동안 자격정지 이상의 죄를 저지르지 않는 경우에는 자동적으로 형을 실효시키도록 하였다. 그 기간은 3년을 초과하는 징역 또는 금고는 10년, 3년 이하의 징역 또는 금고는 5년, 벌금은 2년이고 다만 구류나 과료는 형의 집행을 종료하거나 그 집행이 면제된 때는 그 즉시 실효된다.

부 록

소 장

소액심판소장

소　장

접 수 인	

배당순위	
번　　호	
사건번호	
첫변론기일	
담　　당	
접수 구분	1.서면 2.구술 3.우편 4.당직 5.대리

사건명:

원고:　　　　　　　　　　　　(전화번호:　　　　　　　　)

주소:

피고:　　　　　　　　　　　　(전화번호:　　　　　　　　)

주소:

소　가		첩용인지	원	송달료	원

(인지첩부란)

○○ 지 방 법 원　귀 중

청구 취지

청구 원인

첨부 서류

20 . . .

원고   (인)

○○ 지방법원 귀중

소 액 소 장

사 건 명 :

원 고 :

주 소 : 전화번호( ) −

피 고 :

주 소 : 전화번호( ) −

소 가	
첨부할 인지액	
첨부한 인지액	
송 달 료	
비 고	인

○○지방법원 ○○지원 귀중

(대여금 청구)

청 구 취 지

1. 청구금액: (원 금)   금_____원
   (가산금)   기 간_____부터 소장부본 송달일까지
              비 율 연_____푼
              기 간 소장부본 송달다음날부터 완제일까지
              비 율 연2할 5푼
2. 피고들 상호간의 관계 : 연대( )

청 구 원 인

1. 대여내역
   (1) 대여자_____ (2) 차용자_____
   (3) 연대보증인_____, _____
   (4) 대 여 일 :_____,_____,_____
   (5) 금   액 :_____원,_____원,_____원
   (6) 변 제 기 :_____,_____,_____
   (7) 약정이율 :_____,_____,_____,
2. 기타 보충할 내용

         20   .   .   .

              원고   (인)

찾아보기

ㄱ

가등기 · 157
가등기담보 · 178
가사소송 · 92
가석방(假釋放) · 387, 448
가압류 · 429
가정법원 · 88
가족관계등록부 · 276
가족법 · 275
가족의 범위 · 277
가처분 · 429
간접정범 · 381
감사원 · 86
강간죄(强姦罪) · 397
강도의 죄 · 406
강제집행 · 434
객관적인 구성요건 · 368
거주·이전의 자유 · 59
검색의 항변권 · 181
경찰관직무집행법 · 426
계약 · 186
고발 · 440
고소 · 438
고용 · 212
공갈죄 · 409
공동소유 · 165
공동저당 · 176
공동정범 · 381
공범(共犯) · 380
공연성(公然性) · 399
공유 · 165
과실(過失) · 369
과실상계 · 264
관습 · 33

관습법 · 39
교사범(敎唆犯) · 382
교육을 받을 권리 · 69
교육의 의무 · 76
구속 · 441
구속영장 · 441
구속의 적부심사 · 442
구속전 피의자 · 442
구수증서 · 332
국가배상청구권 · 74
국무위원 · 85
국무총리 · 85
국무회의 · 85
국민주권주의 · 46
국민투표권 · 73
국제평화주의 · 48
국회의원 · 77
권력분립주의 · 47
권리금 · 210
권리능력 · 117
권한쟁의 심판 · 96
근로의 권리 · 70
근로자의 단결권 · 71
근저당 · 177
근친혼 · 284
기망 · 407
기본권 · 54
기본권존중주의 · 47
기소 · 444
기소유예 · 446
기소중지 · 445
기여분 · 322
기한 · 137
기한의 이익 · 137
긴급피난 · 373

ㄴ

낙성계약 · 187
낙태의 죄 · 392
논리해석 · 42
뇌물죄(賂物罪) · 424

ㄷ

다단계판매 · 134
단기 소멸시효 · 142
담보물권 · 168
대물변제 · 185
대습상속 · 319
대전회통(大典會通) · 359
대통령 · 83
도급 · 212
도덕 · 34
도박개장죄 · 416
동물점유자 · 111
동산 · 127
동시이행의 항변권 · 189
되돌아가는 황금의 다리(eine goldenen Brücke zum rückzug) · 379
등기 · 155

ㅁ

매도인의 담보책임 · 190
매매 · 195
면접교섭권 · 302
면책특권 · 82
명예훼손죄 · 398
명확성의 원칙 · 362
모욕죄(侮辱罪) · 400
목적해석 · 42
무고죄(誣告罪) · 421, 422
무효 · 130
무효혼 · 287
문리해석 · 42

물권 · 150
물권적 청구권 · 151
물론해석 · 43
물적담보 · 201
민법의 기본원리 · 110
민사소송 · 91, 428

ㅂ

반대해석 · 43
배심제도 · 90
배임죄(背任罪) · 412
법정상속분 · 321
법치주의 · 47
법치행정 · 101
변론 · 432, 447
변제공탁 · 186
변호인의 조력을 받을 권리 · 57
보관 · 410
보석 · 446
보안처분(保安處分) · 388
보증금 · 210
보증채무 · 180
복지국가주의 · 47
부당이득 · 254
부동산 · 127
부부별산제 · 292
부부재산계약 · 291
부부재산제 · 291
부속물매수청구권 · 207
부정행위 · 298
불기소 · 445
불문법 · 39
불법원인급여 · 255
불법행위 · 258
불체포특권 · 82
비교해석 · 42
비난가능성 · 376
비밀증서 · 334
비진의 의사표시 · 129
비채변제 · 256

ㅅ

사기의 죄 · 407
사단법인 · 125
사무관리 · 253
사문서 위·변조죄 · 418
사생활의 비밀 · 61
사실혼 · 307
사용대차 · 198
사용자책임 · 270
사형(死刑) · 384
사형제도 존폐론 · 384
사회권적 기본권 · 68
사회법 · 36
살인죄 · 389
상가건물 임대차보호법 · 238
상고 · 434
상소 · 434
상속 · 315
상속결격 · 326
상속분 · 320
상속의 순위 · 317
상속의 승인 · 328
상속의 포기 · 330
상속인 · 317
상속회복청구권 · 315
상해죄(傷害罪) · 389
생존권적 기본권 · 68
선거권 · 52
선거소송 · 93
선거제도 · 51
선고유예(宣告猶豫) · 386
성년의제 · 290
성년후견 · 118, 119, 120, 121, 122, 123, 125
성문법 · 38
소매치기 · 404
소멸시효 · 139
소멸시효의 정지 · 145
소멸시효의 중단 · 144
소비대차 · 198
소송 · 427
소액보증금 · 224
소액사건심판 · 435
소유권 · 165
소장 · 431
손실보상 · 107
손익상계 · 264
손해배상 · 106
수뢰, 사전수뢰죄 · 425
수사기관 · 437
신체의 자유 · 56
실정법 · 36
실체법 · 37
심급제도 · 90
쌍무계약 · 187

ㅇ

아내에 대한 강간죄 · 398
악의의 유기 · 298
알선수뢰죄 · 425
약식기소 · 444
약혼 · 279
약혼해제 · 281
양도담보 · 177
양심적 병역거부 · 66
양자 · 313
언론·출판·집회·결사의 자유 · 66
업무방해죄(業務妨害罪) · 401
업무상의 횡령 · 410
연대보증 · 183
연대채무 · 180
영장제도 · 57
용익물권 · 166
우선변제권 · 222
원인에 있어 자유로운 행위(actio libera in causa)
· 377
위법성조각사유(違法性阻却事由) · 370
위임 · 214
위자료 · 262
위조통화의 취득 · 418
위증, 모해위증죄 · 425

위헌법률심판	95
위험부담	190
유권해석	43
유류분	337
유언	331
유언의 방식	332
유증	336
유추해석	42
유추해석 금지	362
유치권	169
음행매개죄	415
음화반포죄	415
의사표시	128
의사해석	42
이행의 소	429
이혼	294
인가	105
인간다운 생활을 할 권리	71
인간으로서의 존엄과 가치	54
인신구속	440
인지	313
일반법	37
일상가사대리권	293
임대차	203
임차권등기명령	227
임차권의 승계	226
임치	214

ㅈ

자구행위	374
자연법	36
자유권적 기본권	56
자유형(自由刑)	385
자필증서	332
장애미수(障碍未遂)	379
재단법인	125
재물의 교부	407
재산권의 보장	67, 68, 69, 70
재산분할청구권	303
재산상의 이익	407
재산에 대한 죄	403
재산형	386
재판상 이혼	297
재판을 받을 권리	73
재판청구권	73
저당권	174
저항권	75
전과말소	449
전대차	208
전세권	167
절도죄	404
절차법	37
절취한 후불식 전화카드	420
점유권	164
점유의 타인성	404
정당방위	371
정당제도	51
정당해산 심판	96
정당행위	370
정범(正犯)	380
제삼자뇌물제공죄	425
제척기간	146
제한능력자	118, 119, 123
조리	40
조약	80
조합	215
종교의 자유	65
종신정기금계약	215
죄형법정주의(罪刑法定主義)	357, 360
주권	49
주택임대차	217
준강간(準強姦)	397
준강도죄(準強盜罪)	406
중간생략등기	157
증거인멸등과 친족간의 특례	423
증여	194
지방자치제도	53
지상권	166
지역권	166
질권	171
집행유예(執行猶豫)	387

ㅊ

착오 ·· 129
참정권 ··· 72
채권자대위권 ··· 202
채권자취소권 ··· 202
책임무능력자 ··· 376
철회 ·· 132
청원권 ··· 73
체포·구속적부심사 ·· 57
체포 ·· 440
총유 ·· 165
최고의 항변권 ·· 181
최우선변제권 ··· 224
축소해석 ··· 42
취득시효 ··· 146
취소 ·· 131
취소혼 ··· 287
친족 ·· 278
친족법 ··· 275

ㅌ

탄핵소추권 ·· 81
탄핵심판 ··· 96
통화위조죄 ·· 417
통화유사물의 제조 ·· 418
특별법 ··· 37
특별수익자 ·· 322
특수폭행죄 ·· 390
특정후견 ···························· 119, 122, 123, 125
특허 ·· 105
특허법원 ··· 88

ㅍ

판례법 ··· 39
평등권 ··· 54
피선거권 ··· 52
피성년후견 ························ 118, 120, 121, 123, 125

피특정후견 ·· 123, 125
피한정후견 ·· 121, 123
피한정후견인 ··· 125
피해자의 승낙 ·· 375

ㅎ

학리해석 ··· 41
한정승인 ··· 328
한정후견 ···················· 119, 120, 121, 122, 123, 125
합유 ·· 165
항소 ·· 434
해악을 고지 ·· 396
해악의 고지 ·· 409
해임건의권 ·· 81
해제 ·· 132
해지 ·· 132
행복추구권 ·· 54
행위시법주의 ··· 365
행정법원 ··· 88
행정소송 ·································· 92, 108
행정심판 ··· 107
허가 ·· 104
허위사실 적시 ·· 398
허위의 감정, 통역, 번역 ·································· 423
허위의 혼인신고서 ·· 421
허위진단서작성죄 ·· 419
허위표시 ··· 129
헌법개정권 ·· 79
헌법소송 ··· 92
헌법소원 심판 ··· 96
헌법재판소 ·· 94
현상광고 ··· 214
현행범 ··· 440
협박죄 ··· 395
협의이혼 ··· 295
형사보상청구권 ··· 73
형사소송 ·································· 91, 436
형성의 소 ··· 429
형의 실효 ··· 449
형집행 정지 ·· 448

호주제도	275	확장해석	42
혼동	186	확정일자	222
혼인	283	환경권	71
화해	215	횡령죄	410
확인의 소	429		

공저자 약력

- **강 선**
  경기대학교 범죄심리학박사
  수원과학대학교 교수

- **이선엽**
  단국대학교 행정학박사(경찰학)
  홍익대학교 외래교수
  서울사이버대학교 법무행정학과 교수

- **성민경**
  연세대학교 법학박사
  백석예술대학교 교수

- **이로문**
  한양대학교 법학박사
  前 한양대학교 강사, 행정사

- **이성희**
  성균관대학교 법학박사
  수원과학대학교 교수

- **장현명**
  연세대학교 박사과정 수료
  前 육군사관학교 법학교수

- **오영환**
  연세대학교 법학박사
  前 수원과학대학교 교수

법치사회의 이해

2023년 3월 6일 초판 제1인쇄
2023년 3월 10일 초판 제1발행

공저자 강 선·이성희·이선엽·장현명
성민경·오영환·이로문
발행인 나 영 찬

발행처 **MJ미디어**

서울특별시 동대문구 천호대로4길 16(신설동)
전 화 : 2235-0791/2238-7744/2234-9703
FAX : 2252-4559
등 록 : 1993. 9. 4. 제6-0148호

정가 20,000원

◆ 이 책은 MJ미디어와 저작권자의 계약에 따라 발행한 것이므로, 본 사의 서면 허락 없이 무단으로 복제, 복사, 전재를 하는 것은 저작권법에 위배됩니다.
ISBN 978-89-7880-303-8
www.kijeonpb.co.kr